Couverture Inférieure manquante

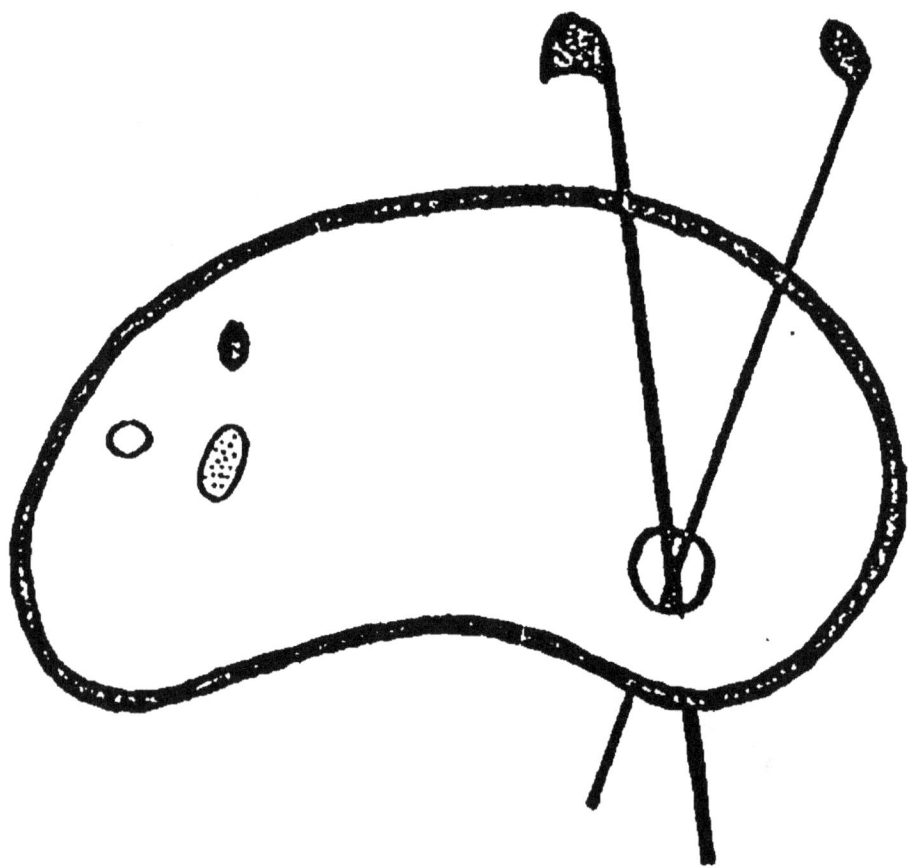

DEBUT D'UNE SERIE DE DOCUMENTS
EN COULEUR

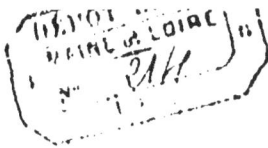

ESSAI

SUR

LE DROIT DE PROPRIÉTÉ

ET SES LIMITES

PAR

Henri HAYEM

DOCTEUR EN DROIT (*Sciences juridiques et politiques*)

PRIVAT-DOCENT A L'UNIVERSITÉ DE GENÈVE

PARIS

LIBRAIRIE NOUVELLE DE DROIT ET DE JURISPRUDENCE

ARTHUR ROUSSEAU, ÉDITEUR

14, RUE SOUFFLOT ET RUE TOULLIER, 13

1910

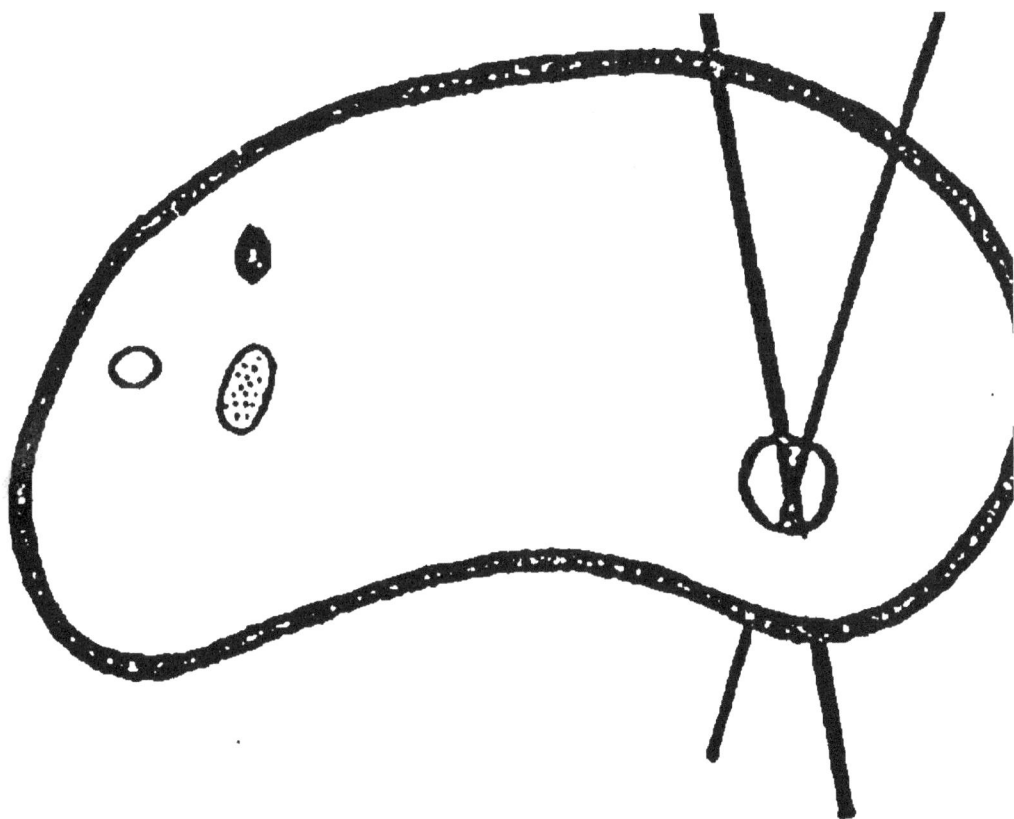

FIN D'UNE SERIE DE DOCUMENTS

ESSAI

SUR

LE DROIT DE PROPRIÉTÉ

ET SES LIMITES

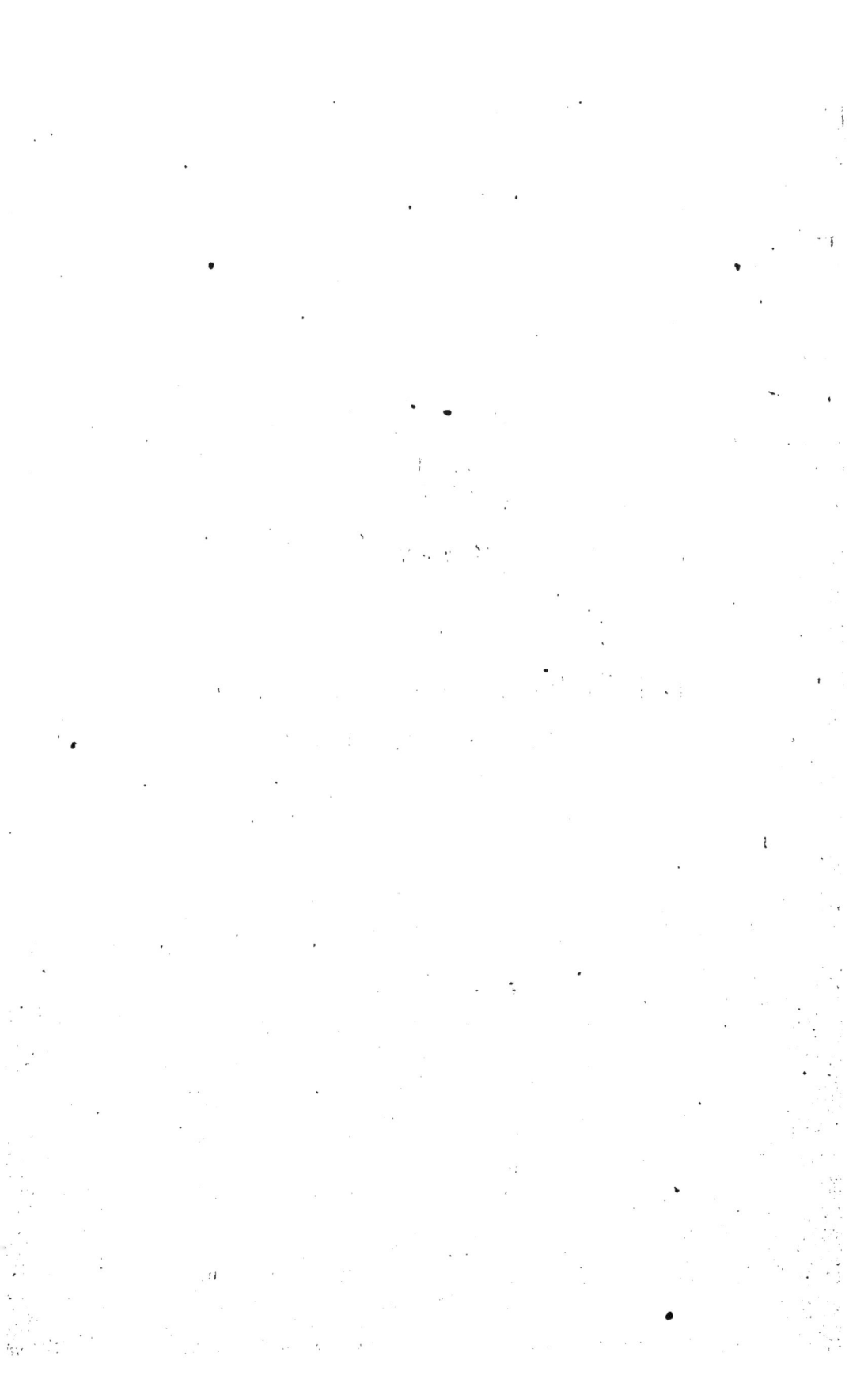

UNIVERSITÉ DE DIJON — FACULTÉ DE DROIT

ESSAI

SUR

LE DROIT DE PROPRIÉTÉ

ET SES LIMITES

THÈSE POUR LE DOCTORAT

(SCIENCES POLITIQUES ET ÉCONOMIQUES)

*Soutenue devant la Faculté de Droit de l'Université de Dijon
le Samedi 2 Juillet, à 1 h. 1/2 du soir*

PAR

Henri HAYEM

LICENCIÉ ÈS-LETTRES (*Philosophie*)

LAURÉAT DE LA FACULTÉ DE DROIT DE PARIS

(1er Prix de droit civil, 1900. — 2me Mention de Droit civil, 1903. — 1re Médaille d'or
du Concours de Doctorat, 1905)

LAURÉAT DE L'ACADÉMIE DE LÉGISLATION DE TOULOUSE

(Prix du Ministre de l'Instruction publique, 1907. — Médaille d'argent, 1909)

DOCTEUR EN DROIT (*Sciences juridiques*)

PRIVAT-DOCENT A L'UNIVERSITÉ DE GENÈVE

Président : M. DESLANDRES,

Suffragants { MM. Eug. GAUDEMET, } *professeurs.*
CHAMPEAUX,

PARIS

LIBRAIRIE NOUVELLE DE DROIT ET DE JURISPRUDENCE

ARTHUR ROUSSEAU, ÉDITEUR

14, RUE SOUFFLOT ET RUE TOULLIER, 13

1910

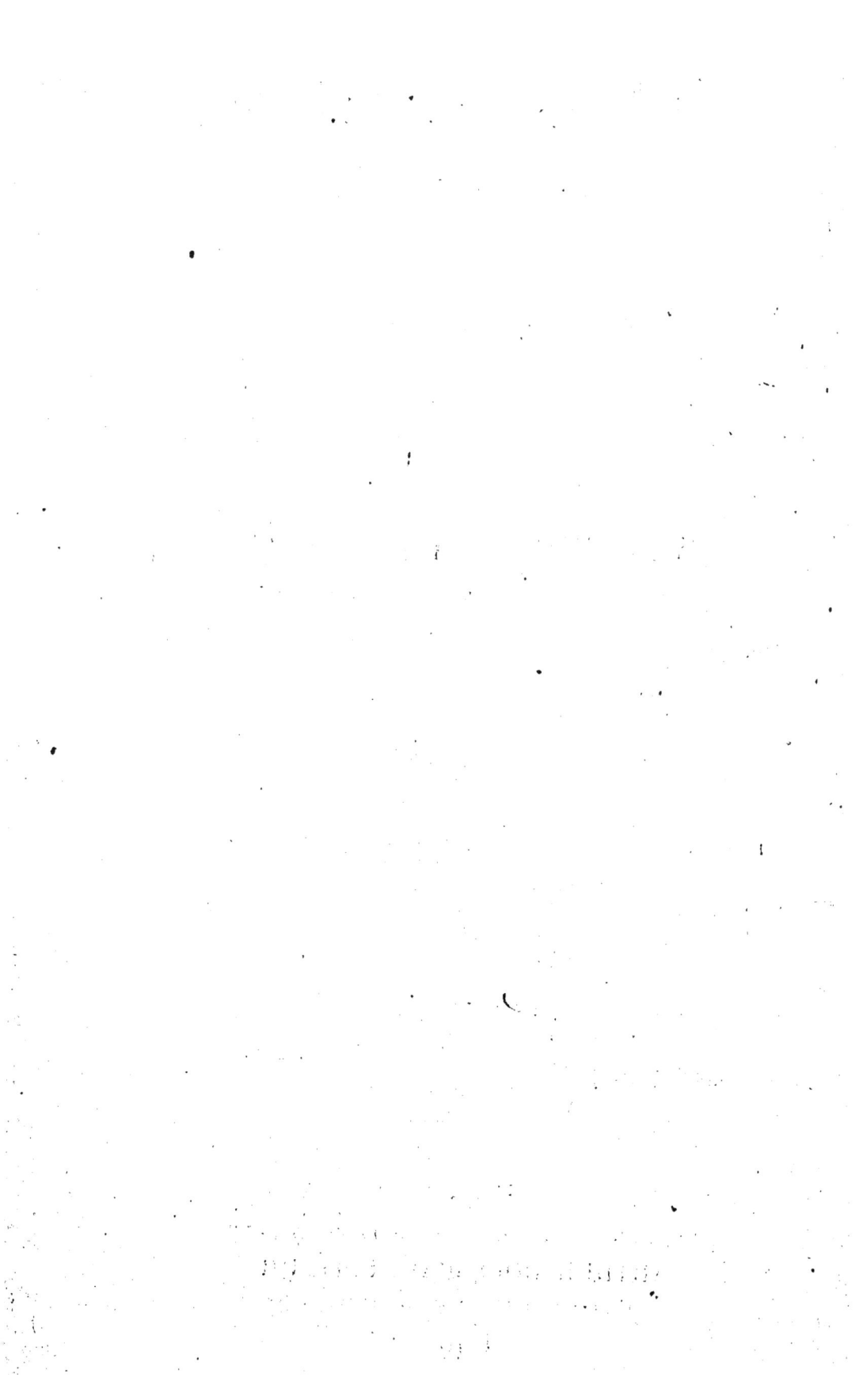

ESSAI SUR LE DROIT DE PROPRIÉTÉ ET SES LIMITES

INTRODUCTION

La question de la propriété privée est assurément l'une de celles qui ont soulevé le plus de passions au cours du XIXe siècle et l'on peut tenir pour assuré qu'elle en soulèvera encore, au XXe. Les uns tiennent pour la légitimité de la propriété privée; les autres en font la source de tous les maux. Les uns veulent que la propriété privée soit libre de toute entrave; les autres veulent l'abolir d'une manière complète, ou peu s'en faut, et ils pensent que la généralisation de la propriété collective serait le signal d'une ère de justice, de paix et de bonheur. Entre ces extrémistes, s'échelonnent un grand nombre de gens, qui prônent des solutions intermédiaires.

Mais, beaucoup trop souvent, l'intérêt individuel est le mobile qui dicte, à cet égard, les solutions. Sans doute, on ne se l'avoue pas à soi-même, on est intimement persuadé de sa propre impartialité. L'observateur est, pourtant, obligé de mettre en doute cette impartialité. Si les ouvriers sont plus volontiers adversaires de la propriété privée, et si les représentants des classes possédantes sont plus aisément portés à la défendre, c'est assurément que l'intérêt s'en mêle, que le sentiment influe sur les raisonnements, et que chacun résoud le problème pour soi-même, en se plaçant à son point de vue de prolétaire ou de bourgeois, plutôt qu'à un point de vue vraiment scientifique.

Nous avons été tenté par le désir de faire table rase de tout préjugé ou principe *a priori*, d'interroger les faits et de nous laisser dicter par eux une solution ·impartiale.

Or, les faits à consulter sont si nombreux, si complexes, qu'il est fort ardu de les interpréter. Il est très aisé de poser quelques principes : le droit *individuel*, ou, au contraire, le droit de la *société*, la toute puissance de l'*État*, — puis de tirer de ces principes les conséquences qui en découlent logiquement, et que l'on met, ensuite, d'accord, tant bien que mal, avec les faits. Mais il est beaucoup plus difficile de classer les faits, sans opinion préconçue, de découvrir les mouvements d'idées ou d'opinion que ces faits révèlent, de relier aux faits des siècles passés ceux qui se déroulent sous nos yeux, de déterminer une évolution précise de la propriété privée, et de s'élever ainsi, péniblement, mais sûrement, à une conception scientifique du droit de propriété et à des perspectives sérieuses sur l'avenir.

En raison même des difficultés de cette tâche, nous avons dû la limiter. Nous n'avons pas cherché à résoudre la question la plus passionnante, celle de savoir si la propriété privée est, ou non, *légitime*, si elle est, ou non, une condition de progrès, de richesse, de bonheur. Cette question, en effet, a été obscurcie, comme à plaisir, par des considérations d'ordre extra-scientifique. Mais, tout se tient en ces matières. Et l'étude que nous avons faite facilitera peut-être leur tâche, à ceux qui voudront résoudre la question ultime, au moyen de la méthode que nous avons appliquée. Notre objet était plus modeste.

Notre point de départ a été le suivant. C'est un fait que, depuis le Code Napoléon, le droit de propriété privée a été soumis à des entraves de plus en plus nombreuses. Ce fait est facile à observer non seulement en France, mais encore dans tous les pays civilisés. Les choses en sont venues à un point tel que le droit de propriété n'est plus un droit plein et entier, comme on se plaisait à le dire il y a un siècle ; c'est tout l'inverse d'un droit *absolu* ; c'est, au contraire, un droit essentiellement *relatif*, puisqu'il n'existe que sous de multiples conditions, puisqu'il est soumis à des charges innombrables et sans cesse croissantes : restrictions, impôts, limitations, etc... — *Quelle est la portée de ce fait ?*

En étudiant cette question, il nous est apparu que *la*

théorie absolutiste du droit de propriété, celle du Code civil français, n'était pas aussi absolutiste en fait, qu'en intention. Il nous a fallu remonter plus haut, rattacher le présent au passé, et nous avons vu alors que le droit de propriété privée, à quelque époque que l'on se place, n'a jamais été libre de toutes chaînes. La société intervient pour y apporter des entraves nécessaires. A un moment, pourtant, les entraves ont été levées. C'est durant la période féodale, parce qu'alors le pouvoir central était sans force.

Nous avons été ainsi conduit à diviser notre étude en deux périodes : *depuis la féodalité jusqu'à la Révolution* ; puis, *depuis 'la Révolution jusqu'à nos jours.*

Les perspectives d'avenir que cette étude nous permet de dégager paraîtront imprévues à plus d'un. Mais nous tenons à déclarer, ici, qu'elles ne sont nullement le résultat d'un *système* de notre part. Elles sont la conséquence de l'évolution historique, et s'imposent, par conséquent, à nous.

Mais nous dira-t-on, l'histoire est une science incertaine. Des travaux nouveaux modifient sans cesse ses données. S'il était démontré que vous avez indiqué, comme vrais, des faits inexacts, si l'évolution décrite ne correspondait pas à la réalité, renonceriez-vous à vos conclusions ?

Nous répondons : Oui, sans hésiter, — Mais nous nous empressons d'ajouter qu'il ne faut pas exagérer l'incertitude des données historiques. Les découvertes des his-

toriens permettront de rectifier certaines données inexactes,
d'attacher une importance nouvelle à certaines institutions ; elles ne bouleverseront pas de fond en comble
l'histoire du droit de propriété. Les travaux de Regnault
ont rectifié ceux de Mariotte : la loi de Mariotte a subsisté comme une approximation, non plus comme un
rapport absolument vrai. Il en sera de même, dans notre
matière, des données nouvelles qu'apporteront les historiens. — Et par dessus tout, il est une chose qu'ils ne
changeront pas : c'est le fait que le droit de propriété
devient de plus en plus un droit *relatif*. En effet, c'est là
un résultat : c'est la conséquence de besoins bien connus,
c'est l'effet des transformations subies par la vie politique et sociale de tous les peuples.

La connaissance de ces besoins ne suffit pourtant pas
pour échafauder des raisonnements. Ils ne deviennent,
en effet, parfaitement saisissables, que quand 'ils se
manifestent, dans des institutions juridiques. Et c'est
pourquoi l'étude historique de ces institutions juridiques
est de première importance, quand il s'agit de déterminer le sens, dans lequel se fait l'évolution du droit de
propriété.

.
..

Il ne pouvait être question pour nous, dans un travail
qui embrasse une douzaine de siècles, de nous livrer à
des études personnelles d'histoire. Tout notre rôle con-

INTRODUCTION

sistait à coordonner les travaux des historiens, et à en
tirer les idées dont nous faisions notre profit. Souvent,
nous nous en sommes reposé sur l'autorité des historiens, sans contrôler l'exactitude de leurs dires. Nous
avons cité les sources qu'ils indiquaient eux-mêmes, sans
avoir le temps de chercher si ces indications étaient
complètes, ni si d'autres citations ne pourraient être
opposées à celles que nous reproduisions, et dont nous
étions en mesure seulement de garantir, — après vérifi-
cation, — l'authenticité.

On n'attendra donc pas, de notre part, une bibliogra-
phie complète de notre sujet.

Bornons-nous à indiquer que nous nous sommes servis avec fruit des ouvrages suivants :

P. VIOLLET. — *Histoire du droit civil français*, 2ᵉ édit., 1893 et
3ᵉ édit . 1905.

P. VIOLLET. — *Histoire des institutions politiques et administratives
de la France*. t. 1ᵉʳ, 1890 ; t. 2, 1898 ; t. 3, 1903.

A. ESMEIN. — *Cours élémentaire d'histoire du droit français*, 5ᵉ édit.,
1903.

A. ESMEIN. — *Précis élémentaire d'histoire du droit français de
1789 à 1814*, 1908.

R. BRUDANT. — *La transformation juridique de la propriété foncière
dans le droit intermédiaire*, th. Paris, 1889.

Emile CHÉNON. — *Etude sur l'histoire des alleux en France*, 1888.

Emile CHÉNON. — *Les démembrements de la propriété foncière en
France avant et après la Révolution*, 1881.

Henri Doniol. — *La révolution française et la féodalité*, 2ᵉ édit., 1876.

Ph. Sagnac. — *La législation civile de la Révolution française*, th. doct. ès lettres, Paris, 1898.

Lichtenberger. — *Le socialisme au XVIIIᵉ siècle*, 1895.

Nos autres références sont indiquées en note.

———————

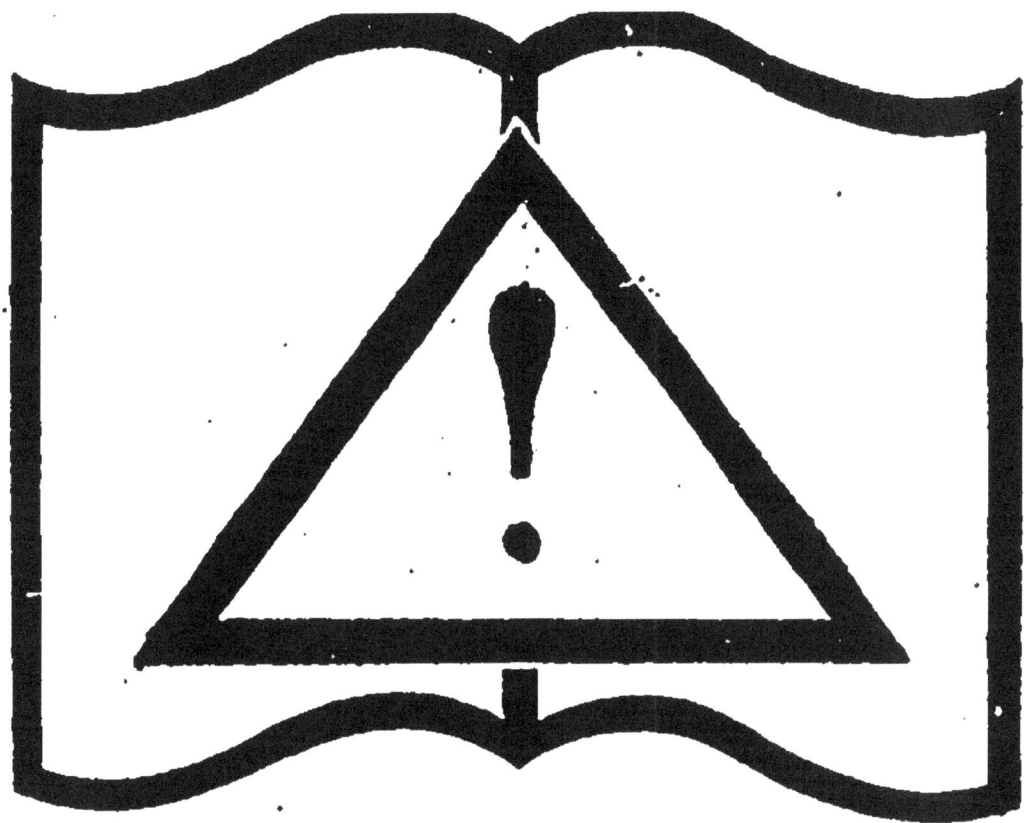

Henri Doniol. — *La révolution française et la féodalité*, 2ᵉ édit.,
    1876.

Ph. Sagnac. — *La législation civile de la Révolution française*, th.
    doct. ès lettres, Paris, 1898.

Lichtenberger. — *Le socialisme au XVIIIᵉ siècle*, 1895.

Nos autres références sont indiquées en note.

PREMIÈRE PARTIE

De l' « absence de limites »
à l' « émiettement »

Il peut paraître hardi de vouloir apporter quelque nouveauté en parlant du régime féodal. Les historiens et les juristes ont étudié à l'envi la période féodale, ils ont fouillé les archives, publié des matériaux, dégagé toutes les idées essentielles. Mais ce n'est pas à dire qu'ils aient mis en lumière d'une manière également satisfaisante toutes les notions dont ils se sont occupés.

En ce qui concerne particulièrement l'objet de notre étude, aucun auteur ne nous paraît avoir indiqué avec une netteté suffisante, l'évolution de la propriété féodale.

Nous avons marqué le point de départ et le point d'aboutissement de cette évolution par les expressions : *absence de limites* et *émiettement*.

Au début de la période féodale, pas de limites au droit de propriété : c'est la liberté complète.

A la veille de la Révolution, démembrements innombrables du droit de propriété, émiettement, chaque terre

appartient à un nombre incroyable de propriétaires super-
posés : c'est un chaos.

Nous nous efforçons, dans les pages qui suivent, de
préciser le sens et la portée de ces expressions.

CHAPITRE I

La féodalité commençante : le droit de propriété n'a pas de limites

Nous avons trouvé sous la plume d'un éminent jurisconsulte, l'expression très nette de l'idée que nous exprimons ici : *la féodalité n'a imposé aucune limite au droit de propriété.* Citons ses propres paroles.

On a dit, et on va répétant, que la féodalité était la négation de la propriété individuelle. C'est une erreur: elle en était peut-être la plus haute affirmation. Elle en était l'exagération. Elle était, en effet, le pouvoir, pour le propriétaire d'une terre, de l'aliéner partiellement, de la transmettre, en retenant à toujours sur elle un droit, un domaine éminent. Si vous ajoutez à cela que la substitution était permise, et lui donnait la faculté de rendre sa terre inaliénable, d'en régler la transmission pour plusieurs générations, si vous considérez qu'il avait un choix presque infini dans les droits réels qu'il désirait concéder, à raison de la variété prodigieuse des démembrements de la propriété au moyen âge (fiefs, censives, rentes foncières, locations perpétuelles, servitudes, emphytéose, etc., sans parler des démembrements spéciaux à telle ou telle province, le bourgage, la colonge, l'échevinage, etc., etc.); si, dis-je, vous envisagez toutes ces facilités, tous ces pouvoirs reconnus au propriétaire d'une terre, vous avouerez que la propriété féodale était une puissante affirmation du droit individuel (1).

(1) Barthélemy Terrat, *Du régime de la propriété dans le Droit Civil,* Dans : Le Code Civil, 1804-1904, Livre du centenaire publié par la Société d'études législatives, Paris, Rousseau, 1901, p. 331-334.

Rien de plus juste. L'observation ainsi faite suffit pour frapper l'esprit et pour le contraindre à se placer d'emblée à ce point de vue nouveau.

Mais l'énumération des possibilités que le droit féodalité ouvrait aux propriétaires, quant à la disposition de leurs biens, n'est ni cohérente, ni complète. Cette énumération consiste à énoncer trois possibilités : 1° aliéner, en conservant le domaine éminent ; 2° régler la transmission des biens pour plusieurs générations ; 3° choix très varié de démembrements du droit de propriété. Il est clair qu'il faut joindre ensemble les premier et troisième termes de cette énumération : chaque fois qu'un démembrement de la propriété s'opère, à la période féodale, c'est parce qu'une personne exerce le *domaine éminent* sur le bien, tandis qu'une autre personne a, sur ce même bien, le *domaine utile*. D'un autre côté, l'énumération néglige de tenir compte d'un fait, qui, pour notre étude, a une importance capitale : c'est que, au moins au début de la période féodale, les pouvoirs qui ont été, dans la suite des temps, considérés comme des attributs de l'autorité publique (rendre la justice, percevoir les impôts, battre monnaie, lever des troupes), sont regardés comme des attributs du droit de propriété.

Nous arrivons ainsi à cette formule :

Au début de la période féodale, le droit de propriété est dépourvu de limites à un double point de vue :

1° Parce que la propriété de droit privé implique la propriété de droit public (souveraineté), loin d'être limitée par cette dernière ;

2° Parce que la propriété de droit privé est susceptible d'une quantité illimitée de dispositions (démembrements ou substitutions).

Etablissons successivement l'exactitude de ces deux points. Il nous suffit, pour le faire, de rappeler les faits établis par les historiens d'une manière incontestable, et de donner de ces faits l'interprétation qu'ils appellent nécessairement.

SECTION I

Confusion entre la propriété de droit privé et la propriété de droit public

1. — Avant la période féodale, le roi était considéré non pas seulement comme un administrateur suprême, comme un chef de gouvernement, mais encore et surtout comme le *propriétaire de son royaume* (1).

C'était là une conception d'origine germanique, sans doute, et qui se retrouve dans nombre de coutumes primitives (2). — A Sparte, par exemple l'Etat était le propriétaire primitif du sol, et la tenure, individuelle avait plutôt le caractère d'un usufruit accordé par l'Etat suivant son bon plaisir que celui d'une propriété absolue. Fré-

---

(1) Fustel de Coulanges, *La monarchie franque*, p. 45, 125. — W. Sickel, *Die Entstehung der fränkischen Monarchie*, dans la *Westdeutsche Zeitschrift für Geschichte und Kunst*, IV. 3, p. 249, 331.

(2) Voir, notamment : A. Esmein, *La propriété foncière dans les poèmes homériques*, dans *Nouvelle revue historique de droit français et étranger*, 1890, p. 832, note 2.

quemment l'Etat, usant de ses droits de propriété, réta-
blissait la proportionnalité entre les Spartiates, quand on
avait constaté que des inégalités considérables s'étaient
produites. L'Etat n'était nullement considéré, alors,
comme opérant une confiscation. C'était à titre de mandataire des citoyens, qu'il procédait, périodiquement, à de
nouvelles distributions de propriétés (1). Dans toutes les
formes de communisme primitif ou soi-disant primitif que
l'on a signalées, dans l'*allmend* suisse ou italien, dans
les pâturages communs des Pyrénées, dans les communautés de village hindoues ou javanaises, dans le mir russe,
dans la *zadruga* serbe, dans la marche allemande du
xii*e* siècle, dans le ménage nivernais, dans les *townships*
écossais, dans les communautés de village organisées par
les premiers colons européens de l'Amérique septentrio-
nale, — soit que ces diverses organisations communistes
constituent les vestiges d'une antique copropriété de clan
ou de village (2), soit que l'homme ait dû y avoir recours,
malgré lui, pour se conformer aux nécessités de la vie
pastorale, ou bien, pour se défendre contre les dangers
environnants, ou encore, pour exécuter des travaux de
défrichement et d'irrigation supérieurs à ses forces personnelles (3), — partout où les idées de propriété et de
souveraineté ont été confondues, une sorte de *domaine
éminent* sur toutes les terres appartient au clan, à la tribu,
à la commune, ou, si l'on préfère, à l'Etat (4). On a même

---

(1) Woodrow Wilson, *L'Etat, Eléments d'histoire et de pratique politique.* Trad. franç. de J. Wilhelm. 1902, t. 1, n. 105, p. 81-82.
(2) G. de Laveleye, *La propriété et ses formes primitives.* — Sumner,
Maine, *Etudes sur l'histoire du droit.* — A. Loria, *Analisi della proprieta
capitalista*, Turin, 1889.
(3) G. Tarde, *Les transformations du droit*, 3e édit., 1900, p. 68.
(4) Id., *ibid.*, p. 95, note 1.

dit « que la propriété collective » avait « pu et dû être souvent la forme primitive de la souveraineté nationale, c'est-à-dire communale » (1).

Le fait que l'on considérait, avant l'époque féodale, le roi comme le *propriétaire de son royaume* est attesté par des preuves nombreuses, notamment par le changement de sens du mot *publicus*, qui, dans la langue de l'Empire, signifiait la chose de l'Etat, et qui, sous la monarchie franque, désigne la chose du roi (2).

Ne sait-on pas, d'ailleurs, que le pouvoir royal se transmettait comme s'il se fût agi du patrimoine d'un particulier, ni plus ni moins ? Ainsi, les femmes et les filles sont exclues de la succession au trône, comme la loi salique et la loi des Ripuaires les excluaient de la succession aux terres, tant qu'il y avait des parents mâles (3) ; de même encore, quand il y avait plusieurs héritiers mâles de même degré, on partageait le royaume entre eux, suivant la règle de l'égalité des parts (4) ; et, toujours comme s'il se fût agi d'un patrimoine privé, le roi pouvait, de son vivant, partager le royaume entre ses fils (5).

C'est encore en vertu de la même idée, que le roi conférait, sans hésiter, à des particuliers, des droits que nous sommes habitués, peut-être trop servilement, à considérer

(1) G. Tarde, *ibid.*

(2) Fustel de Coulanges, *op. cit.*, p. 118 et s.

(3) P. Viollet, *Histoire des institutions politiques et administratives de la France*, 1890, t. I, p. 210 ; *Histoire du droit civil français*, 3e édit., 1905, p. 881-882. — A. Esmein, *Cours élémentaire d'histoire du droit français*, 5e édit., 1903, p. 63.

(4) *Aequa lance* (Grégoire de Tours, III, 1, édit. Omont, p. 76).

(5) Boretius et Krause, *Capitularia regum francorum*, t. 2, p. 20, 58, 193.

comme des attributs inaliénables de la puissance publique.
— Dès le viiᵉ siècle, en effet, ces libéralités du roi de France
deviennent à peu près quotidiennes. C'est ainsi qu'il avait
donné à des églises, ou à des abbayes, les revenus produits par tels impôts déterminés. Il avait aussi dispensé
telles villes, telles églises, tels couvents de certains impôts
ou même de tout impôt, et, dans ces cas, les impôts
cessaient d'être versés au roi, mais ils ne cessaient pas
pour cela d'être perçus : ils l'étaient au bénéfice du
seigneur immunisé (1). — De même, des églises et des
abbayes reçurent formellement le droit de battre
monnaie (2). — De même aussi, lorsque des immunités
avaient été accordées à des églises, des couvents ou à des
laïques puissants, la population qui vivait sur leurs domaines échappait à la juridiction du comte : les justices
d'Eglise et nombre de juridictions seigneuriales furent
ainsi la conséquence d'immunités (3). — Enfin, depuis que
les armées sarrasines ont révélé aux Francs la valeur de
la cavalerie, le roi s'est trouvé dans la nécessité de se procurer une armée bien montée. Il y parvint en concédant
des terres à charge de service militaire, sans redevance
pécuniaire. Ce furent les bénéfices militaires, autrement
dit les « francs fiefs », qu'on appela plus tard les « fiefs
nobles » (4). — Du moment que ces diverses prérogatives
sont considérées comme appartenant au patrimoine privé
du roi, elles n'ont rien qui doive surprendre : on jouit, à

---

(1) P. VIOLLET, *Hist. des instit. polit. et admin. de la France*, t. I, p. 327
et s.
(2) ID., *ibid.*, p. 332.
(3) ID., *ibid.* — FUSTEL DE COULANGES, *Étude sur l'immunité mérovin-
gienne*, 1883, p. 31 et s. (Extrait de la *Revue historique*).
(4) BRUNNER, dans *Zeitschrift der Savigny-Stiftung*, t. 8. *German. Abtheil*,
p. 1-40; — P. VIOLLET, *loc. cit.*, p. 436 et s.

cette époque, du droit de percevoir les impôts, de battre monnaie, de rendre la justice, et de lever l'armée, « comme un particulier jouit de ses terres et de ses *villæ* » (1).

2. — Après la chûte de l'empire d'occident, s'ouvre une période véritablement anarchique : il n'y a plus de pouvoir central, à proprement parler ; le droit du plus fort, le *Faustrecht*, le droit du brigand et de l'audacieux sont seuls respectés. Les Carolingiens furent même trop faibles pour repousser les Normands ; les propriétaires fonciers durent se défendre eux-mêmes.

Dans ces conditions d'insécurité, quiconque se sentait faible n'avait qu'une seule ressource : se mettre sous la protection de quelque chef hardi et entreprenant, obtenir que ce chef assure la sécurité du protégé, de sa famille, de ses biens. C'était ce que l'on appelait *se recommander* : on devenait ainsi le *vassus* du *senior* que l'on s'était choisi. C'était ce que l'on appela plus tard l'*hommage* : et l'on devenait ainsi le *vassal* d'un *seigneur*, ou *suzerain* (2). Le protecteur installait un château-fort auprès de ses protégés, et, avec ses hommes de guerre, il montait bonne garde. La France, au ixᵉ siècle, se couvre ainsi de castels. L'homme le plus puissant, celui qui avait une petite armée, des retraites assurées en cas de péril, celui-là attirait des soldats dans sa clientèle, des paysans dans sa dépendance, des villages entiers dans sa tutelle (3).

Dès lors, dit fort bien Taine, « le paysan est à l'abri ; on ne le tuera plus, on ne l'emmènera plus captif avec sa famille, par

---

(1) P. Viollet, *ibid.*, p. 411 ; — W. Sickel, *Zur Geschichte des Bannes*, Marburg, 1886, p. 249, 331 ; — A. Esmein, *Cours élém.*, p. 61.

(2) P. Viollet, *Histoire du droit civil français*, p. 676-677.

(3) Flach, *Les origines de l'ancienne France*, I, p. 129.

troupeaux, la fourche au cou. Il ose labourer, semer, espérer en
sa récolte ; en cas de danger, il sait qu'il trouvera un asile pour
lui, pour ses grains et pour ses bestiaux, dans l'enclos de palis-
sades au pied de la forteresse. Par degrés, entre le chef militaire
du donjon et les anciens colons de la campagne ouverte, la
nécessité établit un contrat tacite, qui devient une coutume
respectée. Ils travaillent pour lui, cultivent ses terres, font ses
charrois, lui paient des redevances, tant par maison, tant par
tête de bétail, tant pour hériter ou vendre, il faut bien qu'il
nourrisse sa troupe (1).

Mais ce besoin intense de protection, qui rendait la vassalité nécessaire, avait une contre-partie.

Précisément parce que le pouvoir central était faible,
les seigneurs n'eurent aucune peine à s'emparer des prérogatives de la couronne. Ce sont surtout les officiers
du roi, qui se rendent coupables de cette usurpation.
Leur charge était jadis précaire. Ils réussissent à en consolider le titre et à le rendre héréditaire. En même temps,
ils exercent leur autorité, non plus au nom du roi, mais
en leur propre nom.

Si les vertus guerrières, dit M. P. Viollet, et la grande puissance militaire des Charles Martel, des Pépin et des Charlemagne
n'étaient venues briser un moment ce réseau et suspendre le
mouvement commencé, la féodalité eût triomphé au viii⁺ et non
au x⁺ siècle. L'éphémère effort des premiers Carolingiens arrêta
l'histoire un moment. Après eux, le flot montant reprit son cours :
nous voyons clairement sous Charles le Chauve une aristocratie
hautaine et sûre d'elle-même qui traite avec l'empereur de puissance à puissance (2).

(1) TAINE, *Les origines de la France contemporaine, L'ancien Régime*, p. 11.
(2) P. VIOLLET, *Hist. des instit. polit. et admin. de la France*, t. I, p. 450.
— Le capitulaire de Quierzy, en 877, qui édicte quelques règles relatives au
remplacement des comtes et vassaux qui viendraient à décéder pendant l'expé-

Mais ce ne sont pas seulement les officiers du roi qui usurpent une partie de son autorité, et deviennent ainsi, eux et leurs descendants, des sortes de roitelets. A cette époque « toute fonction publique et toute délégation du pouvoir tendit à se transformer en fief héréditaire » (1) Ce ne sont pas seulement les ducs et les comtes qui perpétuent leurs titres et leurs pouvoirs, ce sont aussi leurs agents. Il n'y a plus la moindre parcelle d'autorité, qui ne soit devenue héréditaire.

Il en résulte que les seigneurs de tout degré perçoivent bientôt les impôts pour leur propre cassette. L'impôt, c'est à la fois la redevance nécessaire pour que le seigneur nourrisse la troupe d'hommes armés, — puisqu'il est le protecteur de ses vassaux, — et c'est l'équivalent de ce que l'on payait au roi sous forme d'impôt (2). — Comme les seigneurs lèvent les impôts pour leur propre compte, de même, ils se mettent à battre monnaie, sans se soucier des droits du roi (3). — Ils font plus : souvent, ils rendent la justice en leur propre nom, et souverainement. Ce n'est pas là une règle absolue et les plus puissants seigneurs, seuls, ont généralement ce droit, car ils rendent la justice non seulement à l'égard de leurs vassaux, mais encore à l'égard des vassaux de leurs vassaux (4). — Mieux encore : ils appellent leurs vassaux au service militaire. Le roi sait bien qu'il est inutile, désormais, de considérer les *missi*, les comtes, les

dition que Charles le Chauve projette de faire en Italie, montre combien, à cette époque, l'idée de l'hérédité avait pris possession des esprits (V. les références citées par P. VIOLLET, *ibid.*, t. I, p. 452, note 1.)

(1) LUCHAIRE, *Histoire des institutions monarchiques de la France sous les premiers Capétiens*, t. I, p. 190.

(2) P. VIOLLET, *op. cit.*, p. 326.

(3) ID., *ibid.*, p. 332.

(4) ID., *ibid.*, p. 428, 435-436.

vicaires et centeniers, comme chargés de toutes les affaires militaires. Il s'adresse aux seigneurs et les rend responsables de leurs hommes. La hiérarchie militaire se trouve ainsi modelée sur la hiérarchie seigneuriale, et le pouvoir militaire est bientôt aux mains des seigneurs plus qu'aux mains du roi (1).

Ces usurpations se modelaient, d'ailleurs, sur les dons que le roi lui-même octroyait libéralement. Nous avons dit, en effet, que le roi n'hésitait pas, à cette époque, à abdiquer au profit de particuliers, le droit de percevoir les impôts, de battre monnaie, de lever des troupes, de rendre la justice. Il était alors forcé, « pour pouvoir régner encore d'abdiquer toujours de plus en plus (2) ».

Il est aisé de comprendre, qu'en présence d'un roi, se dépouillant ainsi de ses prérogatives, les audacieux lui aient, en quelque sorte, forcé la main : ils s'arrogeaient ce que le roi ne se hâtait pas de leur octroyer. Aussi les dons royaux, les immunités, ne sont-ils souvent qu'une consécration officielle d'usurpations antérieures (3).

Mais peu importe pour notre étude l'origine des pouvoirs seigneuriaux : don royal ou usurpation. Le fait que nous devons retenir, c'est que les seigneurs se partagent les miettes du pouvoir royal : chacun d'eux est un petit potentat, qui, lorsque le type est parfait, perçoit les impôts, bat monnaie, rend la justice et appelle aux armes.

Revenons maintenant à cette masse de cultivateurs, de

---

(1) P. VIOLLET, *op. cit.*, p. 436 et s.

(2) BEAUDOUIN, *Étude sur les origines du régime féodal, La recommandation et la justice seigneuriale*, p. 97. (Extrait des *Annales de l'enseignement supérieur de Grenoble*, t. I.)

(3) P. VIOLLET, *Hist. des inst. polit. et admin. de la France*, t. I, p. 401, 436.

ruraux qui, par crainte des pillards, s'étaient *recommandés* à quelque seigneur. Nous saisissons quelle contre-partie entraînait nécessairement une telle recommandation : ils avaient — en même temps qu'un protecteur, — un percepteur d'impôt, un émetteur de monnaie, un justicier, un capitaine.

En considérant ainsi l'établissement du régime féodal, on se persuade qu'il s'est imposé comme une véritable et impérieuse nécessité ; mieux encore, comme la solution la meilleure d'une situation intolérable.

Le roi était faible ; les pillards étaient les plus forts ; l'anarchie régnait. Les paysans étaient rançonnés, tués même, leurs récoltes saccagées et le roi était impuissant à rétablir l'ordre, à rendre la justice. Le droit supérieur de propriété qu'il possédait sur l'ensemble du royaume tombait, en quelque sorte, de ses mains. Les paysans, en *se recommandant* à de simples seigneurs, trouvaient tout naturel que ceux-ci aient succédé aux droits supérieurs de propriété, que le roi n'exerçait plus.

En d'autres termes, le roi était déchu de son droit supérieur de propriété ; les seigneurs exerçaient ce droit, chacun pour son propre compte ; et la sécurité se trouvait ainsi assurée quand même pour les petits, pour les humbles.

3. — Ainsi s'explique pourquoi tout propriétaire féodal est, en même temps, une sorte de chef d'Etat.

Le roi est simplement le seigneur de ses vassaux (1) : il reçoit leur serment de fidélité et c'est le seul lien qui rattache encore à son pouvoir le royaume de France. Il a

(1) P. VIOLLET, *op. cit.*, p. 442.

perdu son droit supérieur sur tout le pays, hormis pourtant le domaine de la couronne ; encore ce domaine est-il réduit à fort peu de chose : c'est Paris, Senlis, Melun, Etampes, Orléans, Dreux, Montreuil, depuis 1055 Sens, depuis 1069 le Gâtinois, depuis 1076 le Vexin, depuis 1100 la vicomté de Bourges (1). Le reste du royaume est transformé en fiefs. Il y a même des terres qui sont tout à fait affranchies, et ne dépendent plus du roi : les *alleux*.

Le roi n'est plus pleinement chef d'État ; il n'a plus, sauf dans son tout petit domaine royal, le droit supérieur de disposition, qui est inhérent au pouvoir ; il a perdu le *droit de propriété* qu'il possédait autrefois sur l'ensemble du royaume.

Ceux qui exercent ce *droit de propriété*, ce sont, maintenant, les propriétaires privés, devenus des seigneurs féodaux. En réalité, ceux-ci concentrent entre leurs mains deux variétés très différentes du droit de propriété. Ils ont la *propriété de droit public* et la *propriété de droit privé* tout ensemble.

La propriété de *droit privé*, qui appartient à chaque seigneur, ce sont les terres qui constituent son bien propre et exclusif, et qu'il fait entretenir par des vassaux ou des serfs au moyen de corvées.

Sa propriété de *droit public*, c'est celle qu'avait autrefois le roi sur les terres qui entourent sa propriété de *droit privé* ; c'est le droit de *domaine éminent* exercé par le seigneur féodal sur ceux qui occupent ces terres à titre précaire, temporaire, viager ou même perpétuel, qui lui doivent des redevances, envers lesquels il rend la justice et qu'il peut appeler aux armes. Les feudistes expriment cette situation

(1) Longnon, *Atlas historique, Texte*, p. 225, 226 et *passim*.

en disant que tout *possesseur* de terres est, par cela même, un *vassal*(1). Cela veut dire, avant tout, que chaque *possesseur* de terres dépend d'un *seigneur*, qui a entre les mains les droits de l'*État*, ou, si l'on préfère, qui exerce des pouvoirs analogues à ceux d'un *chef de tribu*, car il faut s'entendre sur le sens du mot « État » tel que nous l'employons ici. Pas plus que les premiers rois mérovingiens, dont les pouvoirs ressemblaient beaucoup à ceux des anciens chefs de tribus germaniques, le seigneur féodal n'a l'idée « d'une puissance publique impersonnelle, s'exerçant de haut sur des individus anonymes » (2). Il exerce une puissance toute personnelle, et cette puissance est celle d'un père de famille, mais agrandie (3). Voilà pourquoi, comme un père de famille, ou comme un roi mérovingien, ou encore, comme l'Etat, ainsi compris, le seigneur est *propriétaire* de toutes les terres possédées par ses vassaux.

Or, pour chaque seigneur, la propriété de *droit public* constitue une dépendance de sa propriété de *droit privé* : c'est en sa qualité de propriétaire de tel castel, de tel donjon, qu'il perçoit les redevances sur tout le pays environnant, qu'il rend la justice sur un territoire relativement vaste, que ses monnaies ont cours sur tout ce territoire,

---

(1) Voir P. VIOLLET, *Histoire des instit. polit. et admin. de la France*, t. I, p. 431 ; *Histoire du dr. civ. franç.*, 2ᵉ édit, 1893, p. 639-611 (dans la 3ᵉ édit., p. 684-687, M. Viollet insiste sur les vestiges de vassalité purement personnelle qui se conservèrent au-delà du xᵉ siècle ; mais l'existence de ces vestiges ne saurait infirmer ce qui est dit au texte : la tendance à assimiler *vassal* et *possesseur de fief* est hors de toute discussion).

(2) E. LAVISSE, *Prélim. de l'histoire d'Allemagne*, dans *Revue des Deux Mondes*, 15 juill. 1886, p. 408-409.

(3) P. VIOLLET, *Histoire des instit. polit. et admin. de la France*, t. I, p. 218.

qu'il lève des troupes dans la région entière, et qu'il garantit, dans toute sa seigneurie, la sécurité des gens et des biens.

La *propriété de droit public* et la *propriété de droit privé* se trouvent ainsi confondues *sur les mêmes têtes.*

Il était impossible, dès lors, qu'elles ne fussent pas confondues dans le *langage* et dans les *faits* eux-mêmes. Loiseau exprime parfaitement cet état de confusion, lorsqu'il définit la seigneurie en disant : « La seigneurie, c'est de la puissance publique attachée à une terre, et tombée avec elle dans le domaine privé » (1).

Le jour où l'on aura pris conscience de cette confusion et où l'on aura distingué entre la propriété de *droit public* et la propriété de *droit privé*, la féodalité apparaîtra comme une institution inutile, et deviendra odieuse : on consentira à payer l'impôt ordonné par le chef de l'État et à recevoir de lui la justice ; mais on ne voudra plus verser de redevances à un simple propriétaire foncier, ni obéir à ses jugements.

SECTION II

Liberté illimitée des dispositions en matière de propriété

Du moment où la propriété de *droit privé* et la propriété de *droit public* étaient confondues, à telles enseignes que les attributs de l'autorité publique étaient considérés comme attributs du droit de propriété, une conséquence nécessaire en résultait : aucune puissance supérieure ne

(1) LOISEAU, *Traité des seigneuries,* ch. I, § 25.

pouvait intervenir pour limiter la liberté des conventions
en matière de propriété. C'est donc la liberté entière des
transactions entre le seigneur, — dépositaire d'un pouvoir
souverain et du droit de propriété tout ensemble, — et ceux
qui occupent ses terres. Les contrats les plus divers interviennent alors, dominés tous par cette notion de souveraine propriété.

Mais cette liberté existe plutôt pour les seigneurs que
pour ceux avec qui ils contractent. Ceux-ci ne sont pas
libres de discuter avec le seigneur. Ils ne sont pas, avec
lui, sur le pied d'égalité. Les conventions qu'ils passent ne
sont consenties, bien souvent, qu'avec une apparente
liberté. Elles ressemblent à ces modernes contrats de travail, où le patron, — riche industriel, société au capital
imposant, voire même État, — dicte ses conditions aux
ouvriers, en leur disant : « C'est à prendre ou à laisser. »

La liberté des conventions féodales doit donc s'entendre
dans un sens assez spécial. C'est l'une des parties seulement
qui est libre : celle qui a le *domaine éminent*.

La liberté ainsi précisée se manifeste par une grande
variété : — dans la *durée* assignée aux contrats : précarité, durée déterminée, viager ou perpétuité; — dans les
sources : concession du seigneur, concession du vassal,
usurpation, transformation d'une gilde ; — dans les *causes* :
recommandation, recherche de clientèle, rémunération de
services, bienfaisance ; - dans les *personnes* entre lesquelles
les conventions interviennent, et dans les *conditions* auxquelles ces conventions sont subordonnées ; — dans *l'étendue des droits réels* conférés par les diverses conventions.

1. — Au début, les contrats féodaux avaient presque

tous un caractère de précarité : le bénéfice ou fief est d'abord révocable, comme une fonction publique l'est de nos jours, et comme toute donation l'était chez les anciens Germains (1). Alors, c'était le seigneur qui était le vrai, le plein propriétaire des domaines sur lesquels s'exerçait son pouvoir : le bénéficiaire n'avait qu'un droit précaire, il était un simple usager.

Mais, dès le début de la féodalité, cette conception trop rude, suivant laquelle le souverain est omnipotent, et le vassal soumis, sans aucune garantie, à son droit de révocation, s'adoucit : le bénéficiaire est considéré comme un usufruitier des terres du seigneur, et son usufruit, comme de juste, s'éteint soit par sa propre mort, soit par celle du concédant. C'est là ce que l'on trouve dans les *Libri feudorum* (2) et dans nombre de textes anciens (3) et c'est aussi ce que dit *Cujas : Feudum est jus fundo alieno utendi fruendi* (4).

D'ailleurs, une évolution se fait. De même que les officiers du roi avaient réussi à transformer en fonctions d'abord viagères, puis perpétuelles, les offices dont ils étaient primitivement chargés au nom du roi, — de même les tenanciers tendent à occuper pour toujours, eux et leurs descendants, les terres qui leur ont été concédées d'abord à titre temporaire ou viager. Cette transformation s'opère lentement : elle dure cinq ou six siècles (5).

---

(1) P. VIOLLET, *Histoire des instit. polit. et admin. de la France*, t. I, p. 431-433.
(2) II, 8,23,43. — Voir Robert BEUDANT, *La transformation juridique de la propriété foncière dans le droit intermédiaire*, th. Paris, 1889, p. 133.
(3) P. VIOLLET, *ibid.*, p. 433, et les références indiquées aux notes 3 et 4.
(4) *De fendis*, liv. I, *proœm*, dans ses *Opera priora*, II, p. 593.
(5) P. VIOLLET, *ibid.*, p. 433-434.

2. — Que le tenancier occupe la terre à titre simplement précaire, à titre viager ou sans limitation de durée, cela dépend, d'ailleurs, des circonstances : quand un seigneur donne des terres à un particulier pour se l'attacher, à titre de vassal, ce bénéfice est, d'abord, simplement précaire ; mais quand un propriétaire a fait passer ses biens dans le domaine d'un seigneur, en lui demandant aide et protection, en *se recommandant* à lui, il en demeure l'usufruitier, et son titre alors est viager ou même perpétuel plutôt que précaire ; de même, quand une personne qui a reconnu la suzeraineté d'un seigneur quelconque, n'a pas, en même temps, soumis ses terres au domaine éminent de ce même seigneur, elle ne garde pas longtemps le titre de propriétaire : le seigneur l'englobe de gré ou de force dans le nombre de ses vassaux (1), et le titre de vassal est alors, suivant les cas, soit précaire, soit viager ou perpétuel ; enfin, quand le chef et ses compagnons ont formé une sorte de gilde, et possédé leurs terres en commun, le seigneur en qui a passé la souveraineté de l'être moral, devient tout naturellement le propriétaire des domaines détenus à titre précaire, d'abord, puis à titre viager ou perpétuel, par ses anciens compagnons devenus ses vassaux.

Ainsi, le droit souverain qui appartient au seigneur a pour source : tantôt un droit qu'il exerçait antérieurement et dont il a cédé une partie ; tantôt un droit qu'exerçait antérieurement celui qui est devenu son

(1) Il suffit, pour cela, au seigneur d'accabler les petits propriétaires de réquisitions, jusqu'à ce que ceux-ci se décident à céder leur bien en toute propriété, moyennant garantie du droit de jouissance et moyennant des redevances plus raisonnables. A. ESMEIN, *Cours élém. d'hist. du droit français*, p. 128 et note 3, p. 130 et note 2.

vassal, et dont ce dernier lui a cédé une partie, ou dont
il a été contraint, par la ruse ou par la force, de lui abandonner une portion ; tantôt, enfin, un droit qui appartenait
antérieurement à un être moral, et que le seigneur a
conquis de gré ou par violence (1).

3. — La variété n'est pas moindre dans les *causes*, qui
motivent la conclusion de ces contrats féodaux.

Tantôt c'est, nous l'avons dit, un besoin de protection
qui pousse les hommes libres à *se recommander* à un
seigneur ; tantôt, c'est un seigneur qui cherche à s'attacher
des vassaux et leur donne des terres ; tantôt, c'est une
grande maison qui donne une terre à un cuisinier, à titre
précaire ou viager (*feodum de coquina*) (2) ; tantôt, c'est un
roi qui, voulant s'assurer les services d'un avocat en cours
de Rome, lui donne, en échange de ces services, un fief
non pas en terres mais en numéraire, tel le roi d'Angleterre
qui donnait quarante marcs chaque année à Accurse pour
son fief (3) ; tantôt, c'est un misérable, un pauvre, à qui
l'on constitue en fief, *pro misericordia*, une petite rente (4).

4. — Grande variété, peut-on dire encore, dans les
personnes entre lesquelles interviennent de telles conventions ; et aussi, — car les deux questions sont con-
nexes, — grande variété dans les *conditions* auxquelles ces
conventions sont subordonnées.

Quand il s'agit de fiefs en raison de services militaires,
le vassal n'est tenu à aucune redevance : il n'est tenu qu'à

(1) P. VIOLLET, *Histoire du dr. civ. franç.*, p. 685-687.
(2) ID., *ibid.*, p. 688 et note 1.
(3) ID., *ibid.*, p. 680 et note 3.
(4) ID., *ibid.*, p. 689 et notes 1 et 2.

assurer le recrutement de l'armée, et, en cas de défaillance
il perd son bénéfice ; c'est le *fief noble* ou *franc fief*. —
Quand il s'agit de fiefs en raison de la protection que le
seigneur donnera aux cultivateurs, ceux-ci, qu'ils aient
reçu la terre des mains du seigneur, ou qu'ils lui aient
offert leur propre terre, peu importe, doivent une redevance
annuelle au seigneur, c'est alors le fief roturier (1). —
Quand un évêque, au lieu d'administrer dans les moindres
détails le fonds commun du diocèse, a accordé un bien
d'église en bénéfice, c'est-à-dire en usufruit, à un ecclésiastique, en raison et pour rétribution de sa fonction,
le bien attaché ainsi à la fonction ecclésiastique, la *mense*,
comme on dit, appartient, pour la propriété à l'Eglise,
pour les revenus au titulaire de la fonction, et il est libre
de toute redevance envers l'Eglise (2). — Quand un particulier a donné la propriété de ses fonds à une Eglise, et a
reçu, en retour, l'usage de ce même bien, et en outre,
l'usage de biens appartenant à l'Eglise, — biens dont
l'étendue est telle que ce particulier puisse doubler ses
revenus, — l'Eglise voit ainsi ses propriétés s'accroître, et
le particulier, outre qu'il acquiert une puissante protectrice.
voit sa condition matérielle s'améliorer : il est tenu, il est
vrai, de payer une redevance annuelle à l'Eglise, mais
c'est là une charge très faible, en comparaison du revenu
dont il jouit, et dont, suivant les conventions, jouiront
encore son fils, et parfois son petit-fils, après quoi les
biens ainsi donnés en *précaire*, retourneront à l'Eglise. (1)

(1) Id., *ibid.*, p. 689-690.
(2) Id., *ibid.*, p. 684 ; *Histoire des instit. polit. et admin. de la France*,
t. I, p. 354-379.
  3. Id., *Histoire du dr. civ. franç.*, p 717-718.

5. — Ajoutons, enfin, qu'à partir du xiii° siècle, s'introduit l'habitude des *substitutions*. Dès lors, on peut régler, à l'avance, le sort de ses biens pour plusieurs générations. Jusqu'au xvi° siècle, on avait toute liberté à cet égard : les substitutions perpétuelles étaient permises, sauf dans certaines provinces. Les contrats féodaux se consolidaient ainsi et les démembrements de la propriété prenaient un caractère définitif. L'ordonnance d'Orléans (1561) et celle de Moulins (1566) restreignirent le droit des substituants ; mais elles furent mal observées, et, en dépit de l'ordonnance de 1747, due à Daguesseau, quelques provinces conservèrent jusqu'à la Révolution l'usage des substitutions perpétuelles (1).

6. — En un mot, c'est la liberté dans toute l'acception juridique du terme : aucune loi, aucune réglementation ne vient gêner les transactions. Tout au plus peut-on signaler quelques conciles qui défendirent aux Églises de concéder des précaires pour plus de cinq années. Encore cette règle ne fut-elle pas suivie : de nombreuses précaires furent concédées à vie, ou même pour toute la durée de la vie du précariste, de celle de ses fils et de celle de ses petits-fils (2).

Jamais, peut-on dire, la propriété n'a été plus complètement libre, en ce sens que jamais elle n'a été soumise à moins de prescriptions.

Si quelqu'un pensait, pourtant, que les mauvais effets de ce régime furent dus à la barbarie des hommes de ce temps, et que la propriété libre est le meilleur des régimes, il se tromperait étrangement.

(1) P. Viollet, *Histoire du dr. civ. franç.*, p. 939-941.
(2) Id., *ibid.*, p. 715-716 et les notes 5 (p. 715) et 1, 2, 3 (p. 716).

Supposez que l'on supprime du jour au lendemain
toutes les limitations modernes, imposées au droit de
propriété : nombre de propriétaires chercheront à empiéter
sur les droits du voisin ; leur idéal sera d'augmenter leur
fonds au détriment de celui des autres, et ils emploieront
pour cela les moyens les plus divers : contrats honnêtes
et contrats perfides, attractions bienfaisantes et usurpations détestables. Au bout de quelque temps, la féodalité
sera reconstituée, en ce sens que chaque propriétaire qui
aura réussi à réunir sous sa main de nombreuses propriétés à charge de protéger leurs occupants contre toute
atteinte d'autres propriétaires puissants, recevra, en
échange du service rendu, des redevances diverses : il
sera une sorte de monarque, un roi au petit pied, et, si le
pouvoir central est affaibli, il rendra tout naturellement la
justice entre ceux, dont les terres lui appartiennent
désormais, il leur fera payer des impôts, etc. Tant la
féodalité et la liberté de la propriété sont en corrélation
l'une avec l'autre et s'appellent mutuellement.

Il n'a pas suffi, pour supprimer le régime féodal, de
faire disparaître les différences de castes, et de détruire
toute la chaîne des obligations personnelles, qui liaient
les vassaux à leurs seigneurs. Le régime féodal aurait
subsisté si l'on s'était borné à cela. Il a fallu imposer au
droit de propriété certaines limitations et faire en sorte
que chaque propriétaire laisse intact le droit des autres
propriétaires, il a fallu interdire même la formation de
conventions longtemps considérées comme licites. Alors
seulement la féodalité a disparu.

Aussi serait-ce une très grande erreur de voir l'origine
de la propriété contemporaine dans l'*alleu* ou dans la
franche-aumône de l'époque féodale.

Les alleux, ce sont les biens dont le propriétaire n'est le vassal d'aucun seigneur, soit qu'il ait réussi à usurper cette liberté, soit qu'elle ait été l'effet de quelque immunité (1). Le propriétaire d'alleu est vraiment le roi de son domaine. Tel était le fameux petit roi d'Yvetot : c'était tout simplement le propriétaire d'un alleu. La France, divisée tout entière en alleux eût été une confédération de royaumes, une sorte d'aristocratie, une Pologne. Elle n'eût pas connu davantage que la France féodale le régime moderne de la propriété.

Quant à la franche aumône, ce bien d'Eglise libre de toute redevance à l'égard du roi et des seigneurs, affranchi, lui aussi, de toute juridiction civile, ce bien que l'Eglise « ne tient que de Dieu » (2) ce n'est pas là non plus qu'il faut chercher l'origine de la propriété moderne. Car chaque franche aumône était une sorte de théocratie, et un pays où toutes les propriétés seraient de franches aumônes, serait tout simplement un pays où l'Eglise, propriétaire de tous les biens, percevrait tous les impôts à titre de redevance, de fermage perpétuel, rendrait la justice et gouvernerait en monarque absolu. De propriété, au sens moderne du mot, il n'y en aurait pas.

Le régime de la propriété, dès le début de la féodalité est donc caractérisé par une excessive liberté, par un individualisme outrancier. Les abus, qui accompagnèrent un tel régime n'ont pas seulement réussi à le rendre odieux, sinon il n'eût pas duré neuf siècles. Ils ont aussi eu pour conséquence de sauver la France de la dislocation : le *domaine éminent* du roi sur l'ensemble de son royaume ne

---

(1) P. VIOLLET, *Histoire des instit. polit. et admin. de la France*, p. 127 et 436 ; *Histoire du dr. civ. franç.*, p. 746-747.

(2) BOUTILLIER, *Somme rurale*, édit. d'Abbeville, 1486, fol. 130 r°.

pouvant plus s'exercer, chaque seigneur, en s'emparant d'une part de ce *domaine éminent*, et en devenant titulaire d'une parcelle de l'autorité souveraine, sauva la France de l'anarchie. Le pouvoir central put, dès lors, se reconstituer.

CHAPITRE II

L'aboutissement de la féodalité : le droit de propriété est émietté

SECTION I

Le roi est redevenu le propriétaire du royaume

On sait que le pouvoir royal devait non seulement se reconstituer en France, mais en arriver à un rare degré de puissance. A la fin du xviiie siècle, le royaume de France offre un contraste prodigieux avec ce qu'il est au début de la période féodale : en huit ou dix siècles, une métamorphose complète s'est opérée. Ce n'est pas l'anarchie, la désorganisation, l'insécurité, c'est la centralisation poussée à l'excès. On peut même dire que la France est passée, d'un extrême à l'autre : de l'anarchie complète à la centralisation effrénée.

L'intendant, agent direct du roi et nommé par lui, est le maître, dans chaque province : en face de lui aucun magistrat local ne compte. Tout procès important est « évoqué » devant les cours spéciales établies par commission royale. Le contrôleur général est le seul intermédiaire entre le pays et le roi. C'est lui qui, de Paris, règle les plus petits détails de la vie provinciale. Il a souvent bonne intention et pratique un paternalisme de bon aloi.

Le gouvernement royal, a écrit un auteur avisé, généralement ne demandait pas mieux, dans la seconde moitié du xvIIIe siècle, que de supprimer un abus qu'on lui signalait, mais jamais il ne se sentit assez fort ou ne disposa d'assez de temps pour s'attaquer à la source même qui donnait naissance à cet abus particulier (1).

Le roi a repris alors d'une façon complète son droit supérieur de propriété sur le royaume, car c'est toujours, comme aux temps primitifs, un droit de propriété qui caractérise le pouvoir royal.

Nous n'avons pas à retracer ici l'histoire de cette transformation mais seulement à en indiquer avec précision la nature et la portée.

Le droit, pour le roi, de lever des impôts généraux et périodiques sur tous ses sujets, même sans leur consentement préalable (2), est reconnu en termes formels au xvIIe siècle ; Lebret n'hésite pas à considérer ce droit comme absolu :

Depuis, dit-il, que la guerre, comme un feu dévorant, a consommé la plupart du fonds de leur domaine, ils (les rois) ont été contraints d'user absolument de leur autorité et de lever sur leurs peuples des tailles et subsistances, même sans leur consentement, qui est un des droits les plus remarquables de la souveraineté des rois et qui leur est particulier (3).

---

(1) John Morley, *Miscellanies*, vol. 2, Essai sur Turgot, p. 138.

(2) Bodin, considérant que le fait, pour le roi, de lever des impôts en dehors du domaine de la couronne, constitue une atteinte au droit de propriété, soutient qu'il ne peut se produire légitimement qu'avec le consentement des contribuables. *Les six livres de la République*, l. I, ch. 8, p. 140.

(3) Lebret, *de la souveraineté*, l. II, ch. vii.

Ainsi : depuis 1439, le roi levait tous les ans la « taille » sur tous les roturiers du royaume, et, du même coup, les seigneurs avaient perdu le droit de lever cet impôt (1) : depuis 1695 et sauf un intervalle d'un peu plus de trois ans (17 décembre 1697-12 mars 1701) le roi percevait sous le nom de « capitation » un véritable impôt sur le revenu (2) : depuis 1710, le roi prélève en outre un autre impôt sur le revenu, qui est du dixième, d'abord, mais qui est réduit au vingtième, en 1750, pour être porté bientôt après à deux vingtièmes (1756), puis à trois vingtièmes (1760 à 1763 et 1783 à 1786) (3). — Ajoutez à cela les impôts indirects : « aides », « gabelles », les « traités » ou droits de douane, — le monopole de la vente du tabac, créé en 1674 ; l'impôt du timbre, qui date de 1653 ; le « contrôle » ou enregistrement, qui est de l'année suivante ; le droit de « centième denier », qui, édicté sous prétexte de sauvegarder les droits des seigneurs à l'occasion des mutations de tenures féodales (relief et quint, lods et ventes), a pour but réel d'établir un droit royal et général de mutation, non seulement sur les biens dépendant des seigneurs (décembre 1703), mais même sur les alleux (juillet 1704).

Quant au droit de battre monnaie, avant même le règne de Louis XIV, on le déclare privilège royal : « Au roi seul, dit L'Hommeau, appartient de battre monnaie d'or et

(1) Ordonnance de 1439 dans Isambert, *Anciennes lois*, t. 9, p. 69-70, art. 11, 12, 13, 14. — L'art. 44 dit : « Pour ce que plusieurs mettent tailles sus en leurs terres sans l'autorité et congé du roi, dont ce peuple est moult opprimé, le roi prohibe et défend. . que nul de quelque estat, qualité ou condition qu'il soit, ne mette ou impose taille, aide ou tribut sur ses sujets ou autres, pour quelque cause ou couleur que ce soit, sinon que ce soit de l'autorité et congé du roi et pour ses lettres patentes ».

(2) Moreau de Beaumont. *Mémoires concernant les impositions et droits en Europe*, 1768, II, p. 407 et s.

(3) Moreau de Beaumont, *Ibid.*, p. 413 et s.

d'argent dans son royaume (1). Au XVIIIe siècle, on pose
en principe que le roi n'accorde jamais une part de son
privilège à qui que ce soit :

> En France, dit Dunod, le droit de faire battre monnaie est
> exercé par le roi seul, et tous les privilèges accordés à d'autres
> sur ce fait sont supprimés et abolis. L'on en a, au comté de Bour-
> gogne, des exemples dans l'Église de la cité royale de Besançon
> et dans l'abbaye de Saint-Claude, à qui les souverains avaient
> donné le droit de battre monnaie, qui a été révoqué (2).

Quant aux justices féodales, elles disparurent aussi.
Bacquet écrit, dans un style d'où toute équivoque est
bannie :

> On tient en France pour maxime certaine que le roy seul est
> fondé de droict commun, en toute justice, haute, moyenne et
> basse par tout son royaume.... Partant, plusieurs sont d'advis
> que aucun seigneur ne peut prétendre droict de justice, soit
> haute, moyenne ou basse, en aucun fief, terre ou seigneurie
> située en France, sans titre particulier, concession ou permission
> du roy ou de ses prédécesseurs (3). . Dire que *concesso feudo cen-*
> *setur concessa jurisdictio,* et que le droict de cens contient en soy
> subjection, recognoissance de supériorité et territoire, et que le
> territoire emporte juridiction ; ce sont disputes et subtilitez de
> droit, qui ne sont reçues au royaume de France, auquel tous
> droits de justice dépendent du roy (4).

Là où des justices seigneuriales subsistaient, elles avaient
été peu à peu réduites à rien, ou peu s'en faut. Par la
théorie des « cas royaux » (5), par celle de la « prévention »,
les jurations royales enlevèrent aux seigneurs bon nombre

---

(1) L'HOMMEAU. *Maximes générales,* 1, 12.
(2) DUNOD. *Sur la coutume du comté de Bourgogne,* ch. II, n° 2.
(3) BACQUET. *Traité des droits de justice,* ch. IV, n°* 1 et 12.
(4) *Ibid.,* ch. III, n° 14.
(5) A. ESMEIN. *Histoire de la procédure criminelle,* p. 22 et s.

de justiciables, en même temps que, par l'institution de
l'appel, les justices seigneuriales devenaient les subal-
ternes des justices royales (1). Quant aux juridictions
ecclésiastiques, elles cédèrent aussi devant les juridictions
royales. Grâce à la théorie du « cas privilégié » les juges
royaux réussirent à reconquérir sur les ecclésiastiques le
droit de juger les clercs, chaque fois qu'il s'agissait d'un
crime ou d'un délit important (2), et ils obtinrent le même
droit en matière civile (3); à plus forte raison, empor-
tèrent-ils le droit de juger les laïques dans les cas réservés
autrefois aux juges ecclésiastiques (mariages, testaments,
contrats, dédits concernant la foi) (4).

Le droit de convoquer l'armée fut aisément conquis par
le roi. N'était-ce pas pour avoir des soldats et des cavaliers
que le monarque avait consenti, autrefois, tant de privilèges, d'immunités, de bénéfices ? Il avait affaibli ainsi son
patrimoine et son pouvoir. Mais, du même coup, il avait
mis en lumière son droit de convoquer les troupes. Ce
droit d'appeler aux armes tous les habitants du royaume
s'appela de bonne heure « l'arrière-ban » (5). Vint le
moment où les guerres privées purent être interdites: l'influence de l'Eglise contribua à provoquer cette interdiction, autant et même plus que la puissance du roi (6).
Dès lors, la seule levée de troupes qui puisse se faire est

---

(1) A. ESMEIN. *Cours élém. d'hist. du Jr. franç.* p 49.
(2) A. ESMEIN, *Histoire de la procédure criminelle*, p. 215 et s.
(3) A. ESMEIN, *Cours élém. d'hist. du droit franç.* p. 617-618.
(4) ID, *Ibid.*, p. 619-653.
(5) PIERRE DUBOIS, *De recuperatione terræ sanctæ*, édit. Langlois, p. 115 ;
BOUTARIC, *Institutions militaires de la France avant les armées permanentes*,
l. IV, ch. III, p. 233 et s. Voir A. ESMEIN, *cours élém*, p. 342-313 et
note   .
(6) A. ESMEIN, *Cours élém.*, p. 248-250.

l'arrière-ban : tout seigneur qui appellerait ses vassaux sous les drapeaux serait coupable de « port d'armes » défendu (1). D'ailleurs, Charles VII institue les premières armées permanentes (2). Le roi est, de nouveau, maître incontesté de l'armée.

Il importe de bien se rendre compte qu'en conquérant de nouveau tous ces pouvoirs, le roi de France a entendu rentrer dans son *patrimoine :* ce sont bien des droits de souveraineté qu'il a repris, mais la souveraineté elle-même est objet d'ordre patrimonial.

Louis XIV l'entendait ainsi, et nous savons, à n'en pouvoir douter que le royaume de France était, à ses yeux, sa propriété. C'est, du moins, ce qu'il prenait soin d'enseigner au Dauphin.

Tout ce qui se trouve dans l'étendue de nos Etats, de quelque nature qu'il soit, nous appartient au même titre. Vous devez être bien persuadé que les rois sont seigneurs absolus et ont naturellement la disposition pleine et entière de tous les biens qui sont possédés, aussi bien par les gens d'Eglise que par les séculiers, pour en user en tout comme sages économes (3).

Ce n'est pas là une doctrine nouvelle. C'est, au contraire, une conception très ancienne, qui recevait un éclat nouveau après une période, où elle avait été un peu obscurcie. Le royaume en tant que propriété du roi se trouve non pas constitué, mais reconstitué.

A la vérité, cette reconstitution n'avait pas eu lieu sans résistance, et, dès l'ancien régime, on avait soutenu une thèse diamétralement opposée. Ainsi, Jean Juvénal des Ursins n'avait pas craint d'adresser à Charles VII les

_____

(1) ESMEIN, *Cours élém.*, p. 685.
(2) ID., *Ibid.*, p. 553.
(3) LOUIS XIV, *Instruction au Dauphin*, Œuvres I, p. 571.

paroles suivantes : « Quelque chose qu'aucuns disent de votre puissance ordinaire, vous ne pouvez prétendre le mien ; ce qui est *mien* n'est point *vôtre*. Peut-être bien que la justice vous êtes souverain et va le ressort à vous. Vous avez votre domaine, et chaque particulier a le sien » (1). Et Loyseau s'était exprimé en termes analogues : « Les rois, avait-il dit, n'ont droit de prendre le bien d'autrui, parce que la puissance publique ne s'étend qu'au commandement et autorité et non pas à entreprendre la seigneurie privée des biens des particuliers » (2).

Mais les maximes contraires, celles qui reconnaissaient au roi un droit général de propriété sur son royaume, prévalurent. Galland soutient que le roi est le *seigneur universel de toutes les terres* qui sont dans son royaume et qu'elles doivent être présumées procéder de ses prédécesseurs « sinon en tant que la dispense en sera justifiée au contenu » (3). Le même principe est posé dans le code Marillac (art. 383), sous Louis XIII et dans un édit de Louis XIV, en 1692, aux termes duquel le roi, étant suzerain de tous les fiefs de France, toutes les terres du royaume sont sous son *domaine direct* (4).

Il n'est pas étonnant que le roi soit redevenu propriétaire du royaume. En effet, tous les principes juridiques qui furent invoqués pour permettre au roi de reconstituer son pouvoir avaient pour conséquence de rendre sensible le caractère *patrimonial* de ce pouvoir.

Ces principes étaient tirés de deux sources principales : le *droit féodal* et le *droit romain*.

(1) V. LOISEL, *Opuscules*, p. 400.
(2) LOYSEAU, *Traité des seigneuries*, ch. III, n° 42.
(3) GALLAND, *Traité du franc alleu.*
(4) Dans NÉRON, *Recueil d'édits*, t. II, p. 239.

§ 1ᵉʳ. — Première source : le droit féodal

Nous avons déjà vu qu'en droit féodal tout pouvoir est intimement lié au caractère de propriétaire.

Quelques exemples feront voir comment le droit féodal servit au roi à reconquérir, en même temps que son pouvoir, son droit général de propriété sur l'ensemble.

1. — Au début de la période féodale, les roturiers pouvaient devenir nobles en acquérant des fiefs (1). Mais à ce moment, un roturier ne pouvait acquérir un fief que par la concession gratuite d'un seigneur, ou par l'acceptation volontaire que faisait le seigneur d'un nouveau vassal. Or, dès le xiiiᵉ siècle, cette règle cesse d'être respectée, sans que le roi ait été pour rien dans cette évolution du droit féodal. Dès lors, tout vassal peut vendre son fief, sans le consentement du seigneur (2). Il en résulte normalement que tout roturier peut devenir noble sans que le seigneur puisse l'en empêcher autrement qu'en lui remboursant le prix du fief (retrait féodal). Cela n'était guère admissible, en régime féodal. La loi intervient alors, et une ordonnance du xiiiᵉ siècle interdit absolument aux roturiers l'acquisition des fiefs (3). Le roi est dans son rôle, évidemment, en prononçant une pareille interdiction. Il est le chef de la hiérarchie féodale, et il

---

(1) Beaumanoir, *Coutumes de Beauvoisis*, xlviii. 7 : « Le francise des personnes n'atranquist pas les héritages vilains ; mais li francs flés franquist la persone qui est de poeste ».

(2) A. Esmein, *Cours élém,*, p. 207-208.

(3) Beaumanoir, *Coutumes de Beauvoisis*, XLVIII. — Voir, à ce sujet, Langlois, *Le règne de Philippe III le Hardi*, p. 260 et s. — Voir aussi l'ordonnance de Blois de 1579, art. 258 (Isambert, t. XIV, p. 439.

agit comme tel. C'est vrai ; mais il y avait plus. Car le roi s'était réservé le droit de dispenser certains roturiers de l'interdiction édictée par l'ordonnance (1), et cette dispense avait lieu moyennant finance. Il s'agissait donc bien d'une affaire patrimoniale. La preuve en est que les rois prirent l'habitude de sanctionner les acquisitions de fiefs indûment faites dans le passé par des roturiers, moyennant le paiement d'un droit au trésor royal, et cela devint un système. Cet impôt, prélevé pour la première fois en 1275 (2), fut levé, depuis, périodiquement, tous les quinze ou vingt ans. Ce fut ce que l'on nomma le droit de *francs-fiefs* ou *nouveaux acquêts*. Dès lors un roturier, pour devenir noble par achat d'un fief, doit acquitter deux droits : l'un envers le seigneur, équivaut généralement au cinquième du prix, — c'est le droit de *quint* (3), appelé parfois droit de *lods et ventes* (4) ; — l'autre envers le roi, — c'est le droit de *francs-fiefs* ou de *nouveaux acquêts*, dont nous venons de parler. — Or ce dernier droit est superposé, en quelque sorte, au premier. Le seigneur touche le droit de *quint* ou de *lods et ventes* à titre de propriétaire de la terre : c'est parce qu'il a le *domaine direct* qu'il a droit à cette redevance. De même, le roi touche le droit

---

(1) BEAUMANOIR, *ibid.*, 3 : « S'autre grace ne li est fete du roi ou du conte de qui li fief muet. »

(2) Ordonnance de 1275, art. 6 (ISAMBERT, t. II, p. 659).

(3) Guy COQUILLE, *Institution*, p. 86 : « Quint denier... qui est la composition qui autrefois a esté faicte par le consentement des Estats afin de se rédimer du droit de commise, qui estoit quand le vassal vendoit sans congé du seigneur. »

(4) *Livre de Jostice et de Plet*, XII, 13, § 1 : « Los si est une chose que len doit a seignor quant aucun vent sa terre. Et est appelez loz de loer : quar la vente n'est pas parfeite devant que li sire l'ait loée. Et li los si monte le quint denier... et li sires de qui flé ce est, si le doit avoir. » — Sur le droit de *ventes*, plus faible que celui du los, et perçu par le seigneur, en même temps que ce dernier, V. *ibid.*, XII, 14.

de *francs-fiefs* ou de *nouveaux acquêts* parce qu'il est le seigneur supérieur, parce qu'il a un droit de *domaine direct* sur l'ensemble du territoire.

Or, — et ceci est très remarquable, — le droit de francs-fiefs a joué un rôle considérable dans l'histoire des impôts en France (1). C'est le premier droit qui ait appartenu au roi comme tel; car on ne sait pas que les grands chefs féodaux aient rien eu d'analogue (2). C'est l'origine, par conséquent, des droits proprement royaux, et comme c'est un droit à caractère permanent, il servit de puissant argument pour constituer des droits du même genre.

2. — Le droit d'*amortissement* nous fournit un nouvel exemple. Rappelons dans quelles conditions ce droit est né; nous verrons ensuite comment il servit à consolider le pouvoir du roi, considéré comme de nature patrimoniale.

Nous avons parlé plus haut de ces francs-alleus ecclésiastiques, ou franches aumônes, qui échappaient au régime féodal (3). Mais ce n'étaient pas les seules franches aumônes qui, parmi les biens d'Église, échappaient aux charges féodales. En effet, « par la force même des choses, le plus clair des revenus du seigneur féodal échappe à ce seigneur, si le détenteur est une église... Il n'y a, en ce cas, ni ouverture aux droits fructueux de mutation (*relief, rachat, relevoison*) ou de déshérence, car l'Église ne meurt pas; ni ouverture au droit de *lods et ventes*, car l'Église n'aliène pas; ni ouverture enfin à commise ou confiscation

---

(1) CLAMAGERAN, *Histoire de l'impôt en France*, t. II, p. 96.

(2) P. VIOLLET, *Hist. des instit. polit. et admin. de la France*, t. III p. 404 et 411.

(3) Voir plus haut, p. 24.

car *delictum personæ in damnum Ecclesiæ non est convertendum*. Joignez que l'Église est assez malhabile à remplir les devoirs militaires attachés au fief noble, car *desiit esse miles sæculi qui factus est miles Christi* » (1). Ainsi, les biens d'Église, sans cesse plus nombreux, échappaient au régime féodal, en ce sens que l'Église profitait de tous les avantages que le régime pouvait lui conférer et même d'avantages exorbitants, tels que celui de percevoir la *dîme* (2), mais elle en évitait tous les devoirs corrélatifs. Cela était intolérable et ne fut pas toléré. L'amortissement est précisément l'un des moyens employés pour faire rentrer les biens d'Église dans le régime féodal.

Dès la fin du XI° siècle (3), on voit des suzerains, soit laïques, soit même ecclésiastiques, autoriser les Églises à acquérir franche et quitte la propriété de biens nouveaux, à condition de verser une indemnité, dénommée *amortissement*. Le bien devenait alors *bien de mainmorte*. Cette combinaison se généralise au XII° et au XIII° siècles (4).

Aucune difficulté ne surgissait quand le seigneur, qui touchait le droit d'amortissement n'était pas lui-même le vassal d'un autre seigneur, quand c'était un alleudier, ou bien le roi. Mais tel n'était pas le cas général.

La plupart du temps *l'abrégement de fief*, comme on disait, consenti par un seigneur en faveur d'une Église, qui lui versait, en échange, un droit *d'amortissement*, portait dom-

---

(1) P. VIOLLET, *Hist. des instit. polit. et admin. de la France*, précité, t. II, p. 100-101.

(2) LA POIX DE FRÉMINVILLE, *Traité historique de l'origine et de la nature des dixmes et des biens possédés par les ecclésiastiques en franche aumône*, Paris, 1762.

(3) E. MABILLE, *Cartulaire de Marmoutier pour le Dunois*, 1874, p. 55, n° 621, acte de 1096-1101.

(4) *Coutume de Toulouse*, 144 c. : L'Eglise doit vendre dans l'an et jour ou *solvere pax domino feudi*. (*Coutumes de Toulouse*, éd. Tardif, p. 70).

mage au suzerain, dont ce seigneur était vassal. Les
seigneurs immédiats étaient dédommagés. Il fallait que les
seigneurs médiats le fussent aussi : en conséquence, ils
déclarèrent que les amortissements étaient nuls à leurs
yeux, et ils forcèrent les églises intéressées soit à vendre dans
l'an et jour, soit à leur payer un nouveau droit d'amortissement. Il en fut ainsi, de seigneur en seigneur, jusqu'au roi. Le droit d'amortissement devient alors écrasant : les églises ne peuvent plus satisfaire à toutes les
demandes d'amortissement. Le roi intervient. Une première
fois, il agit comme une sorte d'administrateur, de régulateur,
désireux d'imposer une règle équitable à ses sujets. C'est
Philippe le Hardi qui, en 1275, décide que les gens d'église
cesseront d'être inquiétés chaque fois qu'ils produiront des
lettres d'amortissement de trois seigneurs suzerains, sans
compter l'aliénateur. L'ordonnance n'exige nullement que
le roi soit au nombre de ces trois seigneurs suzerains.
Bien mieux, elle reconnaît à un certain nombre de barons,
ducs ou comtes, le privilège d'amortir souverainement (1).

Si l'Eglise avait été satisfaite par cette mesure, les choses
en seraient peut-être restées à ce point. Mais l'Eglise
ne pouvait pas se montrer satisfaite : elle n'avait, certes, de
droits à payer qu'à trois seigneurs suzerains, à titre d'amortissement, mais la quotité du droit était devenue si élevée,
que l'Eglise n'éprouvait pas d'adoucisement à sa situation. D'ailleurs, la nécessité de l'amortissement avait été
étendue, par l'ordonnance : elle ne s'appliquait plus seulement aux tenures féodales de l'Eglise, mais encore aux

---

(1) Ord. de 1275 (ISAMBERT, t. II, p. 658). — Voir LAURIÈRE, De l'origine
du droit d'amortissement ; CHÉNON, Etude sur l'histoire des alleux en
France, p. 69 et s. ; LANGLOIS, Le règne de Philippe le Hardi, p. 206 et s.

alleux ecclésiastiques (1). L'Eglise pliait sous le faix.

Le roi se trouve appelé à intervenir de nouveau. Puisque son action comme administrateur n'a pas réussi, il va, maintenant agir comme propriétaire. Charles V pose en principe une règle absolue : *Au roi seul et pour le tout appartient amortir en tout son royaume.* « Sans doute les seigneurs, sujets du roi, amortissent, *pour tant comme il leur touche.* ce qui est tenu d'eux. Cependant les choses ainsi amorties, ne peuvent être considérées comme définitivement amorties, tant que le roi lui-même ne les a pas amorties à son tour. Et le roi, tant qu'il n'a pas reçu la finance à laquelle il a droit, peut contraindre les détenteurs à mettre les biens acquis hors leurs mains dans l'an et jour : s'ils ne le font, il peut prononcer la confiscation. » (2) Voilà, du moins, la thèse que soutient Charles V dans une instruction qui, à vrai dire, présente un intérêt exclusivement local (3). Cette thèse est reprise par les jurisconsultes du xvi° siècle, et, dès lors, jusqu'à la Révolution. ils soutiennent qu'il existe « une règle très ancienne, plus ancienne que les fiefs eux-mêmes » « une loi aussi vieille que la monarchie », suivant laquelle les établissements ecclésiastiques sont déclarés incapables d'acquérir en France des immeubles quels qu'ils soient.

Seulement, a-t-on dit, le roi pouvait accorder la dispense de cette loi comme des autres et c'est ce qu'il faisait par l'amortissement. D'après cela, il était facile d'expliquer comment l'amortissement était nécessaire désormais pour les acquisitions d'alleux, comme pour celles des tenures féodales, et, en même temps, l'amortissement royal passait au premier plan; l'indemnité due

---

(1) Même ordonn., art. 5.
(2) P. VIOLLET, *Hist. des instit. polit. et admin. de la France.* t. II, p. 410.
(3) Instruction du 8 mai 1372, art. 11 (ISAMBERT, t. V, p. 372).

par l'établissement au seigneur direct n'en était que la conséquence et l'accessoire (1).

Les jurisconsultes qui soutiennent cette thèse, c'est
Le Maistre (2), c'est Bacquet (3), c'est Jarry (4), c'est
Le Vayer de Boutigny (5). On a déclaré que le droit royal
affirmé par ces jurisconsultes, avait été « inventé après
coup », qu'ils l'avaient « introduit dans le système
ancien » (6), que c'était, de leur part, simple supposition
sans fondement (7). — Il faut s'entendre. Si l'on prend
pour point de départ le début de l'époque féodale, c'est-à-
dire le moment où le pouvoir royal était démembré, on a
raison ; les jurisconsultes ont inventé la règle suivant
laquelle les établissements ecclésiastiques sont incapables
d'acquérir des immeubles sans le consentement du roi.
Mais si l'on part de plus haut, si l'on se souvient de
l'époque, antérieure à la féodalité, où le souverain est
propriétaire suprême de tous les biens de ses sujets, alors
il faut bien reconnaître que la thèse est exacte : le roi a
un droit supérieur de disposition et nul ne peut acquérir
des propriétés nouvelles si le roi n'y consent. Sans doute,
la féodalité a eu pour effet de supprimer cette règle. Les
jurisconsultes dont nous avons parlé la rappellent à la vie,
ils ne l'inventent pas ; ils l'introduisent non pas dans le
système « ancien », mais dans le système féodal, qui est
plus jeune que la règle même ; ils ne la supposent pas, ils
la posent de nouveau. Encore ne faut-il même pas exa-

(1) A. Esmein, *Cours élém.*, p 620-621.
(2) *Œuvres de Le Maistre*, Paris 1653, 2e partie. *Des amortissements.*
(3) *Du droit d'amortissement.*
(4) *Des amortissements, nouveaux acquêts et francs fiefs*, Paris, 1725.
(5) *Traité de l'autorité des lois touchant l'administration de l'Eglise.*
(6) A. Esmein, *ibid.*, p. 271.
(7) *Id., Ibid.*, p. 620.

gérer l'importance de cette résurrection. Nous avons rappelé plus haut l'instruction de Charles V ; mais il convient d'en rapprocher d'autres manifestations. « Dès le xii° siècle, — Arnauld de Brescia soutient que ni le clergé, ni les moines ne doivent avoir de propriété terrienne. Tous ces biens appartiennent au prince et le prince ne peut en disposer qu'en faveur des laïques » (1) — « Au xiv° siècle, Wiclef enseigne que les princes temporels ont le droit de confisquer les biens de l'Eglise lorsque celle-ci abuse ou mésuse » (2). — Au même siècle, Pierre Dubois (3) et Bœrius (4) proposent d'enlever à l'Eglise l'administration de ses biens et de les mettre dans les mains de laïques, qui en serviraient le revenu aux bénéficiaires. — Au xv° siècle, Jean Huss soutient que « les prêtres et les lévites ne doivent point... avoir de dotation temporelle » et que « quiconque enseigne le contraire est hérétique » (5). — On ne peut donc pas dire que le lien historique ait été rompu. En 1560, la noblesse et le tiers état avaient proposé, pour payer les dettes royales, d'aliéner une portion des biens du clergé, « attendu que ce sont biens provenus du roy et de la noblesse, dont la propriété appartient en corps au commun du royaume, et

---

(1) P. VIOLLET, *Hist. des instit. politiq. et admin. de la France*, t. II, p. 412 et les ouvrages cités note 5 : OTTO FRISING, *Gesta Frider*, II, 2°, (PERTZ. *Script.*, t. XX, p. 403) ; VACANDARD, *Vie de Saint Bernard*, t. II, p. 237 et s. CLAVEL, *Arnould de Brescia et les Romains du XII° siècle*. Paris, 1868.

(2) P. VIOLLET, *ibid*,, p. 412 et 413 et l'ouvrage cité, p. 413, note 1 : ROSKOVANY, *Rom. Pont. tamq. prim. Ecclesiæ*, t. I, 1867, p. 559-562 sur les erreurs 6, 17 de Wiclef.

(3) *De recuperatione Terræ sanctæ*, édit., ch. v, Langlois, p. 35 et s.

(4) *Decisiones*, déc. 69, n° 3.

(5) P. VIOLLET. *ibid.*, p. 413 et référence citée note 2 : proposition de Jean Huss déférée au concile de Constance en 1415 (LABBE ET COSSART, *Sacros. conc.*, t. XII, col. 125).

les gens d'Eglise n'en ont que l'usufruit seulement » (1).
— Le roi, en vérité, n'usa guère des droits absolus que lui
reconnaissaient les jurisconsultes. L'édit de 1666 défend
de fonder à l'avenir aucun établissement religieux sans
une autorisation du roi par lettres patentes dûment enre-
gistrées aux parlements (2). Mais l'autorisation, en fait,
était toujours accordée, parce que toute autorisation
donnait ouverture au droit d'amortissement, et que c'était
là, pour le trésor royal, une ressource non négligeable (3).
Après les déclarations de 1738 et de 1739, l'édit de 1749,
dû à Daguesseau, interdit aux établissements ecclésiastiques, et, en général à tous les établissements ayant la
personnalité juridique, d'acquérir des immeubles ou des
droits immobiliers que moyennant l'autorisation royale,
par lettres patentes, vérifiées en parlement après enquête ;
cette autorisation ne peut intervenir que s'il s'agit d'acquisitions par actes entre vifs, mais quand il s'agit d'acquisitions par libéralité testamentaire, l'autorisation ne peut
être obtenue par aucun moyen (4).

Quand on relie ainsi ces dernières dispositions avec
leurs antécédents historiques, le caractère patrimonial
du droit royal, en cette matière, est tout à fait évident.

Si le roi peut autoriser ou non les acquisitions faites
par les établissements ecclésiastiques, ou — car il n'y a
pas de différence, — par des établissements laïques ; —
s'il peut percevoir un droit d'amortissement, chaque fois
qu'un particulier fait une donation à une personne morale

(1) Picot, Histoire des Etats généraux, II, p. 386 et s., cf. p. 199, 208.
(2) Isambert, Anc. lois, t. XVIII, p. 91.
(3) Edit d'août 1749, préambule. — (Sallé, L'esprit des édits et déclarations de Louis XV, édit. 1751, p. 409 et s.).
(4) Voir Sallé, ibid.

— c'est parce que la propriété n'est pas absolument libre et que le roi possède, sur toutes les terres du royaume, un *droit supérieur de disposition*. Sans doute, quand il s'agit des biens des personnes morales, le roi invoque des raisons déterminantes pour user de son droit rigoureusement : il lutte contre la main-morte. Mais ce ne sont pas ces motifs qui servent de fondement à son droit d'intervention. Ce droit est justifié par la propriété supérieure qu'a le roi sur toutes les terres du royaume. Aussi bien historiquement que rationnellement, il est impossible de trouver à ce droit un autre fondement.

C'est d'ailleurs ce que proclame de Cerfvol, en 1770 :

> On ne manquera pas, dit-il, d'alléguer la volonté libre des donateurs ; mais... il faut observer que la masse entière des biens d'un Etat est dans la main de la loi civile de cet Etat, que les particuliers n'en sont, en quelque sorte, que les usufruitiers et n'en peuvent disposer qu'en certaines circonstances, pour eux, pour leurs descendants et pour la patrie (1).

4. — Le droit *d'affranchissement* va encore nous servir d'exemple. Au premier abord, cet exemple peut paraître mal choisi. S'il est un droit qui paraisse de nature peu patrimoniale, c'est bien le droit d'affranchir les serfs. Ce sont là mesures gracieuses, qui touchent au rôle moral du souverain. Il peut sembler étrange, avec nos idées modernes, non seulement de rattacher le droit d'amortissement aux questions de propriété, mais encore et surtout de chercher par l'histoire du droit d'affranchissement à prouver que les pouvoirs du roi sont de nature patrimoniale.

(1) DE CERFVOL, *De droit des souverains sur les biens-fonds du clergé et des moines et de l'usage qu'il peut faire de ces biens pour le bonheur des citoyens*, 1770, p. 86.

Mais que l'on so souvienne des relations étroites, dans le droit féodal, entre le serf et la terre.

Le serf, dans le pur droit féodal, est attaché à la seigneurie, ou, plus exactement, au territoire de la seigneurie. Le seigneur peut, sans affranchir le serf, le transférer de sa seigneurie à une autre (1). Il n'y a pas que les serfs, d'ailleurs, qui soient soumis à pareil régime. Les juifs sont assimilés aux serfs.

En 1299, Philippe le Bel acheta tous les juifs appartenant à son frère Charles de Valois : il les paya comptant 20.000 livres tournois « petits ». Et ce fut une excellente affaire, car le produit net de ces juifs achetés 20.000 livres, fut, l'année suivante, de près de 4.000 livres tournois, soit pour le roi un placement bien garanti de 20 0/0 (2).

En ce qui concerne les serfs, de semblables transactions sont tout à fait courantes (3). Sans doute, il y eut, en bien des lieux, des atténuations à ce droit rigoureux et tous les serfs n'étaient pas dits « serfs de corps et de poursuite ». Mais il nous suffit de constater que cette variété existait et qu'elle représentait la véritable tradition féodale. Il faut bien, en effet, si le serf est attaché au territoire de la seigneurie, qu'il ne puisse se choisir ailleurs un domicile, et que le seigneur puisse poursuivre le serf qui a quitté ce territoire, le ramener et le revendiquer contre quiconque l'a recueilli. C'est là précisément ce qu'on appelle un « serf de corps et de poursuite » (4). Or cette variété de serfs

(1) A. ESMEIN, *Cours élém.*, p 226.

(2) P. VIOLLET, *Hist. des instit. politiq. et admin. de la France*, t. III, p. 106 et note 4, p. 407 et note 1.

(3) Voir notamment le *Livre des serfs de Marmoutiers*, publié par GRAND MAISON et SALMON, Tours 1864, (t. XVI des *Publications de la Société archéologique de Touraine*).

(4) A. ESMEIN, *Cours élém.*, p. 227 et note 1.

existe jusqu'en 1779. C'est alors qu'un édit vient sinon supprimer, du moins atténuer la rigueur du droit féodal. « Le droit de suite sur les mainmortables, dit l'édit du 7 août 1779 (art. 6) demeurera éteint et supprimé dans tout notre royaume, dès que le serf ou mainmortable aura acquis un véritable domicile dans un lieu franc » (1). C'est dire que le droit de poursuite subsiste chaque fois que le serf n'a pas acquis un « véritable domicile dans un lieu franc ». Il est telle coutume, d'ailleurs, comme celle de Vitry, ou celle de Bar où cette condition servile demeure intacte jusqu'à la Révolution (2).

On voit par quel lien étroit la question du servage se rattache à celle de la propriété.

Mais ce n'est pas tout : le serf est, en outre, un instrument de rendement. On fait valoir un serf, ou plutôt, faire valoir ses terres, au moyen âge, c'est en bonne partie, faire produire le plus possible à ces propriétés vivantes, attachées au territoire de la seigneurie, et qu'on appelle les serfs.

Énumérons, après beaucoup d'autres, tout ce qu'un seigneur peut tirer de ses serfs (3) :

1° Le chevage (*capitalicium*, *cavagium*, *census capitis*) somme fixe, payée chaque année, à une date déterminée. C'est la reconnaissance périodique, que le serf fait ainsi de son état servile. La somme est modique.

2° La *taille*, impôt direct sur le revenu du serf. Pour le droit féodal pur, les serfs sont « taillables à merci, « taillables haut et bas, c'est-à-dire que le seigneur peut les

---

(1) Isambert, *Anc. lois*, t. XXVI, p. 141-142.
(2) P. Viollet, *Histoire du droit civ. français*, p. 317-318.
(3) Voir A. Esmein. *Cours élem.*, p. 228-238; P. Viollet, *Histoire du dr. civ. franc*, p. 342-350.

pressurer à sa guise Il est juste d'ajouter que, très souvent, cette rigueur du droit s'est effacée, et que le chiffre
et le nombre des tailles a été fixé : ce fut la « taille abon-
née ».

3° Les *corvées*, ou journées de travail que le serf doit
gratuitement au seigneur, d'abord suivant le bon plaisir du
seigneur (serfs « corvéables à merci »), puis, très souvent,
dans des proportions fixées soit par la coutume, soit par
voie d'abonnement.

4° Les droits perçus ou les peines infligées en cas de
formariage. Ici, il faut insister un peu ; car rien ne précise
mieux le lien entre ces questions de rapport et la nature
patrimoniale du servage. Le serf était, comme nous l'avons
rappelé, attaché au territoire de la seigneurie. Or, s'il
épousait soit une personne de condition franche, soit une
personne de condition servile mais dépendant d'un autre
seigneur, les enfants nés de ce mariage risquaient d'échapper à l'exploitation du seigneur. Cela dépendait des lieux :
dans certaines parties de la France, les enfants des serfs
suivaient la condition du père ; dans d'autres, celle de la
mère. Mais, quelle que fut la règle suivie, les mariages
de ce genre privaient souvent le seigneur (ou l'un des seigneurs intéressés) du travail que les enfants du serf
devaient apporter à sa terre. Or ce travail lui appartenait.
Le seigneur était donc frustré. C'est comme propriétaire
qu'il subissait un dommage, tant il est vrai que chaque serf
lui appartient complètement : la force reproductrice du
serf, elle aussi, appartient au seigneur. Le « formariage »
du serf, c'est comme si un taureau s'accouplait avec la
génisse du seigneur voisin : cela soulève la question de
propriété des petits. — Or, voici la solution qui intervint :
en cas de « formariage », le seigneur faisait payer son con-

seulement à l'union, et il percevait alors un « droit de
formariage », qui le dédommageait de la perte éprouvée ;
— si, en dépit du refus par le seigneur de consentir au
« formariage », le serf contractait l'union interdite, le seigneur confisquait tous les biens du serf désobéissant, et lui
infligeait une amende qui était, suivant les lieux, soit fixée
par le seigneur lui-même (1), soit établie par une charte
seigneuriale ou par la coutume (2). Le caractère patrimonial des droits de formariage est donc nettement
établi.

5° Enfin le droit de *mainmorte*. — Ici aussi, il convient
d'insister. Le serf était frappé d'une incapacité spéciale :
il ne pouvait transmettre ses biens à cause de mort ; en
d'autres termes, quand il mourait, tous ses biens reve-
naient au seigneur (3). Qu'il s'agisse ici d'un droit de propriété pour le seigneur, voilà qui est de toute évidence.
Le plus souvent le seigneur laissait les biens du serf
décédé à ses proches parents, en échange d'une somme
d'argent qu'il fixait à sa guise. Les parents rachetaient
ainsi au seigneur les biens du serf. Il y avait eu transmission de l'hérédité du serf au seigneur, puis vente de
la même hérédité du seigneur aux parents (4). — Il est

(1) BEAUMANOIR, *Coutumes de Beaucoisis*, XLV, 31 : « Quant il se marient
en franques femes, quanques il ont eschiet à lor seigneur, muebles et héritages, car cil qui se formarient il convient qu'il finent à la volonté de lors seigneurs. » — *Liber practicus de consuetudine Remensi*, édit. Varin, n° 392,
p. 305 : « Propter quod dicta ecclesia debet habere medietatem omnium bonorum quæ habebat dictus reus tempore quo contraxit matrimonium predic-
tum. »

(2) Coutume de Vitry, art. 141.

(3) BEAUMANOIR, *ibid.*, XII, 3 : « Li sers ne puet laissier par son testament
plus grande somme que cinq sous ». — *Grand Coutumier de France*, II, 26,
p. 287 : « Consuetudo *mortuus saisit vivum*... habet locum inter dominos et
servos, qui a servus mortuus saisit dominum viventem. »

(4) BEAUMANOIR, *ibid.*, XLV, 31 : « Et s'il muert il n'a nul oir fors que son

vrai que c'était là du droit féodal primitif. Cette rigueur
alla s'atténuant, grâce aux « sociétés taisibles ». Mais peu
importe. Ce qui importe c'est de voir l'origine des relations entre seigneurs et serfs. Or, ici, il est particulièrement évident qu'il s'agit de droits de propriété.

Avant d'en venir aux questions d'affranchissement, il
importe même de bien montrer que ce n'étaient pas seulement les serfs et les juifs qui étaient, au moyen âge,
objets de propriété : cela se produisait aussi pour les
hommes libres. On a cité des nobles, qui étaient, en Dauphiné, mainmortables du dauphin (1). On a signalé une
commune dont les habitants étaient, au xiii° siècle, mainmortables du roi (2). Au moyen âge, on cède couramment
des bourgeois ou des chevaliers (3). Il n'est pas nécessaire, pour cela, que les hommes cédés soient soumis à
des servitudes réelles ou personnelles ; il suffit qu'ils soient
assujettis à des tailles, ou à des cens, ou à des droits de
mutation : ces droits donnent lieu à une évaluation et,
quand on cède à quelqu'un le titre, qui confère ces droits,
on lui cède en réalité ces hommes (4), cela revient au
même.

---

seigneur, na li enfant du serf n'i ont rien, s'il ne le racatent au seigneur ».
— V. aussi LOISEL, *Institutes*, I, 1, 74.

(1) SALVAING, *De l'usage des fiefs*, ch. xxxi-xxxii. Grenoble, 1731, t. I,
p. 179-183 et suiv. ; — BRUSSEL, *Nouvel examen de l'usage général des fiefs*,
t. II, p. 905, note ; — Dom GRAPPIN, *Quelle est l'origine des droits de mainmorte dans les provinces qui ont composé le premier royaume de Bourgogne?*
Besançon, 1779, p. 64-65.

(2) Charte de Bray, art. 2 (1210) dans *Ord.*, t. XII, p. 296.

(3) Voir, à ce sujet, PERRECIOT, *De l'état civil des personnes et de la condition des terres*, 1786 ; — DUPRÉ, *Études et documents sur le servage dans
le Blésois*, 1867, p. 11.

(4) FAUCHÉ-PRUNELLE, dans *Bulletins de la société delphinoise*, 2ᵉ série, t. II,
p. 493-494.

Rien d'étonnant à ces opérations, si l'on songe que la liberté complète régnait en matière de propriété. Nous avons dit que le droit de propriété n'était limité par aucune réglementation légale. Aussi s'appliquait-il à des matières très diverses, même à des serfs, même à des hommes libres.

Nous pouvons aborder, après ces explications, la question de l'affranchissement.

Sans doute, les idées humanitaires (1) et les sentiments chrétiens dictèrent nombre d'affranchissements (2). Mais il ne faut pas exagérer cette idée, car « les églises ont gardé des serfs plus longtemps que la plupart des autres propriétaires et les ont affranchis ou en moindre nombre, ou avec beaucoup moins de générosité » (3). L'une des principales raisons que l'on donne pour expliquer cette différence entre les églises et les laïques, est particulièrement frappante : c'est que les seigneurs avaient souvent besoin d'argent, et qu'ils affranchissaient « pour battre monnaie » (4). Les églises avaient une fortune beaucoup plus stable, et ne recouraient pas à cet artifice de trésorerie, comme nous dirions aujourd'hui. Voilà du coup l'affranchissement dégagé de la question du droit à la liberté et réduite à ce qu'elle était : une affaire d'argent, et, en dernière analyse, une question de propriété.

L'affranchissement, en effet, est acheté par le serf : il paie souvent fort cher sa liberté. Il arrive même que l'affranchissement lui soit imposé à des conditions telle-

---

(1) P. VIOLLET, Hist. des instit. polit et admin. de la France, t. III, p. 6-7.

(2) P. VIOLLET, Hist. du dr. civ. français, précité, p. 342.

(3) Id., ibid., p. 355 et les références et auteurs, note 2.

(4) Id., ibid., loc. cit.

ment exorbitantes, qu'il préfère rester serf : c'est trop cher payer sa liberté.

Les documents, en ce sens, sont fort abondants. Par exemple, c'est Louis X, qui, en 1315, invite à se racheter tous les serfs directement soumis à la couronne : il avait besoin d'argent (1). Les serfs y mirent si peu d'empressement que, trois ans après, Philippe V renouvelait la même invitation (2) sans beaucoup plus de succès. Déjà, auparavant, Philippe le Bel avait accordé la liberté aux serfs de ses domaines dans les sénéchaussées de Toulouse et Albigeois, en échange d'un cens annuel de douze deniers tournois par sétérée de terre : opération avantageuse pour le trésor du roi plus que pour ces malheureux (3). On a raillé aussi le Chapitre de Sainte-Croix d'Orléans qui affranchit ses serfs d'Etampes, à condition qu'ils acquittent toutes les charges que le Chapitre leur imposera : notamment, pour célébrer leur sortie de servitude, il leur demande une gerbe en sus de la dîme traditionnelle, et il donne à cette gerbe un beau nom, la *gerba libertatis* (4). D'autres fois, les seigneurs, dans leurs chartes d'affranchissements, exagèrent leurs droits de justice et parviennent ainsi, indirectement, à accroître leurs revenus : c'est là une forme nouvelle de l'exploitation seigneuriale (5).

Ainsi, il ne faut pas se laisser prendre au mot : affran-

(1) GRANDMAISON, *Livre des serfs*, p. XLIII; ISAMBERT, *Anc. lois*, t. III, p. 103. — Voir : P. VIOLLET, *Hist. des instit. polit. et admin.*, de la France, t. III, p. 8 et note 2.

(2) P. VIOLLET, *Hist. du dr. civ. franç.*, p. 351.

(3) P. VIOLLET, *Hist. des institut. polit. et admin. de la France*, t. III, p. 7-8 et note 1.

(4) ID., *ibid.*, p. 8 et note 3.

(5) ID., *ibid.*, p. 9 et note 5.

chissement. A l'époque féodale, l'affranchissement n'est, à de rares exceptions près, qu'une affaire.

Mais, dans tous les cas, et même quand l'affranchissement correspond aux principes du droit naturel, comme c'est le cas pour un affranchissement de Louis VII, en 1152 (1), il en résulte nécessairement un effet, qui affecte la propriété. Le serf, une fois affranchi, cesse d'être attaché à la seigneurie. Sans doute, le seigneur s'est enrichi, puisqu'il a généralement touché le prix de l'affranchissement, ou qu'il a, le plus souvent, imposé aux affranchis des charges spéciales; mais, si la cassette du seigneur s'en trouve mieux, il n'est pas moins vrai que sa propriété foncière vaut moins : le serf était une annexe de la terre ; cette annexe, il l'a supprimée. Avec les idées qui datent de la Révolution, nous dirions : c'était son droit ; sa terre vaut moins, et il retrouve l'équivalent, — et au-delà, — sous forme de redevances annuelles, libre à lui. — Non, pas libre à lui, à l'époque féodale. Car ce seigneur est le vassal d'un autre seigneur; il n'a sur ses terres qu'un droit de *domaine utile*, et, en affranchissant les serfs, il a fait tort à son suzerain, il lui a fait subir un « abrègement de lief ». La situation est la même, par conséquent, en matière d'affranchissement qu'en matière d'amortissement et, ici comme là, c'est une question de propriété qui se pose. Aussi, la solution est-elle identiquement la même.

Aucun affranchissement n'est valable, par conséquent,

---

(1) LUCHAIRE, *Hist. des institut. monarchiques de la France sous les premiers Capétiens*, t. II, p. 127, note 2. — Voir aussi un acte de 1270, cité par MOLINIER, *De la condition des débiteurs à Tours*, p. 39. — Il est vrai que l'ordonnance de 1315 s'appuie, elle aussi, sur le droit naturel, et pourtant Louis X, en dépit du droit naturel, n'eût pas affranchi les serfs, s'il n'avait eu besoin d'argent.

sans le consentement du seigneur supérieur (1). Supposez
que ce seigneur refuse, — c'est ici qu'on va voir avec
pleine évidence qu'il s'agit uniquement de propriété en
cette matière. — Voici alors ce qui se produit : les serfs
sont et restent affranchis au regard du seigneur qui les a
libérés, mais ils deviennent les serfs du seigneur supérieur (2). Il est ainsi tout à fait clair que les serfs sont objet
de propriété et que le *domaine éminent* du seigneur supérieur est toujours prêt à se faire sentir, dès que le *domaine
utile* du seigneur inférieur vient à disparaître.

Donc, pour qu'un affranchissement devienne définitif, il
faut, en principe, l'autorisation de tous les seigneurs supérieurs, tout du long de la hiérarchie féodale, comme dit
Beaumanoir : « Ne pot nus donner abrègement de servitudes de fief, ne francises d'eritage, sans l'auctorité de ses
pardessus » (3). Pourtant, la règle s'introduisit de ne pas
remonter jusqu'au plus haut degré de l'échelle ; on s'arrêta au chef seigneur (*capitalis dominus*), c'est-à-dire à
celui, baron, comte, duc ou roi qui représentait la souveraineté régionale (4). Mais, lorsque le roi retrouva sa puis·
sance, il réclama son droit propre d'affranchissement : il
était au sommet de l'échelle, il était le seigneur fieffeux
de tout le royaume, tout affranchissement diminuait son
patrimoine, il exigea donc que son consentement fût
requis, et, naturellement, il fit payer son autorisation un
bon prix (5). Mais, quand on a obtenu l'autorisation

(1) BEAUMANOIR, *Coutumes de Beauvoisis*, XLV, 18, 25, 26.

(2) ID., *ibid.*, 18, 26. — *Li droits et li coustumes de Champaigne et de Brie*,
ch. XII.

(3. *Coutumes de Beauvoisis*, XLV, 26.

(4) BEAUMANOIR, *ibid.*, 18, 26. — *Livre des serfs de Marmoutiers*, App.
n° 1, p. 121 (a. 1032-1061).

(5) « Avant qu'un serf manumis par son seigneur soit franc, il faut qu'il
paye finance au roy », LOISEL, *Instit. coutum.*, I, 72 (al. 73).

royale, à quoi bon demander celle des seigneurs intermédiaires ? L'affranchissement devient alors un privilège
royal (1) mais on voit par quel chemin, et comment, en
tout cela, il n'est question, en somme, que de propriété.

4. — Citons encore, comme autre exemple, le droit,
pour le roi, d'autoriser *l'affranchissement des villes*. Nous
n'avons pas à rechercher ici quelles furent les causes de
l'affranchissement des villes. Ce serait sortir de notre sujet.
Mais il est un effet de cet affranchissement que nous devons
constater avec précision : chaque fois qu'une ville con-
quiert ou reçoit la franchise, il y a un ou plusieurs fiefs
qui se trouvent « abrégés. » Sans doute, le seigneur reçoit
toujours le prix de l'affranchissement (2). Cela est d'au·
tant plus naturel, que les franchises accordées diminuent
souvent dans de fortes proportions les droits de domaine
du seigneur : témoin la fameuse charte de Beaumont-en-
Argonne, qui accordait aux habitants l'usage libre des eaux
et des bois (*Ad hec concedimus vobis usum aque et nemorum
liberum* (3). En présence de ces « abrègements de fiefs »
le roi devait nécessairement intervenir. C'est exactement
le même principe qu'en matière d'amortissement, ou que
pour les affranchissements de serfs. Mais il y a plus ici.
Les membres de la commune sont le plus souvent de riches
marchands, ou des agriculteurs aisés ; les occasions sont
belles, et l'on va obtenir un bon prix de leur franchise.
Aussi peut-on citer tel roi, qui, comme Louis-le-Gros, mit

---

(1) A. ESMEIN, *Cours élém.*, p. 241.

(2) P. VIOLLET, *Hist. des instit. politiq. et admin. de la France*, t. II,
p. 122.

(3) *Bibl. de l'École des chartes*, c. II, p. 250. Cité par P. VIOLLET, *Hist.
des instit. polit. et admin. de la France*, t. III, p. 11 et 17.

en quelque sorte aux enchères, entre la commune et l'é-
vêque de Laon, l'octroi ou le refus des franchises, ou qui,
comme Louis XI, vendit aux villes des confirmations de
privilèges (1). Ce sont là des abus, mais qui décèlent
l'existence d'un droit : la propriété générale du roi sur tout
son royaume. Aussi dit-on dès le xii° siècle, que toutes les
communes appartiennent au roi : *Reputans omnes civitates
suas esse in quibus sunt communiœ* (2). Beaumanoir, au
xiii° siècle exprime la même pensée sous une forme un
peu moins absolue : « De nouvel, nus ne puet fere vile de
comune ou roiaume de France, sans l'assentement du
roy, fors que li roys. » (3) Au xive siècle, il est bien établi
que nul autre que le roi ne peut ériger des communes (4).
Au xve siècle, Louis XI remanie certaines constitutions
municipales et place, autant qu'il le peut, la cité et ses
magistrats, sous la puissance du bailli et de son lieute-
nant (5). Bref, les villes franches appartiennent au roi,
parce que le roi a un droit général de propriété sur l'en-

---

(1) LUCHAIRE, *Louis VI le Gros,* p. xxxv, 337 ; — *Journal de Masselin,* édit.
Bernier, appendice, p. 684-685 ; — LEBER, *Essai sur l'appréciation de la fortune privée au moyen âge,* Paris, 1847, p. 312-313 ; — LUCHAIRE, *La commune collective du Laonnais,* dans *Les communes françaises à l'époque des
Capétiens directs,* p. 84.

(2) *Ex Historia episcoporum Autissiod.,* dans Dom BOUQUET, *Recueil des
historiens des Gaules et de la France,* t. XII, p. 304. — Voir aussi les autres
réformes indiquées par P. VIOLLET. *ibid.,* p. 38, note 4.

(3) P. VIOLLET, *ibid.,* p. 39, note 2. — V. aussi A. ESMEIN, *Cours élém.,*
p. 289, note 1.

(4) Acte du 16 juill. 1319, dans *Inventaire chronologique des chartes de la
ville d'Arras,* p. 59, n° 68 ; — DOGNON, *Les Institut. politiq. et admin. du
pays du Languedoc,* p. 133-134 ; — *Ordonn.,* t. III, p. 365 : « Cum ad dictum
dominum nostrum et nos pertineat creare et constituere consulatus et com-
munitates » ; — LAVISSE, *Revue historiq.,* t. XXVI, p. 259-265 ; — *Appendice
à la Pratique de J.-P. DE FERRARIIS,* tirée de la *Praxis* de Pierre JACOBI,
édit. 1616, tit. XXXIV, n°s 10, 11.

(5) GIRY, *Les Établissements de Rouen,* t. I, p. 231.

semble du royaume, et que rien n'échappe aux seigneurs
sans tomber immédiatement aux mains du roi : c'est l'effet même de la hiérarchie féodale. Ainsi, chose curieuse,
être libre, cela veut dire : ne dépendre que du roi ; cela ne
veut pas dire : échapper à tout *domaine éminent*.

5. — On peut multiplier presque à l'infini les exemples
analogues à ceux que nous avons indiqués, et montrer
ainsi, point par point, le caractère patrimonial du pouvoir
reconnu au roi.

L'histoire tout entière des *impôts* peut, elle aussi, servir
à illustrer cette thèse.

Sans entrer dans les détails, bornons-nous à en indiquer
les grandes lignes.

Nous avons déjà dit qu'au début de l'époque féodale,
chaque seigneur perçoit les impôts pour son compte. Le
roi a son domaine et il perçoit les impôts tout comme un
autre seigneur : c'est, en vérité, sinon l'impôt sur la terre,
du moins l'impôt en raison des relations de propriété territoriale. Jusqu'à la fin de l'ancien régime, les ressources que
le roi tire de son domaine conservent ce même caractère
féodal : ce sont les « finances ordinaires », tandis que les
impôts qui frappent l'ensemble du royaume constituent les
« finances ordinaires » (1). Sur les ressources tirées du
domaine, pas de difficulté : le lien entre ces ressources et
le droit de propriété est nettement établi.

Il est peut-être plus délicat de démontrer que les
« finances extraordinaires », elles aussi, ont un caractère
patrimonial. Au premier abord, elles semblent échapper

(1) *Le vestige des finances*, dans JACQUETON, *Documents relatifs à l'administration financière de Charles VII à François Ier*, Paris, 1891, p. 205, 225.

absolument aux règles féodales, et l'on ne voit pas le principe en vertu duquel le roi va prétendre lever les impôts dans des territoires qui ne font pas partie du domaine de la couronne, à moins que ce ne soit en vertu d'une notion d'intérêt général, dont il serait le représentant autorisé.

Mais il n'est pas besoin d'un très grand effort d'attention pour apercevoir les choses sous leur véritable jour.

Le roi, avons-nous dit, avait démembré son pouvoir, afin de se procurer les hommes d'armes, dont il avait besoin. Nous avons trouvé là une preuve en faveur du caractère patrimonial propre au pouvoir royal avant la période féodale ; et, en même temps, nous avons indiqué que ce démembrement fut l'une des causes du régime féodal lui-même.

Une fois le régime féodal établi, tout aurait pu fonctionner ainsi ; mais il s'est trouvé que les rois ont eu à faire face à d'énormes dépenses militaires : le domaine de la couronne n'y pouvait satisfaire. Il fallait, de toute nécessité, demander au royaume entier de consentir des sacrifices en faveur de la cassette royale.

En vertu de quel principe ces sacrifices ont-ils été effectués ?

Il suffit, pour apercevoir le principe, de considérer la forme revêtue par « les finances extraordinaires ». Il est classique de dire que les « finances extraordinaires » consistent dans « le revenu des greniers, aides et tailles du royaume ». (1)

Parlons d'abord des aides et tailles. Nous verrons ensuite ce qu'il faut penser des greniers

_____

(1) *Le vestige des finances*, précité, p. 225.

A. — L'aide est une institution féodale.

a) Le seigneur, comme on l'a vu, assure la protection matérielle de tous ses vassaux : c'est pourquoi il a le domaine direct sur toutes leurs terres. Mais le seigneur ne peut assumer la responsabilité de protéger ses vassaux, que s'ils lui promettent fidélité, obéissance, aide et assistance. Tout se tient, dans ce régime. L'aide est donc une contribution exceptionnelle, qui intervient dans des cas très restreints : lorsqu'il faut payer la rançon du seigneur, fait prisonnier, — lorsque le fils aîné du seigneur est armé chevalier ; — lorsque le seigneur marie sa fille aînée ; — lorsque le seigneur part pour la croisade. (1)

La taille, de même, est essentiellement féodale, et tient, elle aussi, au régime des terres.

Nous avons déjà parlé de la taille imposée aux serfs. (2) Il y avait, de même, une taille roturière. Dans les premiers temps de la féodalité la taille avait été fixée au gré du seigneur, suivant son bon plaisir (3). Puis, la taille roturière avait été réduite aux cas d'aide féodale. — En principe, avaient seuls le droit de lever la taille, les seigneurs hauts justiciers, et ceux auxquels ils concédaient ce droit (4).

Or, ce sont ces deux droits : l'aide et la taille, que le roi va invoquer pour imposer les parties du royaume, qui ne font pas partie du domaine de la couronne.

---

(1) *Assises de Jérusalem, Livre de Jean d'Ibelin*, ch. ccxLIX ; — *Grand Coutumier de Normandie*, ch. xxxiii, xIIII ; — BOUTILLIER, *Somme rurale*, I, 86, p. 500 ; — LOISEL, *Institutes coutumières*, IV, III, 51 et s. — V. aussi P. VIOLLET, *Hist. des instit. polit. et admin. de la France*, t. II, p. 459.

(2) Voir *supra*, p. 44-45.

(3) FLACH, *Les origines de l'ancienne France*, I. II, ch. xvii.

(4) FLAMMERMONT, *De concessione legis et auxilii tertio decimo sæculo*, p. 40 et s.

Le principe qui préside aux premières taxes ainsi levées par le roi est donc nécessairement celui de l'aide féodale. Le roi n'est-il pas le suzerain de tous les seigneurs? Ce sont ses vassaux. Il est, en dépit de tous les dons royaux, et de toutes les immunités, le propriétaire supérieur de toutes leurs terres, il a le *domaine éminent* sur tout le royaume, il est le souverain fieffeux, et tous ses vassaux lui doivent non seulement fidélité, mais encore aide.

Aussi le roi réussit-il à imposer des taxes à l'occasion des guerres. C'est ce qui a lieu : en 1137, sous Louis VI, à propos de l'expédition d'Aquitaine (1); en 1146-1149, sous Louis VII, au sujet de la croisade (2) ; en 1184 ou 1185, puis en 1188 (dîme saladine) encore, à l'occasion de la croisade (3); sous saint Louis, derechef pour les croisades (4) et, de même, pour d'autres guerres encore (5) ; en 1295 (un centième de la valeur des biens) (6), sous Philippe le Bel, puis successivement, sous le même règne, en 1296 (un cinquantième) (7), en 1297 environ (encore un cinquantième) (8), en 1301 (de nouveau un cinquantième) (9), en 1314 (10); puis encore, sous Louis X, sous

---

(1) LUCHAIRE, *Louis VI le Gros*, p. 261, n° 580.

(2) LUCHAIRE, *Hist. des institut. monarchiques de la France sous les premiers Capétiens*, 2ᵉ édit., t. 1ᵉʳ, p. 126. — CALLERY, *Hist. du pouvoir royal d'imposer*, p. 26. — DU CHESNE, *Hist. Franc. Script.*, t. IV, p. 423.

(3) LUCHAIRE, *Rev. hist.*, t. LXXII, 1900, p. 335-338.

(4) Elie BERGER, *Les registres d'Innocent IV*, t. II, p. CXXXIV, CXXXV.

(5) D. BOUQUET, t. XXII, p. 737.

(6) VUITRY, *Etudes sur le régime financier de la France avant la Révolution de 1789, Nouvelle série*, t. 1ᵉʳ, Paris, 1883, p. 147, 148.

(7) ID., *ibid.*

(8) ID., *Ibid.*, p. 148, 149.

(9) ID., *ibid.*, p. 150.

(10) P. VIOLLET, *Hist. des institut. polit. et admin. de la France*, précité, t. 3, p. 445.

Philippe le Long, sous Charles le Bel (1) ; sous Philippe
de Valois, lors de la courte guerre de Flandre, en 1328 (2) ;
pour mettre le royaume en état de lutter contre l'Angleterre, en 1335 ; et les années suivantes (3) notamment en
1355-1356 (4) ; puis en 1357, après le désastre de
Poitiers (5) ; en 1360, les impôts destinés à payer la
rançon du roi Jean et qui furent levés pendant vingt
ans (6) ; puis de nouvelles taxes de guerre en 1363, (7) ;
en 1369 (8), en 1397 (9), en 1404 (10), en 1405 (11), en
mars 1416, en août 1416, en février 1417, en avril
1417 (12), en 1421 (13) en 1423 (14), en 1424 (15).

Cette liste n'est assurément pas complète.

Ce n'est pas seulement la guerre ou la rançon, qui
motive tant de taxes. C'est aussi le mariage de la fille
du roi avec le roi d'Angleterre, en 1308 ; c'est encore le
mariage de la fille de Philippe le Long avec le duc de

(1) P. VIOLLET, *Hist. des instit. polit. et admin. de la France*, précité, t. 2,
p. 239, note 3 ; t. 3, p. 445.

(2) VIARD, *Les ressources extraordinaires de la royauté sous Philippe de
Valois*, dans *Revue des quest. historiq*, t. XLIV, 1889, p. 168-170.

(3) ID., *ibid.*, p. 175 et s.

(4) Ord. du 28 déc. 1355, dans ISAMBERT, t. IV, p. 738, 739. — *Ord.*,
t. III, p. 53-55. — VUITRY, *Études* précitées, t. II. p. 75.

(5) VUITRY, *ibid.*, p. 81. — *Ord.*, t. 3, p. 22.

(6) VUITRY, p. 108. — *Ord.*, t. 3, p. 433.

(7) VUITRY, p. 112-118. — DOGNON, *Les institut. polit. et admin. du pays
de Languedoc*, p. 365.

(8) VUITRY, p. 123-120. — COVILLE, *Les états de Normandie*, p. 108-109.

(9) GERMAIN, *Un feuillet inédit de l'histoire du règne de Charles VI*, Montpellier, 1862.

(10) *Religieux de Saint-Denys*, éd. Bellaguet, t. III, p. 140, 141.

(11) *Ibid.*, p. 230-233.

(12) G. DE BEAUCOURT, *Hist. de Charles VII*, t. Ier, p. 391.

(13) THOMAS, *Le Midi et les États généraux sous Charles VII*, dans
Annales du Midi, 1889, p. 385.

(14) ID, *ibid.*, p. 311.

(15) G DE BEAUCOURT, *ibid.*, t. II, p. 584, 585.

Bourgogne, en 1318 ; c'est, en 1313, pour l'armement des
trois fils du roi ; en 1334-1335, c'est, à la fois, pour le
mariage de la fille aînée du roi et pour la chevalerie de
son fils aîné (1).

Mais il faut tenir compte de ce fait que les taxes perçues
par le roi, si elles ont toujours, pour motif officiel, l'une
des destinations prévues par l'aide féodale, sont fréquemment employées à un tout autre usage. Ces sommes
destinées à la guerre, et qui représentaient des sacrifices
considérables effectués par les petites gens, étaient dila-
pidées sans vergogne. En 1357, l'administration royale
feinte de se réformer elle-même (2), à l'instigation des
États généraux, qui lui font promettre solennellement de
ne pas détourner à d'autres usages les aides pour la
guerre (3). Mais le gaspillage était devenu institution
d'État (4). Le mémoire lu par Eustache de Pavilly, le
13 février 1413, au nom des États généraux, donne, à cet
égard, des détails lamentables (5). En 1367, Charles V
avait donné à Hugues Aubriot 1 500 francs d'or à prendre
sur les aides ordonnées pour la rançon du roi Jean, afin
d'aider Aubriot à payer un hôtel qu'il avait acheté rue de
Jouy (6). En 1394, ce sont les dépenses faites pour le roi

(1) LANGLOIS, *Le règne de Philippe le Hardi*, p. 312. — VUITRY, *ibid.*,
t 1er, p 157, 158, 168 ; t. II, p. 9, 10. — CALLERY, *Hist. du pouv. roy. d'imposer*, p. 52-56 — P. VIOLLET, *Hist. des instit. polit. et admin. de la
France*, précité, t. 3 p. 416.

(2) Ordonn. du 1er mars 1357, art. 2 (ISAMBERT, t. IV, p. 816) ; ordonn.
du 3 mars 1357 (n. st.); art. 13, 46 (ISAMBERT, t. IV, p. 823, 839).

(3) ISAMBERT, t. IV, p. 781.

(4) DELISLE, *Mandements... de Charles V*, p. 825, n° 1676, ms. fr 20627,
n° 19 ; ms. fr. 20372, n° 21 ; ms. fr. 20078, n°s 108, 109.

(5) P. VIOLLET, *Hist des instit. politiq. et admin. de la France*, précité,
t. III, p. 219.

(6) DEPREZ, *La prévôté de Paris sous Charles V, Hugues Aubriot*, thèse
manuscrite, soutenue à l'École des chartes en 1898, p. 278.

lui-même que la Chambre des comptes refuse, en partie,
de ratifier : l'argent destiné à la guerre était employé en
achats de luxe (1). Il est vrai que ce n'était pas toujours le
fisc royal qui profitait du désordre. Ainsi, en 1404, c'était
le duc d'Orléans qui s'était purement et simplement approprié les fonds destinés à la guerre (2). En présence de ces
multiples détournements, l'archevêque de Reims, Jean
Juvénal des Ursins, s'indigne. Employer à d'autres
usages que la guerre l'aide ordonné pour la guerre, c'est,
écrit-il à son frère, le chancelier, « decepvoir le peuple et
la chose publique...., c'est vray larrecin, voire pourroit-
on dire crisme de lese majesté contre le roy et le bien
publique de ce royaume. Et par la faulte de le non avoir
employé ou temps passé, maulx infinis [sont advenus], non
mie de nouvel, mais de bien longtemps ; et mesmement
à la descente des Anglois, l'an mil IIIIᵉ et XV. Et toujours
depuis on dit que la chose est continuée » (3). — Si nous
insistons sur ces dilapidations, ce n'est pas seulement
pour montrer l'état de fait qui, peu à peu s'est créé à côté
de l'état de droit, c'est encore pour montrer comment
l'état de droit s'est lui-même transformé. En effet, en
présence de ce pillage devenu habituel, les États généraux
avaient de bonne heure résolu d'endiguer ces dépréda-
tions : ne pouvant le supprimer, ils voulurent le rendre
légal, afin de pouvoir le réglementer. Dès 1413, ils
demandent que la moitié des « aydes ordonnées pour la
guerre » fût consacrée à la guerre ; l'autre moitié serait
jointe aux revenus du domaine, aux « finances ordinaires »,

(1) Arch. nat. KK. 21, fol. 6 rᵒ ; fol. 31 rᵒ ; fol. 38 rᵒ.
(2) Religieux de Saint-Denys, , édit. Bellaguet, t. 3, p. 140, 141.
(3) Jean Juvénal des Ursins, Épitre à son frère le chancelier, dans ms.
fr. 2701, fol. 53 rᵒ (Cité par P. Viollet, ibid., t. 3, p. 467.

et convertie « ez autres affaires et nécessitez » du roi et du royaume (1).

Nous voyons poindre ainsi de nouvelles taxes royales et nous en marquons aisément l'origine : c'est une extension de l'aide féodale. Tous les impôts qui sortiront de cette source auront donc pour fondement le droit de propriété féodale qui appartient au roi sur l'ensemble de son royaume.

C'est, en effet, comme seigneur féodal, que le roi perçoit les aides et les tailles sur l'ensemble de ses terres, et en vertu de la notion féodale de l'aide.

Aussi ne faut-il pas s'étonner si la plupart de ces taxes frappent sans distinction tous les sujets du roi et même les Eglises, en dépit des immunités. Telle fut la taxe de 1146, (2) pour la croisade : plusieurs abbayes furent dans l'obligation de vendre ou d'engager ce qu'elles avaient de plus précieux, tant l'impôt était lourd. Générales aussi les taxes de 1184-1189, et celles qui les suivirent (3), celles de saint Louis à l'occasion des croisades (4). Parfois, il y eut des atténuations en faveur des petites gens ; c'est ce qui arriva en 1295 (5). Mais c'est là un cas exceptionnel. La plupart sont des impôts généraux, c'est-à-dire pesant même sur les ecclésiastiques et les nobles ; les aides de

(1) *Ord. cabochienne*, art. 139, édit. Coville, p. 70, 71.

(2) V. *suprà*, p. 57 et la note 2. — V. aussi P. VIOLLET, *Hist. des inst. polit. et admin. de France*, t. II, p. 402.

(3) V. *suprà*, p. 57 et la note 3. — V. aussi LUCHAIRE, dans les *Annales de la Faculté des lettres de Bordeaux*, décembre 1880, p. 363, 364.

(4) V. *suprà*, p. 57 et la note 4.

(5) V. *suprà*, p. 57 et la note 7. — Bibl. de l'Institut, Fonds Godefroy, t. 145, fol. 49 (référence donnée par P. VIOLLET, *ibid.*, t. III, p. 415, note 2).

1347 (1), de 1355 (2), de 1356 (3), de 1357 (4), de 1397 (5),
de 1421 (6), frappent toutes les classes de la population.

b) Quand on dit que ces impôts étaient généraux, il faut
s'entendre, cela veut bien dire que tous les habitants : clercs,
gentilshommes ou vilains doivent contribuer aux dépenses
nécessitées par des circonstances exceptionnelles (7).
Mais il faut se hâter d'ajouter qu'il y avait de nombreux
arrangements, des exemptions, des immunités.

Des arrangements, d'abord qui, peu à peu aboutiront à
ce résultat : dépouiller les seigneurs de leurs droits fiscaux,
— ou du moins une bonne partie d'entre eux — au seul profit
de la royauté.

Ces arrangements sont fort intéressants pour nous. Car
nous voyons le roi de France parlementer et traiter avec
les seigneurs, les abbayes, les villes libres, les États provinciaux, les assemblées ecclésiastiques, les États généraux,
afin de leur soutirer le plus d'argent qu'il pourra. C'est un
vrai propriétaire, qui discute pied à pied avec ses nombreux
fermiers, qui les met en opposition les uns avec les autres,
qui leur concède de menus avantages quand il le faut, qui
menace, ou supplie, suivant les circonstances, qui emploie,
en un mot, tous les moyens imaginables pour faire rapporter le plus possible à son bien.

---

(1) VUITRY, *op. cit.*, t. II, p. 28, 29. — DELISLE, *Actes normands de la
chambre des comptes sous Philippe de Valois*, p. 356-361, n° 207.
　(2) V. *suprà*, p. 58 et la note 1.
　(3) V. *suprà*, p. 58 et la note 4.
　(4) V. *suprà*, p. 58 et la note 5.
　(5) V. *suprà*, p. 58 et la note 9.
　(6) V. *suprà*, p. 58 et la note 13.
　(7) BEAUMANOIR, *Coutumes de Beauvoisis*, édit. Beugnot, ch. XLIX, *Des
etablissements*, § 5, t. II, p. 262, 263 ; édit. Salmon, t. II, n° 1514, p. 263,
264.

Il arriva que la taxe, trop forte, dut être suspendue : le roi en arrêta la perception. Cela advint en 1189, pour la dîme saladine (1) qui avait pourtant été consentie préalablement par le clergé et par le peuple (2). — Souvent, au début surtout, le roi demandait et obtenait que la taxe lui fût payée à titre de don gracieux, *gratia, donum* (3) ; mais personne ne se trompait à ces belles paroles et la preuve en est que nombre de villes, craignant avec raison d'être sollicitées derechef, se faisaient octroyer des lettres de non-préjudice, c'est-à-dire des promesses suivant lesquelles le « don » octroyé ne deviendrait pas, dans l'avenir un *dû* (4). — Il arrivait aussi que le roi percevait une assez forte taxe et, en échange, dispensait ceux qui la versaient du service militaire : c'était une taxe de remplacement, alors, et le roi, qui l'avait perçue, l'employait à payer des soldats nécessaires (5). — Quant aux marchandages proprement dits, ils portaient souvent sur l'assiette de l'impôt : un impôt direct sur le revenu se rachetait par une somme forfaitaire, ou par des perceptions diverses, convenues entre certaines villes et le roi. C'était toute une diplomatie qui s'exerçait de part et d'autre, le roi tâchant d'obtenir le plus possible, et les villes cherchant à s'exonérer au meilleur compte (6). — Cette diplomatie avait pour aliment un principe purement féodal : c'est que l'aide ne peut être

---

(1) L. DELISLE, *Catalogue des actes de Philippe Auguste*, n° 233.

(2) RIGORD, 59, édit. Delaborde, t. I, p. 89. — *Ordonn.*, t. XI, p. 255. — Élie BERGER, *Les registres d'Innocent IV*, t. II, p. 132 et s.

(3) P. VIOLLET, *Hist. des instit. polit. et admin. de la France*, précité, . III, p. 413-414 et note 1 p. 414). — Voir aussi note 7, p. 413.

(4) BOUTARIC, *Saint-Louis et Alfonse de Poitiers*, p. 307, note 1. — *Olim*, t. I, p. 810, n° 30.

(5) P. VIOLLET, *ibid.*, t. II, p 433-435, et les références citées, et t. III, p. 444.

(6) CALLERY. *Hist. du pouv. royal d'imposer*, p. 89.

absolument imposée par le seigneur au vassal, mais seulement demandée, — le vassal consent. C'était ainsi que les choses se passaient tout le long de l'échelle féodale (1). Et c'est fort compréhensible. L'aide n'est pas une redevance convenue d'une manière précise; aucun *quantum* n'est fixé; ce n'est pas une dette déterminée, une obligation mesurée; c'est encore bien moins un impôt au sens moderne du mot; c'est un devoir féodal, fondé à la fois sur la subordination des terres et sur la vassalité, et c'est un devoir qui, se rattachant à l'idée de fidélité, n'est pas susceptible d'une précision complète : l'étendue en varie suivant les circonstances. Dès lors, on comprend que le vassal, assujetti à l'aide, ait un certain droit d'apprécier les circonstances, qui donnent ouverture à l'aide. Ayant un droit d'appréciation, tous les marchandages deviennent possibles : le vassal tâche de faire le moins de sacrifices qu'il peut, et le seigneur, pressé d'argent, voit partout des cas d'aide féodale. Le débat se resserre autour de l'idée de propriété. Chacun défend son bien. Il en est identiquement de même lorsque c'est le roi qui demande l'aide. Souvent même, ne pouvant se mettre d'accord sur le *quantum*, après avoir bien parlementé, bien discuté, si l'on n'arrive pas à un compromis ou à un forfait, on plaide, comme s'il s'agissait de deux particuliers en désaccord sur quelque affaire d'intérêt (2). Les débats entre les habitants du royaume et le roi au sujet de l'aide se retrouvent à chaque pas, peut-on dire. — Il se trouve dans les relations

---

(1) Voir *Lettres missives originales du chartrier de Thouars*, dans *Bulletin de la soc. archéol. de Nantes*, t. XI, 1er et 2e trimestres, 1872, p. 61; — *Chartrier de Thouars, Documents hist. et généal.*, p. 25 (cités par P. VIOLLET, *Hist. des inst. polit. et admin. de la France*, t. III, p. 446, note 3.)

(2) CALLERY, *Hist. du pouv. royal d'imposer*, p. 54, note 5.

entre le roi et les Églises, depuis que le Concile de Latran
a interdit, en 1179, toute levée de deniers sur les églises,
sans l'avis préalable des évêques et du clergé (1). Et même,
à cet égard, il faut signaler un fait curieux, et bien connu.
Le Concile de Latran de 1215 renouvelle la décision de
celui de 1179, et ajoute que les évêques, avant de consentir une taxe, doivent consulter le souverain pontife (2).
Dès lors, les marchandages ont lieu entre le pape et le
roi. Mais le roi réussit à se débarrasser de cette tutelle, en
dépit de la bulle de Boniface VIII, *Clericis laicos*. Dès
l'année 1297, le roi devient libre de demander (*petere*), des
contributions du clergé et de les recevoir de lui, pour la
défense du royaume, sans autorisation du Saint-Siège (3).
On voit clairement, dans cette circonstance, le caractère
contractuel de ces contributions, et quand le contrat n'est
pas passé en due forme, c'est-à-dire quand le roi obtient
des taxes, que le clergé n'a pas consenties, que dit-on ? —
qu'il a réussi à faire triompher l'idée, l'obligation ? qu'il a
fait respecter un principe de gouvernement ? — non pas !
Ce langage est tout moderne. Il fait anachronisme. On
dit alors que le roi a été un brigand, un voleur, qu'il a
dépouillé l'Église (4). — Les mêmes débats se retrouvent

(1) Concile de Latran, can. 19, dans HEFELE, *Hist. des conciles*, trad. Delarc,
t. VII, p. 507.

(2) Concile de Latran de 1215, can. 46, dans HEFELE, t. VIII,
p. 143.

3) BOURGAIN, *Contribution du clergé à l'impôt sous la monarchie française*
dans *Revue des quest. historiq.*, dans *Nouv. série*, t. IV, p. 68, 69.

(4) Voici, par exemple, ce que Clément V écrit à Philippe le Bel :
« Accueillant favorablement ta pieuse supplique, nous t'accordons de grâce
spéciale, en vertu de notre souverain pouvoir, ton instante prière et, en
conséquence, nous te faisons remise de toutes les exactions, de toutes les
extorsions, de toutes les saisies, de tous les vols et de tous les récèlements dont
tu t'es rendu coupable, par tes officiers et par tes agents ; nous t'en
absolvons entièrement ; nous t'en acquittons pleinement, décrétant, en vertu

entre le roi et les villes. Nous en avons déjà donné des exemples. En voici encore d'autres. En 1292, Paris rachète une
taxe sur les marchandises, par un paiement de 100.000 livres
au roi (1). En 1313, Paris s'abonne pour 10.000 livres (2).
On pourrait multiplier ces exemples sans difficulté. — Les
mêmes débats se retrouvent entre le roi et les seigneurs,
car il a besoin, au début du moins, de l'autorisation du seigneur pour percevoir des taxes dans un domaine seigneurial. Tout cela est tellement une affaire de propriété que le
seigneur vend cette autorisation à deniers comptants : il se
fait attribuer une commission, une quote-part de l'aide. *Ali-
quis non potest facere de jure assisiam super feodis ipsius sine
ejus assensu* (3) et l'*assensus*, on le vend. Ces remises ainsi
accordées aux seigneurs sont parfois magnifiques. En 1296,
quand le roi perçut un impôt du cinquantième de la valeur
des biens dont nous avons parlé (4), le comte de Flandre,
le comte d'Artois, le duc de Bourgogne, le duc de Bretagne
et Charles de Valois touchent la moitié du cinquantième,
pour prix de leur autorisation (5). Les comtes de moindre
importance, les archevêques et évêques reçoivent le tiers.
Les autres barons, à condition qu'ils soient hauts justiciers, ont droit au quart. En Normandie, le quart est même
accordé aux barons et prélats n'ayant pas la haute justice (6). En 1373, Charles V accorde au seigneur de

de notre autorité apostolique, que tu n'es tenu à aucune restitution envers
aucune église. » (Bourgain, *ibid.*, p. 76).

(1) P. Viollet, *Hist. des instit. polit. et admin. de la France*, précité,
t. III, p. 417, et note 4.

(2) Vuitry, *Études* précitées, t. I, p. 146, note 1, p. 159.

(3) P. Viollet, *Les Établissements de Saint-Louis*, t. IV, p. 67.

(4) V. *supra*, p. 57, et note 7.

(5) Roisin, édit. Brun-Lavainne, p. 333. — Institut, Fonds Godefroy,
t. CXLV, fol. 46 (Cité par P. Viollet, *Hist. des instit. polit. et admin. de
la France*, précité, t. III, p. 448 et note 2.)

(6) Institut, Fonds Godefroy, t. CXLV, fol. 47.

Beaujeu, en échange de son consentement, le tiers des
aides pour la guerre (1). Quelquefois, quand, malgré tout,
le seigneur refuse son autorisation, le roi se trouve dans
l'impossibilité de percevoir les taxes : « Contre la volonté
des barons ne faites pas ces finances en leur terre », écrit,
en 1303, Philippe le Bel à ses agents (2). D'autres fois, il
emploie les moyens violents : en 1356, Jean fait mettre à
mort le comte d'Harcourt et d'autres seigneurs, qui s'opposent à la levée d'une aide extraordinaire (3). En 1314, il
y a même comme une sorte d'insurrection : les seigneurs
se liguent pour étouffer les progrès du pouvoir royal, et
ils prennent prétexte de la taxe qui vient d'être décrétée
à l'occasion de la guerre de Flandre, « laquelle chose,
disent-ils, nous ne pouvons souffrir, ne soustenir en bonne
conscience, car ainsi nous perdrions nous et noz honneurs,
noz franchises et noz libertez » (4) ; et, devant cette attitude
énergique, Philippe le Bel suspend la levée de l'aide (5).
Charles VII promulgue enfin, en 1439, un édit qui interdit
aux seigneurs de s'opposer aux levées de subsides pour le
roi, de s'attribuer une part de ces subsides, ou de les
accroître à leur profit (6) ; mais cet édit fut très mal
obéi (7). — Le caractère de ces marchandages est aisé à
préciser. Les seigneurs avaient droit de lever des impôts,
soit en vertu de bénéfices régulièrement attribués par le
roi dans la période qui précéda immédiatement l'établisse-

---

(1) L. DELISLE, *Mandements et actes divers de Charles V*, p 531.
(2. VUITRY, *Études* précitées, t. I, p. 153 et t. II, p. 9.
(3) FROISSART, édit. Luce, t. IV, p. 176, 177. — *Grandes chroniques de
France*, édit. Paulin Paris, t. VI, p. 27
(4) BOUTARIC, *Notices et extraits*, t. XX, 2ᵉ partie, p. 218, 219.
(5) *Ordonn.*, t. I, p. 566, 580. — Comp. Fr FUNCK-BRENTANO, dans
Bibliothèque de l'École des Chartes, t. XLIX, 1889, p. 37, 39.
(6) Ord. du 2 nov. 1439, art. 41 à 44, dans *Ordonn.*, t. XIII, p. 312, 313.
(7) P. VIOLLET, *ibid.*, p. 149.

ment du régime féodal, soit en vertu de bénéfices qu'ils s'étaient attribués à eux-mêmes, au moyen d'usurpations, devenues respectables depuis le temps. Quand le roi venait, sous prétexte d'aide féodale, lever des impôts sur leur domaine, il portait atteinte à ces bénéfices, il y mettait une restriction, il reprenait d'une main une part de ce qu'il avait donné de l'autre. A telles enseignes qu'après avoir bien marchandé, et avoir consenti, les seigneurs craignaient que le roi ne s'autorisât du précédent, pour s'arroger le droit de lever des subsides sur leurs terres, et pour leur reprendre tout à fait le bénéfice dont ils avaient joui. Alors, comme les villes libres, ils se faisaient accorder des lettres de non-préjudice (1). — Les mêmes débats se retrouvent enfin, entre le roi et les réunions d'états ou les assemblées de notables que le roi consulte « pour veoir ceux qui lùy voudroient faire aide (2). » Lorsque le roi avait de la peine à obtenir des seigneurs qu'ils l'autorisent à lever des aides sur leurs terres, il tâchait d'obtenir les aides d'une assemblée des trois ordres ; et quand l'assemblée se montrait récalcitrante, il entamait des négociations avec les seigneurs directement. C'était un vrai jeu de bascule. Suivant les circonstances, les temps, les lieux, tantôt l'un des procédés procurait de meilleurs résultats, tantôt c'était l'autre. Le principe du marchandage restait

---

(1) Exemples dans P. VIOLLET, *Hist. des inst. politiq. et admin. de la France*, précité, t. III, p. 450, note 1.

(2) *Grandes chroniques*, édit. Paulin, Paris, t. V, p. 207. — Voir aussi l'intéressante lettre du clergé de France au pape Boniface VIII (ISAMBERT, *Anc. lois*, t. II, p. 751 et s) où se trouve le passage suivant : « Nos universos et singulos tam praelatos quam barones et alios requisivit rex) instantius, praecepit ut dominus et rogavit ac precibus institit ut amicus ut... prout ex debito fidelitatis astringimur, curaremus adesse consiliis et *auxiliis opportunis*. »

le même. Les états sont ainsi consultés : en 1317 pour
une croisade projetée ; en 1318 et 1319, pour la guerre de
Flandre ; en 1323, pour une croisade ; en 1326, pour la
guerre contre le roi d'Angleterre ; en 1337, pour le même
objet (1). C'était la suite de 1314 : depuis cette date, en
effet, le roi n'ose plus guère s'adresser directement aux
seigneurs (2). C'est pourquoi il s'adresse aux états. Mais les
états finissent par se lasser. Le roi réunit alors de petites
assemblées provinciales, auxquelles il en impose plus facilement qu'aux états généraux, et il se fait accorder, par
elles, des subsides. Une assemblée des états généraux
annule, en février 1358, les délibérations ainsi prises par
les assemblées locales. Il est vrai que la noblesse n'avait
pas participé à la séance et que la décision était nulle (3).
C'est le point de départ des troubles qui ensanglantent
alors Paris, et auxquels Etienne Marcel prend la part que
l'on sait. Mais Jean Maillart tue Etienne Marcel, qui,
d'ailleurs, trahissait le peuple de Paris, et le dauphin redevient maître de la situation. Aussi, en 1369, les états
votent tous les subsides demandés par le roi, pour soutenir la guerre pendant un temps indéterminé (4). Voilà,
dira-t-on, le droit du roi qui s'affermit? — Erreur. Ces
subsides, Charles V se reproche de les avoir réclamés, il

(1) HERVIEU, *Recherches sur les premiers états généraux*, p. 133, 139-153,
175-178, 201. D. BOUQUET, *Nouvel examen de l'usage général des fiefs*,
t. XXIII, p. 812, 813, 817 et la note 1, 823 et la note 1. — *Archives historiques
du Poitou*, t. XIII, p. 52, 53 avec la note 4, 68, 69. — LEHUGUEUR, *Hist. de
Philippe le Long*, t. I, p. 297, 298.

(2) V. *supra*, p. 67.

(3) Ordonn. de Charles dauphin, février 1358, art. 3, dans P. VIOLLET,
Les états de Paris en févr. 1358, p. 18-19.

(4) *Grandes chroniques*, édit. Paulin, Paris, t. VI, p. 321. — COVILLE, *Les
états de Normandie*, p. 106-110. — PICOT, *Hist. des États généraux*, t. Iᵉʳ,
2ᵉ édit., p. 191-195.

s'en fait un cas de conscience, et il a si peu le sentiment
d'avoir exercé un droit, mais, au contraire, d'avoir pris à
son peuple des biens indûment, qu'à son lit de mort, il
déclare vouloir abolir les fouages (tailles) et autres aides
(*relaxationem fogaigiorum et aliarum servitutum voluntarie
faciens*) (1). Mais, en dépit de la pression populaire, la
volonté du roi n'est pas suivie (2). On s'appuie, d'ailleurs,
sur les états provinciaux, pour établir de nouveau les
taxes (3). La révolte éclate à Paris, à Amiens, à Orléans, à
Lyon, à Soissons, etc. Mais elle est écrasée et les taxes
reparaissent (4). On se passe alors de l'approbation des
états généraux. Mais le peuple de Paris se soulève, avec
l'appui de l'Université : c'est la révolution de 1413 à laquelle
l'écorcheur Caboche a donné son nom. Le succès de ce
mouvement est éphémère, et l'ordonnance arrachée au roi
est rapportée trois mois après (5). Qu'on ne rattache pas à
ce mouvement les abolitions plus ou moins complètes d'impôts édictées par la régente Isabeau le 20 janvier 1418 (6)

(1) HAURÉAU, *Notices sur le n° 8299 des manuscrits latins de la Bibliothèque nationale*, dans *Notice et extraits des manuscrits*, t. XXXI, 2ᵉ partie,
p. 281.

(2) DELISLE, *Mandements..... de Charles V*, p. 918, n° 1955. — FINOT, *La
dernière ordonnance de Charles V*, dans *Bibliothèque de l'École des Chartes*,
t. L, 1889, p. 164-167. — *Ord.*, t. VI, p. 537, 552-554; t. VII. p. 700. —
TARDIF, *Monum. histor.*, n° 1611. — MIROT, *Essai sur la crise financière
de 1380-1383*, thèse manuscrite (École des chartes, 1891).

(3) MIROT, *ibid.*, p. 55-57.

(4) *Ord.*, t. VI, p. 685. — PICOT, *Hist. des États généraux*, t. Iᵉʳ, p. 226-
237. — MIROT, *ibid.* — *Religieux de Saint-Denys*, édit. Bellaguet, t. Iᵉʳ,
p. 130-157, 234-255.

(5) COVILLE, *Les Cabochiens et l'ordonnance de 1413*, 1888. — P. VIOLLET,
Quelques textes pour servir à l'histoire politique des Parisiens au XVᵉ siècle,
dans *Mémoires de la Société de l'histoire de Paris et de l'Ile-de-France*, t. IV,
p. 155-172.

(6) *Ordonn.*, t. X, p. 429. — Voir G DE BEAUCOURT, *Hist. de Charles VII*,
t. Iᵉʳ, p. 392.

et par le dauphin, le 9 juillet 1418 (1). Ce ne sont là que promesses fallacieuses, et que surenchères pour conquérir des
partisans à Bourgogne ou Armagnac. On est au plus fort
de la guerre contre l'Angleterre. Le royaume a besoin
d'argent, parce qu'il lui faut des soldats. Les aides sont
imposées de nouveau. Elles sont, alors, votées, en général,
par les états et donnent lieu à des débats approfondis (2).
Mais Charles VII une fois victorieux, et ayant reconquis
Paris, affecte de croire que les États lui ont accordé, à
Tours, en 1435, la permanence des aides et à Orléans, en
1439, la permanence de taille. Quand la noblesse, en
1441, adresse à Charles VII un cahier de doléances, dans
lequel elle revendique pour les états le vote périodique de
l'impôt, le roi répond qu'on lui a demandé de ne plus assembler les états pour voter les impôts, les frais de voyage
entraînant une lourde charge pour le « povre commun
peuple » ; aussi ne consulte-t-il presque plus jamais les
états et lève-t-il les aides d'autorité le plus souvent (3).
C'est alors que l'archevêque de Reims, Jean Juvénal des

(1) *Ordonn.*, t. X, p. 155-156.
(2) Thomas, *Le Midi et les États généraux sous Charles VII*, dans *Annales
du Midi*, 1889, p. 305-311. — G. de Beaucourt, *Hist. de Charles VII*, t. II,
p. 581-585. — Picot, *Hist. des États généraux*, 2ᵉ édit., t. I, p. 292 et
suiv.
(3) Ordonn. du 28 févr. 1435 (v. s.) : « Instructions et ordonnances... sur
la manière de lever et gouverner le fait des aides, qui souloient avoir cours
pour la guerre, lesquels le roy nostre dit seigneur depuis son partement de
Paris abattit, et du consentement des trois estatz de son obéissance a remis
sus le XXVIIIᵉ jour de février, l'an mille IIIICXXXV ». Isambert, *Anc.
lois*, t. VIII, p. 831. — Ordonnance d'Orléans, 2 nov. 1439, art. 41-44 et
préambule (Picot, *Hist. des États généraux*, 2ᵉ édit., t. I, t. 320 et s.). —
Monstrelet, ch. cclxv, édit. Douet d'Arcq, t. VI, p. 39. — Comines, liv. VI,
ch. vi, édit. de Mᴸˡᵉ Dupont, t. II, p. 224-225. — Rouxon, *Les institutions
politiques et administratives du pays de Languedoc*, p. 247. — Thomas, dan
Revue hist., t. XL, p. 82-88. — G. de Beaucourt, *op. cit.*, t. III, p. 226-
227 ; t. IV, p. 417 ; t. V, p. 316.

Ursins, écrit à Charles VII la lettre dont nous avons cité
plus haut un passage (1) et dont il nous faut maintenant
examiner la portée. Il importe pour cela de reproduire les
lignes qui précèdent celles que nous avons citées.

Vos prédécesseurs, écrit-il au roi, ont accoustumé, quant ilz
avoient affaire pour la guerre, ilz faisoient assembler les trois
estas en demandant aux gens d'Église, nobles et commun peuple
que ils feussent vers eulx en quelque bonne ville. Et y venoient
et y faisoient notablement monstrer les affaires que il avoit pour
résister aux ennemis, en requerant que on voulsist adviser com·
ment il pourroit sa guerre soustenir et que selon l'advis des
charges on luy voulsist aider. Et vous mesmes l'avés tousjours
fait iusques ad ce que vous avez veu et congneu que Dieu et Fortune, qui est variable, vous avoient aidé tellement que vous vous
sentiez comme au dessus... Les aydes ordinaires, depositions,
quatriesmes, vous les mettés ou souffrez mettre comme demaine
ordinaire, sans le consentement de vos trois estas. Et, anciennement, et encore le garde l'en, que on ne les met que pour ung an.
Et, tous les ans, vos gens des finances, envoient mandemens nou-
veaulx pour les mettre sus.. On peut (2) bien nommer ce royaume
France, car ilz souloient estre francs et avoient toutes franchises
et libertés ; mais de présent ilz sont plus que sers, taillables à
voulenté... Qui regarderoit bien le peuple de ce royaume, on trou-
veroit qu'il n'en y a pas la dixième partie d'icelluy qui y souloit
estre. Je ne vouldroye deprimer vostre puissance, mais l'aug-
menter de mon petit pouvoir. Et ne fay doubte que ung prince
comme vous specialement peut tailler ses subgetz et lever aides
en certains cas et mesmement pour deffendre le royaume et la
chose publique ; mais il se doit entendre raisonnablement. Ne ce
qui est mien n'est point vostre. Peut bien estre que en la justice
vous estes souverain, et va le ressort à vous ; mais en droit demaine vous avez vostre demaine et chacun particulier le sien. Et,

(1) V. suprà, p. 60.
(2) P. VIOLLET corrige et met : put (Hist. des instit. polit. et admin. de la
France, précité, t. III, p. 166).

de présent, ou ne taille point les subgés et ne les fait on pas
tondre simplement, mais on les escorche ; et ne leur oste t'on pas
simplement la layne, mais la peau, la chair et le sang jusques
aux os. (1)

Cette lettre nous inspire deux remarques importantes —
En premier lieu, être *franc*, pour le frère du chancelier,
c'est bien, comme nous l'avons dit, échapper au *domaine
direct* du roi, et la féodalité, telle qu'elle était constituée
à l'origine, représente bien un état de liberté. Du jour où
des redevances sont établies par le pouvoir central, il n'y
a plus de franchise : chacun est taillable à volonté, comme
un serf. Tant la notion de la redevance, ou, comme nous
dirions, de l'impôt, était étroitement liée à celle de la
propriété ! Le roi a son domaine, le domaine de la couronne. Qu'il y perçoive les tailles, soit. Mais sur le reste
du royaume, il n'a rien à prétendre : ce n'est pas son
domaine. Si, pourtant, il peut demander l'aide féodale,
Juvénal des Ursins le reconnaît expressément : mais en con-
sultant les états et en obtenant d'eux qu'ils y consentent.
— Tout cela est parfaitement correct, et il n'y a rien à y
reprendre. On ne saurait mieux que l'archevêque de Reims
indiquer le caractère des impôts de guerre perçus par le roi.

Mais, — et c'est notre deuxième remarque, — Jean
Juvénal des Ursins néglige de tenir compte d'un fait
important. Sous le règne de Charles VII l'armée est devenue
permanente (2). L'aide cesse alors d'être service exceptionnel : elle devient, elle aussi, permanente, puisque
l'objet avoué de l'aide est, surtout, de payer les soldats. Le

(2) *Épitre au roi Charles VII*, dans manusc. français 2701, fol. 97, n° 98 v°
cité par P. VIOLLET, *ibid.*, p. 165 166).
(1 P. VIOLLET, *Hist. des inst. polit. et admin. de la France*, t. 3, p. 227,
161.

roi est le seigneur suprême, il est le chef de la hiérarchie
féodale. Si l'aide devient, par suite de circonstances politiques, une nécessité permanente, elle doit cesser d'être
une ressource extraordinaire, et, comme les finances du
domaine de la couronne, elle devient permanente. Sans
doute, c'est une extension du pouvoir royal, mais *aucun
principe nouveau* n'intervient pour justifier cette extension :
c'est l'effet naturel de la double hiérarchie des personnes
et des terres, qui constitue le régime féodal.

L'impôt royal est, dès lors, devenu permanent ; il part de
l'initiative du roi et il sort non seulement à payer ses soldats,
mais encore, comme nous l'avons expliqué plus haut, à
toutes sortes d'autres d'objets. Rien ne réussit à modifier
cet état de choses. En vain, lors de la Praguerie, les seigneurs réclament le consentement des états pour toute
levée d'impôts, ainsi que les « roys de France tres cres-
tiens ont acostumé de faire le temps passé » (1). En vain
les états généraux sont convoqués : ils donnent en 1468
à Louis IX pour la guerre et pour l'impôt un blanc-seing
général (2). En vain, en 1484, les états tentent-ils de
recouvrer leurs prérogatives antérieures en matière
d'impôts : ils se laissent entraîner à accorder « par manière
de don et octroi » la même somme qu'au temps du roi
Charles VII (soit 1.200.000 livres) ; de plus « pour une fois
tant seulement et sans conséquence » 300.000 livres tournois, toujours par manière de don et octroi, — et en

---

(1) G. DE BEAUCOURT, *Recueil de pièces pour servir de preuves à la chronique de Mathieu d'Escoudry*, Paris, 1864, p. 75. — PELICIER, *Essai sur le
gouvernement de la dame de Beaujeu*, p 59.
(2) *Des États généraux et autres assemblées nationales*, t. IX, p. 147-148.
— PICOT, *Hist. des États généraux*, 2ᵉ édit., t. I, p. 342, note 1.

déclarant que « lesditz estats n'entendent point que dores
en avant on mette sus aucune somme de deniers sans les
appeler » (1) ; — le roi ou plutôt son Conseil, promit bien
de réunir les états tous les deux ans (2), mais les états ne
furent pas réunis et les impôts consentis furent levés
chaque année. En vain Philippe Pot, sénéchal de Bourgogne et seigneur de La Roche soutient-il devant les mêmes
états de 1484, que le royaume n'est pas la propriété du roi
mais seulement un bien à lui confié par le peuple (3) ; cette
doctrine ne prévaut pas. On en est arrivé à un point précis,
à une véritable conquête du pouvoir royal : le roi fixe lui-
même le chiffre de l'impôt qu'il exige ; il est le maître. Et
l'ambassadeur vénitien Tommaseo résume ainsi la situation :

(1) Cahier supplémentaire dans MASSELIN, *Journal*, édit. Bernier, p. 119 et
dans PICOT, *op. cit.*, 2ᵉ édit., t. II, p 78-79, note. — V. aussi cahier à la
suite du *Journal* de MASSELIN, p. 698, et, même *Journal*, p. 486-488.

(2) Réponses du roi, à la suite du *Journal* de MASSELIN, p. 712.

(3) « Il est constant, dit-il, que la royauté est une dignité et non la propriété du prince (*non hæreditas*)... L'histoire raconte qu'à l'origine le peuple
souverain créa les rois par son suffrage... ; c'est dans son propre intérêt que
chaque nation s'est donné un maître... Tout le monde répète que l'État
(*Respublica*) est la chose du peuple. S'il en est ainsi, comment le peuple
pourrait-il en abandonner le soin ? Comment des flatteurs attribuent-ils tout
le pouvoir au prince qui n'existe lui-même que par le peuple (*a populo ex
parte facto*... ? Dès lors quelle est la puissance en *France* qui a le droit de
régler la marche des affaires, quand le roi est incapable de gouverner ?
Évidemment, cette charge ne retourne ni à un seul prince, ni à plusieurs,
mais à tous, c'est-à-dire au peuple, donateur du pouvoir. Cette charge, il la
doit reprendre comme sienne, d'autant plus qu'il est toujours victime et seul
victime d'un mauvais gouvernement. Il n'a pas le droit de régner, mais il a
pour un temps le droit d'administrer le royaume par ceux qu'il a élus ; et
j'appelle peuple non seulement la populace et ceux qui sont simplement sujets
de cette couronne, mais encore tous les hommes de chaque État, si bien
que sous la dénomination d'États généraux je comprends aussi les princes ».
Cahier des états, à la suite de BESNIER, *Journal de Masselin*, p. 702-703 ;
Réponse du roi, p. 713. — Nous avons suivi la traduction de M. P. VIOLLET,
Hist. des instit. polit. et admin. de la France, précité, t. III, p. 230-231.

Il suffit au roi de France de dire : je veux telle ou telle somme, j'ordonne... ; et l'exécution est aussi prompte que si c'était la nation entière qui eût décidé de son propre mouvement. — Quelques Français qui voient un peu plus clair que les autres disent : nos rois s'appelaient jadis *Reges Francorum* ; à présent, on peut les appeler *reges servorum* (1).

Voilà donc où avaient abouti ces arrangements et marchandages successifs : à donner au roi un droit général et arbitraire d'imposer des taxes féodales dans toute l'étendue du royaume.

Un tel droit ne tarda pas à se renforcer. Il était impossible aux roturiers de payer la taille, et au roi, et au seigneur justicier. D'ailleurs la taille royale était désormais perçue d'une manière impérieuse. Il en résulta que les seigneurs perdirent leur droit de taille. L'ordonnance de 1439 avait déjà retiré ce droit aux seigneurs (2). Il est vrai que cette ordonnance ne fut pas bien observée ; mais le principe était posé ; peu à peu, il fut respecté.

Mais, si les tailles et aides conservèrent leur nature féodale, ils perdirent, chose curieuse, leur attribution d'une manière de plus en plus complète ; si bien que, lorsque l'argent vint à manquer pour faire la guerre, le roi dut avoir recours à un nouvel impôt : ce n'est plus l'aide, ni la taille, c'est la *capitation*. Le mot est sinon nouveau, puis-

---

(1) Tommaseo, *Relations des ambassades vénitiennes*, Paris, 1838, t. Iᵉʳ, p. 273 (1516). — Voir D oxox, *Les instit. polit. et admin. du pays de Languedoc*, précité, p. 571 et s.

(2) Art. 11 (Isambert, t. IX, p. 70) : « Pour ce que plusieurs mettent tailles sus en leurs terres sans l'autorité et congé du roi, dont le peuple est moult opprimé, le roi prohibe et défend..., que nul de quelque estat, qualité ou condition qu'il soit, ne mette ou impose taille, aide ou tribut sur ses sujets ou autres, pour quelque cause ou couleur que ce soit, sinon que ce soit de l'autorité et congé du roi et par ses lettres patentes ».

qu'il vient du droit romain, du moins rénové. La chose est
ancienne. La justification de cette taxe, au contraire, est
identiquement la même que celle des aides et tailles royales
du moyen âge.

Nous avons résolu, dit le roi, d'établir une capitation générale, payable pendant le temps de la guerre seulement, par tous
nos sujets sans aucune restriction par feux ou par familles, et
nous avons lieu de juger ce moyen d'autant plus sûr que les plus
zélés et les plus éclairés de nos sujets des trois ordres qui com-
posent cet Estat semblent avoir prévenu nostre intention, et que
les Estats de Languedoc, se trouvant réunis selon l'usage ordinaire, après avoir accordé le don gratuit de 300.000 livres que
nous leur avons demandé,... par une délibération expresse de
leur Assemblée... nous ont proposé ce secours (1).

Et voilà un impôt établi en 1695, suivant les modes des
XIVᵉ et XVᵉ siècles : don gratuit consenti par les Etats, destination à la guerre, arrangement amiable, rien n'y manque.
Bien entendu, la capitation, supprimée en 1697, fut bientôt
après rétablie, et, depuis 1701 jusqu'à la fin de l'ancien
régime, elle fut perçue régulièrement, comme une sorte de
supplément à la taille (2).

Une fois la capitation devenue impôt régulier, quand le

(1) Voir BOISLISLE, *Correspondance des contrôleurs généraux des
finances avec les intendants des provinces*, Paris, 1871. t. I, Appendice,
p. 565.

(2) NECKER, *De l'administration des finances de la France*, éd. Lausanne,
1785, t. I, ch. VII, p. 178 : « Dans le plus grand nombre des provinces la
partie de cet impôt, qui concerne les roturiers, se répartit au marc la livre, et
l'on agit de même dans les pays de taille réelle, à l'égard des contribuables en général... La partie de la capitation qui n'est pas répartie au
marc la livre de la taille, est de tous les impôts le plus difficile à
recouvrer, et l'on sollicite sans cesse des modérations ». — Voir aussi :
D'ARBOIS DE JUBAINVILLE, *L'administration des intendants*, p. 25 ; MOREAU
DE BEAUMONT, *Mémoires concernant les impositions et droits en Europe*, 1768,
t. II, p. 421.

besoin d'impôts nouveaux se fit sentir, il fallut inventer sinon autre chose, du moins un autre mot : ce furent les dixièmes, vingtièmes ou cinquantièmes. Les mots changeaient, le régime demeurait, avec cette seule différence que le roi ne demandait même plus leur avis aux États, encore moins leur autorisation. Il est vrai que le roi demandait parfois aux Parlements d'enregistrer les édits portant augmentation d'impôts. Même en 1780, Necker fit édicter que dorénavant le chiffre de la taille et de la capitation taillable ne pourrait plus être augmenté que par une loi enregistrée par les Parlements; mais c'était là une idée de banquier génevois, habitué à rendre des comptes, cela partait du même esprit que la publication du fameux « compte rendu au roi » sur les finances du royaume. On le lui fit bien voir. Il est vrai que Calonne réunit les notables pour leur faire approuver des projets de nouveaux impôts; mais Calonne proposa aux notables d'établir une *imposition* ou *subvention territoriale*, dont l'effet aurait été de prélever une quote-part du revenu de tous les biens fonciers au profit de la monarchie, et, pour tous les immeubles matériellement frugifères, cette quote-part aurait été perçue en nature. Les notables repoussèrent ce projet qui, s'il s'était fortement inspiré des idées de Vauban et de celles des physiocrates, était aussi et surtout une consécration extrêmement nette du *domaine éminent* qui appartient aux souverains sur les biens des sujets. Les notables, où la majorité était aux classes privilégiées, trouvèrent que c'était aller trop loin : Calonne tomba. Et, quand ce même projet, adouci, fut présenté pour enregistrement au Parlement de Paris, celui-ci, pour éviter de le repousser, déclara qu'il n'avait pas qualité pour consentir les impôts, que c'était l'affaire des États Généraux. Le projet sur l'imposition

territoriale est alors retiré, et le Parlement consent à
voter des vingtièmes. Mais l'appel aux Etats Généraux
avait été fait, et c'est de là que les réformes allaient venir :
c'était Necker, succédant à Loménie de Brienne, qui devait
les convoquer. L'ancien régime se termine ainsi sur une
affirmation très catégorique des prétentions du roi à être le
propriétaire suprême des biens de ses sujets.

c) Si les arrangements conclus avec le roi ont abouti,
peu à peu, à lui conférer le droit de tailler à merci les
habitants de tout le royaume, ce n'a été, nous l'avons déjà
vu, qu'au prix d'incessants marchandages. C'est à ces
marchandages que se rattache tout le chapelet des exemptions, chapelet interminable, renouvelé sans cesse, de siècle
en siècle, et dont le développement ne s'arrête qu'à la
Révolution.

Nous avons cité déjà de nombreux exemples d'exemptions d'impôt accordés en échange d'autres contributions,
payées sous forme forfaitaire.

Nous insistons, ici, sur ces exemptions pour faire
remarquer que cette pratique est en complète harmonie
avec le caractère patrimonial de la taxe. S'il s'agit d'un
service public, ces compromis sont injustifiables. S'il s'agit
d'un propriétaire féodal qui s'efforce de faire rapporter le
plus possible à tous ceux qui sont sous sa « mouvance »,
rien de plus logique, rien de plus légitime : c'est dans
l'ordre des choses.

Et ce que nous disons des exemptions rachetées à prix
d'argent, ou par quelque autre mode de rémunération, il
faut le dire, à plus forte raison, des indemnités. Car, au
fur et à mesure que la royauté reprenait son pouvoir, il
lui devenait loisible, à nouveau, de conférer des privilèges

d'indemnité. Ces octrois d'immunités avaient été, nous l'avons vu, une des causes de l'affaiblissement du pouvoir royal, et avaient rendu possible l'ouverture de la période féodale. Lorsque les rois s'acheminèrent à nouveau vers le pouvoir absolu, ils continuèrent à concéder des privilèges d'immunité, dans deux sortes de cas : d'une part, quand ils se trouvaient dans la nécessité de maintenir, sur un point donné, des immunités anciennement accordées, — alors, c'était que le pouvoir royal n'avait pas encore reconquis toute sa puissance, et qu'il rencontrait encore des obstacles; — d'autre part, quand ils y voyaient quelque intérêt politique, — alors, c'était un moyen de gouvernement, une sorte de pension royale, qui se traduisait, pour le trésor, par une moindre recette, et non par une dépense.

Examinons d'un peu près ces immnités.

Elles s'appliquaient surtout aux gentilshommes et aux clercs.

Dès 1295, les instructions données par Philippe le Bel sur la manière de lever le centième, déclarent que « nus chevaliers, ne escuiers, qui soient convenables a armes et qui le puisse faire, ne doit estre contrainz a paier l'aide » (1). Ce n'était sûrement pas là une innovation (2). Cette inégalité n'était pas choquante, et ne constituait pas, à proprement parler, une immunité : les gentilshommes seuls doivent le service militaire, les autres doivent l'impôt

(1) *Notices et extraits des manuscrits*, t. XX, 2e partie, p. 109.
(2) CALLERY, *Hist. du pouvoir royal d'imposer précité*, pp. 35, 85, avec les notes. — *Lettre de M. Callery*, dans *Revue hist.*, 1er mars 1882. — Observations de M Luchaire en ce qui concerne la dîme de 1184 ou 1185, dans *Revue hist.*, t. LXXII, p. 335. — P. VIOLLET, *Hist. des instit. politiq. et admin. de la France*, t. III, p. 471, et notes 1, 2 et 3.

de guerre, chacun paie à sa façon (1). Ce n'était, d'ailleurs, là que la répétition textuelle de ce qui avait lieu pour les tailles perçues par les seigneurs : ils les prélevaient, sur les serfs (2) et sur les roturiers (3), mais il n'y avait pas de taille noble.

Lorsque le roi eut des armées permanentes, et que l'impôt devint, en conséquence, permanent, il n'y eut plus aucune raison valable pour en exonérer les nobles ; du moins, il n'y eut, pour cela, que des raisons politiques : les nobles, conservant leur immunité personnelle, se montrèrent plus dociles pour permettre au roi de lever la taille sur leurs terres. Au xvi° siècle, l'immunité des nobles, à cet égard, est un point acquis. L'ordonnance de mars 1583 le déclare formellement (4).

Dans certaines régions, (Guyenne, Languedoc, Provence, Dauphiné, Bretagne), où la taille était non pas un impôt sur le revenu personnel des contribuables, quelle que soit la source, mobilière ou immobilière, de ce revenu, mais un impôt exclusivement attaché aux immeubles, la même immunité s'était établie au profit des terres nobles : les fiefs étaient exemptés à raison du service militaire qui y était attaché (5).

(1) VUITRY, Études précitées, t. II, p. 26-27. — Notices et documents publiés par la Société de l'histoire de France, p. 217-218. — DELISLE, Mandements de Charles V, n° 625, p. 313. — MÉNARD, Hist. de Nîmes, t. III, p. 72-77 et les notes de la p. 612. — P. VIOLLET, ibid., p. 471 et note 4.

(2) V. suprà, p. 44-15.

(3) V. suprà, p. 56.

(4) Art. 8 : « Nous voulons aussi qu'ils (diverses catégories d'officiers) soient compris esdites tailles et assiette et contraints audit payement comme nos autres sujets, sinon en cas qu'ils fussent nobles et vivans noblement » (Dans NÉRON, t. 1er, p. 667). — Voir Encycl. méthod. Jurisprud. t. VI, p. 123.

(5) CHASSANDÆUS, In consuet. Burg., rub. 9, n° 15.

Il importe d'ajouter que, presque partout, les villes avaient réussi à s'exonérer de la taille, en échange d'un abonnement pris sur le produit de leurs octrois (1) ; c'était là encore l'un de ces cas d'exemption par voie de rachat, dont nous avons parlé.

Il résultait de là que, seuls, les paysans, fermiers et cultivateurs, payaient la taille royale (2).

On conçoit donc que les tailles étaient devenues particulièrement odieuses, non pas en tant qu'impôts à proprement parler, mais à cause des immunités injustifiables, auxquelles donnait lieu la perception des tailles, et impôts assimilés. Or, à la fin du xviii° siècle, le roi n'avait plus aucun motif de maintenir ces immunités : il était devenu assez fort pour pouvoir les supprimer, et, puisque le tiers état réclamait cette suppression, le roi y consentait volontiers. Il avait, agissant comme propriétaire, déchargé les nobles de cette partie de leurs redevances. Agissant toujours en maître, il s'apprêtait à la leur imposer, et il

---

(1) NECKER, *De l'administration des finances de la France*, précité, I, p. 5.

(2) LEHRET, *De la souveraineté*, l. III, ch. viii, p. 113 : « Nous ne voions dans tout le plat païs que rigueur extrême et (j'oserais dire) que toute inhumanité. Car, après que ces pauvres gens ont été pillés et saccagés par les gens de guerre, il faut encore qu'ils paient seuls toutes les crues qui se lèvent durant les tems misérables, d'autant que c'est alors que tous les exempts font valoir leur privilège avec le plus de puissance... Puisque (les tailles) sont à présent augmentées de trente fois plus qu'elles n'étaient du commencement, seroit-il plus raisonnable de diminuer le nombre des privilèges au lieu de l'augmenter, comme on fait tous les jours ». — MOREAU DE BEAUMONT, *Mémoires concernant les impositions et droits en Europe*, 1768, t. II, p. 23 : « Quoique les tailles doivent être assises, portées et payées par toutes manières de gens contribuables... néanmoins les plus riches sont ceux qui payent le moins et qui cherchent à s'exempter, les uns sous prétexte qu'ils sont nobles, les autres en qualité de fermiers et métayers des gens d'Église, nobles ou autrement, ce qui est toujours à la foule du pauvre peuple. »

l'aurait fait, si les états généraux de 1789 étaient restés
dans leur rôle, et avaient suivi docilement son impulsion.
La réforme fut opérée au nom de la nation par l'Assemblée
Constituante, et non par le roi, aidé des états généraux (1).

L'autre classe d'immunisés avait été le clergé. Nous
avons déjà fait allusion aux marchandages intervenus
entre le roi et les églises. Il nous faut ici insister sur
ces marchandages et montrer en quoi les biens d'Eglise
jouissaient et en quoi ils ne jouissaient pas de l'immunité.
C'est un point de première importance dans l'histoire du
droit général de propriété reconnu au roi.

A l'époque où le pouvoir royal s'affaiblissait, et où le
régime féodal était en voie de formation, beaucoup d'Eglises
avaient reçu du roi l'usage de certaines terres. Ce droit
d'usage était viager : à la mort du titulaire de l'Eglise, les

(1) Voici ce que disait, à ce sujet, le garde des sceaux, M. de Barentin, à
l'ouverture des États généraux, le 5 mai 1879 : « Tant que le service de l'arrière-ban a duré, tant que les possesseurs des fiefs ont été contraints de se
transporter à grands frais d'une extrémité du royaume à l'autre, avec leurs
armes, leurs hommes, leurs chevaux, leurs équipages de guerre ; de supporter
des pertes souvent ruineuses, et quand le sort des combats avait mis leur
liberté à la merci d'un vainqueur avare, de payer une rançon toujours mesurée
sur son insatiable avidité, n'était-ce donc pas une manière de partager l'impôt,
ou plutôt n'était-ce pas un impôt réel que ce service militaire que l'on a
même vu plusieurs fois concourir avec des contributions volontaires ? Aujour-
d'hui que la noblesse obtient des récompenses honorifiques et pécuniaires les
possessions de cet ordre doivent subir la loi commune. » (BUCHEZ et ROUX,
Hist. parlementaire de la Révolution française, t. I, 1831, p. 359). Or il y avait
longtemps que l'armée était devenue permanente. C'était depuis Charles VII.
L'immunité avait duré plus de quatre siècles après que la raison invoquée pour
la justifier avait disparu. Faire des cadeaux aussi prolongés sur la chose
publique, c'est le fait de quelqu'un qui se considère comme propriétaire de cette
chose, non d'un mandataire, d'un administrateur. — La taille, la capitation
et les vingtièmes furent abolis par la Constituante, qui établit en place : la
contribution foncière (loi du 23 nov. 1790), la contribution personnelle et
mobilière (loi du 13 janv. 1791) et l'impôt des patentes (loi des 2-17 mars
1791).

biens faisaient retour au roi, jusqu'à la nomination du successeur. Ces dons royaux se nommaient *regalia*, les régales (1). Elles sont nombreuses au ixe siècle (2). — En outre, le pouvoir royal avait concédé aux Églises le droit de percevoir non seulement sur les régales, mais encore sur tous les biens des fidèles, un véritable impôt en nature : la *dîme*. Le premier acte royal sanctionnant la dîme semble être une lettre de Pepin le Bref à Lullus, évêque de Mayence (3). Charlemagne intervint aussi, et donna une sanction civile à la dîme, qui, d'abord, avait été une simple prescription religieuse. Il soumit à la dîme les revenus royaux eux-mêmes (4). La perception des dîmes est donc organisée dès la seconde moitié du viiie siècle (5).

Ces concessions du roi aux· Églises ne nous étonnent pas : nous y voyons seulement une preuve, parmi beaucoup d'autres, de ce fait que le royaume était la propriété véritable du roi, et qu'il en donnait des parcelles à qui bon lui semblait. Mais ce que ces concessions aux Églises eurent de particulier, c'est qu'elles comportèrent, pour le roi, une sorte de contre-partie : il conserva sur les biens

(1) Pierre DE BLOIS, cité par THOMASSIN, *Vetus et nova Ecclesiæ disciplina circa beneficia et beneficiarios*, 3e part., liv. I, ch. 30, édit. André, t. VI, p. 176.

(2) Voir notamment *Gallia christiania*, t. IV, *Instrumenta*, col. 129-130.

(3) BORETIUS, I, p. 42. — Voir aussi les capitulaires de 779, ch. 6 (I, p. 48) et de 794, ch. 76 (I, p. 76).

(4) *Capitula de partibus Saxoniæ*, art. 16 (BORETIUS, I, p. 69).

(5) FLACH, *Les origines de l'ancienne France, Le régime seigneurial*, I, p. 335-336. — P. VIOLLET, *Hist. des instit. politiq. et admin. de la France*, précité, t. I, p. 376. — *Capitula de partibus Saxoniæ*, art. 16-17 ; capit. de 818-819, art. 5 (BORETIUS, I, p. 69, 287). — PERTZ, *Leges*, t. III, p. 471. — *Capitulaires d'Halton*, évêque de Bâle, de l'an 820 environ, dans TROUILLAT, *Monographie de l'histoire de l'ancien évêché de Bâle*, t. I, 1852, p. 99. — Texte manuscrit important dans une homélie du temps de Charlemagne (*Collection Baluze*, t. 379, fol. 157, n° et v°). — THOMASSIN, *op. cit.*, 3e partie, liv. I, ch. 4-6.

des Eglises un droit supérieur de disposition (1). En vertu
de ce droit, lorsque le roi se trouvait avoir besoin d'argent
et de terres, il s'emparait des biens des Eglises. Ce pouvoir
fut exercé déjà sous le règne de Clovis (2). Sous Charles
Martel, des terres furent ainsi reprises aux Eglises pour
les donner aux *seniores*, qui, en échange, lui fournirent les
cavaliers armés dont il avait besoin pour lutter contre les
Sarrasins. C'est ce que l'on a appelé la « sécularisation des
biens ecclésiastiques » (3).

L'Eglise éleva des plaintes énergiques. Les fils de
Charles Martel, Pépin et Carloman, lui accordèrent une
satisfaction partielle. Une partie des biens qui lui avaient
été pris furent rendus ; les autres furent laissés à ceux qui
en avaient reçu la concession, mais dans des conditions
nouvelles : ils furent considérés comme biens tenus de
l'Eglise à titre de précaire (*precaria*), c'est-à-dire pour la
durée seulement de la vie du concessionnaire ; ils faisaient
donc retour à l'Eglise à la mort du concessionnaire ; de

(1) Schröder, *Deutsche Rechtsgeschichte*, 2e édit., p. 143-160.

(2) Troisième concile de Paris, de 556, ch. 1 (Maassen, I, 141, 3) ; Accidit
etiam ut temporibus discordiæ sub permissione bonæ memoriæ domni Clo-
dovici regis res ecclesiarium aliqui competissent, ipsasque res improvisa morte
collapsi propriis hæredibus reliquissent.

(3) Had. Valesius, *Rerum Francicarum*, liv. 25, t. III, p. 538 et s. — Roth,
Feudalität, p. 71 et s. — Waitz, *Deutsche Verfassungschichte*, t. III, 1re part.,
2e édit., p. 15 et s. ; t. IV, 2e édit., p. 177-210. — Schröder, *op. cit.*, p. 157,
et s. — Brunner, *Deutsche Rechtsgeschichte*, II, p. 246 et s. — Raepsaet,
Defense de Charles Martel, dans Œuvres, t. I, p. 283 et s. — Beugnot, *Sur
la spoliation des biens du clergé attribuée à Charles Martel*, dans *Mémoires
de l'Académie des Inscriptions*, t. XIX, 2e partie, p. 300) et s. — Roth, *Benee
ficial Wesen*, p. 327 et s., *Säcularisation des Kirchengutes unter den Karo-
lingern* (Extrait du *Münchener historiches Jahrbuch*, 1864). — Rübbech, *Di-
sogenannte Divisio des fränkisches Kirchengutes in ihrem Verlaufe unter Kar
Martel und seinen Söhnen*, 1883. — Kaufmann, dans *Hildebrand's Jahrbuch*,
t. XXII, p. 73 et s. — Brunner, dans *Zeitschrift der Savigny-Stiftung*, t. VIII,
Germanische Abteilung, p. 20 et s. — P. Viollet, *Hist. des instit. politiq. et
admin. de la France*, précité, t. I, p. 136.

plus, celui-ci devait payer une redevance, ou *census*, à
l'Eglise. Il fut d'ailleurs déclaré que si, à l'avenir, le roi
avait besoin de concéder des biens ecclésiastiques à des
laïcs, cette concession se ferait au moyen d'une précaire
consentie *sub verbo regis* par l'Eglise elle-même. Telle fut
la solution adoptée au synode de Lestinnes en 743 (1).

Au ɪxᵉ siècle, pourtant, interviennent de nouvelles sécu-
larisations de biens ecclésiastiques, en vertu du principe
déjà formulé : le droit supérieur de propriété, qui appartient au roi. Sous Louis le Débonnaire et ses fils, au
milieu des discussions et des guerres civiles, les princes
enlèvent fréquemment des terres aux Eglises ou aux
couvents, pour les donner à des laïcs à titre de bénéfice ou
de précaire. C'est ainsi que furent spoliées les églises
d'Auxerre, Vienne et Lyon (2).

L'Eglise ne chercha pas à nier le principe. Mais elle
s'efforça toujours de rentrer dans ses biens et d'obtenir
des compensations. De nombreuses et importantes négociations eurent lieu, à cet effet, sous le règne de
Charles Le Chauve (3). C'est ainsi que, peu à peu, les
Eglises, et, de même, les couvents, obtinrent des *chartes
d'immunités* : non seulement ils étaient dispensés de payer
l'impôt au roi, mais ils avaient le droit de percevoir des
impôts sur ceux qui habitaient leurs terres. Il est probable que le droit pour les Eglises de percevoir la dîme se
rattache à ce mouvement.

---

(1) *Capitularium Liptinense*, ch. 2, dans BORETIUS, *Cap.*, t. I, p. 28. —
Comp. *Cap. Suessionense*, ch. 3, dans BORETIUS, *Cap.*, t. I, p. 29.

(2) *Gesta episc. Autissiod.*, dans PERTZ, *Script.*, t. XIII, p. 395. — Voir
ROTH, *Beneficial Wesen*, p 444, 450; *Feudalität*, p. 86.

(3) *Synodus ad Teodonis villam*, a. 811, c. ɪɪɪ-ᴠ (BORETIUS et KRAUSE, *Capitularia*, t. II, p. 114). — *Concilium Vernense*, a. 811, c. ɪᴠ-xɪɪ (KRAUSE,
II, p. 385. — Synode de Beauvais, a. 845 (KRAUSE, II, p. 387).

Telle est, en tous cas, l'origine de cette immunité
générale dont jouissent les biens d'église à l'époque féodale.
C'est, en dernière analyse, un *don gracieux* fait par le roi.

Or, lorsque le roi, au nom du principe de l'aide féodale,
se mit à lever des taxes sur l'ensemble du royaume, il
n'épargna ni les églises, ni les abbayes, en dépit de leur
immunité. Nous avons déjà signalé le fait, et montré les
marchandages qui eurent lieu à cette occasion, entre le
roi, les évêques et le pape (1).

Mais ce n'est pas seulement au nom de l'aide féodale
que le roi imposait ainsi, les Eglises ; c'était aussi au nom
de deux autres droits, de caractère essentiellement féodal,
et qui nous intéressent directement au point de vue de la
question de la propriété : *le droit de garde* et *le droit de
régale.*

Souvent, un seigneur avait la *garde* d'une église ou d'un
couvent. On entendait par là un droit de protection, qui
appartenait aux héritiers de quelque bienfaiteur de l'Eglise,
ou qui était résulté de ce fait qu'à une époque donnée,
l'Eglise ou le couvent avait réclamé la protection de tel
seigneur, et que ce seigneur et ses héritiers s'étaient
arrogés, une fois le danger passé, un droit perpétuel. Le
droit de garde permettait au seigneur d'intervenir sur les
possessions de l'Eglise ou du couvent, pour les défendre
contre les entreprises du dehors ou pour faire cesser des
troubles intérieurs : droit de police et droit de juridiction.
Notamment, le seigneur pouvait prendre les biens
ecclésiastiques et y établir des gardiens : cela était de
l'essence même du droit de garde. (2)

---

(1) V. *suprà*, p 65.
(2) BEAUMANOIR, ch. XLVI ; GUILHIERMOZ, *Enquêtes et procés*, p. 311 et suiv.

Ce droit de garde, on le voit, était une variété du *domaine éminent*, qui caractérisait la propriété seigneuriale.

Or, dès le XIII° siècle, le roi prétendait avoir, sur toutes les Eglises et sur tous les couvents un droit de garde général ; mais ce droit ne produisait pas d'effet, là où s'exerçait le droit de garde particulier des seigneurs ; au contraire, dès que le seigneur renonçait à son droit, ou cessait de l'exercer, le roi intervenait et l'exerçait à la place du seigneur (1).

Ce pouvoir ainsi réservé au roi s'explique aisément, si l'on songe que tout droit de *domaine éminent* exercé par un autre que par lui est, à l'origine, une concession consentie par le roi, ou une usurpation qu'il a laissé accomplir sur ses droits. Le domaine général que le roi possédait sur l'ensemble du royaume avant la période féodale comprenait, au moins virtuellement, ce droit de garde : le roi aurait pu exercer ce droit, le cas échéant. Dès lors, si les seigneurs, ayant exercé ce droit, cessaient de le mettre en pratique, le don royal se trouvait en quelque sorte révoqué, le roi reprenait possession de ce lambeau de son domaine ; il y avait, sur ce point, révocation de la donation.

Or, une royauté dont la puissance s'accroît chaque jour n'est pas en peine pour faire surgir les raisons de révoquer ainsi les donations d'autrefois : quand les motifs sérieux font défaut, ou invoque des prétextes.

Philippe le Bel, déjà, prétend exercer le droit de garde à l'exclusion des seigneurs (2), et le droit de garde finit par appartenir exclusivement au roi (3).

---

(1) BEAUMANOIR, ch. XLVI, 1, 2 et suiv.

(2) *Scriptum contre Bonifacium*, art. 3 et 4, dans DUPUY, *Histoire du différend*, Preuves, p. 317 et s.

(3) Voir, p. ex., le *Grand Coutumier de Normandie*, ch. LIII, p. 131.

Ce droit est d'autant plus important que l'Eglise ou le couvent ainsi sauvegardés paient souvent des redevances pour ce service.

Ainsi le principe de l'immunité reste sauf, théoriquement. Le roi ne lève pas d'impôt sur l'Eglise, hors le cas, devenu d'ailleurs permanent, de l'aide féodale pour la guerre. Mais, il touche une redevance, parce que l'Eglise, immunisée, est sous sa protection, et que cette protection, comme tout travail, mérite salaire.

En bon français, cela revenait à reprendre une partie de ce que l'on avait donné, et cette prétendue protection n'était qu'un acte de reprise; ce n'était pas, d'ailleurs, un *devoir* de garde, c'était un *droit* de garde, qu'exerçait le roi.

L'immunité des biens ecclésiastiques, dès lors, avait vécu ; le don octroyé par le roi était révoqué, en ce sens que les biens d'église étaient définitivement soumis à l'impôt royal.

Ce seroit, dit Lebret, trop diminuer les droits de la souveraineté royale, de mettre en doute que nos rois ont exempté de leur sujétion les terres et les possessions dont ils ont fait présent aux églises ou qu'ils ont permis leur être données par leurs sujets. Car il est véritable qu'ils ont en leur roiaume un souverain empire sur tout ce qu'il contient et que toutes les terres, soit des ecclésiastiques, soit des laïques, relèvent médiatement ou immédiatement de leur couronne (1).

C'est aussi ce qu'affirme Louis XIV (2).

Mais, si l'immunité ecclésiastique a vécu, c'est, on le voit, que la propriété royale a repris une partie de son extension primitive. C'est comme propriétaire féodal que

---

(1) LEBRET, *De la souveraineté*, l 1, ch. XIII, p. 26.
(2) V. *suprà*, p. 31.

le roi agit en toutes ces circonstances et toujours, en
vertu de notions tirées du droit féodal de propriété.

Il faut pourtant ajouter que l'Eglise ne prit jamais son
parti de cette conquête, effectuée par le roi ; elle maintint
toujours son droit d'immunité, et refusa toujours de payer
des contributions au roi autrement qu'à titre de *don*. C'é-
taient les représentants de l'Eglise qui passaient un *contrat* avec le roi, pour fixer les conditions suivant lesquelles
la donation aurait lieu. Le contrat de Poissy, en 1561, qui
eut une si grande importance au point de vue historique,
n'est que l'un parmi ces contr   (1). Depuis 1586 ces
contrats sont faits chacun pour di   nnées, et, à la fin de
chaque décade, on fait un nouveau contrat (2).

Mais la convention n'était qu'apparente, le don n'était
qu'un faux semblant. La réalité était que le roi imposait
les biens d'Eglise et les auteurs ecclésiastiques en conve-
naient : « C'est le roi, dit Fleury, qui impose le clergé en
général et en particulier ; les contrats que le clergé fait
avec le roi ne sont que des abonnements, semblables à
ceux que le roi fait avec les pays d'Etats » (3). Que des
abonnements... assure Fleury. Nous sommes donc bien en
matière patrimoniale : c'est la série des marchandages qui
se perpétue.

Nous avons dit qu'un autre droit féodal avait été invoqué
par le roi, et avait contribué à ébranler l'immunité accordée aux églises : c'est la *régale*.

(1) Laferrière, *Le contrat de Poissy*, 1905.
(2) *Recueil des remontrances, édits, contracts et autres choses concernans le
clergé de France*, Paris, 1615, 2ᵉ partie, *Contrats passez entre le roi et le
clergé*, p. 49, 62, 92.
(3) Fleury, *Mémoire sur les affaires du clergé*, à la suite de son *Institution
au droit ecclésiastique*, édit. Boucher d'Argis, II, p. 228, note 1.

Nous avons parlé déjà de ces dons de terres faits par le
roi aux églises de ces *regalia* ou régales, qui faisaient retour
au roi à la mort de chaque titulaire des biens, jusqu'à la
nomination de son successeur (1). Pendant l'intervalle où
la fonction ecclésiastique à laquelle ces biens étaient attachés, restait sans titulaire, le roi, naturellement, percevait
les revenus des biens : c'était une part de son patrimoine
qu'il avait aliéné à titre gratuit, et qui y faisait retour tem-
porairement.

Il arriva peu à peu que le roi considéra comme composé
de régales la temporalité tout entière de chaque évêché,
quelle qu'en fût la provenance. Hincmar mentionne déjà la
mainmise de Carloman sur l'évêché de Reims à la mort
d'un titulaire (2).

Le droit de garde, dont nous venons de parler, vint se
combiner ici avec le droit de régale : les biens qui n'avaient
certainement pas été donnés par le roi aux Eglises ou au
couvent, passaient sous la protection du roi et il en touchait les revenus, tant que le nouveau titulaire n'était pas
nommé (3). Cela revenait au même, et c'était toujours, au
fond, comme propriétaire que le roi agissait : dans le premier cas, il avait été directement propriétaire des biens
en question et sa qualité ancienne réapparaissait ; dans le
second cas, il exerçait le droit général de propriété, qui lui
appartenait sur l'ensemble du royaume et dont la garde
universelle n'était qu'une des manifestations.

Nous n'avons pas à retracer ici les abus auxquels

(1) Voir *suprà*, p. 83 84.
(2) HINCMAR, *De villa Noviliaco*, édit. Migne, t. I, p. 1423.
(3) A. DE LA BORDERIE, *Recueil d'actes inédits des ducs de Bretagne*, p. 221.
— *Gravamina ecclesiis provinciæ Turonensis illata*, dans *Mélanges historiques*, t. II, 1877, p. 358. — ESMEIN, *Étude sur la question des investitures
dans les lettres d'Yves de Chartres*, p. 115, note 1.

donna lieu l'exercice du droit de régale, ni à dire comment les officiers royaux, sous prétexte d'administrer les bénéfices vacants, se livraient à des pillages mémorables, d'où est venue l'expression *se régaler*, avec son acception, aujourd'hui courante, de faire bombance (1). Nous n'avons pas davantage à rappeler les négociations auxquelles ces abus donnèrent lieu entre Boniface VIII et Philippe le Bel (2).

Mais il importe de remarquer, à ce propos, que le roi refusa d'aller aussi loin que le voulait le pape dans la voie des réformes, et qu'il ne consentit pas à ce que les revenus perçus pendant la régale fussent restitués au nouveau bénéficiaire (3).

Dès lors, la question était définitivement tranchée, et, si la régale donna, par la suite, lieu à des difficultés, ce fut au sujet du droit d'investiture, ou, comme on disait, de la régale « spirituelle ». Mais le droit pour le roi de percevoir les revenus du temporel pendant la vacance, autrement dit la régale « temporelle » était, dès cette époque, un droit incontesté.

Or, qu'était-ce que ce droit sinon une sorte d'impôt intimement lié à la notion de propriété? On ferait en vain, rentrer une telle institution dans le cadre de nos idées classiques en matière de propriété et d'impôt. C'est la meilleure preuve que ces idées sont de date relativement récente. Avant la Révolution la question de classification

---

(1) *Gravamina*, etc., *ibid.*

(2) Bulle *Ausculta fili*, V. HEFELE, t. IX, p. 220. — Ord. de 1303 (n. s.), art. 10, 11 (*Ordonn.*, I, p. 359).

(3) *Articuli pro quibus dominus Bonifacius papa VIII misit dominum Johannum... ad dominum Philippum, regem Francorum*, dans *Mélanges historiques*, t. II, p. 380, 381. — PHILIPS, *Das Regalienrecht in Frankreich*, Halle, 1873, p. 28, 91, 92, 94.

n'embarrasse personne : l'impôt est tellement de nature patrimoniale, c'est à ce point la chose du roi, qu'aucune question ne se pose : c'est tout simple.

Nous considérons, en résumé, comme acquis, le caractère patrimonial des aides, tailles, et de tous les impôts qui s'y sont attachés. Plus on étudie leur origine, et plus on est forcé de les rattacher à cette notion : le royaume est soumis à un droit de propriété générale, dont le roi est titulaire. Ces impôts sont les redevances dues, pour des raisons diverses, au souverain fieffeux du royaume, au roi, jusqu'à la fin de l'ancien régime, telle est la règle.

B. — Nous avons parlé des tailles et aides. Il nous reste à parler des « greniers », c'est-à-dire des « greniers à sel », des gabelles, autrement dit de l'impôt sur la vente du sel, monopolisée au profit du roi (1).

Notre tâche est facilitée par ce que nous avons dit des aides, car l'impôt spécial sur le sel, dénommé gabelle, ne fut, à l'origine qu'une variété de l'aide extraordinaire en cas de guerre. Telle fut la gabelle établie en une date inconnue, dont Philippe le Long disait, en 1318, qu'elle « estoit moult deplaisante au peuple », parce qu'on craignait « qu'elle ne durast à perpétuité » et « fust mise dans le domaine royal » ; or Philippe se défendait d'avoir intention si noire : il désirait que « par bon conseil et advis bonne voye et convenable fust trouvée par laquelle l'on mist bonne provision pour le fait de la guerre et les dites gabelles fussent abattues à toujours. » (2) Il est

_____

(1) *Le vestige des finances*, dans Jacqueton, *Documents*, p. 226.
(2) Ordonn., 25 févr. 1318 (*Ordonn.*, t. I, p. 679).

probable, en effet, que la gabelle fut supprimée, ou, du
moins, qu'elle ne devint pas permanente; car, en 1342,
Philippe VI déclare qu'il a décidé « certains greniers ou
gabelles de sel être faits par son royaume. » (1)

Mais, en dépit de la guerre de Cent ans, qui débute à ce
moment, la gabelle ne fut pas encore maintenue à l'état
permanent. Loin de là, en 1346 (n. st.) le roi jure aux
prélats, barons, chapitres et bonnes villes de Languedoil
convoqués à Paris pour la chandeleur (2 février) que les
gabelles ne seront point perpétuelles. On a déjà remarqué
que la forme de ce serment était très intéressante: le roi
déclare que les gabelles ne seront point incorporées au
domaine (2) L'expression est à retenir : elle jette un jour
sur toute cette histoire des impôts, car elle signifie que,
du moment où elle serait devenue permanente, elle ferait
corps avec les autres propriétés du roi, celles qui constituent le domaine royal proprement dit. Il est impossible
de mieux marquer le caractère patrimonial de l'impôt. Or,
cette incorporation au domaine ne tarda guère. La gabelle
fut rétablie pour les états de 1355 (3). Elle est à peu près
supprimée l'année suivante, puis rétablie par plusieurs
villes et provinces à la fin de 1358 et en 1359 (4). Organisée par des décisions royales des 5 et 23 décembre 1360,
du 20 avril 1363, du 21 novembre 1379, supprimée de
nouveau le 16 novembre 1380, elle est restaurée en jan-

(1) Lettre du 20 mars 1342 (*Ordonn.*, t. II, p. 179).
(2) Voir P. Viollet, *Hist. des instit. polit. et admin. de la France*, t. III, p. 206.
(3) Ordonn., 28 déc. 1355 (*Ordonn.*, t. III, p. 19, art. 1).
(4) Viard, *Les ressources extraordinaires de la royauté sous Philippe de Valois*, dans *Revue des quest. historiq.*, t. XLIV, p. 190. — Pérouse, *Études sur les origines de la gabelle*, dans *École des Chartes, Positions des thèses, Promotion de 1898*, p. 90, 91.

vier (1383 (n. st.) (1) pour tout le Languedoil. Dans le
cours du xv⁰ siècle, elle est aussi étendue au Languedoc (2).
Elle ne devait plus être supprimée avant la Révolution.

Voilà donc un impôt dont le caractère patrimonial est
nettement établi.

Ce caractère ressort encore de la nature même de
l'impôt; c'est un monopole établi dans des conditions
très particulières.

En dépit de la diversité des modes de perception,
l'impôt sur le sel n'a jamais comporté, sous l'ancien
régime, un autre monopole royal que le monopole de
vente : Ce n'est pas le roi qui est propriétaire unique
du sel, le marchand reste propriétaire aussi, et le roi ne
fait que vendre pour le compte du marchand. Mais le roi
vend le sel au-dessus du cours normal et la différence entre
le cours normal et le prix de vente réel, constitue le bénéfice du fisc. (3)

On voit ici fonctionner le droit général de propriété
qui appartient au roi. La superposition de ce droit sur le
droit du marchand devient tangible, concrète. Le marchand
a son bénéfice et le roi a le sien, chacun pour sa part de
propriété. •

Cette superposition du droit royal de propriété à celui des
marchands de sel n'est nullement destructrice du droit de

(1) 5 et 23 déc. 1360, 20 avr. 1363, art. 24, 28, dans *Ordonn.*, t. III, p. 433-
442, 623-624 ; - 21 nov. 1379, dans *Ordonn.*, t, VI, p. 116 ; — janv. 1383,
dans *Ordonn.*, t. VII, p. 750. -- Comp. *Encycl. methodiq.*, *Finances*, t. II,
p. 303. PÉROUSE, *op. cit.*, p. 92-98.

(2) Lettres du 11 oct. 1493 ; Ordonn. 6 janv, 1496 ; Déclaration, 8 nov. 1498
(*Ordonn.*, t. XXI, p. 9 et s. : p. 131 et s.)

(3) Ordonn., 21 nov. 1379, art. 19, 20, dans *Ordonn.*, t. VI, p. 416. — VUI-
TRY, *Etudes sur le régime financier de la France, Nouvelle série*, t. II,
p. 151. — SPONT, *La gabelle du sel en Languedoc au XV⁰ siècle* dans *Annales
du Midi*, 1891, p. 427-429.

propriété appartenant à ces derniers. On le vit bien quand il advint que le droit de fournir les greniers à sel fût accordé soit à des villes, soit à certains particuliers (1). Une ordonnance de novembre 1490 blâme ces « octrois », ces monopoles, elle en énumère les inconvénients, elle les révoque et déclare qu'à l'avenir le sel sera librement apporté aux greniers et vendu à tour de rôle (2). Le droit de propriété appartenant aux marchands de sel avait ainsi son domaine, où il était respectable et respecté ; et le roi comme propriétaire de l'impôt sur le sel avait aussi son domaine.

Ce n'est nullement à cause de cet exercice du droit royal de propriété que la gabelle devint impopulaire. Mais c'est parce que le roi voulut faire produire au sel plus qu'il n'était raisonnable. D'où la contrebande effrénée de tous les fraudeurs, les *faux sauniers*. D'où aussi, pour décourager la fraude, l'obligation imposée aux chefs de famille d'acheter plus de sel que la quantité dont ils avaient besoin. D'où encore, l'inquisition et les procédés vexatoires de l'administration. Tout cela rendait la gabelle odieuse ; mais il n'y avait rien, là, qui découlât nécessairement du droit de propriété que le roi possédait sur le sel.

Il faut, en outre, signaler ici, comme pour les aides et les tailles, de nombreux marchandages, des exceptions et des immunités, qui précisent le caractère patrimonial de la gabelle. La France en était venue, peu à peu, à pré-

---

(1) Le fait se produisit notamment en 1465 au profit des maire et échevins de Tours (Giry, *Les Établ. de Rouen*, t. II, p. 121.

(2) Clamagéran, *Hist. de l'impôt en France*, t. II, p. 81. — Voir *Ordonn.*, t. XX, p. 255.

senter, au point de vue de la gabelle, un tableau extrè-
mement confus : l'inégalité est partout et la gabelle est
perçue différemment suivant les régions et suivant les personnes (1).

Certaines régions étaient tout à fait exemptes de la
gabelle. Comment avaient-elles obtenu cette exemption ?
— Ici, nous voyons apparaître les indispensables marchandages. — Les unes étaient des provinces qui, comme la
Bretagne, l'Artois, la Flandre, le Hainaut, le Calaisis, le
Boulonnois, l'Alsace, le Béarn, la Basse-Navarre avaient été
réunies à une date relativement récente au domaine de la
couronne, et qui avaient obtenu, lors de leur annexion, la
promesse de n'être pas soumises à la gabelle (2). — Les
autres s'étaient rachetées de la gabelle en payant une
grosse somme au pouvoir royal ; ainsi en 1549 et 1553, le
Poitou, la Saintonge, l'Aunis, l'Angoumois, le Haut et
Bas-Limousin, la Haute et Basse-Marche, le Périgord et la
Haute-Guyenne se rédiment de la gabelle moyennant
1.743.000 livres (3). Ne dirait-on pas des fermiers, qui se
libèrent de leurs redevances envers leur propriétaire, en
lui versant une grosse somme, une fois pour toutes? Rien
n'est moins compatible que de tels marchés avec l'idée
classique de l'impôt; mais rien ne cadre mieux avec la
notion des contrats entre propriétaire et locataires.

Mais, même dans les pays soumis à la gabelle, de
grandes variétés existaient ; on distinguait les pays de
grandes gabelles, de petites gabelles, de salines, de quart

(1) MOREAU DE BEAUMONT, *Mémoires concernant les impositions et droits
en Europe*, 1768, t. III, p. 1 à 272. — *Mémoire sur la gabelle*, présenté aux
notables de 1787, *Procès-verbal*, p. 165 et s.
(2) *Mémoire sur la gabelle*, p. 170.
(3) *Ibid.*

bouillon. Toutes ces distinctions ont eu pour origine des franchises, des exemptions, des immunités, en un mot des marchandages de toutes sortes (1).

En principe, nul n'était exempt de la gabelle. Toutefois les établissements charitables et un certain nombre de fonctionnaires royaux avaient le *franc salé*, ils étaient bien tenus de se fournir aux greniers du roi et d'y payer le sel à un prix suffisamment rémunérateur pour les marchands; mais ils étaient tenus quittes du reste, c'est-à-dire de la part revenant au roi (2). Ici encore, on aperçoit le dédoublement de cette propriété : celle du roi et celle du marchand. Le roi consent un don, sur sa propriété, mais il fait respecter celle du marchand.

Nous pouvons donc conclure sur tous ces impôts en disant que, si le roi est parvenu à percevoir des taxes sur la partie du royaume ne faisant pas partie du domaine de la couronne, c'est en vertu d'un droit général de propriété. Le roi apparaît bien, à l'époque de la monarchie absolue, comme le propriétaire suprême de tout ce qui est compris dans le royaume et c'est à ce titre, qu'il prélève sur les terres et sur les revenus des particuliers, les sommes dont il a besoin. Il gère sa chose, et sa chose, c'est le royaume. L'État c'est lui. L'impôt, c'est une quote-part de ce qui lui appartient. Il pourrait prendre le tout : il se contente de ce qui lui paraît raisonnable et bon. C'est un « sage économe », dans la manière de gouverner sa fortune : le royaume.

Les exemples que nous venons de donner suffisent pour montrer comment le roi puisa dans le droit féodal les élé-

---

(1) RAUDOT, *La France avant la Révolution*, p. 408.
(2) MOREAU DE BEAUMONT, *op. cit.*, t. III, p. 84 et s.

ments même de son droit patrimonial sur l'ensemble du
royaume. Il serait, dès lors, tout à fait inutile, d'en multiplier le nombre.

§ 2. — DEUXIÈME SOURCE : « LE DROIT ROMAIN »

Le *droit romain* exerça une action tout à fait parallèle à
celle du droit féodal.

Certes, le droit romain ne pouvait servir de fondement
à la propriété féodale, à cette propriété que nous avons
caractérisée par la *liberté* illimitée, c'est-à-dire par l'absence
de toute intervention législative pour réglementer les conventions en matière de propriété. Le droit romain offre un
tableau inverse.

D'après le droit romain, les servitudes n'étaient permises
que sous des conditions rigoureusement déterminées : il
faut que les services dus à un fonds par un autre soient de
nature permanente, et qu'ils soient conformes à la destination économique du fonds dominant ; une servitude ne
peut être établie qu'entre des fonds voisins (1). Et, pendant
des siècles, la servitude fut la seule institution qui permît
à un propriétaire romain de restreindre la liberté de sa
propriété : le testateur ne pouvait même pas enlever à son
héritier le droit de vendre la chose (D., 1, 30, *de leg.*, 114,
14), d'affranchir l'esclave (D., 40, 4, *de man. test.*, 61, 2),
de faire cesser une indivision (2).

En revanche, l'État avait des droits sur les propriétés :

(1) Von IHERING, *L'Esprit du droit romain dans les diverses phases de son
développement,* trad. O. de Mendenaere, 3º édit., t. II, 1886, livre II, 1ʳᵉ part.,
titre II, ch. 3, § 38, p. 226 à 228.

(2) ID., *ibid.,* p 229 et note 377.

il donnait les terres incultes à qui voulait les cultiver (C., 11, 58, *de omni agro*, 8) (1) ; — il confiait le droit d'exploiter les mines à qui offrait le plus de garanties pour l'intérêt public, *sibi et* REI PUBLICÆ *commoda compararet* (C., 11, 6, *de metallariis*, 1), si le propriétaire du terrain n'y pourvoit, un autre obtient le droit de fouille et les concessions nécessaires (2) ; — il interdisait que des valeurs quelconques fussent anéanties ou enterrées avec un mort, en dépit de toutes dispositions testamentaires (D., 11, 7, *de relig.*, 14, 5) : les biens appartiennent aux vivants, qui doivent les entretenir pour le plus grand bien de la communauté (3) ; — il pratiquait l'expropriation non seulement quand l'intérêt public l'exigeait, mais aussi, dans l'intérêt des particuliers (*arbitrium de re restituenda*) (4) ; — il faisait triompher, dans l'usucapion, l'intérêt de la société sur celui des propriétaires (*bono* PUBLICO *usucapio introducta est*, D., 41, 3, *de usurp.*, 1) ; — il intervenait, en matière d'accession, pour donner la propriété non pas à celui qui en était le titulaire, mais à celui qui pouvait en tirer le meilleur usage au point de vue de la richesse générale : à celui qui a planté, dans ses terrains, l'arbre d'autrui ; à celui qui a construit sa maison avec les matériaux d'autrui, etc. (5).

Sans doute, il eût été possible aux légistes français de fonder sur les leçons du droit romain une critique de la propriété féodale : la liberté laissée aux conventions en matière de propriété était anti-romaine au premier chef.

Mais les légistes furent surtout frappés par le droit d'in-

---

(1) VON IHERING, *L'Evolution du droit*, traduit sur la 3e éd. allemande par O. de Mendenaere, 1901, n° 215, p. 343 et note 147.

(2) VON IHERING, *L'Evolution du droit*, précité, n° 215, p. 343, et note 148.

(3) ID., *ibid.*, n° 215, p. 344, et note 149.

(4) ID., *ibid.*, n° 216, 217, p. 346 à 350.

(5) ID., *ibid.*, n° 219, p. 350-351.

tervention que le droit romain avait conféré à l'État, en
manière de propriété privée. L'État romain, c'était, à
l'époque des grandes compilations qu'annotaient les
juristes, l'Empereur. Le roi, à l'image de l'Empereur
romain eut donc ce même droit d'intervention. .

Il est certain, par exemple, que le droit de propriété
générale, en vertu duquel les rois de France se mirent à
lever des impôts permanents, trouvait sa justification
théorique non seulement dans le droit féodal, mais encore
dans le droit romain.

Or, qu'était-ce que l'impôt dans l'empire romain et quel
en était le fondement? — Rien moins qu'un droit de
domaine éminent (1).

Longtemps, le droit romain avait distingué entre le sol
italique et le sol des provinces. Les fonds italiques n'étaient
pas assujettis à l'impôt ; les propriétaires y jouissaient d'un
droit très étendu. Les fonds provinciaux, au contraire,
étaient assujettis à l'impôt, parce que les provinces elles-
mêmes étaient considérées comme les propriétés soit du
peuple romain, soit de l'empereur, *in eo solo dominium
populi Romani est vel Cæsaris* (2) et que nul particulier ne
pouvait y être propriétaire à véritablement parler, mais
seulement possesseur du sol et usufruitier, *possessionem
tantum vel usufructum habere* (2) : l'impôt était, en conséquence, une charge de la possession, une rétribution
due par l'usufruitier au nu-propriétaire : peuple romain,
ou empereur.

Or, au fur et à mesure que l'empire romain s'affermit,

---

(1) Th. Mommsen, *Le droit public romain*, trad. fr. 6, 2, p. 366-376. —
Beaudouin, *Limitation des fonds de terre*, 1894, p. 114 et s.
(1) Gaius, 2, 7.

et que la contralisation administrative et juridique s'effectue, un double mouvement se produit.

D'un côté la propriété provinciale confère des droits équivalents à la propriété romaine, et elles se trouvent finalement sur le pied de la plus complète égalité, depuis que Justinien a aboli la procédure formulaire (1).

De l'autre côté la propriété romaine se trouve, comme la propriété provinciale, soumise à l'impôt foncier bien avant même que la propriété provinciale ait été complètement assimilée à la romaine au point de vue civil : la réforme date de Dioclétien (2).

Lorsque cette double réforme est opérée, l'Empire romain tout entier est soumis à une règle unique : partout, la propriété des particuliers suit les mêmes règles du droit civil, et, partout aussi, la propriété privée est subordonnée à un droit supérieur de propriété, dont le titulaire est soit le peuple romain, représenté par le Sénat, soit l'Empereur, et ce droit de *domaine éminent* est sanctionné par l'impôt foncier. — Il y a bien quelques exceptions à cette règle, en faveur des villes, à qui a été accordée la faveur du *jus italicum* (3). Mais sans entrer dans les difficultés et les

_____

(1) *Institutes*, 2, 1 De R. D., 40: *Vocantur autem stipendiaria et tributaria prædia quæ in provinciis sunt, interquæ nec non Italica prædia ex nostra constitutione nulla differentia est.* — La constitution dont il s'agit est rapportée C, 7, 31. *De usufr. transf.*, 1.

(2) AURELIUS VICTOR, *De Cæsaribus*, 39 (*Historiæ romanae scriot latini.*, t. I, 1588, p. 524, 525 ; édit, Dubois, Paris, Panckoucke, 1846, p. 286).

(3) HEISTERBERGK. *Name und Begriff des Jus italicum*, Tubingen, 1885. — MADVIO, *L'État romain*, trad. Morel, t. III, p. 3. — BERNIER, *De la condition des fonds provinciaux*, p. 13. — BEAUDOUIN. *Etude sur le jus italicum*, Paris, 1881. — SAVIGNY, *Ueber das Jus italicum* dans *Vermischte Schriften*, t. I, p. 29-81. — SAVIGNY, *Sur le système des impôts chez les Romains du temps des empereurs*, analyse de PELLAT, dans *Thémis*, t. X, p. 260. — MISPOULET, *Les instit. politiq. des Romains*, t. II, p. 85. — TH. MOMMSEN,

controverses que soulève ce *jus italicum*, à une période où l'Italie est soumise au même régime que le reste de l'Empire, nous devons nous contenter de constater l'existence de la règle générale.

Il suffit d'avoir rappelé cette règle, pour que l'on comprenne quel argument le roi de France pouvait en tirer, afin de légitimer sa prétention et de lever, au nom de son droit de *domaine éminent*, des impôts généraux et permanents.

Aussi ne faut-il pas s'étonner si les légistes ont, de bonne heure, considéré que le droit d'établir des impôts était l'un des attributs nécessaires et naturels de la royauté (1). Ils allèrent plus loin et déclarèrent que, quiconque déniait au roi ce droit devenait coupable de lèse-majesté ; et ils soutiennent cette thèse dès le règne de Charles VI (2). Lorsque les états généraux de 1484 vinrent contester au roi son droit absolu de lever des impôts, c'est du droit romain que s'inspirent les délégués du roi et ils répondirent aux députés que le roi avait le droit de prendre les biens de ses sujets pour les nécessités de l'État, alors même que le peuple aveuglé lui refuserait son adhésion (3). Il

---

Le droit public romain, trad. fr., 6, 2, p. 456-460. — P. VIOLLET, *Histoire des instit. politiq. et admin. de la France*, t. I, p. 81.

(1) Hinc est etiam quod, sicut imperator imponit nova vectigalia et subsidia... ita et rex christianissimus et non alius quacumque dignitate regali, ducali aut comitali, vel alia fungatur. Ita in specie de rege Franciæ dicit Salicetus in L. 1, C. *Nova vect. imponi non posse*, et Petrus Jacobi in sua *Practica* (DEGRASSALIUS, *Regalium Franciæ*, tit. I, p. 106).

(2) Item nota quod rex Franciæ modo quocumque sibi licet imponere super subditis suis immediate vel mediate in toto regno suo subsidia absque consensu, permissione vel tolerantia suorum subditorum quorumcumque... Et hoc teneas, nec unquam contrariam dicas, ne criminis sacrilegii accuseris et reus majestatis fias (JOHANNES GALLUS, quæstio LX, édit. Dumoulin). — V. aussi *Le Songe du Verger*, l. I, ch. CXXXV.

(3) Quod si etiam contra rationem dissentiret ,populus', certe non ambigi-

est vrai que, vers la même époque, Comines demandait :
« « Y a-t-il roy ou seigneur sur terre, qui ait pouvoir, outre
son domaine, de mettre un denier sur ses sujets, sans
octroy et consentement de ceux qui le doivent payer, sinon
par tyrannie ou violence ? » (1). Sans doute que Comines,
quand il écrivit ces lignes, était au service du duc d'Orléans, et qu'il bataillait contre Anne de Beaujeu. Quoi
qu'il en soit, le fait est que le roi de France exerça, depuis
lors, le droit, que lui contestait Comines. Le royaume tout
entier fut ainsi assimilé au domaine du roi, comme
l'Italie avait été assimilée aux provinces impériales et
sénatoriales.

Nous en avons assez dit pour admettre comme démontré
que, sous l'influence des principes tirés du droit féodal et
du droit romain, les rois de France surent reconstituer
leur pouvoir et le pousser à ce point d'absolutisme, qu'ils
possédaient finalement un droit général de propriété sur
tous les biens compris dans le royaume.

SECTION II

**Le droit de propriété que l'on reconnaît au roi sur l'ensemble
du royaume, n'est pas un droit plein et entier : c'est un
droit de gestion pour le compte de la nation.**

Parallèlement à l'idée de la propriété générale, une autre
idée prit naissance : celle de *l'intérêt public*. Cette idée

mus regem posse subditorum bona capere, quatenus reipublicæ periculis et
necessitatibus provideat. Alias rex frustra videretur institutus, si non posset
ad rationem cogere renitentes et invitos. (*Journal de Masselin*, [p. 420).

(1) COMINES. *Chronique de Louis XI*, liv. V, ch. XVIII, édit. Denys Godefroy, t. I, p. 122.

avait pour corollaire la notion d'une *propriété générale appartenant à la nation.*

1. — Ce fut d'abord le roi qui invoqua l'intérêt public à son profit ; il s'en disait le champion, le représentant, la plus haute personnification, et l'intérêt public du royaume devenait ainsi un principe qui s'ajoutait à ceux du droit féodal et du droit romain, pour consolider le pouvoir royal. Beaumanoir, par exemple, invoque expressément le « commun profit du royaume » pour justifier le droit, du roi à légiférer (1). Durantis, de même, invoque le « bien commun » et l' « utilité publique » pour soutenir que, lorsque les hommes de fiefs étaient appelés à défendre la patrie, ils devaient se rendre à l'armée royale, quand bien même leur seigneur direct les aurait requis en même temps pour une guerre privée (2).

2. — Mais, si cette idée de l'intérêt public devait, dans une certaine mesure, favoriser l'extension du *domaine éminent,* qui appartenait, de plus en plus nettement au roi, elle devait aussi avoir une autre conséquence qu'il nous faut, maintenant, indiquer.

Un vieux principe voulait que la loi ne pût être modifiée sans le consentement du peuple. Autrefois, a écrit M. Langlois, les habitants de la France « se faisaient de la loi un idéal qui la représentait comme un dépôt très précieux de la sagesse des ancêtres ». Il résultait de là que « le souverain pouvoir leur paraissait institué non pour changer la loi, mais pour en assurer le respect ». (3) L'édit

---

(1) *Coutumes de Beauvoisis,* XLVIII, 4.
(2) *Speculum,* tit. *De feudis,* n° 30.
(3) LANGLOIS, *Le règne de Philippe III le Hardi,* p. 285.

de Pistes dit, en une formule célèbre : *Lex fit consensu populi et constitutione regis* (1). Qu'on se rappelle l'épisode du vase de Soissons, qu'éclaire encore le « Nec regibus infinita aut libera potestas » de Tacite (2). Les exemples analogues abondent. Charibert, en montant sur le trône, prête serment « ut leges consuetudinesque novas populo non infligeret « (3), et ce n'est pas là un fait isolé (4). Le roi se reconnaissait lui-même soumis à la loi (5), et l'Église approuvait fort cette doctrine : « Leges enim imperator fert, quas primus ipse custodiat ». (6) A telles enseignes qu'un roi lombard, désireux d'abolir le duel judiciaire, se voit obligé d'y renoncer : car « legem ipsam vetare non possumus » (7), et que Childéric est mis à mort pour avoir fait battre de verges un noble franc, « contra legem », (8) car « le roi peut être *contraint* à agir selon la justice » ; « vides igitur non esse considerandum

(1) Art. 6, dans PERTZ, *Leges*, t. I, p. 490.

(2) *Germania*, 11, 12.

(3) GRÉGOIRE DE TOURS, IX, 30 (édit. Guadet et Taranne, t. II, p. 173)

(4) Voir : *Vita sancti Leodeg.*, 10 dans *Acta sanct.*, oct., t. I, p. 428, 2ᵉ col. — D. PITRA, *Histoire de Saint Léger*, p. 272. — LEHUÉROU, *Histoire des institutions carolingiennes*, p. 274. — TARDIF, I, p. 20. — Voir aussi BORETIUS, *Cap.*, I, p. 210, cap. de 811-810, art. 15. — HINCMAR, *Annales*, dans PERTZ, *Script.*, t. I, p. 483, 505.

(5) *Lex Wisigothorum*, 2, 1. *De judiciis*, 2.

(6) S. AMBROISE, *Epist.*, Classis I, *epist.* 21, Valentiniano, édit. Migne, t. III, col. 1003, 1004, *Patrol. lat.*, t. XVI. — Le Décret de Gratien dit aussi : « Lex est constitutio populi qua majores natu simul cum plebibus aliquid sanxerunt (Prima pars, Dist. 2, c. 1). Et Saint Thomas d'Aquin ramène formellement au peuple tout le pouvoir législatif : « Ordinare autem aliquid in bonum commune est vel totius multitudinis vel alicujus gerentis vicem totius multitudinis. Et ideo condere legem vel pertinet ad totam multitudinem, vel pertinet ad personam publicam, quæ totius multitudinis curam habet ; quia et in omnibus aliis ordinare in finem est ejus cujus est proprio ille finis (*Summa theologica*, 1. 2. q. XC, art. 3, dans *Opera omnia*, t. II, Parme. 1(53, p. 332).

(7) *Liut pr.*, 118, dans PERTZ, *Leges*, t. IV, p. 156.

(8) Continuateur de Frédégaire, 95, dans D. BOUQUET, t. II, p. 450.

quo quisque cogitur sed quale sit illud quo cogitur, utrum
bonum an malum (1). »

Ces idées persistèrent fort longtemps. Guy Coquille, à la
fin du xvi° siècle, déclare encore que : « c'est le peuple
qui fait la loi (2), et, en 1588, à la veille du jour où
commence la période du pouvoir absolu, Henri III déclare
encore « qu'il n'entend faire lois fondamentales en son
royaume que par l'avis de ses états » (3).

Le roi eut beau conquérir le pouvoir absolu, et s'arroger
le droit de lever des impôts, qui n'avaient pas été préalablement consentis, la notion fondamentale du droit pour
le peuple, de se donner, à lui-même, ses propres lois
civiles ne fut pas oubliée. Lorsque le roi justifia son
pouvoir absolu, non plus au nom des principes féodaux
et du droit romain, mais encore au nom du « bien
commun » de ses sujets, cette idée vint renforcer la notion
ancienne de l'initiative populaire, et lui donner comme un
regain de vie.

· 3. — C'est par là que s'explique, par exemple, la théorie
qui s'était fait une large place, dès le xviii° siècle, et dont
le retentissement devait être si considérable : les biens

---

(1) HINCMAR, *De regis persona et regis minist.*, ch. 16, *Quod ad justitiæ
observationem etiam compellendum sit*, dans *Opera*, édit. Migne, t. 1, col.
844, 845. — SAINT THOMAS D'AQUIN professe la même doctrine : « Princeps a
subditio habet potestatem et quod in alto sit; et cum eos despicit, aliquando
potestatem et altitudinem suam amittit (*De Regimine principum*, liv. I, chap. 6,
dans *Opera omnia*, t. VXI, Parme, 1864, p. 397. Comp. : (*Summa theologica*,
secunda secundæ, Quæst. XLII, *De seditione*,, art. 2, conclusio ad tertium).
— Voir à ce sujet, JOURDAIN, *Excursions historiques*, p. 214,546; COVILLE,
Les Cabochiens, p 132.

(2) *Questions, responses et méditations sur les articles des Coustumes*, dans
Œuvres, t. II, Paris, 1665, p. 153.

(3) PICOT, *Histoires des états généraux*, t. III. 1re édit., p. 104. Comp.,
t. II, p. 377, 386.

ecclésiastiques n'appartiennent ni à l'Eglise, ni au roi, ils sont *à la nation*.

Le droit patrimonial de l'Eglise pouvait néanmoins se soutenir par de solides arguments. Il remontait à une époque respectable, puisque c'était Constantin qui avait reconnu aux Eglises la personnalité civile (1) et le même empereur avait été jusqu'à donner à l'église de chaque *civitas* un premier fonds, en lui attribuant, à titre de dotation, une partie des biens ou des revenus de la cité (2). Plus tard, ce fonds avait été grossi par les biens des temples païens abolis (3).

Puis, sous la monarchie franque, l'Eglise avait continué à avoir la personnalité civile (4). Elle avait reçu des donations en nombre considérable. « Les donations furent nombreuses, écrit Fustel de Coulanges. Elles avaient leur source dans l'état des esprits et des âmes » (5).

Il était donc à peu près insoutenable de dire que l'Eglise n'avait rien pu acquérir en propre. Tant que l'Eglise subsistait comme personne morale, ses biens étaient à elle, rien qu'à elle, et nul n'avait rien à y prétendre.

Telle était la thèse des gens d'Eglise. Sieyès, en présence de la Révolution commençante, n'hésitait pas à la soutenir (6).

Mais le pouvoir royal avait des prétentions sur le

(1) L. 4, C. Th. XVI, 2.

(2) Esmein, *Mélanges*, p. 398 et s.

(3) Id., *Cours élém.*, précité, p. 152.

(4) Constitution de Clotaire, art. 10, dans Boretius, *cap.* I, p. 19. *Lex Bajuw.* I, 1. — V. Fustel de Coulanges, *La monarchie franque*, p. 574, 575. — P. Viollet, *Histoire des inst. politiq. et admin. de la France*, t. I, p. 374.

(5) *Loc. cit.*

(6) *Observations sommaires sur les biens ecclésiastiques*, 10 août 1789. *Procès-verbaux de l'Assemblée nationale* (coll. Baudoin, t. III, n° 48).

domaine éminent des biens ecclésiastiques. Le roi n'a-t-il pas un droit de disposition supérieure relativement à toutes les terres du royaume ? Les terres du clergé n'échappent pas à ce droit. D'où le droit d'amortissement, dont nous avons retracé plus haut l'histoire (Voir p. 35 et s.).

Si le roi avait tiré de l'amortissement toutes les conséquences que la doctrine comportait, si la force économique de l'Eglise avait passé entre ses mains, la monarchie française serait, à coup sûr, devenue l'une des plus puissantes qu'on ait connues : puissante, par son chef, sinon par ses sujets.

Nul n'osait concevoir un pareil plan. Il n'était, d'ailleurs, pas question pour le roi de supprimer l'Eglise, mais seulement de modérer ses progrès inquiétants et de la faire rentrer dans des limites plus étroites.

Or, à côté de la thèse du *domaine éminent* reposant sur la tête du roi, une autre théorie s'était fondée : il y a bien un *domaine éminent*, mais ce n'est pas le roi qui en est titulaire, c'est la Nation.

Lorsque l'Eglise recevait des dons, ce n'était pas elle qu'on entendait gratifier : c'étaient les pauvres. L'Eglise n'était qu'un fidéicommissaire. On donnait par son intermédiaire. Aussi beaucoup de canonistes avaient-ils soutenu que les biens d'Eglise étaient la propriété des malheureux. Mais cette fiction n'a pu se soutenir longtemps, et elle cessa d'être en faveur, lorsque les biens d'Eglise furent couramment détournés de leur destination : le pape, le roi, les seigneurs, les évêques, les curés, puisaient tous dans les caisses sacrées. A telles enseignes que les paroissiens en furent réduits à alimenter de leurs deniers des caisses spéciales pour l'entretien des églises, la construction d'édifices nouveaux, et, par extension, pour l'exercice du

culte. Ce furent les *fabriques* (1). En même temps, une
nouvelle notion s'était formée : les biens d'église appar-.
tiennent à l'ensemble de la population catholique, tant laïcs
que clercs, groupés autour de chaque Eglise. Pour employer
le langage des canonistes Panormitanus et Gonzalez Tellez,
ces biens appartenaient aux *ecclesiæ particulares* (2). Une
fois cette idée formée, elle ne tarda pas à s'amplifier.
D'une part, on trouvait la notion de l'intérêt commun, que
le roi avait contribué à préciser, et qu'il avait dérivée à son
profit. D'autre part, on réveillait aisément la vieille idée du
peuple, auteur de toute loi. Ajoutez à cela que, surtout
dans les villes libres, dans les communes, le peuple com-
mençait à savoir gérer lui-même ses affaires. Tout cela
explique comment, dès le xvi° siècle, le tiers état avait pu
proposer de faire vendre par adjudication tous les biens
ecclésiastiques. Du produit, on voulait faire trois parts : la
première devait servir à créer des rentes constituées au
profit de l'Eglise, et calculées de façon à procurer aux bénéficiaires un revenu égal à celui fourni par leurs anciens
biens; la seconde devait servir à payer les dettes du roi ; la
troisième aurait été placée, et aurait constitué une réserve
pour le trésor public, ou même aurait été employée pour
encourager l'industrie et les arts (2). On en était arrivé, tout
simplement, et sous l'empire des idées que nous venons

(1) DELISLE, *Etude sur la condition de la classe agricole en Normandie*,
p. 152. — Maurice CLÉMENT, *Etude sur les communautés d'habitants dans
la province de Berry*, Châteauroux, 1893, p. 188-189. — P. VIOLLET, *Histoire
des instit. polit. et admin. de la France*, t. II, p. 366.

(2) *Abbatis Panormitani commentoria*, sur *C, 4, X, De causa possessionis
et prop.* II, 12, n° 20, 21. — GONZALEZ TELLEZ, *Commentoria perpetua in
singulos textus V libr. decretaliam*, sur *C, 2, X. De rebus ecclesiæ*, III, 13,
note *b*.

(3) PICOT, *Hist. des Etats généraux*, II², p. 388. — LAFERRIÈRE, *Le contrat
de Poissy*, 1905, Appendice, p. 305 et s. — V. aussi plus haut, p. 90.

de rappeler, à se dire que, si les biens de chaque Eglise
appartiennent aux fidèles qui la fréquentent, l'ensemble
des biens de toutes les Eglises de France, est la propriété
de toute la population française catholique. Tel est le stade
par lequel on passait pour s'élever à la conception de
biens nationaux. Cette suite logique a été dégagée lumi-
neusement par M. Edme Champion :

> Ceux qui parlaient des droits de l'Eglise, écrit-il, étaient les
> plus nombreux. Mais on leur répondait avec Bossuet : « J'entends
> par l'Eglise toute la société du peuple de Dieu. » L'Eglise de
> France n'étant pas autre chose que l'universalité des fidèles de
> France, c'est-à-dire la nation entière considérée au point de
> vue religieux, les biens de l'Eglise étaient par définition, biens
> nationaux (1).

4. — La notion des biens nationaux ne s'appliqua pas
seulement aux biens d'Église. Dès la fin de l'ancien régime, elle se dressait, menaçante, en face de la notion du
domaine royal.

Il importe, à cet égard, d'apporter quelques précisions.

En même temps que le patrimoine du roi s'étendait, et
que le roi de France devenait le propriétaire suprême de
tout le royaume, son titre tendait à se modifier : il cessait
d'être un vrai propriétaire, et il devenait un simple usufruitier, ou plutôt une sorte de vassal lié à un seigneur
féodal d'un nouveau genre : la *nation*.

A. — Nous avons dit que, dans la monarchie franque,
le royaume n'était ni plus ni moins qu'une propriété

---

(1) Edme CHAMPION, *La séparation de l'Eglise et de l'Etat en 1794*, p. 85.
— Voir aussi ESMEIN, *Précis élémentaire de l'Histoire du droit français de
1789 à 1814*, 1908, p. 155-156.

privée, aux mains du roi : il gérait le royaume comme
un propriétaire absolu gérerait ses biens. C'était pourquoi,
à force d'en céder des parcelles, ou d'octroyer des immunités, le roi avait fini par être réduit à une sorte de portion
congrue. Le royaume était presque tout entier aux mains
des vassaux, et le domaine propre du roi était fort peu
de chose. Tout l'effort des Capétiens tend à reconstituer
le royaume d'autrefois, et à étendre sans cesse l'étendue
du domaine. Il est impossible de retracer ici l'histoire de
cet effort gigantesque, ce serait raconter la guerre de Cent
ans et tous les événements politiques de l'histoire externe
ou interne de la France depuis Hugues Capet jusqu'à la
Révolution ; car il n'est rien, durant cette période considérable, qui n'ait son importance, au point de vue de la
reconstitution du pouvoir royal.

La plupart des moyens employés pour reconstituer le
domaine royal étaient eux-mêmes d'ordre purement patrimonial.

Le roi achète la vicomté de Bourges en 1100 (1). Depuis
1337, le roi accorde des rentes viagères sur le trésor à
divers seigneurs dauphinois, qui, en échange, le reconnaissent pour leur suzerain (2), ce qui facilite la vente,
en 1343, de cette province à un fils de France (3). La confiscation de la Normandie et des autres possessions

(1) *Continuateur d'Aimoin*, liv. 5, c. 47. — Voir : FREHER, *Corpus Franciæ historiæ*, Hanoviæ, 1613, p. 515. — SIMÉON LUCE, dans *Notices et documents publiés par la Soc. de l'histoire de France*, p. 57-70.

(2) GUIFFREY, *Table chronologique des actes relatifs à la réunion du Dau-phiné à la France*, nos 8 à 10, 22 à 24, 31, 33 à 36, 39 dans *Histoire de la réunion du Dauphiné à la France*, 1868, p. 320, 325.

(3) L'abdication de Humbert II est de 1349, seulement (LONGNON, *Atlas his-torique*, texte, p. 256. — GUIFFREY, *Hist. de la réunion du Dauphiné à l France*, p. 159 et s., 223 et s.; pièces justificatives nos 3, 27.

anglaises de Jean-sans-Terre, en 1203, est encore un acte
de propriétaire féodal : la guerre de Cent ans, il est vrai,
en résulta; mais ce n'était là qu'une guerre privée entre
deux grands propriétaires, qui se disputaient au sujet
de la limite de leurs héritages. Les trois mariages de
Charles VIII, de Louis XII et du duc d'Angoulême
(François Ier) eurent pour conséquence la réunion de la
Bretagne au domaine royal (1).

D'autres fois, le roi conclut des conventions spéciales
nommées *pariages* ou *paréages* avec certains seigneurs
féodaux, et obtient ainsi d'être l'associé de ces seigneurs
dans leurs droits territoriaux : les seigneurs trouvaient, à
de telles conventions, l'avantage de se procurer un haut
protecteur, et le roi augmentait ainsi son domaine. Ainsi,
en 1226, Louis VIII, devenu maître d'Avignon, conclut
avec les Bénédictins de Saint-André, un pariage, et obtient,
par ce moyen, le droit d'établir une forteresse sur une
colline qui domine Villeneuve-lès-Avignon (2). Ainsi
encore, pour choisir un exemple à l'autre extrémité de
l'histoire du pouvoir royal, un pariage est conclu le
10 septembre 1767, entre le roi et le duc de Blacas, pour
l'exercice de la juridiction dans la ville d'Aups (3).

Il faut signaler aussi l'exercice du droit de *garde* ou de
sauvegarde. Nous avons déjà dit, en nous expliquant sur les
immunités de l'Église (voir plus haut, p. 87 et s.) comment
le roi avait utilisé ce droit pour faire retomber en son
domaine toutes les Églises, en dépit des libertés qui leur
avaient été octroyées. Cette méthode n'était pas bonne

(1) Dupuy, *Hist. de la réunion de la Bretagne à la France.*
(2) Petit-Dutaillis, *Étude sur la vie et le règne de Louis VIII*, p. 311.
(3) A. Giry, dans *Bibl. de l'École des chartes*, t. XLII, p. 458.

seulement à l'encontre des Églises. Lille et Douai (1), Lyon (2), Toul (3) sont sous la « sauvegarde » du roi, avant d'être annexés à son domaine, comme telle colonie de nos jours, est sous le « protectorat » d'un État européen, avant de passer sous sa domination directe. Seulement, la différence est que le roi n'agit pas, alors, en tant que chef d'État, mais comme un puissant seigneur, qui agrandit ses propriétés.

C'est encore comme puissant propriétaire féodal que le roi agissait, quand il créait, sur les terres mêmes qui étaient hors son domaine, des *bourgeois du roi* (4). Tout homme libre pouvait ainsi échapper à la domination de son seigneur. Il se disait « bourgeois du roi », et, par ce *simple aveu*, il devenait justiciable du roi. D'autres fois, le roi accordait la bourgeoisie *par lettre*. Les seigneurs protestèrent en vain contre cet abus (5). Il ne fit que croître, au fur et à mesure que grandissait le pouvoir du roi. Mais cet abus même, précisément parce qu'il était ainsi considéré, n'était pas l'effet d'un *droit* de juridiction, l'expression d'une prérogative de la puissance publique.

Notons aussi les *villes neuves* que le roi créait en grand nombre dans ses domaines, et auxquelles il assurait des franchises de toutes sortes, afin d'attirer à lui les hommes des seigneurs voisins. C'est aujourd'hui un point établi

(1) *Ordonn.*, t. II, p. 383-384.

(2) BONNASSIEUX, *De la réunion de Lyon à la France*, p. 69, 71, 156, 157. — *Musée des Archives nationales*, 1872, p. 171, n° 312. — *Inventaire des titres recueillis par Samuel Guichenon*, Lyon, 1851, p. 78.

(3) *Musée des Archives nationales*, p. 165, n° 303. — Comte M. DE PANGE, *Le Patriotisme français en Lorraine antérieurement à Jeanne d'Arc*, p. 56, 57.

(4) Voir à ce sujet BABELON, *Les bourgeois du roi au moyen âge* (*École des chartes, Position des thèses, Promotion*, 1878).

(5) BOURDOT DE RICHEBOURG, *Coutumier général*, t. III, p. 230-233.

que « Louis VII est le premier souverain qui ait voulu par
système multiplier ces centres nouveaux et ait recherché,
dans les créations de villes neuves, un moyen efficace
d'enrichir le domaine, en même temps que de nuire à la
féodalité » (1). Et un historien du xii° siècle écrit que :
« Par la fondation de certaines villes neuves, Louis le
Jeune a dépouillé nombre d'églises et de nobles de leur
propriété, en accueillant leurs hommes réfugiés sur ses
domaines (2).

Tous ces moyens et les autres que l'on pourrait citer
n'étaient pourtant pas suffisants pour transformer la
France féodale du x° siècle en cette monarchie qui exista
aux xvii° et xviii° siècles. Ce travail d'annexions et de péné-
trations pouvait bien accroître momentanément le domaine
royal. Mais les mêmes causes étaient également susceptibles d'agir en sens inverse. Ce qu'un mariage avait
procuré, un autre pouvait le faire perdre. Si le roi peut
parfois acheter des fiefs, ses coffres ne sont pas toujours
bien remplis, et il peut aussi bien être obligé de vendre
une parcelle de son domaine, pour se procurer de l'argent.
Il doit aussi, pour se procurer des auxiliaires, se montrer
généreux, et chacune de ses largesses appauvrit le
domaine. Ce qu'une habile diplomatie met entre ses
mains, une simple faute l'oblige à le restituer. Toutes ces
transactions patrimoniales étaient impuissantes à fonder
un pouvoir durable.

Il fallut donc, de toute nécessité, faire appel à des principes d'ordre extra-patrimonial, à des *règles de droit public*.

(1) LUCHAIRE, *Hist. des instit. monarchiq. de la France sous les premiers
capétiens*, 2° édit., t. II, p. 139-141.
(2) D. BOUQUET, t. XII, p. 286.

B. — Ces règles, qui viennent différencier le domaine royal d'un patrimoine quelconque, concernent le *droit de succession au trône.*

a) Sous les Mérovingiens, les rois succédaient au royaume, comme des particuliers aux biens de leurs parents. En conséquence, le royaume était dévolu aux descendants mâles, et, à leur défaut, aux collatéraux mâles ; les femmes étaient exclues, parce que la loi salique et la loi ripuaire leur interdisaient de succéder aux biens immobiliers, dans les successions privées ; quand il y avait plusieurs héritiers mâles du même degré, ils étaient tous admis à la succession et se partageaient le royaume par parts égales (1).

Cette application des règles successorales à la transmission du royaume subit un grave échec sous les Carolingiens. Les premiers Carolingiens ne peuvent succéder à leurs parents, qu'en vertu d'une élection ou d'un simulacre d'élection (2). Ce principe électif n'était pas tout

(1) FUSTEL DE COULANGES, *L.: monarchie franque*, ch. I. — W. SICKEL, *Die Entstehung der fränkischen Monarchie.*

(2) Pour Pépin, V. le continuateur de Frédégaire, c. 117 ; pour Charles et Carloman, fils de Pépin, V. *ibid.*, 136, 137, dans D. BOUQUET, t. 5, p. 9 ; les *Annales Mettenses*, dans PERTZ, *Script.*, t. I, p. 335. — Pour Charlemagne, V. EGINHARD, *Vita Karoli*, c. 3. — Pour Louis le Débonnaire, V. *Chronicon Moissiacense*, dans PERTZ, *Script.*, t. I, p. 310 ; ENGINHARD, *Annales*, ad. ann. 814 (édit. Teulet, t. I, p. 14, 308). — V. aussi : PERTZ, *Script.*, t. I5, p. 3 : *clausula de Pippini… consecratione* et HINCMAR, édit. Migne, t. I, col. 757. — Consulter : PIHAN, dans *Mercure galant*, sept. 1701, p. 166 et s. ; abbé DE VERTOT, dans *Mém. de l'Anc. Académie, des inscript.*, t. 4, p. 672 ; DE FONCEMAGNE *ibid.*, t. VIII, p. 464 et s., t. VI, p. 680 et s., t. X, p. 525 et s. ; SCHULZE, dans *Zeitschrift für Rechtsgeschichte*, t. VII, 1868, p. 353 et s. ; Jul. HARTTUNG, *Die Thronfolge im deutschen Reiche bis zur Mitte des elften Jahrhunderts*, dans *Forschungen zur deutschen Geschichte*, t. XVIII, p. 131 et s. ; P. VIOLLET, *Hist. des institut. polit. et admin. de la France*, t. I, p. 240.

à fait une nouveauté. En effet, sous les Mérovingiens, le nouveau roi devait être reconnu solennellement par les principaux du royaume. Or, cette reconnaissance, si elle n'était nullement une élection était, sans doute, la survivance d'un droit d'élection exercé à une époque plus ancienne (1). Mais l'élection, telle qu'elle fut pratiquée du temps des Carolingiens, se distingua promptement de ces élections un peu hypothétiques qui, si elles ont existé, n'ont, à coup sûr, jamais retiré à la transmission de la couronne son caractère patrimonial. En effet, l'élection ne tarda pas à devenir à ce point importante, que les Francs n'eurent pas de scrupule à prendre leurs rois, le cas échéant, dans une autre famille que celle de Charlemagne. C'est ainsi que le trône fut transmis, en 888, à Eudes ; en 922, à Robert ; en 987, à Hugues.

Le principe de l'élection était, certes, de nature extra-patrimoniale. Mais les Capétiens, dont l'avènement avait été rendu possible grâce à ce principe, virent fort bien que, pour rendre leur pouvoir durable, il leur fallait, d'abord, renverser ce principe. Ils parvinrent, sinon à en supprimer tout vestige et en détruire jusqu'au souvenir, du moins à rendre, en fait, la royauté héréditaire (2).

Mais la nécessité même leur fit découvrir, pour parvenir à ce but, un moyen qui leur permit, en outre, de donner au domaine royal un caractère de stabilité, que le droit commun des successions ne pouvait lui conférer.

Ce moyen consistait, pour chaque roi capétien, à faire élire lui-même son fils aîné : le roi l'associait d'abord au trône, puis le faisait couronner. C'est ce qui eut lieu pour

---

(1) FUSTEL DE COULANGES, *La monarchie franque*, ch. I, p. 51.
(2) P. VIOLLET, *op. cit.*, t. II, p. 46-52. — A. ESMEIN, *Cours élém.*, p. 316-318.

les six premiers successeurs de Hugues Capet : Robert,
Henri Ier, Philippe Ier, Louis VI, Louis VII et Philippe-
Auguste. C'était forcer la main aux électeurs. Ceux-ci
opposèrent parfois une énergique résistance (1). Mais,
après Philippe-Auguste, si les évèques et les grands ne
désarment pas absolument, ils sont, du moins, réduits
à l'impuissance. Loui VIII est le premier roi qui n'ait pas
été sacré et couronné du vivant de son père (2). C'était
désormais la coutume, et cette coutume fonda le droit.

Mais, en même temps que cette coutume établie assurait
la possession de la couronne à la dynastie des Capétiens,
elle introduisait une grave dérogation au droit commun
des successions : le royaume ne se divisait plus, entre les
fils du roi, et restait entre les mains de celui qui avait
reçu la couronne.

En introduisant cette règle dans notre droit public, les
Capétiens ont, assurément, rendu possible la formation
d'une monarchie absolue. S'il avait fallu, à la mort de
chaque roi, partager le domaine royal entre ses enfants,
jamais le roi de France n'aurait été assez fort pour lutter
contre les seigneurs féodaux, et pour étendre son domaine
sur tout l'ensemble du royaume.

Mais pourquoi le domaine royal échappait-il ainsi aux
règles successorales? Pourquoi était-il *indivisible*? — On

(1) Voir : — pour la transmission de la couronne à Louis VI, *Épit. historiæ Willelmi Gemetic.*, dans D. BOUQUET, t. XI, p. 148-149 ; LUCHAIRE, *Hist.
des instit. monarchiques de la France sous les premiers Capétiens*, 2e édit.,
t. I, p. 81-86 ; — pour la transmission de la couronne à Louis VII, Orderic VITAL,
édit. Leprevost, t. V, p. 25-28.

(2) LE NAIN DE TILLEMONT, *Vie de saint Louis*, t. 1, p. 288. — LUCHAIRE,
Manuel des institut. françaises, Période des capétiens directs, p. 466. —
PETIT-DUTAILLIS, *Étude sur la vie et le règne de Louis VIII*, p. 202-216.

n'en pouvait donner aucune raison, sinon que le domaine
royal n'était pas un héritage comme les autres, qu'il était
de *droit public*, non de *droit civil*, et que le droit commun
n'y était, par conséquent, pas applicable. — Principe d'une
importance capitale, d'où devait sortir d'abord la puissance
absolue des rois de France, puis leur chute, car c'était
une arme à double tranchant.

Peu à peu, en effet, les règles de la succession au trône
se modifièrent et il se constitua tout un droit spécial à la
matière : le divorce se faisait de plus en plus irrémédiable
entre le droit commun des successions et le droit de succession au trône.

Lorsque ce droit spécial atteint son plein développement,
il renferme les règles suivantes, outre l'indivisibilité :

1° La couronne se transmet par ordre de primogéniture.

2° Les femmes sont exclues de la succession au trône.

3° Les parents par les femmes en sont également exclus.

4° Le roi ne peut, de son vivant, disposer de la couronne, ni désigner son successeur soit par acte entre-vifs,
soit par testament.

5° L'héritier présomptif ne peut renoncer par avance à
la couronne.

6° A la mort du roi, tout ce qu'il a fait : traités, lois,
dettes, etc. — est caduc, à moins que le nouveau roi ne
confirme les actes de son prédécesseur.

7° En cas d'extinction de la descendance de Hugues
Capet, le trône est libre, et la nation y pourvoit.

Ces règles sont d'ailleurs complétées par deux principes,
qui, pour ne pas appartenir à la matière des successions,
ne sont pas moins pour cela exorbitantes du droit commun : — la réversibilité des apanages au domaine de la
commune, — et l'inaliénabilité du domaine royal.

Il est aisé, sans entrer dans des détails qui nous écarteraient de notre sujet, de passer en revue ces diverses règles, et de montrer que, comme celle de l'indivisibilité, elles constituaient toutes de graves exceptions au droit commun.

b) Le droit d'aînesse, tel qu'il existait dans le droit commun, était établi, dans l'intérêt exclusif du suzerain : tout seigneur avait avantage à ce que ses vassaux ne morcellent pas les fiefs entre leurs héritiers ; il exigeait en conséquence que chaque vassal fût remplacé à sa mort par son fils aîné ; ainsi le seigneur était sûr d'avoir toujours pour vassaux des hommes, — non des femmes, — et, qui plus est, des hommes assez riches pour pouvoir s'équiper en chevaliers, et assez âgés, car l'aîné est, selon toutes probabilités, le premier apte à servir le fief. En outre, le droit d'aînesse était loin d'être absolu : il comportait des dérogations très variées suivant les diverses coutumes (1).

Le droit qui attribue la couronne de France au fils aîné du roi a nécessairement une autre origine : il n'est pas imposé par un suzerain, ni dans l'intérêt de quelque seigneur.

Il est une conséquence nécessaire de la volonté manifestée par les Capétiens de conserver la couronne dans leur famille. Ayant considéré la couronne comme indivisible, elle ne pouvait échoir qu'à un seul des enfants. Pourquoi l'aîné? — Les premiers Capétiens hésitèrent avant de fixer leur choix sur le premier-né. Robert le Pieux commence par désigner Hugues comme son successeur,

_____

(1) A. ESMEIN, *Cours élém.*, p. 198 et s. — P. VIOLLET, *Histoire du dr. civ. franç.*, p. 281. et 896-897,

non pas parce qu'il est le plus âgé, mais parce que telle est
sa volonté réfléchie : « *elegit regnare post se illorum pri-
mogenitum Hugonem nomine* » (1). Hugues meurt. Robert
hésite. La reine Constance et plusieurs évêques lui con-
seillent de choisir Robert, le cadet (2). Il finit par se
décider en faveur de l'aîné des survivants, Henri. La règle
n'était donc pas formée à ce moment. Mais il est aisé de
deviner pourquoi elle s'établit : le fils aîné est celui qui a
chance d'être le premier en état de succéder à son père.
Les Capétiens furent plus d'une fois sur le point de perdre
le pouvoir parce que leurs fils aînés n'étaient pas en âge
de régner, quand le roi mourait. Tel enfant, disaient les
barons à propos du petit Louis IX, « ne doit pas tenir
royaume et celluy seroit moult fol qui à luy obéiroit, tant
comme il fut si jeune » (3). Pour éviter de telles discussions, il fallait nécessairement poser en principe que l'aîné
serait roi.

Aussi le principe n'est-il pas flottant, comme en matière
féodale. C'est, au contraire, un principe rigoureux, absolu,
inviolable.

c) Les femmes n'étaient pas exclues de la succession.
La loi salique et la loi des Ripuaires ne s'appliquaient plus
guère. L'Église était, d'ailleurs, hostile à l'exclusion des
filles : une formule qui date des temps barbares traitait
cette règle d'*impia consuetudo* (4). Il est certain que la
France médiévale s'acheminait vers des institutions qui

_____

(1) Raoul GLABER, III, IX, 32, édit. Prou, p. 81.
(2) ID, *Ibid.*, 31, édit. Prou, p. 81. — V. aussi D. BOUQUET, t. X, p. 501.
(3) PAULIN PARIS, *Les grandes chroniques*, t. IV, p. 231. — Philippe
MOUSKET, V, 27.731, 27.732 (D. BOUQUET, t. XXII, p. 43).
(4) MARCULF, II, 12, dans ROZIÈRE, n° 136.

garantissaient à la femme des droits, que les modernes
féministes réclament encore aujourd'hui. Le droit romain
est venu, par son influence, arrêter ce mouvement (1). Les
grands fiefs et les royaumes tombaient souvent, alors « en
quenouille ». Au xiii⁰ siècle, deux comtesses célèbres
avaient gouverné la Flandre (2). Au xiv⁰, le comté d'Artois avait été attribué à la fameuse Mahaut (3). C'étaient là
des exemples, qui faisaient assurément autorité. Ils n'étaient
pas isolés, loin de là. C'étaient des femmes, qui avaient
gouverné le royaume de Jérusalem (4), l'Empire latin de
Constantinople (5) Le royaume de Navarre avait été
occupé par Jeanne, fille de Henri I⁰ʳ le Gras, roi de Navarre et de Blanche d'Artois : la petite reine avait trois ans
et demi, en 1274, quand elle était montée sur le trône, et
les Capétiens ne pouvaient renier ce précédent, puisque
Jeanne avait épousé Philippe-le-Bel en 1284. D'ailleurs,
les Capétiens avaient admis le droit successoral des
femmes, lorsque l'un d'eux avait, au xii⁰ siècle, fondé une
dynastie en Portugal (6). Plus tard, au xiv⁰ siècle, ils l'ad-
mirent encore, lorsque Louis d'Anjou essaya de fonder une
dynastie capétienne en Pologne (7). Nous avons, d'ailleurs,
à ce sujet, l'opinion de Louis X : « Raisons et drois
naturez donnent que, en déffautes de hoirs males, les
femelles doivent aussi bien hériter et avoir successions es

---

(1) Ch. Lefebvre, *Le droit des gens mariés.*
(2) Kervyn de Lettenhove, *Hist. de Flandre*, t. I⁰ʳ, p. 209-267.
(3) Richard, *Mahaut, comtesse d'Artois*, p. 20-27.
(4) *Chronique d'Ernoul et de Bernard le Trésorier*, ch. 3, 11, 35, édit. L. de
Mas Latrie, p. 11, 12, 131, 407, 408.
(5) *Ibid.*, ch. 33, p. 31.
(6) Cortès de Lamego, dans Sousa, *Provas da historia genealogica da casa
real Por uguesa*, t. I⁰ʳ 1739, p. 9. — Ferdinand Denis, *Portugal*, Paris,
1846, p. 8.
(7) Voir *Luttes des peuples Léchites contre les Ouraliens*, t. II, p. 316.

biens et possessions des peres de cui elles ont esté procrées
et descendues en loyal mariage comme font li malle. » (1)
Et, pour ces motifs, Louis X décidait que les filles
pourraient, à défaut d'héritier mâle, succéder à leur père
dans le comté de Poitiers. Or, c'est la fille de Louis X qui
devait peu après être écartée du trône de France, en vertu
du principe de la non-transmission aux femmes ; — et
c'est le comte de Poitiers qui va, en vertu de ce principe,
devenir roi sous le nom de Philippe le Long et prendre
ainsi pleine conscience de la différence qui existera, dès
lors, entre le trône de France et le comté de Poitiers, au
point de vue de la succession féminine.

La vérité est qu'aucun principe juridique n'ordonnait
impérieusement d'exclure les femmes de la succession et
que l'intérêt de la dynastie capétienne ne l'exigeait même
pas absolument. Il n'y avait qu'une seule raison péremp-
toire pour écarter les femmes du trône de France : c'était
que le comte de Poitiers, frère de Louis X le Hutin avait
envie de devenir roi.

Les preuves en abondent. Le comte de Poitiers, nommé
régent pendant la grossesse de la femme du défunt
Louis X, n'ose pas soutenir que, si la reine accouche d'une
fille, il aura le droit incontestable de porter la couronne.
Il use de diplomatie, il noue des intrigues. C'est donc que
l'exclusion des femmes n'était pas un principe reconnu.

En effet, le comte de Poitiers, commence par obtenir
des grands que, si Louis X n'a que des filles, elles seront
exclues du trône jusqu'à leur majorité (2). D'un autre côté,

(1) Pas-de-Calais, A. 60, d'après RICHARD, Inventaire sommaire, série A.
t. Ier, p. 91.
(2) Traité du 17 juillet 1316, dans DUPUY, Traité de la majorité des rois,
édit. 1722, t. 1. p. 201 et s ; dans DOM PLANCHER, Hist. de Bourgogne, t. II,

une assemblée de princes et de barons le nomme régent, et déclare qu'il sera roi, si la reine accouche d'une fille (1). Mais le duc Eudes de Bourgogne protestait contre cette éventualité. Le régent, pour tenter de le gagner, réussit à fiancer sa propre fille, Jeanne, au duc Eudes (2).

La reine accouche le 15 novembre 1316. Elle a un fils, mais cet enfant vit sept jours seulement. Ainsi Louis X n'a laissé qu'une fille, Jeanne. Le comte de Poitiers prend le titre de roi (3).

Aussitôt des protestations s'élèvent. A la tête des protestataires se trouvent Eudes, et sa mère, Agnès, fille de saint Louis. Cette dernière réclame, au nom de la petite Jeanne, un débat régulier, et une décision des pairs du royaume (décembre 1316) (4).

Le comte de Poitiers, devenu Philippe le Long répond d'abord en se faisant sacrer à Reims (9 janvier 1317). Ni le comte de la Marche, Charles, frère du roi (5), ni le comte de Valois, oncle du roi, (6) ni le duc Eudes (7) n'avaient consenti à assister à ce sacre.

Preuves, p. clxii, clxiii, pièce n° 221 ; et dans Secousse, Recueil de pièces servant de preuves aux Mémoires sur les troubles excités en France par Charles II dit le Mauvais, Paris, 1755, p. 2-5.

(1) Jean de Saint-Victor, dans D. Bouquet, t. XXI, p. 663. — Godefroy de Paris, cité par Servois, dans Annuaire-Bulletin de la Soc. de l'histoire de France, 1864, 2ª partie, p. 50, note 1.

(2) Traité de mariage de septembre 1316, dans Dom Plancher, op. cit., t. II, Preuves, p. clxiv-clxv, pièce, n° 226.

(3) Servois, loc. cit., p. 53-54. — Lehugueur, Histoire de Philippe le Long, t. Iᵉʳ, p. 80.

(4) Servois, op. cit., p. 65-68.

(5) Lehugueur, op. cit., t. Iᵉʳ, p. 82.

(6) Jean de Saint-Victor, dans D. Bouquet, t. XXI, p. 665. — Girard de Frachet paraît dire le contraire, dans D. Bouquet, t. XXI, p. 47.

(7) Girard de Frachet, ibid. — Servois, op. cit., p. 67. — Les Anciennes chroniques de Flandre affirment le contraire, mais par erreur (dans D. Bouquet, t. XXII, p. 107).

Philippe répond ensuite en faisant juger le cas, dès le 2 février 1317, par une assemblée de nobles, de prélats, de docteurs de l'Université et de bourgeois. Bien entendu, cette assemblée, composée par Philippe de gens à sa dévotion, déclara que « la femme ne succède pas à la couronne de France. » On manque malheureusement de renseignements sur cette assemblée à laquelle on a donné abusivement le nom d'États généraux (1). Est-ce en cette assemblée que fut invoquée la loi salique? C'est peu probable, étant donné que cette loi avait cessé de représenter le droit commun en matière de succession. D'ailleurs, le *Songe du Verger*, où la question de l'exclusion des femmes est longuement discutée, ne dit pas un mot de la loi salique, et rapporte la règle à la « coutume » seulement (2). Or, la coutume n'était pas encore formée en la matière. C'était, au contraire, en 1316-1317 que la question se posait pour la première fois.

En outre, le lendemain de cette réunion, l'Université de Paris fait parvenir au roi un avis conforme à celui de l'Assemblée. L'Université n'invoque, en faveur de Philippe, ni la loi Salique, tombée en désuétude, ni la coutume, inexistante. Son seul argument est qu'entre Philippe et le vénéré saint Louis, on ne compte que deux intermédiaires, Philippe le Bel et Philippe le Hardi, tandis qu'entre Jeanne et le même saint Louis, il y en a trois (3).

(1) Henri HERVIEU, *Recherches sur les premiers États généraux*, p. 122-133.

(2) *Songe du Verger*, texte français, l. 1, ch. CXLII. — Voir P. VIOLLET, *Comment les femmes ont été exclues en France de la succession à la couronne* dans *Mémoires de l'Académie des Inscriptions et Belles-Lettres*, t. XXXIV 2ᵉ partie (1893), p. 126, 173-174.

(3) SERVOIS, *op. cit.*, p. 41. — DENIFLE et CHATELAIN, *Chartulaire de l'Université de Paris*, t. II, I, p. 197, n° 737.

Dès lors, l'affaire est entendue. En vain les nobles de Champagne, réunis à Esnon, près Joigny, rédigent-ils une nouvelle protestation, que la duchesse Agnès envoie à Philippe le 10 avril 1317 ; en vain Agnès réclame-t-elle derechef au nom de Jeanne, un débat contradictoire devant les pairs de France (1), la chose était jugée.

Philippe savait d'ailleurs trouver des arguments plus frappants que les arguments juridiques.

Il se prépare à la guerre contre ceux qu'il pense faibles, il menace les petits seigneurs, il conclut des marchés avec les grands : le comte de la Marche, Louis d'Evreux, le comte de Flandre, le duc Eudes (2). Les négociations avec ce dernier nous intéressent particulièrement, non pas tant parce qu'elles aboutissent au mariage d'Eudes avec la fille de Philippe, mais surtout parce qu'elles donnent lieu, en même temps, à un traité entre Eudes et Philippe, en date du 27 mars 1318 (n. s.). Eudes signe ce traité au nom de sa nièce, en son nom personnel (comme tuteur) et en celui de sa propre mère (comme cotutrice). Que dit ce traité ? Que Jeanne reconnaît n'avoir jamais eu de droits au trône de France ? Non pas. *Qu'elle y renonce*, en faveur de Philippe le Long et de sa postérité masculine. Ce n'est pas une reconnaissance de droit, c'est un abandon, c'est un cadeau.

---

(1) GIRAUD, *Chronique latine de Nangis*, t. 1er, p. 131-131. — *Bibliothèque de l'École des chartes*, t. 45, p. 71-78. — GUILLAUME DE BREUIL, *Style du Parlement*, édit. Lot, Paris, 1877, p. 31. — JOURDAIN, *Index chartarum*, n° 432, p. 93.

(2) *Ordonn.* 1, 635, et 636, note, — Archives nation., JJ. 55, fol. 1, r° ; fol. 4 v° ; fol. 15 v° ; fol. 19 v° ; fol. 2° v° ; cité par P. VIOLLET, *Hist. des inst. polit. et admin. de la France*, t. 2, p. 68). — HERVIEU. *Recherches sur les premiers états généraux*, p. 122-133. — *Chronique parisienne anonyme*, 2e partie, dans *Mém. de la Soc. de l'hist. de Paris*, t. II, p. 27, 49. — SERVOIS, dans *Annuaire-Bulletin de la Soc. de l'hist. de France*, 1861, 2e partie, p. 59, 73.

Et, naturellement, cela suppose que Jeanne était héritière du trône de France ; car nul ne peut donner ce dont il n'est titulaire. Eudes s'engageait à faire ratifier à Jeanne ce traité lorsqu'elle aurait douze ans, et à obtenir aussi la ratification de son futur mari : Philippe d'Evreux (1). Et la nécessité de ces ratifications prouve que, dans l'esprit des contractants, il s'agissait bien d'une renonciation à un droit.

N'empêche que ces traités fondèrent la coutume. Dès lors, les femmes ne succèdent plus à la couronne de France. A la mort de Philippe le Long, en 1322, ce n'est aucune de ses filles, qui obtient le trône : c'est son frère Charles IV, le Bel. Et, lorsque ce dernier meurt en 1328, ce ne sont pas davantage ses filles qui héritent de la couronne : c'est le fils de Charles de Valois. « C'est ainsi qu'en quatorze ans, les femmes furent exclues à trois reprises du trône de France. Le droit public était fixé sur ce point » (2).

Oui, le droit était fixé. Et parce que ce droit se différenciait du droit commun des successions, on dit que c'était du « droit public ». Il vaut peut-être mieux s'exprimer d'une façon plus précise.

Ce sont des intérêts privés qui ont *seuls* amené les Capétiens à poser la règle relative à l'exclusion des femmes. Comme cette règle était contraire au droit commun, il a fallu la rattacher à quelque chose. C'est alors qu'on en a fait une règle de droit public, et l'on a contribué ainsi à créer une règle beaucoup plus importante, qui était alors

(1) SECOUSSE, *Mémoires pour servir à l'histoire de Charles II le Mauvais*, p. 14. — Voir le traité dans *Recueil des pièces servant de preuves aux mémoires sur les troubles excités en France par Charles II dit le Mauvais*, p. 6, 7.

(2) P. VIOLLET. *Comment les femmes ont été exclues en France de la succession à la couronne*, précité, p. 118-119.

en voie de lente formation ; c'est que la succession au trône
est de droit exceptionnel, de droit public (1).

d) Ce ne sont pas davantage les principes du droit privé
qui ont conduit à poser en règle que les mâles, parents du
roi par les femmes, ne peuvent succéder au trône.

D'après le droit des successions, il semble que la règle
n'aurait pas dû être admise (2).

Mais la question était douteuse. A en croire Jehan le
Bel, Charles le Bel se tourmentait à la pensée de savoir qui
serait roi de France, au cas où la reine accoucherait d'une
fille : « et se il avenoit que ce fust une fille, que les douze
pers et les aultres barons de France eussent conseil entre
eulx et donnassent le royaume à cil qui le devroit avoir par
droit » (3).

Or, le droit était obscur. D'un côté, Philippe de Valois,
cousin germain de Charles le Bel, par son père, Charles de
Valois, frère de Philippe le Bel. De l'autre Édouard III,
neveu de Charles le Bel, par sa mère Isabelle, fille de Philippe le Bel.

(1) On a bien essayé de justifier *après coup* l'exclusion des femmes, en
disant que, si les femmes avaient été admises comme héritières de la couronne, la France aurait pu passer aux mains d'un monarque étranger, époux de
la jeune reine (CLAUDE DE SEYSSEL, *La grant monarchie de France*, Paris,
1519, f° 7. — DU TILLET, *Recueil des traitez d'entre les roys de France et
d'Angleterre*, éd. 1602, p. 214). — Mais l'argument ne vaut rien. L'héritière
du trône ne se fut certes pas mariée sans le consentement des grands, peut-
être des États. Et d'ailleurs, un compétiteur descendant par les mâles peut
surgir, lui aussi, à l'étranger (P. VIOLLET, *Hist. des inst. polit. et adm. de
la France*, t. 2, p. 73.)

(2) Voir, dans MORTET, *Le livre des constitucions demenées et chastelet de
Paris*, § 68, note 3 (*Mémoires de la Soc. de l'hist. de Paris*, t. 10, p. 77)
l'exemple cité d'une transmission qui eut lieu en Parisis, fin 13e-commence-
ment 14e siècle : les parents mâles plus éloignés sont exclus, et les enfants des
sœurs du défunt arrivent à la succession, au détriment de leurs mères.

(3) JEHAN LE BEL, *Les vrayes chroniques*, édit Polain, t. 1er, p. 88.

Lorsque Charles le Bel mourut, en 1328, les pairs et barons appelés à choisir le régent en attendant de savoir si la reine douairière aurait un fils ou une fille, se trouvèrent dans un cruel embarras. Il semble qu'ils n'aient pas été convaincus par un argument juridique, mais bien par une raison de fait : Edouard III était roi d'Angleterre, et on préférait un roi français : « et continuo vero illi de regno Franciæ non æquanimiter ferentes subdi regimini Anglicorum. » (1) Aucune raison de droit n'était meilleure que cette question de pur fait. On a même pu soutenir avec grande raison que « si l'héritier français eût été parent par les femmes, et le prétendant anglais parent par les mâles, notre droit public, se modelant sur les intérêts de la patrie, n'eût pas manqué de proclamer le droit des femmes, et, à la fin de ce siècle sanglant, on eût vu Jeanne d'Arc saluer un héritier par les femmes des deux noms qu'elle donnait à Charles VII, et lui adresser les mêmes paroles réconfortantes : Gentil prince, je te dis de la part de Messire que tu es vrai héritier de France. Je vous dis que Dieu a pitié de vous, de votre royaume et de votre peuple. » (2)

On sait ce que fut le débat engagé sur cette question : ce fut la guerre de Cent ans.

Les armes finirent par donner raison à la thèse qui excluait les mâles, parents du roi par les femmes, de tout droit à la couronne.

---

(1) *Contin. Chron. Guil. de Vangiaco*, dans D. BOUQUET, t. 20, p. 615 ; — édit. Géraud, t. 2, p. 83. — Voir aussi JEHAN LE BEL, édit. Polain, t. 1, p. 7, 88, 89.

(2) P. VIOLLET, *Hist. des instit. polit. et adm. de la France*, t. 2, p. 81. — Voir, pour les arguments juridiques invoqués par les deux adversaires P. VIOLLET, *Comment les femmes ont été exclues en France de la succession à la couronne*, précité, p. 159 et suiv.

Ainsi une nouvelle règle se formait pour la succession
au trône de France. Mais, à vrai dire, cette règle n'eût
guère contribué à creuser le fossé entre le droit civil et le
droit public, en cette matière, si elle n'avait été l'occasion
de nouvelles règles, d'une importance beaucoup plus considérable pour notre étude.

e). Le traité de Troyes venait d'être signé. C'était en
1420.

Or, ce traité reconnaissait les droits de Philippe de
Valois et laissait à Charles VI, la succession au trône. Pas
de difficulté, semble-t-il.

Mais ce même traité ajoutait que Henri V, gendre de
Charles VI serait l' « héritier » de la couronne de France,
et que le gouvernement lui serait transmis dès avant la
mort du roi (1). En outre, un arrêt du Parlement, sanctionnant ces dispositions, déclarait en janvier 1420 que le
dauphin de France était « indigne » de succéder à la couronne (2).

Une fois Charles VII victorieux, il fallut bien trouver un
moyen d'annuler avec une apparence de légalité l'exhéré-
dation qui avait été prononcée contre lui.

De là, toute une théorie juridique, dont les conséquences
vont être considérables.

Le point de départ de cette théorie, c'est que le royaume
n'est pas un patrimoine comme les autres. Il obéit à une
loi qui n'est pas celle du droit commun, notamment en

Ordonn., t. XI, p. 86. — COSNEAU, *Les grands traités de la guerre de
Cent ans*, p. 100. — VALLET DE VIRIVILLE, *Hist. de Charles VII*, t. 1er,
p. 285, 286. — G. DE BEAUCOURT, *Hist. de Charles VII*, t. II, p. 47.
(2) D. PLANCHER, t. IV, *Preuves*, p. CLV. — G. DE BEAUCOURT, *ibid.*, t. II,
p. 48).

matière de succession. Et cette loi n'est pas non plus l'expression de la simple volonté royale. C'est quelque chose de supérieur à la fois à la loi des particuliers et au bon plaisir du monarque. C'est la *loi fondamentale de l'État*, c'est la *loi et coutume générale de France* (1).

Conséquences de ce principe. — Le roi n'est pas propriétaire du royaume, comme un seigneur l'est de ses terres : il ne possède, selon l'expression de Juvénal des Ursins, qu'*une manière d'administration et d'usage* (2). — Il résulte de là que le roi n'est pas maître de changer l'ordre de succession au trône. — Donc, *le roi ne peut pas, de son vivant, disposer de la couronne, ni désigner son successeur par acte entre vifs ou par testament*. — S'il le faisait, il violerait la loi fondamentale de l'État, suivant laquelle les rois de France transmettent la couronne à leur fils aîné. En d'autres termes, le fils aîné du roi est son *héritier nécessaire* (3).

---

(1) LOYSEAU, *Des seigneuries,* ch. II, n° 92 : « Le royaume de France est la monarchie la mieux établie qui soit, estant .. successive, non élective, non héréditaire purement ni communiquée aux femmes, mais déférée au plus proche masle par la loi fondamentale de l'État ». — ID., *Des offices,* l. 2, ch. II, n° 31. — L'HOMMEAU, *Maximes générales du droit français,* sur la max. 6 : « Les rois de France ne sont pas héritiers de la couronne et la succession du royaume de France n'est pas héréditaire ni paternelle, mais légale et statutaire, de sorte que les rois de France sont simplement successeurs à la couronne par vertu de la loy et coustume générale de France. » — Voir aussi la note 3, ci-dessoûs.

(2) Bibl nat., ms. fr. nouv. acq. 741, p. 25, 26 (Cité par P. VIOLLET, *Hist. des inst. polit. et adm. de la France,* t. II, p. 85, note 2).

(3) Mémoire intitulé : « *Examen de la question si le duc de Bourgogne pourroit faire sa paix particulière avec le roy de France,* dans DOM PLANCHER, *Histoire de Bourgogne, Preuves,* t. IV, p. CLVII, 1er col. : « Non tamen potuit eum privare jure sibi succedendi, omissa ordinaria pena, quia sicut ipsi regi in regno erat jus quesitum ad rem, quod quidem jus non pendet ex voluntate vel ordinacione patris sicut in privata persona. » — *Ibid.,* p. CLVII, 2e col. : « Filio erat jus quesitum ad rem : quo jure non potest eum pater privare qui a

Suite de cette série de conséquences. — Si le fils aîné du roi a consenti à se laisser déposséder de la couronne, ce consentement ne peut nuire qu'à lui-même. Mais il ne peut préjudicier, par un tel consentement, aux autres héritiers du sang. Ce consentement est, d'ailleurs toujours révocable. Le droit commun des successions admettait bien la validité des renonciations à succession future. Mais, précisément parce que le royaume ne constitue pas un patrimoine comme un autre, le droit commun ne s'applique pas ici. Aussi tient-on de telles renonciations pour nulles et non avenues. Donc, *l'héritier présomptif ne peut renoncer par avance à la couronne* (1).

non habet ab ipso patre, sed a consuetudine regni, sicut benificiatus [*supplées* : qui (correction de M. P. Viollet)] habet jus quesitum in re, non potest privare expectantem qui habet jus ad rem. » — CAR. DEGRASSALISU, *Regalium Franciæ libri duo*, Paris, 1515. l. I, jus 11 : « Reges Franciæ nonpossunt privare filios masculos vel propinquiores de genere habendo respectum ad lineam masculam. » — LOYSEAU, *Des offices*, l. II, ch. II, n° 31 : « Ainsi en usons-nous en France, où il est vrai de dire que la couronne n'est pas purement héréditaire, ni même *ab intestat*. » — POCQUET DE LIVONNIERE, *Règles du droit français*, I, 1, 10. — DU TILLET, *Recueil des traitez d'entre les roys de France et d'Angleterre*. éd. 1602, p. 197 : « Au dommage et totale éversion de la couronne dont il (Charles VI) n'estoit qu'administrateur, non seigneur ou propriétaire, et, quand il eust eu le plus clair et sain entendement du monde, il n'en eust peu priver ledit sieur Dauphin son fils, auquel il devoit eschoir sans titre d'hoirie ; pour quoi exhiredation, confiscation ou indignité n'y pouvoient avoir lieu pour crime ou cas que ce feust. Car, en France, le roy ne peut oster à son fils ou plus prochain ladite couronne, s'il ne luy oste la vie : encore, luy mort, elle viendra à ses descendants masles, s'il en a. » — Voir note de M. P. VIOLLET, lue à l'Académie des inscriptions le 13 septembre 1895 (*Comptes rendus*, 4e série, t. XXIII, p. 386 et s.). — V. aussi la note suivante.

(1) C'est la règle invoquée sous Louis XIV, au cours des négociations qui aboutirent au traité d'Utrecht (dépêche de Torcy) : « Suivant ces lois (fondamentales), le prince le plus proche de la couronne est héritier nécessaire. Il n'est redevable de la couronne ni au testament de son prédécesseur, ni à aucun édit, ni à aucun décret, ni à la libéralité de personne, mais à la loi. Cette loi est regardée comme l'œuvre de celui qui a établi toutes les monarchies et

Nouvelle suite de conséquences. — Le roi n'étant qu'un administrateur, ne peut rien faire de définitif. — A sa mort, il faut tout remettre en état : il y a une sorte d'*in integrum restitutio*, qui est de droit. — Donc, *les traités conclus par le roi, les lois qu'il a édictées, les dettes publiques qu'il a contractées, tous ses actes de roi, en un mot, deviennent caducs.* — Pour qu'ils continuent d'exister, il faut que le successeur leur rende, en quelque sorte, la vie : il les confirme expressément ou tacitement. — Ceux que le successeur refuse de confirmer sont annulés. — Conséquence rigoureuse de ce que le royaume n'est pas un patrimoine comme un autre (1).

Dernière série de conséquences : si la race d'Hugues Capet s'éteint, il n'y a pas lieu de chercher des successeurs dans les branches collatérales, puisqu'on n'est pas en présence d'un patrimoine ordinaire. — Le successeur au trône sera nécessairement désigné par une autorité supérieure. — Cette autorité, disait-on, d'abord, c'est Dieu seul, c'est, par conséquent, son représentant, le Pape (2). Mais cette doctrine était en contradiction avec l'esprit gallican. Elle se heurtait, d'ailleurs, à la décrétale *Per renerabilem* (3). — Dès lors, une seule solution était possible : si le trône est vacant, *la nation y pourvoit* (4).

---

nous sommes persuadés en France que Dieu seul la peut abolir. Nulle renonciation ne peut la détruire. » GIRAUD, *Le traité d'Utrecht*, 1817, p. 92).

(1) BODIN, *Les six livres de la République*, l. I, ch. VIII, p. 132 ; l. IV, p. 159, 598 ; l. V, ch. VI, p. 827. — LOYSEAU, *Des offices*, l. II, ch. II, n° 31. — L'HOMMEAU, *loc. cit.*

(2) Mémoire intitulé *Examen de la question si le duc de Bourgogne pourroit faire sa paix particulière avec le roy de France*, dans DOM PLANCHET, *Histoire de Bourgogne*, t. IV, *Preuves*, p. CLVII, 1re col.

(3) *Décrétales de Grégoire IX*, IV, 17, *Qui filii sint legitimi*, 13, *Per venerabilem.*

(4) BODIN, *Les six livres de la République*, l. IV, ch. 5, p. 988.

Voilà donc le couronnement de tout cet édifice juridique : le royaume est, en dernière analyse, *propriété de la nation*. Les rois de France sont de simples usagers, munis de garanties héréditaires. Ce sont des vassaux de ce suzerain impersonnel : la nation (1).

f) Toutes ces règles relatives à la succession au trône de France, étaient comme nous l'avons dit, complétées par deux principes spéciaux, qui contribuaient dans une large mesure à creuser un fossé entre le statut juridique du royaume de France et celui des patrimoines appartenant à de simples particuliers : ces deux principes sont : la *réversibilité des apanages* et *l'inaliénabilité du domaine de la couronne*.

Nous avons dit que les Capétiens avaient considéré le royaume comme indivisible. Plus de partage successoral entre les enfants du roi. Mais on ne rompt pas du jour au lendemain avec les traditions. L'aîné mâle, sans doute, avait été héritier de tout le domaine du roi défunt. Mais les puînés ou les filles n'avaient pas, pour cela, été réduits à la misère : ils avaient reçu des *apanages*. C'était, à proprement parler, une compensation, que, de son vivant, le roi accordait à ceux de ses enfants autres que l'aîné mâle. Cette compensation consistait en seigneuries importantes,

---

(1) LOYSEAU, *Des Offices*, l. 2, ch. 2, n° 42 : « La raison de toutes ces particularités est que, comme les offices ne doivent pas être conférés aux hommes à cause d'eux, mais au contraire les hommes doivent estre donnez aux offices à cause du public; aussi la vérité est que les principautez souveraines n'ont pas esté établies en faveur des princes, mais en considération du peuple, qui a besoin d'un chef pour estre gouverné. »

— duchés ou comtés, — prises sur le domaine de la couronne (1).

Il est clair que ce système offrait peu d'avantages sur celui des carolingiens : le domaine de la couronne n'était plus démembré en raison des règles du partage de succession ; il l'était en vertu de la pratique des apanages. Cela revenait au même : il y avait impossibilité à ce que le roi reconstituât entre ses mains le domaine royal tout entier.

Pourtant il faut signaler deux différences importantes entre la pratique de l'apanage et le système successoral. La première est que l'apanagiste doit rendre au roi l'hommage lige (2) : il n'est pas un roi, il est un seigneur, qui tient son fief du roi. La seconde, plus importante pour nous, est que les apanagistes n'ont aucune légitime à réclamer : le roi leur donne ce qu'il veut, et peut ne rien octroyer, si bon lui semble (3).

Mais, même avec ces deux restrictions, la pratique des apanages constituait un obstacle insurmontable à la reconstitution du pouvoir royal. Les frères et sœurs du roi créaient autour de lui une féodalité héréditaire, sans cesse accrue, et dont la puissance faisait ombrage à celle du roi. Cette féodalité donna, comme chacun sait, beaucoup de soucis au rusé Louis XI.

---

(1) *Deux dialogues du nouveau langage françois*, Paris, 1579, p. 253, 254.

(2) *Essai sur les apanages, ou Mémoire historique de leur établissement*, p. 119, n° 5; p. 126, n° 8.

(3) Defuncto domino rege filioque regis primogenito succendente in regno, ejusdem regis fratres portionem certam bonorum patris, terciam, quartam, vel quintam seu quotam non possunt petere, sed nec petentes audirentur, sed primogenitus quantum vult et quando vult eis confert. (Arrêt du Parlement de 1281, dans DELISLE, *Essai de restitution d'un volume des Olim, Livre pelu noir*, n° 537, à la suite de BOUTARIC, *Actes du Parlement de Paris*, t. 1, p. 388. — Voir sur le même sujet: DU TILLET, *Recueil* précité, éd. 1602, p. 208 ; *Essai sur les apanages*, précité. p. 131.)

Il n'y avait qu'un moyen de supprimer l'obstacle : c'était de soumettre les apanages à des règles différentes de celles qui gouvernaient les fiefs ordinaires.

Ces règles exceptionnelles furent créées l'une après l'autre.

D'abord, au XIIIe siècle, le roi se met à insérer, dans les constitutions d'apanages, que si l'apanagiste meurt sans laisser, comme on disait, d' « hoirs de son corps », c'est-à-dire d'héritiers en ligne directe, il n'aura d'autre successeur que le roi : l'apanage fera retour à la couronne (1).

Puis, dès le XIVe siècle, une nouvelle restriction est édictée : les filles de l'apanagiste ne peuvent jamais être appelées à la succession. Pourtant, cette règle fut, d'abord, introduite avec hésitation. Ainsi, Philippe le Bel, en 1311, donne à son fils Philippe le comté de Poitiers, sans spécifier le retour à la couronne à défaut d'hoir mâle (2). Puis, en 1314, il se ravise, et, par un acte spécial, il déclare que le comté de Poitiers fera retour à la couronne si les héritiers mâles viennent à faire défaut (3). A peine Louis X a-t-il succédé à son père, qu'il revient sur cette décision prise par Philippe le Bel ; il décide que les filles pourront,

---

(1) Par regia proposuit... quod in talibus baroniis tales donationes, decedentibus donatariis sine herede propii corporis, non ad fratrem donatarii, sed ad filium donatoris, succedentem in regno, mortuo donatore, revertantur pleno jure. (Arrêt de 1284, cité à la note précédente.) — *Essai sur les apanages*, précité, p. 23, 24. — CHOPPIN. *Du domaine*, livre 2, tit. 11, § 10. — DU TILLET, *Recueil* précité, p. 208. — LEFEBVRE DE LA PLANCHE, *Mémoires sur les matières domaniales, ou Traité du domaine*, Paris, 1765, t. III, p. 425.

(2) *Archives historiques du Poitou*, t. II, p. 79, 80, n° 38.

(3) Archives nationales, *Trésor de chartes, Layettes, Supplement*, J-718, n° 2. — (Voir sur cette pièce, P. VIOLLET, *Hist. des instit. polit. admin. de la France*, t. II, p. 58, note 1.)

à défaut d'héritier mâle, obtenir le comté de Poitiers (1).
— Il est vrai qu'à ce moment, la règle qui écarte les filles
de la succession au trône n'est pas encore établie. Mais,
une fois cette règle mise hors de discussion, on en tire cette
conséquence, que les apanages ne peuvent passer aux
filles (2), et l'on rattache cette conséquence à l'antique loi
salique, qui n'avait nullement trait à cette hypothèse (3).
A partir de Charles V, l'exclusion des filles ne fait plus
jamais doute (4). L'édit de Moulins consacre législati-
vement cette règle (5).

Il résultait de ces règles que les apanages faisaient nécessairement retour, au bout d'un certain temps, à la couronne.
C'était fatal. Dès lors, l'octroi d'un apanage n'était pas une
donation à proprement parler. C'était un usufruit d'un

---

(1) Voir plus haut, p. 122-123 et note 1 (p. 123).

(2) Il y eut, à vrai dire, quelques exceptions apportées à l'application de la
règle relative aux apanages. Voir, notamment, l'acte constitutif de l'apanage
de Bourgogne, en 1363 (*Recueil des édits... concernant l'administration des
états de Bourgogne*, t. 1, 1784, p. 47. — *Essai sur les apanages*, précité
p. 155, n° 21. — A. DE RIDDER, *Les droits de Charles-Quint au duché de
Bourgogne*, Louvain et Paris, 1890); les lettres patentes accordées, en 1400,
au duc de Berry, relativement à la transmission du duché d'Auvergne, son
apanage à sa fille, Marie (DESJARDINS, *De l'aliénation et de prescription des
biens de l'État, des départements, des communes, et des établissements
publics*, 1862, p. 172, 173. — RIVIÈRE, *Histoire des institutions de
l'Auvergne*, t. I, p. 229); et les apanages constitués par Louis XIV, en 1498
et 1506, avec transmissibilité aux héritiers mâles et femelles (Bibl. nat. ms. fr.,
4913, pièces 3 et 15; d'après *Catal. des manuscrits français*, t. IV, p. 434,
435). Mais ces exceptions ne font que confirmer l'existence de la règle.

(3) Du TILLET, *Recueil* précité, p. 208 à 211. — LEFEBVRE DE LA PLANCHE,
Mémoires précités, t. III, p. 426.

(4) « Depuis Monsieur Louis de France, duc d'Orléans, frère du roy
Charles V, en tous les appennages des puinez de France, le retour à la
couronne a toujours esté exprimé au default des noirs masles descendans de
loial mariage, pour oster toutes controverses. » (Du TILLET, *Recueil* précité,
p. 211).

(5) Édit de Moulins, févr. 1566, art. 3 (ISAMBERT. t. XVI, p. 286.)

genre particulier. Le roi, ou plutôt la nation conservait la
nu-propriété des apanages, et, quand l'usufruitier n'avait
plus d'héritiers mâles en ligne directe, l'usufruit revenait
au nu-propriétaire, qui recouvrait ainsi la pleine propriété.
Aussi l'apanagiste ne peut-il « ni aliéner, ni obliger » son
apanage : ce serait une opération nulle. Du Tillet exprime
fort clairement la situation juridique de l'apanage, quand
il écrit :

Par la susdite loy ou coustume, la propriété de ladite provision des puisnez est demeurée par devers ladite couronne, est le
vray domaine d'icelle, car les fils qui en ont l'usufruict ou
juissance sont estimez partie du roy propriétaire et n'en peuvent
aliéner ni obliger ladite propriété (1).

Il faudrait ajouter, pour être complet, que de nombreuses catégories de personnes et de choses étaient sous-
traites à la juridiction des apanagistes. Outre les régales, le
roi se réservait généralement la garde ou protection des
églises cathédrales et autres églises de fondation royale,
la frappe et justice des monnaies, la souveraineté et le
ressort, les droits de grâce et d'anoblissement, le droit
d'octroyer sauvegardes et légitimations, le droit d'amortissement, le droit d'autoriser des foires ou des marchés,
le droit de percevoir les aides, etc. (2). L'apanage tendait
à se dépouiller ainsi, même de son caractère d'usufruit
complet. L'apanagiste en était réduit à une sorte de portion

---

(1) Du TILLET, *Recueil* précité, p. 209.

(2) *Essai sur les apanages,* précité, p. 122, nº 6; p. 119 et s., nº 20. —
Ordonnances, t. V, p. 479 (V. LAVISSE, *Revue historique,* t. XXVI, p. 239,
240, 253). — LEFEBVRE DE LA PLANCHE, *Mémoires* précités, t. III, p. 433 et s.
Ordonnance de Blois, de 1579, art. 331. — LOYSEAU, *Des offices,* l. IV, ch. IX,
nº 10. — Du TILLET, *Recueil* précité, p. 213. — CHOPPIN, *Du domaine,* liv. II,
tit. 5-7.

congrue. Si les rois de France avaient été plus riches en
numéraire, nul doute qu'ils auraient supprimé les apanages
territoriaux et qu'ils se seraient contenté de constituer des
rentes. C'est ce qu'ils essayèrent de faire pour leurs
filles. Mais, comme l'argent manquait souvent, on dut
se résigner à donner aux filles de France, des apanages
territoriaux. Ces apanages réels étaient à tout moment
rachetables par la couronne, et sans qu'aucune prescription
pût être opposée au roi (1). On s'acheminait petit à petit
vers un état où l'apanage, après avoir été une rente,
garantie par des terres, et agrémentée d'un titre de
noblesse (2), deviendrait une simple rente en argent, payée
par le trésor. Ce jour-là, le domaine de la couronne
resterait intact entre les mains du roi. L'une des principales causes qui en opéraient le démembrement aurait
disparu. Or, ce jour est venu, et la date en est parfaitement
connue. C'est le 20 novembre 1790, quand la Constituante
a décrété : « Il ne sera concédé à l'avenir aucun apanage
réel » (3).

g) Ce jour-là se trouvait réalisé dans toute la plé-
nitude du terme un principe depuis longtemps posé, et
que la royauté avait petit à petit observé avec une
rigueur croissante : celui de *l'inaliénabilité du domaine de*

---

(1) ISAMBERT, *Anciennes lois*, t. V, p. 439 et s. — Ordonnances de 1566,
art 1. — Guy COQUILLE, *Institution*, p. 11.

(2) Ordonnance d'octobre 1374, art. 1 et 4, dans *Ordonnances*, t. VI, p. 55.
— DESJARDINS, *De l'aliénation et de la prescription des biens de l'État*
précité, p. 173. — VUITRY, *Étude sur le régime financier de la France*,
nouvelle série, t. I, p. 414. — BOULAINVILLIERS, *Hist. de l'ancien gouvernement de la France*, t. III, La Haye, 1727, p. 215, 216. — LEGEAY, *Histoire de
Louis XI*, t. I, p. 526, 527.

(3) Décret des 22 novembre-1er décembre 1790, art. 16.

la couronne. C'était l'aboutissement logique et nécessaire de
toutes les règles que nous venons d'exposer. Parti de
l'indivisibilité, on arrivait à l'inaliénabilité par un chemin
quelquefois contourné, mais néanmoins assez direct.

L'inaliénabilité du domaine n'était pas seulement la
conséquence nécessaire des règles que nous avons
rappelées ; c'était encore un vœu du peuple. Le peuple, il
est vrai, n'y mettait pas d'intention patriotique. Mais,
quand le roi aliénait une partie du domaine, il lui fallait de
toute nécessité trouver des ressources ailleurs. Alors, il
chargeait d'impôts le reste du royaume. Ce que ses finances
ordinaires ne pouvaient lui fournir, il le demandait aux
extraordinaires (1). Être pressuré par les seigneurs était
déjà dur, parfois. L'être en même temps par les seigneurs
et par le roi était intolérable. «Si le roy donne aucune chose
de son domaine, il fault à l'équivalent prendre sur le povre
peuple. » (2) Le « povre peuple » réclamait, en conséquence, que le roi ne donnât rien « de son domaine ».
C'était l'inaliénabilité. (3) Aussi, quand le roi acquiert
quelque pays nouveau, promet-il souvent de ne jamais le
mettre hors ses mains. (4)

Mais les nécessités immédiates étaient parfois plus
fortes que les désirs du roi et ceux du peuple ensemble.
Le roi viola ses promesses : il aliéna le domaine. Il le fit

(1) Voir à ce sujet, plus haut, p. 54 et s.

(2) A. Desjardins, *Etats généraux*, p. 221, 222.

(3) *Le songe du Vergier*, 1re partie, ch. 135 à 137. — Coville, *Les Cabochiens*, p. 133. — Claude le Seyssel, *La grand monarchie*, ch. 11, 12
(édit. de 1541, fol. 15, 16).

(4) Luchaire, *Etudes*, p 277, 278, nᵒ 565. — Giry, *Documents*, p. 35. —
Pfister, *Etudes sur le règne de Robert le Pieux*, p. 106, 107. — Luchaire,
*Hist. des institutions monarchiques de la France sous les premiers Capé-
tiens*, t. II, p. 200-201.

pour constituer des apanages (1) (ce qui n'était pas une
aliénation à proprement parler) et il le fit quand il était
vaincu sur les champs de bataille par un souverain étranger.
Il est vrai que, une fois passée la crise qui avait déterminé
de telles aliénations, le roi s'empressait de révoquer soit
les aliénations qu'il avait ainsi faites depuis un certain
temps (2), soit même toute aliénation antérieure, quelle
qu'ait été la date (3). Tout d'abord le roi arguait de ce que
les aliénations avaient été excessives ou captées (4). Mais,
dès la fin du xiv⁰ siècle le principe de l'inaliénabilité est
posé (5) et il fait l'objet d'un serment, que le roi prononce
au moment du sacre (6). Ainsi, peu à peu, le droit se fixa,
et il trouva son expression complète dans l'ordonnance de
Moulins (1566) (7). « Le domaine de notre couronne ne
peut être aliéné ». Deux exceptions sont admises : 1° « pour

(1) *Essai sur les apanages*, précit., p. 149 et s., n° 120.

(2) Ordonnances de 1318, mars 1357, févr. 1358, mai 1358, 1360, 1402, 1413,
1425, 1483, 1517 (*Ord.*, t. Ier, p. 665 ; t. III, 442. — P. Viollet, *Les Etats
de Paris en février 1358*, p. 27, note 1. — *Annuaire-Bulletin de la Soc. de
l'hist. de France*, 1865, 2ᵉ part., p. 39. — *Ort.*, t. VIII, p. 485. — Coville,
L'ordonnance Cabochienne, art. 89, p. 36-37. — G. de Beaucourt, *Hist. de
Charles VII*, t. II, p. 637. — *Ord.*, t. 19, p. 140-141. — Chevalier, *Ordonnances des rois de France relatives au Dauphiné*, p. 77, n° 655. — *Catalogue des actes de François Ier*, t. I, 1887, n° 757, p. 131).

(3) Edit. de 1539 (Isambert, t. XII, p. 561. — Ord. de Blois, de 1579
(Isambert, t. XIV, p. 452).

(4) Ordonnance de juin 1318 (Isambert, t. III, p 179). — Ord. d'avril 1321
(Isambert, t. III, p. 291). — Ord. d'octobre 1349 (*Ord.*, t. II, p. 315). —
Ord. de juillet 1364 (Isambert, t. V, p. 217).

(5) Ordonnance du 1er mars 1388 (Isambert t. VI, p. 659). — Ord. de févr.
1401 (Isambert, t. VII, p. 9). — Ord. de janv. 1407 (Isambert, t. VII, p. 166).

(6) Et superioritatem, jura et nobilitates coronæ Franciæ inviolabiliter
custodiam et illa nec transportabo nec alienabo (Isambert, t. V, p. 240. —
Ord., t. VIII, p. 484-485. — Coville, *L'ordonnance cabochienne*, p. 35-37).

(7) Ord. de Moulins, art. Ier, dans Isambert, t. XIV, p. 186. — L'édit de
Moulins a été confirmé par celui de Blois, en 1579 (V. art. 329, Isambert,
ibid., p. 452).

apanage des puînés mâles de la maison de France » et 2°
« à deniers comptans, pour la nécessité de la guerre, après
lettres patentes pour ce décernées et publiées en nos Par-
lemens, auquel cas y a faculté de rachat perpétuel. » Ce
second cas, pas plus que le premier, ne constituait une
aliénation à proprement parler. Il y avait simple *engagement*,
comme l'on disait alors, et cet engagement loin de transférer la propriété, ne communiquait pas même la possession
civile des biens engagés (1).

Il importe de bien saisir la portée de cette inaliénabilité,
à laquelle s'ajoutait, d'ailleurs, tout naturellement, l'im-
prescriptibilité (2). C'était une inaliénabilité *absolue*, fondée
sur la *nature* du domaine royal.

En fait, elle se confondit parfois avec une inaliénabilité
relative, qui dérivait des principes féodaux. Ainsi, François Ier, à l'occasion du traité de Madrid (1526) invoque deux
principes. Le premier, c'est celui que nous venons d'é-
tudier, c'est l'inaliénabilité *absolue* : il a juré de n'aliéner
aucune parcelle du domaine (3). Après le traité de Cambrai,
le même François Ier, se fait relever par Clément VII du
serment de ne pas aliéner, et il met ainsi en paix et sa
conscience, et Charles-Quint, qui redoutait de se voir un
jour opposer l'inaliénabilité absolue du domaine (4). — Le
second, c'est qu'un seigneur ne peut aliéner les prérogatives
de sa seigneurie féodale, sans le consentement de tous ses
vassaux. Ainsi, après 1360, divers seigneurs du Languedoc

---

(1) ROULAIN DU PARC, *Principes du droit français*, t. III, p. 8.
(2) ID., *ibid.*, p. 2.
(3) *Cabinet historique*, t. X, 1864, 2e partie, p. 17 (*Recueil Courart*, n° 1.992,
t. V, art. 116). — DARESTE, *Hist. de France*, t. III, p. 534, 535. — ISAMBERT,
t. XII, p. 299. — CHAMPOLLION, *Captivité de François Ier*, p. 466.
(4) Bulle du 29 nov. 1529, dans DU MONT, *Corps universel du droit des
gens*, t. IV, 2e partie, 1726, p. 53.

et du Poitou, avaient résisté, en invoquant ce principe, à l'exécution du traité de Brétigny. C'est pour la même raison, que le roi ne peut céder une de ses villes, sans le consentement des habitants. Il n'y eut qu'à étendre ce principe, pour dire que le royaume ne peut être démembré sans l'assentiment des Etats généraux. Il n'y a là que des inaliénabilités *relatives*, puisqu'elles peuvent être élevées par la volonté des vassaux ou sujets. Or, c'est cette règle aussi, qui fût invoquée à l'occasion du traité de Madrid (1).

La diplomatie a coutume d'agir ainsi : elle invoque toutes les raisons en faveur de la thèse qu'elle prétend soutenir. Mais il est clair pour nous, qu'il s'agissait là de principes très différents. Le second impliquait que le roi était propriétaire féodal de son royaume. Le premier impliquait que le roi était à la tête d'un patrimoine soumis à des lois et coutumes toutes spéciales, comme aucun autre patrimoine, en France, n'en connaissait, et dont il nous est facile, maintenant, de fixer le caractère.

C. — Tout conspirait, en effet, à transformer le caractère du titre au nom duquel le roi possédait son royaume. Ce n'était plus en qualité de propriétaire ordinaire : c'était en qualité de représentant de la nation.

Nous venons de voir que les règles juridiques adoptées pour la transmission de la couronne avaient conduit nécessairement à ce résultat. Or ces règles avaient été introduites dans la vue non pas de produire ce résultat, mais dans celle de centraliser le pouvoir entre les mains des rois capétiens. Il semble qu'il y ait comme une force intérieure

(1) Voir P. VIOLLET, *Hist. des instit. politiq. et admin. de la France*, t. II, p. 83-81 ; t. III, p. 218 et note 2.

dans la vie des institutions. Les rois se sont trouvés dans
la nécessité de choisir : ou bien, il leur fallait rester ché-
tifs, en face d'une féodalité remuante et puissante ; — ou
bien, ils devaient, pour arracher à celle-ci la plupart de
ses prérogatives, agir au nom de la nation. Certes, les
rois n'eurent pas toujours conscience de cette alternative :
elle s'imposait néanmoins. Il en résulta que, en brisant
la féodalité, et en faisant du royaume de France un seul
et vaste patrimoine, ils travaillèrent non seulement pour
eux-mêmes, mais encore et surtout pour la nation.

C'est pour la nation et au nom de la nation que les rois
ont acquis le *domaine éminent* sur tous les biens : ceux des
ecclésiastiques comme ceux des laïcs.

Nous ne pouvons étudier ici les causes profondes de
ce fait. Ce serait nous écarter beaucoup trop de notre sujet.
Ce serait d'ailleurs une étude toute nouvelle à entreprendre.
Car nous ne voyons pas qu'on se soit jamais posé cette
question.

Toujours est-il qu'à la fin du xviiie siècle, une double
évolution s'est produite :

1° Le patrimoine que constituait le royaume avant la
période féodale a été reconstitué : le roi est, de nouveau,
à la tête du royaume, il lève l'armée, bat monnaie, rend la
justice et perçoit les impôts.

2° Ce n'est plus à titre de propriétaire véritable que le
roi agit, mais plutôt à titre d'usufruitier. Le royaume
n'appartient plus au roi, il est à la nation : « L'avis commun était que le roi n'est que simple usager du domaine...
quant au fonds de propriété dudit domaine, il appartenoit
au peuple » (1).

_____

(1) Journal de BODIN aux États généraux de 1576, dans le recueil intitulé :

Le royaume appartient au peuple, principe capital, d'où découle, en vérité, toute la Révolution, et dont nous signalons ici deux applications curieuses : l'existence, pour le roi, d'un domaine privé, et la vie nouvelle donnée au principe suivant lequel le roi devait être élu.

a) Du jour où le domaine royal devient domaine de la couronne (ou de la nation), un résultat accessoire se produit nécessairement. Le roi peut posséder en deux qualités : soit comme représentant de la nation (c'est le cas dont nous avons parlé) ; soit comme individu (c'est le cas dont nous allons parler). Le roi se trouve alors à la tête de deux patrimoines distincts : — le patrimoine du royaume, dont il a l'usufruit, et qui est soustrait aux règles du droit commun ; et son patrimoine propre, dont il est plein propriétaire, et qui est soumis aux règles du droit commun, le domaine privé (1).

Dès lors, il est tout à fait clair que le royaume a cessé d'être la propriété privée du monarque : sa propriété privée, c'est exclusivement le domaine privé, y compris les droits féodaux ou autres, qui font partie du domaine privé. C'est donc bien que le royaume lui appartient à un titre autre que celui de propriété.

Une fois ce point acquis, on a, d'ailleurs, fait un pas de plus. Les propriétés privées du roi risquaient, en effet, de faire ombrage à la nation. Le roi est tellement peu le propriétaire du royaume, qu'il ne peut même plus avoir des propriétés à sa guise. Une raison supérieure s'y

Des États généraux et autres assemblées nationales, 1789, t. XIII, p. 299. — Voir aussi Du Moulin, sur la coutume de Paris, *Des Fiefs*, art. 3, glose 3, n° 17.

(1) Poulain du Parc, *Principes*, t. III, p. 2.

oppose : il ne faut pas que le roi-propriétaire devienne jamais un personnage plus riche et plus puissant que le roi-représentant de la nation. Sinon, on risquerait de revenir à l'état où le royaume était patrimoine du roi, et c'est ce que l'on ne veut pas. D'où une tendance hostile au domaine privé (1).

Cette tendance hostile se manifesta par l'adoption de deux règles bien connues. La première consiste à décréter que tout bien du domaine privé, qui aurait été tenu et administré pendant dix ans par les receveurs et officiers publics, serait par cela même incorporé au domaine de la couronne. (2) La seconde consiste à incorporer de plein droit au domaine de la couronne tous les biens que le roi possède au jour de son avènement : le roi fait avec la nation une union semblable à un mariage et il apporte en dot toutes ses propriétés (3).

Aussi dit-on « qu'en France, le bien du roi et celui de la couronne ne font plus qu'un seul corps et une seule masse » (4).

Les choses en sont arrivées en un point tel que les intérêts du roi apparaissent comme dominés par ceux de la nation : il n'a même plus le droit d'avoir un patrimoine tout à lui, bien loin que le royaume soit son patrimoine.

---

(1) F. HOTMAN. *Franco-Gallia*, édit. 1573, p. 57. — Voir aussi l'*indiciæ contra tyrannos*, édit. Ursellis, 1600, p. 107.

(2) Edit de 15 6, art. 2, dans ISAMBERT. t. XIV, p. 186.

(3) Edit de 1607, dans ISAMBERT, t. XV, p. 528.

(4) LEBRET. *De la Souveraineté*, l. III, ch. I, p. 93. -- LEFEBVRE DE LA PLANCHE, *Mémoires* précités, t. I, p. 16, 78, 85. — Ces expressions comportent un peu d'exagération, puisque les biens acquis par le roi après son avènement ne deviennent pas nécessairement biens du royaume (ESMEIN, *Cours élémentaire*, précité, p. 334).

b) Il n'y a pas lieu de s'étonner si, une fois parvenu là, on s'est souvenu que les rois capétiens avaient été primitivement élus. Il restait de ces élections des traces indéniables (1). Et ces traces ne laissaient pas que d'embarrasser les partisans du pouvoir absolu (2). Elles suffirent pour faire revivre le principe dans la philosophie du xviiie siècle. Et c'est sans doute parce que le principe de l'hérédité avait remplacé, en fait, celui de l'élection, que Louis XVI fut accusé d'être un « tyran ». On a très justement remarqué qu'une telle expression n'avait pu germer d'elle-même dans la conscience populaire. L'idée et le mot sont dans Aristote et dans Cicéron (3). Les philosophes les y ont retrouvés, et les ont enseignés au peuple. Mais, pour que le peuple ait pu profiter de cet enseignement, il a fallu que d'autre part, il ait été pénétré profondément de ce principe : que le royaume n'est pas au roi, mais bien à la nation.

5. — Pourtant, si dans la conscience populaire, dans l'opinion des philosophes, dans celle même de nombreux jurisconsultes, le royaume est devenu propriété de la

---

(1) PIGANIOL DE LA FORCE, *Nouvelle description de la France*, t. I, p. 58, — BOSSUET, *Politique tirée des propres paroles de l'Écriture sainte*, l. VII, art. 5, propos. 18. — TURGOT, édit. Daire, t. II, p. 501. — GODEFROY, *Le cérémonial de France*, Paris, 1619, p. 628, 652 ; *Le cérémonial françois*, Paris, 1619, t. Ier, p. 39. — *Cérémonial du sacre*, Paris, Deprez, 1718, p. 54, 55, 90. — LEBER, *Des cérémonies du sacre*, Paris, 1825, p. 187. — *Relation du sacre de Louis XIV* à la suite de CLAUSEL DE COUSSERGUES. *Du sacre des rois de France*, Paris, 1825, p. LII. — DU TILLET, *Recueil*, précité, table, vo *Eslection*.

(2) LEBRET, *Traité de la souveraineté du roi*, édit. Paris, 1689, p. 8.

(3) ARISTOTE, *Politique*, liv. 8 (5), ch. IX. — CICÉRON, *De republica*, II, 26-29. — Voir P. VIOLLET, *Histoire des institut. politiq. et adm. de la France*, précité, t. II, p. 50.

nation, les rois ne se font pas à l'idée d'être de simples usufruitiers.

Nous avons déjà cité les paroles de Louis XIV. Bossuet avait d'ailleurs enseigné au Dauphin la théorie de la monarchie de droit divin (1). Le Vayer de Boutigny établit que le roi a « la seigneurie directe et souveraine de toutes les terres du royaume » (2). Le père le Tellier, s'il faut en croire Saint-Simon, rapporta un jour au roi une consultation des docteurs de Sorbonne, qui « décidait nettement que tous les biens de ses sujets étaient à lui en propre et que, quand il les prenait, il ne prenait que ce qui lui appartenait » (3). Et Louis XV s'inspirait des mêmes principes quand il déclarait au Parlement de Paris :

Nous ne tenons notre couronne· que de Dieu. Le droit de faire des lois. par lesquelles nos sujets doivent être conduits et gouvernés. nous appartient à nous seul sans dépendance et sans partage (4).

SECTION III

Émiettement du droit de propriété

Il eût été peut-être logique de voir au xviiiᵉ siècle une sorte de scission profonde s'opérer dans le régime des propriétés : d'un côté, l'on aurait mis la nation et le roi ;

(1) Bossuet, *Politique tirée des propres paroles de l'Ecriture Sainte.*

(2) Le Vayer de Boutigny, *Traité de l'autorité des rois touchant l'administration de l'Eglise*, Londres, 1753, p. 372.

(3) *Œuvres de Saint-Simon*, édit. Chéruel et Régnier, 1873-1877, t. VIII, p. 138.

(4) Edit. de décembre 1770, dans Isambert, t. XXII, p. 506.

de l'autre, la foule des propriétaires individuels. La nation
et le roi auraient été à la tête du royaume : ils auraient
été titulaires de la propriété de *droit public*. Les propriétaires individuels auraient été maîtres de leurs biens : ils
auraient été titulaires des propriétés de *droit privé*. Une
seule question se serait alors posée : quelles sont les
limites entre la propriété de droit public et celle de droit
privé ?

La réalité est tout autre. Entre la propriété de *droit
public* et la propriété de *droit privé*, il existe, ou plutôt il
subsiste jusqu'à la Révolution, une propriété de caractère
mixte, *mi-publique, mi-privée*. C'est la propriété *féodale*. En
dépit des progrès du pouvoir royal, la propriété féodale
se maintient jusqu'à la Révolution, car elle conserve ses
trois principaux attributs : droit de justice, droit de fisc,
et redevances perpétuelles.

A ces trois attributs il convient d'ajouter le servage,
qui avait été aboli par l'édit du 8 août 1779 sur les propriétés de la couronne. Il ne faut pas oublier, en effet, que
les droits du seigneur sur les serfs sont des droits à
la fois de puissance et de patrimoine. Témoin, le préambule même de l'édit de 1719, où Louis XVI déclare qu'il
aurait voulu « abolir sans distinction ces vestiges d'une
féodalité rigoureuse », mais que « l'état des finances ne
lui permettait pas de racheter ce droit aux mains des
seigneurs » et qu'il était retenu par « les égards qu'il
aurait toujours dans tous les temps pour les lois de la
propriété » (1).

Quant aux droits de justice, ils avaient, par suite d'une
évolution qu'il nous est impossible de retracer ici, perdu

(1) ISAMBERT, t. XXVI, p. 139.

tout caractère féodal. Les seigneurs rendent la justice non plus à titre de propriétaires, mais par suite de concessions du pouvoir royal (1).

En ce qui concerne les impôts, la taille seigneuriale avait bien disparu (2). Pourtant, d'autres impôts avaient été conservés. Les droits de justice, d'abord. Puis, toutes sortes d'impôts indirects : péages, droits de marché, etc., mais ce n'étaient plus des propriétés proprement dites : c'étaient des concessions royales, des démembrements de la propriété de *droit public* (3), à l'exception des banalités, qui restaient propriétés seigneuriales (4). Enfin, si les seigneurs se virent arracher par le roi le droit de battre monnaie (5) et le droit d'aubaine (6), devenus propriétés de *droit public*, ils avaient conservé comme propriétés de *droit privé* les droits de déshérence, d'épave et de confiscation.

Restent les redevances perpétuelles, qui vont nous occuper principalement. C'étaient les redevances dues par ceux qui occupaient les terres, sur lesquelles les seigneurs avaient le *domaine éminent*.

Or, avec le temps, ces occupants, ou, pour employer le mot de l'ancien droit, ces « tenanciers », avaient vu leurs

---

(1) BACQUET, *Traité des droits de justice*, ch. III, nᵒˢ 16 et 17.

(2) V. plus haut, p. 28.

(3) LOYSEAU, *Seigneuries*, ch. 9, nᵒˢ 99, 100. — BACQUET, *Traité des droits de justice*, ch. 30. — LEFEBVRE DE LA PLANCHE, *Traité du domaine*, liv. I, chap. 5, t. 1, p. 38 et s. — LAPLACE, *Introduction aux droits seigneuriaux*, vᵒˢ *Banalités* et *Péage*.

(4) BOUTARIC, *Droits seigneuriaux*, édit. Toulouse, 1751, p. 340 et suiv.

(5) L'HOMMEAU, *Maximes générales*, I, 12. DUNOD, *Sur la coutume du comté de Bourgogne*, ch. 2, nᵒ 12.

(6) BACQUET, *Droit d'aubaine*, ch. 1 et 28. — LEFEBVRE DE LA PLANCHE, précité, t. II, p. 9 et suiv.

droits se consolider entre leurs mains : les tenures agraires
étaient devenues très généralement perpétuelles et trans-
missibles, tandis qu'au début de la féodalité, elles étaient
précaires, temporaires ou viagères ; en outre, les redevances dues par les tenanciers étaient devenues fixes,
tandis qu'à l'époque de la féodalité commerçante, elles
représentaient une quote-part des produits du sol (1).

En outre, à côté des contrats purement féodaux dont
nous avons parlé, une foule de contrats analogues s'étaient
constitués. C'était l'*emphytéose*, droit de jouissance réel
et transmissible, à la charge de payer une redevance
annuelle ; or, lorsque le fief roturier cesse de comporter la
cérémonie de la foi et hommage, il n'y a plus de différence
sensible entre lui et l'emphytéose ; de même, lorsque l'emphytéose contient stipulation de fidélité, elle se confond
avec le fief roturier (2) C'était la *précaire*, acte par lequel
on abandonne à quelqu'un l'usage d'une chose ; lorsque cet
acte cesse d'être révocable *ad nutum* et devient irrévocable,
il se confond soit avec l'emphytéose, soit avec le bail
perpétuel, soit même avec le fief (3). C'étaient les *baux
perpétuels*, avec leurs innombrables variétés que les théoriciens ont ramenées à deux : le bail à *cens*, où l'on a voulu
voir une institution féodale, le bailleur se réservant
toujours, dit-on, un droit de seigneurie, — et le bail à

---

(1) P. VIOLLET, *Histoire du droit civ. franç.*, p. 669-670.

(2 *Cout. de Bergerac*, art. 61, 68 à 72, édit. de Lamothe, 1779, p. 87, 92
à 97 ; LAURIÈRE, *Glossaire*, vᵒ *Commis.*, édit. de Niort, 1882, p. 133. —
FAUCHÉ-PRUNELLE, *Recherches des anciens vestiges germaniques en Dauphiné*,
dans *Bulletin de l'Académie delphinale*, 2ᵉ série, 1857, p. 228 et s.

(3) WAITZ, *Die Verfassung der fränk. Reichs.* t. III, 2ᵉ édit., 1881, p. 179
et s.(*Deutsche Verfassungsgeschichte*, t.IV. — NEUGART, *Codex diplomaticus*,
t. I, p.37. — UGHELLI, t. VI, p. 631, d'après DU CANGE, *Glossarium*, v. *Precaria*.

rente, où l'on a voulu voir une institution de pur droit civil, le bailleur se réservant, dit-on, une simple directe privée, et nullement un droit de seigneurie (1) ;mais, en vérité, baux à cens et baux à rente étaient, dans la pratique, sans cesse confondus l'un avec l'autre (2).

En même temps le caractère seigneurial du fief s'était adouci : le service de justice disparut souvent, celui de conseil également; le service de guerre subsista, mais il ne s'agissait plus de guerres privées entre seigneurs, il s'agissait de combattre pour le roi et pour la nation : les aides féodales disparurent aussi ; la prestation de foi et hommage subsistait, mais ce n'était plus qu'une cérémonie sans grande portée : « Les fiefs, disait de Bossieu, ne sont plus qu'une ombre d'honneur, que des squelettes dépouillés des nerfs qui les soutenaient et les faisaient mouvoir autrefois » (3). La commise subsistait bien, en cas de désaveu ou d'injure grave ; mais les jurisconsultes l'assimilèrent à la révocation des donations pour cause d'ingratitude du donataire. Ainsi le fief se rapprochait des tenures purement foncières (4).

Le régime de la propriété se compliquait encore par ce fait que les tenures foncières se superposaient souvent aux tenures féodales. Ainsi il arrivait que le preneur d'un bail à cens cédait son droit à un tiers : celui-ci devait alors le cens au seigneur, et une rente perpétuelle au précédent censitaire.

(1) POTHIER, *Traités des fiefs, censives, relevoisons et champarts*, t. II, 1776, p. 285, 288, 292, 313, 331-333. — GUYOT, *Répertoire*, t. XV, p. 163.

(2. CHÉNON, *Les démembrements de la propriété foncière en France*, p. 31 et s. — P. VIOLLET, *Histoire du dr. civ. franç.*, p. 737 et s.

(3) DE BOSSIEU, *De l'usage des fiefs*, ch. 2, p. 18.

(4) Voir sur cette transformation des tenures féodales, ESMEIN, *Cours élém.*, p. 684 et s. et les auteurs cités.

Une situation inextricable résultait de tous ces contrats perpétuels qui s'enchevêtraient les uns dans les autres, et dont le caractère (féodal ou foncier) était, le plus souvent, incertain.

La propriété pleine et libre était, d'ailleurs, devenue d'une extrême rareté. Grâce à la règle « Nulle terre sans seigneur », la plupart des alleux avaient été convertis en fiefs, censives ou précaires. On sait quelles luttes eurent lieu à propos des alleux, et comment le roi finit par les soumettre, à sa directe universelle, — sauf là où les résistances furent trop fortes, — et, en 1704, au centième denier (1). La franche aumône n'avait pas été respectée davantage que les alleux (2).

La France présentait donc le tableau d'un *émiettement* complet du droit de propriété. Le droit de propriété était, comme on l'a dit, *cisaillé*. Nulle part, ou peu s'en faut, on ne trouvait la propriété pleine et entière. Partout, c'étaient des bribes du droit de propriété. On avait, à perpétuité, une fraction de droit de propriété sur un lieu déterminé et, on devait, en raison des autres bribes du droit de propriété, des droits, rentes, redevances, etc., aux titulaires de ces bribes. Et cette situation inextricable, loin de se simplifier, devenait chaque jour plus complexe.

Une réaction était inévitable. Elle se prépara très lentement, grâce à une évolution, qui a été plusieurs fois décrite (3) et qu'il nous faut rappeler ici.

---

(1) Voir, sur les alleux : P. Viollet, *Histoire du dr. civ. franç.*, p. 716 et s. — Chénon, *Etude sur l'histoire des alleux en France*.

(2) Voir sur les franches aumônes, P. Viollet, *Histoire du dr. civ. franc.*, p. 752 et s.

(3) Voir, notamment : Robert Beudant, *La transformation juridique de la propriété foncière dans le droit intermédiaire*, Thèse Paris, 1889, p. 132 et s .

D'abord, on continue à considérer le tenancier comme
un simple usufruitier. Il n'a qu'une *possessio*, un *usufructus*,
une *potestas utiliter agendi* (1). Ainsi, le droit qui convenait
à l'époque où le tenancier n'avait qu'un titre précaire se
continue lorsque ce titre s'est déjà consolidé : on répète
une formule juridique, qui ne rend plus compte du fait
d'une manière complète. Cujas encore déclare : *Feudum est
jus fundo alieno utendi fruendi* (2).

Puis, une théorie se fait jour, qui a le rare bonheur de
se rattacher au droit romain, et de traduire avec une exactitude rigoureuse l'opération juridique, qui constitue
l'essence même du régime féodal.

Les terres du seigneur, dit-on, constituent un *fonds
dominant* ; et les terres occupées par les tenanciers constituent des *fonds servants* ; les redevances, ce sont les charges
de la servitude. Les servitudes prédiales pouvaient être
perpétuelles. L'analyse était ingénieuse et rendait bien
compte des faits. Elle date, sans doute, du xive siècle (3).

Mais cette théorie portait en elle les germes d'une idée
nouvelle. Si le tenancier est le titulaire d'un fonds servant,
c'est donc que le seigneur n'est pas le seul, l'unique propriétaire ; il y a, en vérité, deux propriétaires, le seigneur
et le tenancier : en d'autres termes, il y a démembrement
du droit de propriété.

D'où, une nouvelle théorie qui s'établit dès le xive siècle :
la propriété a été décomposée en deux domaines distincts ;
le domaine du seigneur ou *domaine direct* — et celui du

---

(1) *Libri feudorum*, II, 8, 23, 43.

(2) Cujas, *De feudis*, liv. I, *proœm* (dans *Opera priora*, II, p. 593).

(3) Dumoulin (*De feudis*, § 1, glose 5, nos 1 et 2, tome I, p. 169) et Bro-
deau (*Coutume de la prévosté et vicomté de Paris*, I, p. 11) font allusion à
cette théorie, en termes non équivoques.

tenancier ou *domaine utile*. Ce sont deux droits parallèles.

Soit du côté du seigneur, dit Hévin, soit du côté du vassal, il n'y a point de servitude, et l'un ne jouit pas de ce qui est à l'autre à titre de servitude. Le seigneur retient la seigneurie directe, à cause de laquelle il a tout ce qu'elle contient, la foi. l'hommage, le rachat, les rentes et devoirs, et il les a *non jure servitutis, sed jure primævo retento seu jure dominii directi*; et le vassal a la seigneurie utile et la propriété avec les avantages qu'elle contient. et n'en perçoit pas les fruits par droit de servitude imposée sur les biens de son seigneur; il en jouit *jure suo, jure proprietatis et perpetuo*, ce qui est absolument opposé et contraire à l'usufruit servitude (1).

Dès lors, une question se trouvait posée. Puisque le droit de propriété avait été démembré. puisque deux propriétaires au moins étaient titulaires de la même terre. lequel des deux propriétaires avait le titre principal? Était-ce le *domaine direct* qui l'emportait sur le *domaine utile*? ou le contraire?

Tout d'abord, pas de doute : le domaine direct est « le vrai, le propre et principal domaine », « au seul domaine direct convient le nom de propriété, et jamais au domaine utile », à telles enseignes que, lorsqu'on dit le *domaine* (tout court), cela signifie le *domaine direct*, et même mieux, lorsqu'on dit *proprietas*, cela est synonyme de *dominium directum* (2).

---

(1) HÉVIN, *Questions féodales*, ch. 1, n° 18, édit., Rennes, 1736, p. 127. — V. aussi GARSONNET, *Histoire des locations perpétuelles et des baux à longue durée*, p. 375 et 376.

(2) PONTANUS, sur l'art. 33 de la Coutume de Blois : « Dominium duplex est, directum et utile : directum, id est quod verum, proprium ac principale dominium est. Quo fit ut cum dominium simpliciter nominamus, de directo intelligendum sit. veste Bartholo, post Accursium... Cui etiam directo dominio proprietas tantum appellatio convenit, et nunquam utili » (Cité par CHAMPIONNIÈRE, *De la propriété des eaux courantes*, n°s 80 et s.). — « Feudum est

Puis le point de vue change radicalement, et les jurisconsultes déclarent que la vraie propriété appartient à
celui qui a le *domaine direct*.

Pothier écrit en tète de son traité du droit de domaine
de propriété cette déclaration souvent reproduite :

> Le domaine direct qu'ont les seigneurs de fief ou de censive
> sur les héritages qui sont tenus d'eux en fief ou en censive, est
> le domaine ancien, originaire et primitif de l'héritage, dont on
> a détaché le domaine utile par l'aliénation qui en a été faite ;
> lequel, en conséquence, n'est plus qu'un domaine de supério-
> rité, et n'est autre chose que le droit qu'ont les seigneurs de se
> faire reconnaître comme seigneurs par les propriétaires et pos-
> sesseurs d'héritages tenus d'eux, et d'exiger certains devoirs et
> redevances recognitifs de leur seigneurie. Cette espèce de
> domaine n'est point le domaine de propriété qui doit faire la
> matière du présent traité ; on doit plutôt l'appeler domaine de
> supériorité... C'est, à l'égard des héritages, le domaine utile qui
> s'appelle domaine de propriété. Celui qui a ce domaine utile se
> nomme propriétaire ou seigneur utile ; celui qui a le domaine
> direct s'appelle simplement seigneur. Il est bien le propriétaire
> de son droit de seigneurie ; mais ce n'est pas lui, c'est le sei-
> gneur utile qui est proprement propriétaire de l'héritage (1).

On peut rapprocher de ce passage célèbre, un autre
qui, pour être moins connu, n'en est pas moins catégorique. C'est dans son traité des fiefs, que Pothier écrit les
lignes suivantes :

> La seigneurie directe d'une chose, en tant qu'elle est consi-
> dérée comme séparée de l'utile, ne consiste que dans une sei-

---

benevola, libera est perpetua concessio rei immobilis vel æquipollentis, cum
translatione utilis dominii, proprietate retenta, sunt fidelitate et exhibitione ser-
vitiorum.... Nec est de essentia vel substantia feudi quod *proprietas vel directum dominium* retineatur » (DUMOULIN, *De feudis*, n° 114, tome 1, p. 23).

(1) POTHIER, *Traité du droit de domaine de propriété*, n° 3.

gneurie d'honneur, et le droit de se faire reconnaître seigneur
de sa chose par ceux qui la possèdent ; la seigneurie utile comprend le droit de percevoir toute l'utilité de la chose, en jouir,
user, et disposer à son gré, à la charge néanmoins de reconnaître le seigneur direct (1).

Pothier n'était, d'ailleurs, pas le seul à soutenir cette
opinion. C'était, dès la fin du xvii⁰ siècle, une idée couramment admise (2).

Quelles ont été les raisons de cette évolution ? — On en
a déterminé beaucoup. Signalons celles qui intéressent
directement notre étude.

Ainsi, on a dit très justement que le temps, par lui-
même, exerçait une action très puissante dans le sens de
la transformation que nous avons indiquée. Quand une
terre, depuis de longues générations, fut cultivée par les
membres successifs de la même famille, on eut le
sentiment que c'était un bien appartenant en propre
à cette famille : on en tirait tout le bénéfice, on l'amé-
liorait, on se comportait en maître, — sauf à verser
au titulaire de la directe, au crédi-rentier, etc. et à leurs
descendants, des annuités diverses. Plus on s'éloignait du

---

(1) POTHIER, *Traité des fiefs, censives, relevoisons et champarts*, n⁰ 20.

(2) Voir, notamment : LOISEAU (*Traité des offices*), 1678, liv. V, ch. 2, édit.
in-f⁰ de Paris, p. 285. « Bien que la seigneurie utile ne soit pas la plus
noble, c'est pourtant la plus véritable seigneurie, et le seigneur direct est
plutôt dit seigneur de sa rente que de la terre qui la doit. » — HERVÉ (*Théorie des matières féodales et censuelles*, t. V, p. 88). « Je conclus de tout ce
qui précède que les vieux mots droite seigneurie, directe seigneurie,
appropriés aux seigneurs, que les vieilles défenses faites aux censitaires de
détériorer ou de grever de charges les biens qu'ils tiennent à cens, ne prouvent
point qu'ils n'aient qu'une simple propriété utile ou usufruitière. Tout cela
peut s'expliquer, tout cela peut se concilier, non avec une propriété libre et
dégagée de tous les devoirs et de toutes les charges quelconques, mais avec
une véritable propriété directe. »

moment où le démembrement de la propriété avait été opéré, plus les descendants du tenancier primitif étaient enclins à se croire propriétaires (1).

Une seconde raison qui contribua à donner aux tenanciers le caractère de véritables propriétaires résulte de la théorie juridique condensée dans ces deux brocards célèbres : — 1° *Nulle terre sans seigneur, à moins de preuve contraire;* — 2° *La directe est imprescriptible.* La théorie était simple : tout occupant qui ne prouve pas que sa terre est libre, doit être considéré comme relevant du seigneur le plus proche; or, on peut bien présenter l'acte constitutif d'un louage, d'une concession, d'une inféodation, mais il est impossible, presque toujours, de prouver une franchise; en conséquence, les seigneurs sont présumés titulaires du *domaine éminent,* sans même que la prescription puisse être opposée, puisque « la directe est imprescriptible ». En vertu de cette théorie, nombre de terres qui étaient franches et libres depuis mille ou douze cents ans, furent soumises à des suzerains imprévus (2). Ce fut une sorte d'usurpation. Mais ceux qui en furent victimes conservèrent le sentiment très vif de leur droit violé. Leurs doléances vinrent grossir celles des tenanciers, qui avaient perdu le souvenir de l'acte de concession. Tout cela forma un bloc. Et les redevances perpétuelles parurent constituer des abus intolérables. Les tenanciers étaient les vrais propriétaires. Ils aspiraient, de plus, à être libérés de toutes charges foncières perpétuelles.

(1) R. BEUDANT, *La transform. jurid. de la propr. fonc.*, précité, p. 136. — Barthélemy TERRAT, *Du régime de la propriété dans le Code civil,* dans le Code civil 1804-1904. Livre du centenaire, p. 334.

(2) BEAUMANOIR, ch. 25, éd. Beugnot, t. 1, p. 340 et 341. — LOISEL, *Institutes,* liv. II, tit. II, 1 (228), édit. Dupin et Laboulaye, t. I, p. 241. — Voir P. VIOLLET, *Hist. du droit civil français,* p. 748 et s.

On omet souvent de signaler une troisième raison, qui
nous semble, pourtant, d'une importance capitale. Au fur et
à mesure que le pouvoir royal s'était reconstitué la destruction entre la propriété de *droit public* et la propriété de
droit civil s'était modifiée suivant les indications que nous
avons précédemment données. Au début de la période
féodale, chaque seigneur a entre les mains la propriété de
droit public. Or, à la fin du xviiie siècle, il n'en est plus de
même. La propriété de *droit public* est presque tout
entière entre les mains du roi, et, elle a cessé de constituer un patrimoine ordinaire. On admet bien que le roi
ait la directe universelle, on admet ses prérogatives fiscales,
son droit de justice, son droit de battre monnaie, son droit
de convoquer les troupes. Tout cela va ensemble, forme
un tout. Ce sont les droits de la nation, dont le roi a l'usage
pour le bien général: il n'en est pas propriétaire, il ne peut
vendre ces droits, il les gère seulement au nom de la
nation. Ce patrimoine de *droit public*, on l'admet donc.
Mais on ne comprend plus que les seigneurs aient des
droits de justice et de fisc, qu'ils achètent et vendent des
hommes (servage), ni qu'ils exercent des droits de *domaine*
éminent, sur les terres de tenanciers. Quel est le fondement
de ces droits? — Le *droit public*? — Non, car ils se transmettent comme des patrimoines ordinaires, suivant les
règles du droit civil. — Le *droit civil*?. — Pas davantage.
On n'admet plus que la justice et les impôts soient
affaires de pur droit civil. On n'admet plus l'achat
et la vente des hommes. On n'admet pas non plus
les multiples droits fonciers, ni les redevances perpétuelles. Si, d'ailleurs, ces droits sont de *droit civil*, ils
ne rendent pas leurs titulaires propriétaires des terres
des tenanciers, mais seulement créanciers des rede-

vances. Donc les tenanciers sont les vrais propriétaires.

Cette esquisse suffit pour justifier ce que nous avions annoncé : on est parti de la liberté absolue de la propriété et on est parvenu à *l'émiettement*. Nous avons compté jusqu'à présent quatre propriétaires : la *nation*, le *roi*, les *seigneurs*, les *tenanciers*. La nation et le roi étaient les propriétaires du *droit public*. Les seigneurs avaient entre les mains quelques vestiges de la propriété de *droit public* et ils se prétendaient, d'ailleurs, les vrais propriétaires de *droit privé*. Les tenanciers se disaient seuls propriétaires de *droit privé*. C'est *l'émiettement*... et c'est le conflit, ce sont les procès, les luttes. Une réforme est nécessaire. La Révolution eut lieu parce que Louis XVI ne sût pas prendre les mesures indispensables.

Mais, en réalité, nous ne donnons qu'une très faible idée de l'*émiettement*. Il y avait beaucoup plus de quatre variétés de propriétaires. Il ne faut pas oublier, en effet, que les seigneurs faisaient, en général, partie d'une chaîne qui comportait entre les tenanciers inférieurs et le roi (ou la nation) de nombreux chaînons, et que, d'ailleurs, à la chaîne des droits féodaux s'était emmêlée celle des tenures foncières.

Dans l'intéressante brochure que Boncerf, avait publiée en 1776, et qui fut brûlée sur ordre du Parlement « comme injurieuse aux lois et coutumes de France, aux droits sacrés et inaliénables de la couronne, et au droit de propriété des particuliers..... » le commis désormais célèbre de Turgot faisait des différents propriétaires d'une même terre une énumération extrêmement suggestive.

Tâchons, disait-il, de compter combien sur un seul fonds il y

a de maitres. On pourrait douter s'il faut mettre en ligne celui
qui le cultive, car nous allons voir qu'il y a des copropriétaires
si redoutables, qu'il faut qu'il disparaisse en quelque sorte
devant eux, cependant comptons-le pour un sans tirer à conséquence, et sauf à le retrancher si quelqu'un l'exige, ci . . 1

   Le seigneur de la directe; on peut contester celui-là, tant
pour le cens et le surcens que champart, passons pour un,
ci. 1

   J'aurais peut-être dû commencer par le décimateur; mais
il n'aura rien à nous reprocher, le mettant comme il convient
en ordre utile, ci. 1

   Si la dîme d'agneau ou autre dîme de sang, ou menue dîme
a lieu, comme cela est commun, le curé qui la perçoit sera
ci pour. 1

   Un seigneur voisin, ou de fief, a souvent droit de chasse
par titre ou par réciprocité ; ce droit,qui ravage les héritages
dans des terres de valeurs, mérite bien d'être placé ici avec
les autres 1

   Une rente suzeraine est chose fréquente ; on doit à son
seigneur proche, et au médiat qui prend place ici pour . . 1

   Le droit de parcours est un droit si général, qu'on ne
peut s'empêcher d'en faire mention, soit qu'il appartienne à
la communauté ou à d'autres, ci. 1

   Dans la crainte d'être taxé d'exagération, nous arrêtons ici
le calcul; mais on ne nous disputera pas que celui qui
cultive n'est souvent que le fermier, dès lors il est indispensable de placer ici le bailleur pour 1
                                                    ——

   Total des prétendants et exerçants droits et propriétés sur
un héritage (1) 8

   En effet, et quelque étrange que la chose paraisse à des
personnes non averties, chacun de ces droits réels, — et
ils étaient légion dans le régime féodal, — était une parcelle de droit de propriété.

(1) *Les inconvénients des droits féodaux*, p. 10-11, en note.

Boncerf, on le voit, ne parle pas du *domaine éminent* qui appartient au roi, ou mieux à la nation. On a le sens très net, à la fin de l'ancien régime, de la distinction entre le *droit privé* et le *droit public* de propriété. Ce sont choses d'un autre ordre.

Mais, pour nous, qui nous efforçons de retracer ici l'évolution comparée de ces deux droits il importe de compléter l'énumération de Boncerf.

Alors apparaît clairement le chemin parcouru depuis l'époque où la féodalité s'est constituée. A ce moment, le pouvoir central est affaibli : le *droit public* de propriété se subdivise entre tous les seigneurs, il s'est patrimonialisé, si l'on peut dire ; entre le *droit privé* et le *droit public* de propriété, pas de distinction nette, pas de limite précise ; tout est confondu ; c'est le régime de la *liberté absolue* ; il n'y a ni règle, ni contrôle.

Au point d'aboutissement, le *droit public* et le *droit privé* de propriété se sont séparés l'un de l'autre. — D'un côté, le roi, seigneur fieffeux de tout ce royaume est propriétaire suprême du pays. Et la propriété comprend pour lui, comme pour les seigneurs féodaux de la première heure, le droit de rendre la justice, de convoquer l'armée, de battre monnaie, de lever les impôts. Mais cette propriété n'est pas un patrimoine vulgaire : c'est un patrimoine *affecté à un but*, l'intérêt public : c'est un patrimoine de *droit public*. Aussi dit-on de plus en plus que ce n'est pas le roi qui est propriétaire du royaume : c'est la couronne, — c'est la nation qui est le vrai propriétaire. — De l'autre côté, une foule de bailleurs et de tenanciers perpétuels, chacun ayant une parcelle de propriété prétendue ou reconnue, propriété de *droit privé* cette fois. C'est un désordre extrême. Ce sont nids à procès. Ce sont aussi vexations

sans nombre. Et cela ne répond plus du tout à l'objet primitif de la féodalité. — Entre les deux, se trouvent les
seigneurs féodaux, qui participent à la fois à la propriété
de *droit public*, en même temps qu'à celle de *droit privé*. Ils
ont gardé quelque chose de leurs prérogatives d'autrefois :
des droits de justice, des droits fiscaux, des droits féodaux
de toute sorte. Et pourtant, il n'y a plus aucune raison de
leur laisser une parcelle de la puissance publique. L'ordre
est assuré par un pouvoir centralisé, qui veille à tout et se
fait sentir partout. L'anarchie a disparu. La sécurité règne,
ou plutôt le principal sentiment d'insécurité provient précisément de l'existence de ces seigneurs et de la situation
fausse où ils se trouvent placés. Sont-ils des propriétaires
de *droit privé* ou de *droit public* ? — S'ils sont propriétaires
de *droit public*, pourquoi faire ? — car ils n'exercent plus
leur mission protectrice d'antan. — S'ils sont propriétaires
de *droit privé*, comment se fait-il que leur droit, comme
celui des bailleurs perpétuels, d'ailleurs, se réduise à un
simple droit de créance sur les tenanciers ? — Cela est
inconciliable avec la notion de propriété.

D'ailleurs, avec cet *émiettement* du droit de propriété a
marché de pair l'assujettissement des biens à des restrictions de toute sorte : la propriété n'est plus assez forte
pour résister. La politique protectionniste de l'ancien
régime put ainsi être établie sans difficulté. Les règlements
des corporations purent être imposés aux ouvriers. Tout
se tient, en cette matière. La propriété *trop libre* de la féodalité avait abouti à la propriété *émiettée* et *restreinte* du
XVIII⁰ siècle.

DEUXIÈME PARTIE

De « l'absolu » au « relatif »

———

CHAPITRE I

La théorie absolutiste.

Depuis les origines de la féodalité jusqu'à la Révolution, la propriété a été soumise au régime de *liberté absolue* que nous avons décrit. On en a vu les résultats : spoliations, démembrement du droit de propriété en une multitude de droits secondaires, enchevêtrement inextricable de tous ces droits partiels.

La Révolution part d'un tout autre principe.

Mais le principe nouveau n'est pas né en 1789. Il s'est formé lentement. Il a été dégagé d'abord par les philosophes du xviiiᵉ siècle. Il a été incorporé dans les Constitutions américaines. Puis il a été adopté par la Révolution française et, de là, il est passé dans le Code civil.

La propriété possède, dès lors, une assise nouvelle : c'est la *théorie absolutiste* du droit de propriété.

SECTION I

La philosophie du XVIII° siècle et la théorie absolutiste du droit de propriété

Quand on parle de *la* philosophie du xviii° siècle, on emploie une expression commode, mais qui représente des notions extrêmement complexes et souvent contradictoires.

Il y avait, parmi les philosophes du xviii° siècle, des divergences considérables. L'esquisse que nous allons tracer ici suffirait pour le démontrer, à défaut d'autre preuve. Encore limitons-nous notre étude sur ce point au strict nécessaire. Nous nous interdisons toute incursion dans les questions voisines. Notamment, nous ne parlerons pas des fondements du droit de propriété (occupation ou travail). Nos explications porteront sur trois points :

1° Le droit de propriété est-il un droit naturel ?

2° Le droit de propriété est-il un droit absolu ?

3° Quelles sont les limites entre le droit privé de propriété et le droit public de propriété ?

§ 1ᵉʳ. — LE DROIT DE PROPRIÉTÉ, EN TANT QUE DROIT NATUREL

On sait ce que la philosophie du xviii° siècle entendait par le droit *naturel*. C'était le droit, tel qu'on supposait qu'il avait existé dans l'hypothétique état de nature, c'est-à-dire dans l'état où les hommes n'avaient pas encore conclu entre eux de contrat social, et vivaient en dehors de toute organisation systématique. Cet état de nature correspond, dans l'esprit des uns, à une réalité historique ;

pour les autres, c'est une pure vue de l'esprit, qui a précisément pour objet de faire apercevoir quels sont les droits primordiaux de l'individu.

Tous les philosophes du xviii⁰ siècle parlent du droit *naturel*, et, en France, ils en admettent presque tous l'existence. Mais tous sont loin de donner au droit naturel le même contenu. Spécialement, en ce qui concerne le droit de propriété privée, les philosophes peuvent être rangés en trois catégories :

1° Ceux qui admettent le droit de propriété dans l'état de nature *et* dans l'état de société civile ;

2° Ceux qui n'admettent le droit de propriété *ni* dans l'état de nature, *ni* dans l'état de société civile ;

3° Ceux qui n'admettent pas le droit de propriété dans l'état de nature, mais qui l'admettent dans l'état de société civile.

1. — Les philosophes qui, au xviii⁰ siècle, affirment l'existence du droit de propriété non seulement dans l'état de nature, mais encore dans l'état de société civile, s'inspirent tous de Locke.

Suivant Locke, l'état de nature n'est pas, comme pour Hobbes, une sorte d'état sauvage, où les hommes n'obéissent qu'à la loi de la force et du besoin. C'est un état où les hommes, étant libres et égaux, ne doivent ni se détruire, ni s'asservir les uns les autres. Ce n'est pas l'état de guerre. C'est, au contraire, l'état où chacun est tenu d'assurer l'exécution des lois de nature : de protéger l'innocent et de punir le coupable (1). Parmi les droits natu-

(1) Locke, *Essais sur le gouvernement civil*, ch. 1 et 2.

rels que Locke déclare antérieurs à tout établissement politique, l'un des premiers est le droit de propriété (1). — La
société civile existe lorsque les particuliers se sont
dépouillés du droit de punir, et qu'ils ont remis ce pouvoir
à la société tout entière (2). La mission de l'État, c'est de
conserver les propriétés des particuliers (3). En effet, dit
Locke, « la puissance suprême ne peut ravir à aucun homme
une portion de sa propriété sans son propre consentement.
Car la protection de la propriété étant la fin même du
gouvernement et celle en vue de laquelle l'homme entre
en société, cela suppose nécessairement le droit à la propriété sans lequel les hommes seraient supposés perdre en
entrant en société cette chose même qui les y a fait
entrer » (4).

Les propriétés privées continuent donc à être soumises
aux règles du droit naturel, car « les lois de nature sub-
sistent toujours comme des règles éternelles pour tous les
hommes, pour les législateurs aussi bien que pour les
autres » (5).

Ces doctrines de Locke se retrouvent notamment chez
les Économistes.

Je ne crois pas, écrit Mercier de Larivière, qu'on veuille
refuser à un homme le droit naturel de pourvoir à sa conservation. Ce premier droit n'est même en lui que le résultat d'un
premier devoir qui lui est imposé sous peine de mort... Or, il
est évident que le droit de pourvoir à sa conservation renferme
le droit d'acquérir, par ses recherches et ses travaux, les choses

(1) ID., *ibid.*, ch. 4.
(2) ID., *ibid.*, ch. 6, 11.
(3) ID., *ibid.*, ch. 8.
(4) ID., *ibid.*, § 138.
(5) ID., *ibid.*, ch. 10.

utiles à son existence et celui de les conserver après les avoir
acquises. C'est donc de la nature même que chaque homme tient
la possession exclusive de sa personne et celle des choses acquises
par ses travaux. Je dis la propriété exclusive, parce que, si elle
n'était pas exclusive, elle ne serait pas un droit de propriété.

Ainsi, le droit de pourvoir à la conservation mène au
droit de propriété sur les choses. Ce second droit mène au
droit naturel de propriété foncière (1).

Or, les lois positives faites par le souverain ne doivent
consister que dans la déclaration des lois naturelles (2).
Lorsque le souverain manque à ce devoir, et, notamment,
lorsqu'il viole le droit naturel de propriété, il détruit sa
raison d'être, puisqu'il a été institué précisément pour
garantir les droits naturels (3). Alors, les magistrats
doivent se refuser à appliquer les lois qui violent le droit
naturel (4).

2. — Ceux qui n'admettent le droit de propriété ni dans
l'état de nature, ni dans l'état de société civile, sont ou
bien des disciples de Hobbes, ou bien des communistes.

Pour Hobbes, pas de droit de propriété dans l'état de
nature. En effet, le droit naturel, c'est la faculté que chacun possède d'user de ses facultés selon la droite raison ;
or, la raison enseigne l'amour du bien et la haine du mal ;

---

(1) MERCIER DE LARIVIÈRE, *De l'ordre naturel et essentiel des sociétés politiques*, ch. 2. — Voir, dans le même sens : QUESNAY, *Œuvres*, éd. Oncken,
p. 375. — BAUDEAU, éd. Daire, t. II, p. 789.

(2) QUESNAY, édit. Oncken, p. 375-376. — DUPONT, édit. Daire, t. II,
p. 317.

(3) DUPONT, édit. Daire, t. II, p. 341. — BAUDEAU, édit. Daire, t. II,
p. 674.

(4) DUPONT, édit. Daire, t. II, p. 349.

comme le plus grand bien est la conservation et que le plus grand mal est la mort, il en résulte que le fondement du droit naturel, c'est le droit de défendre sa personne et sa vie autant qu'on le peut (1). Il faut donc que le droit naturel confère à chacun le droit d'employer à sa conservation tous les moyens possibles (2). Qui est juge de la nécessité de ces moyens? Chacun en est seul juge (3). D'où il suit que chacun a un droit naturel sur toutes choses (4), et que, le droit étant le même pour tous, il n'y a plus de droit (5). Voilà pourquoi l'état de nature est un état de guerre de tous contre tous : *homo homini lupus* (6). Nulle place pour la propriété dans un pareil état. — En entrant en société, l'homme renonce au droit absolu qu'il avait sur toutes choses (7), et il transfère ce droit à la puissance publique (8). L'État devient alors seul propriétaire, et, si les hommes peuvent devenir propriétaires, ce n'est pas à dire qu'ils y aient quelque droit : c'est par suite d'une concession de l'État.

D'où est-ce que vous avez recouvré votre propriété, écrit Hobbes, si ce n'est de l'État? et d'où l'État l'a-t-il eue, si ce n'est de ce que chaque particulier lui a cédé son droit? Vous lui avez donc transféré le vôtre, de sorte que votre propriété n'est telle et ne dure qu'autant qu'il plaît à la République (9).

Aussi n'y a-t-il point, pour Hobbes, de doctrine plus

(1) Hobbes, *De cive*, *Libertas*, ch. 1, VII.
(2) Id., *ibid.*
(3) Id., *ibid.*, IX.
(4) Id., *ibid.*, X.
(5) Id., *ibid.*, XI.
(6) Id., *ibid.*, XII. — *Leviathan*, *De homine*, ch. 13.
(7) Id., *De cive*, *Libertas*, ch. 2, III.
(8) Id., *Leviathan*, *De civitate*, ch. 18.
(9) Id., *De cive*, ch. 6, XV; ch. 12, VII. — *Leviathan*, ch. 18, 8°.

séditieuse, que celle suivant laquelle chacun a la propriété de ses biens, à l'exclusion du souverain (1).

Parmi les communistes, il faut citer l'abbé Mably, Morelly et Brissot.

Pour Mably, la propriété privée n'existe même pas comme fait dans l'état de nature (2). Sans doute, elle existe comme fait dans la société civile. Mais Mably le déplore : il réclame le communisme (3) sinon en pratique (4), du moins en théorie. Morelly avait été plus loin : il avait tracé un plan de communisme en vue de l'application (5).

Quant à Brissot de Warville, son système était fondé sur ce qu'il est impossible d'aliéner un droit naturel. C'est le principe de Rousseau. Brissot pense, avec Hobbes, Bossuet, Voltaire et tant d'autres, que l'état de nature, c'est l'état de guerre : la lutte entre les besoins. C'est le droit du plus fort. En appliquant le principe de Rousseau, il faut dire que le droit du plus fort n'a pu être aliéné. « A chacun selon ses besoins » devrait être la règle dans l'état de société, comme dans l'état de nature. Donc, toute propriété privée est illégitime. La propriété exclusive est un vol (6).

3. — Ceux qui admettent que le droit de propriété existe

(1) ID., *De cive, Imperium,* ch. 12. — *Leviathan, De civitate,* ch. 29,

(2) MABLY, *De la législation ou des principes des lois,* Amsterdam, 1876, ch. 2.

(3) ID., *ibid.,* ch. 3.

(4) ID., *ibid.,* ljv. II, ch. 1. — V. aussi *Doutes proposés aux philosophes économistes sur l'ordre naturel et essentiel des sociétés politiques,* Paris, 1768, p. 9, 11, 14, 15, 22, 38, 40-41, 67-68, 190-191, 194.

(5) MORELLY, *Code de la nature,* partout, chez le vrai sage, 1755.

(6) BRISSOT DE WARVILLE, *Recherches philosophiques sur la propriété et sur le sol,* 1778 ou 1780.

dans la société civile, mais qui refusent d'en faire un droit naturel, sont en assez grand nombre au xvIII° siècle.

C'est à Grotius que remonte leur doctrine.

Dieu, dit Grotius, immédiatement après la création du monde, donna au genre humain, en général, un droit sur toutes les choses de la terre, et il renouvela cette concession dans le renouvellement du monde après le déluge. Tout était alors commun (1).

Cette communauté primitive ne dura pas, car les hommes cessèrent de vivre avec simplicité et en bonne amitié : ils s'adonnèrent aux arts et à l'agriculture, devinrent jaloux et violents et se mirent à partager entre eux les fruits de la terre, puis toutes les choses mobilières, enfin les biens. fonciers. Comment s'est fait le passage de l'état de nature à l'état de propriété ?

Par une convention, répond Grotius, ou expresse, comme lorsqu'on partageait les choses qui étaient en commun, ou tacite, comme quand on s'en emparait (2).

Puffendorf suit, à cet égard, la doctrine de Grotius.

Dieu, écrit-il, n'a point prescrit une certaine manière de posséder les biens de ce monde, à laquelle tous les hommes soient tenus de se conformer : ce sont les hommes eux-mêmes qui ont réglé cela, selon que le repos et l'avantage de la société le demandent... il n'y a point de maxime de droit naturel qui ordonne de faire un partage général de tous les biens, pour assigner en propre à chacun sa part.... La propriété des biens tire immédiatement son origine des conventions humaines, ou expresses, ou tacites (3).

---

(1) GROTIUS, *Le droit de la guerre et de la paix*, édit. Barbeyrac, 1729, t. I, p. 265.

(2) ID., *ibid.*, p. 269.

(3) PUFFENDORF, *Le droit de la nature et des gens*, 5° éd., 1734, t. I, p. 577.

Cette thèse est celle des grands orateurs catholiques.

Bossuet avait, peut-on dire, ouvert le siècle en soutenant cette doctrine (1). L'état de nature tel qu'il se l'imaginait ressemblait assez à celui qu'avait décrit Hobbes. Il n'y a rien là de très surprenant. : Hobbes écrit pour fortifier le pouvoir des Stuarts ; Bossuet pour justifier celui de Louis XIV ; la thèse est la même. « Otez le gouvernement, dit-il, la terre et tous ses biens sont aussi communs entre les hommes que l'air et la lumière. Selon ce droit primitif de la nature, nul n'a de droit particulier sur quoi que ce soit, et tout est en proie à tous » (2). — L'état de société suppose, pour Bossuet comme pour Hobbes, la soumission et l'abdication complètes de la multitude (3). En conséquence, si les particuliers ont la jouissance de propriétés, ce n'est là qu'une concession gracieuse et toujours révocable. Du gouvernement est né « le droit de propriété et, en général, tout droit doit venir de l'autorité publique » (4). C'est ici que Bossuet se sépare de Hobbes en ce qui concerne le droit de propriété. Hobbes en restait là. Bossuet ajoute que le pouvoir serait « barbare et odieux » s'il allait notamment jusqu'à supprimer toutes les propriétés privées, et jusqu'à disposer à son gré des biens des particuliers : dans un gouvernement légitime et absolu, mais non arbitraire, la propriété des biens est inviolable (5). Voilà donc rétabli, et même placé très haut, le droit de propriété. Bossuet le rattache à une sorte de législation fondamentale, que

---

(1) *La Politique tirée de l'Écriture Sainte*, écrite en 1677, fut publiée en 1709.

(2) Bossuet, *La Politique tirée de l'Écriture Sainte*, liv. I, art. 3, propos. 4.

(3) Id., *Cinquième avertissement aux protestants*, 49.

(4) Id., *La Politique...*, loc. cit.

(5) Id., *ibid.*, liv. 8, art. 2, propos. 1, 2 et 3.

le souverain même ne peut violer impunément ; car «sous
un Dieu juste, il n'y a point de puissance qui soit affranchie par sa nature de toute loi divine et humaine » (1), et,
dans un Etat bien ordonné, il y a des lois fondamentales
contre lesquelles tout ce qui se fait est nul de droit (2).

Toute voisine était la doctrine de Fénelon, si toutefois
on accorde crédit, sur ce point, à Ramsay.

> Nous sommes tous, dit celui-ci au nom de l'archevêque de
> Cambrai, citoyens de l'univers, enfants d'un même père, frères
> par une identité de nature, et, par conséquent, nous naissons
> tous avec un droit égal à tout ce dont nous avons besoin pour
> notre conservation. Selon ce principe, rien n'est plus contraire à
> la nature que le partage inégal des biens, l'opulence exorbitante
> des uns, qui n'ont aucun mérite personnel, et la pauvreté
> affreuse des autres, qui sont infiniment estimables... Nul homme
> n'a un droit naturel que précisément à ce qui lui est nécessaire
> pour sa conservation. Si le bien public demande qu'il donne le
> superflu, il ne peut pas se plaindre, puisqu'on ne lui ôte que ce
> à quoi il n'a point de droit par nature, pour lui conserver ce qui
> lui est plus important, savoir la vie, la liberté, etc. (3).

Massillon, au début aussi du xviiie siècle, se place au
même point de vue que Bossuet et que Fénelon.

> Qui l'ignore, s'écrie-t-il, que tous les biens appartenaient ori
> ginairement à tous les hommes en commun; que la simple
> nature ne connaissait ni de propriété ni de partage, et qu'elle
> laissait d'abord chacun de nous en possession de tout l'univers ;
> mais que, pour mettre des bornes à la cupidité et éviter les dis
> cussions et les troubles, le commun consentement des peuples

---

(1) Id., ibid., liv. 8, art. 1, propos. 4.

(2) Id., ibid., liv. 1, art. 4, propos. 8; liv. 8, art 2, propos. 1.

(3) RAMSAY, *Essai philosophique sur le gouvernement civil selon les principes de feu M. François de Salignac et de la Mothe-Fénelon, archevêque duc de Cambrai,* dans Ed. de Fénelon de Lyon, 1813-15, t. III, p. 611, 645-646.

établit que les plus sages et les plus miséricordieux, les plus intègres seraient aussi les plus opulents (1).

Mais ce ne sont pas là des notions propres aux grands orateurs catholiques du XVIIIᵉ siècle. Ce sont des idées couramment admises.

Montesquieu, qui, à tant d'égards est à l'antipode des doctrines soutenues par Bossuet, par exemple, semble s'inspirer d'elles quand il traite de la propriété. Les hommes, dit-il, « ont renoncé à la communauté naturelle des biens pour vivre sous des lois civiles » (2). Donc, pas de droit de propriété dans l'état de nature. Mais le droit de propriété apparaît dans l'état de société civile, car ce sont les lois civiles qui « acquièrent » aux hommes « la propriété » (3). Dès lors, il est de l'intérêt de l'État de protéger la propriété, « parce que le bien public est toujours que chacun conserve invariablement la propriété que lui donnent les lois civiles » (4).

S'il est piquant de citer Montesquieu à côté de Bossuet, combien plus étrange n'est-il pas de nommer ici Voltaire ? Il n'y a pourtant pas lieu d'hésiter. Il est vrai que Voltaire repousse l'hypothèse d'un état de nature : l'homme, selon lui, a toujours vécu en société (5). Néanmoins, Voltaire ne se refuse pas à envisager ce qui se serait passé dans cet état de nature, et il déclare que les hommes y auraient res-

---

(1) MASSILLON, dans MIGNE, *Collection... des orateurs sacrés*, 1ʳᵉ série, t. XLII, p. 821 (Carême, 25ᵉ sermon, *Sur l'aumône*, prononcé en 1709).

(2) MONTESQUIEU, *Esprit des lois*, l. XXVI, ch. 15.

(3) ID., *ibid.*

(4) ID., *ibid.*

(5) VOLTAIRE, *Dictionnaire philosophique*, vᵒ Homme, rubrique : « Que toutes les races d'hommes ont toujours vécu en société. » — Voir aussi vᵒ Politique, où l'auteur dit : « La société est... aussi ancienne que le monde. »

semblé aux renards et aux fouines (1). Sur ce point, donc, Voltaire est d'accord avec Hobbes et avec Bossuet. — Mais, dans la société, la propriété est un droit naturel.

Liberty and property, dit Voltaire, c'est le cri anglais. Il vaut mieux que *Saint George et mon droit, Saint Denys et Mont-joie*. C'est le cri de la nature. — De la Suisse à la Chine les paysans possèdent des terres en propre. Le droit seul de conquête a pu, dans quelques pays, dépouiller les hommes d'un droit si naturel (2).

A côté de Bossuet, Montesquieu et Voltaire, il faut encore citer Jean-Jacques Rousseau. — Dans l'état de nature, pas de droit de propriété, selon Rousseau : tout au plus la propriété existe-t-elle alors comme simple fait. On connaît le passage où il s'écrie :

Le premier qui, ayant enclos un terrain, s'avisa de dire : *Ceci est à moi*, et trouva des gens assez simples pour le croire, fut le vrai fondateur de la société civile. Que de crimes, de guerres, de meurtres, que de misères et d'horreurs n'eût point épargnées au genre humain celui qui, arrachant les pieux ou comblant le fossé, eût crié à ses semblables : Gardez-vous d'écouter cet imposteur ; vous êtes perdus si vous oubliez que les fruits sont à tous et que la terre n'est à personne ! (3)

Il y a peut-être quelque contradiction entre ce passage et celui où l'auteur du *Contrat social* déclare que, dans l'état de nature, tout dépendait de la force : la liberté et la propriété s'étendaient aussi loin que la puissance physique (4). Mais peu nous importe ici ; car, en aucun cas,

(1) ID., *ibid.*
(2) ID., *ibid.*, v° Propriété.
(3) ROUSSEAU, *Discours sur l'origine et les fondements de l'inégalité parmi les hommes*, seconde partie.
(4) ID., *Contrat social*, liv. I, ch. 8.

on ne peut dire que Rousseau ait admis la propriété comme
constituant un droit dans l'état de nature. — Et dans
l'état de société? Une fois conclu le contrat social, la propriété cesse d'être un simple fait : il existe un *droit* de
propriété. Bien mieux, le contrat social a précisément pour
but, au moins en partie, de produire ce résultat :

Trouver une forme d'association qui défende et protège de
toute la forme commune la personne et les *biens* de chaque
associé, et par laquelle chacun, s'unissant à tous, n'obéisse
pourtant qu'à lui-même et reste aussi libre qu'auparavant, tel
est le problème fondamental dont le contrat social donne la
solution (1).

§ 2. — LE DROIT DE PROPRIÉTÉ EN TANT QUE DROIT ABSOLU

On peut dire que presque tous les philosophes du
XVIII° siècle critiquent la féodalité (2). Ils lui reprochent
notamment d'avoir conduit à cet *émiettement* du droit de
propriété, dont nous avons parlé. On ne veut pas que se
perpétue cette organisation déplorable. Un propriétaire
doit être seul maître de sa chose. Plus de démembrements
féodaux du droit de propriété. Le droit de propriété est
absolu.

Mais comment garantir la propriété? — En l'abandonnant
aux libres dispositions des contractants ? — Non pas. Ce
régime de liberté anarchique avait précisément enfanté la

---

(1) ID., *ibid.*, liv. I, ch. 6.
(2) Voir spécialement : D'ARGENSON, *Considérations sur le gouvernement
ancien et présent de la France*, ch. 8, art. 4. — Il est vrai que la féodalité
trouvait encore des défenseurs enthousiastes, témoin BOULAINVILLIERS, (*Histoire
de l'ancien gouvernement de la France*, La Haye, 1727).

féodalité. Il avait eu pour conséquence des démembrements infinis du droit de propriété, l'émiettement qui
existait alors en France. Pour que le droit de propriété
soit garanti, *il faut qu'il soit limité*. Toute liberté, en effet,
doit s'arrêter là où elle empiète sur la liberté d'autrui. Il
faut donc que le droit de chaque propriétaire soit arrêté
par le droit de chaque propriétaire voisin. Sinon, il n'y a
plus de droit de propriété du tout. En résumé, pour que le
droit de propriété devienne un droit absolu, il faut le soumettre à une règlementation légale.

Il n'est pas surprenant de rencontrer cette doctrine chez
les philosophes qui, sans faire du droit de propriété un
droit naturel, le reconnaissent néanmoins comme un droit
fondamental dans l'état de société civile.

Ainsi, pour ne citer qu'un seul exemple, Montesquieu
prônait l'utilité des lois somptuaires (1); il pensait que
l'État devait diriger la répartition des richesses et fixer
une limite aux fortunes des particuliers (2) ; enfin il disait
que les « aumônes que l'on fait à un homme nu dans les
rues ne remplissent point l'obligation de l'État, qui doit à
tous les citoyens une subsistance assurée, la nourriture,
un vêtement convenable, et un genre de vie qui ne soit pas
contraire à la santé (3). »

Mais ce sont ceux qui reconnaissent l'existence du droit
de propriété et dans le droit de nature et dans le droit de
société, qui insistent le plus sur la nécessité de réglementer
la propriété. C'est Locke, avant tout autre, qui trace les

---

(1) Montesquieu, *De l'esprit des lois*, liv. VII, ch. 1 et s.
(2) Id , *ibid.*
(3) Id., *ibid.*; l. XXIII, ch. xxix.

limites nécessaires du droit de propriété, limites tutélaires,
sans lesquelles le droit de propriété cesserait d'être un
droit absolu.

Selon Locke, le droit du propriétaire est soumis à deux
conditions.

La première c'est de ne point laisser périr la chose
entre ses mains : « Si l'on passe, dit-il, les bornes
de la modération et que l'on prenne plus de choses que
l'on n'en a besoin, on prend ce qui appartient aux
autres. » Ainsi, celui qui, s'appropriant plus de fruits qu'il
n'en peut manger les laisse se corrompre, tandis que
d'autres manquent de nourriture, usurpe la part de son
voisin. De même, celui qui, ayant un champ, laisse
pourrir l'herbe et les moissons perd par là même la
propriété de sa chose, parce que d'autres qui ont besoin
de champs et de récoltes sont privés d'un champ qu'ils
pourraient utiliser. Cette terre, quoique fermée de clôtures,
doit donc être considérée comme une terre en friche, et
on a le droit d'exproprier le soi-disant propriétaire s'il
refuse de mettre sa terre en usage. Le droit d'abuser et de
laisser perdre les choses serait sans doute absolu si ces
choses étaient en quantité indéfinie, comme l'eau de la
mer; mais il s'agit ici de choses en quantité limitée, dont
l'appropriation ne peut être permise que sous la condition
d'un travail persistant, qui ne cesse de les utiliser. Il est
vrai que Locke suppose aussi que l'on donne à autrui, la
part de fruits que l'on ne peut consommer soi-même.
Alors, dit-il, on fait un légitime usage des produits de son
travail. De même, si l'on échange ces fruits contre
d'autres objets. Le propriétaire, en un mot, peut faire de
sa propriété tout ce qu'il veut, pourvu qu'il n'en fasse pas
un usage contraire à l'intérêt général.

. La deuxième condition prévue par Locke, c'est qu'en s'appropriant certaines choses, il faut qu'on en laisse encore assez pour les autres :

En s'appropriant une terre par son travail et par son adresse, on ne fait tort à personne, puisqu'il en reste toujours assez et d'aussi bonnes et même plus qu'il n'en faut à un homme qui ne se trouve pas pourvu... Qui, je vous prie, s'imaginera qu'un autre homme lui fait tort en buvant, même à grands traits, de l'eau d'une grande et belle rivière, qui, subsistant toujours tout entière, contient et présente infiniment plus d'eau qu'il ne lui en faut pour étancher sa soif? Or le cas est ici le même ; et ce qui est vrai à l'égard de l'eau, l'est aussi à l'égard de la terre (1).

Quoi qu'il en soit de l'exactitude de ce raisonnement, nous en retenons ceci : le droit de propriété pour être respecté, doit être soumis à des conditions ; pas de propriété absolue sans l'intervention d'un principe restrictif et protecteur.

Les Économistes adoptent, à cet égard, les vues de Locke. Pour garantir le droit de propriété, la liberté n'est pas suffisante. Plus ils attachent d'importance au respect de la propriété, plus ils exigent des garanties rigoureuses. C'est pourquoi ils réclament le « despotisme légal » (2).

C'est ainsi que la philosophie du xviiie siècle prépare une réaction complète contre le système qui était en vigueur depuis la féodalité. On aura un système nouveau, qui reconnaîtra au droit de propriété une valeur absolue, et qui garantira, par des mesures législatives le respect de cette valeur. La liberté des conventions en matière de pro-

(1) LOCKE, *Essai sur le gouvernement civil*, ch. IV.
(2) MERCIER DE LA RIVIÈRE, édit. Daire, t. II, p. 471.

priété avait amené à méconnaître la valeur du droit de
propriété, à démembrer la propriété, à l'assujettir à des
réglementations néfastes. Le droit nouveau sera, plus
encore peut-être que le droit antérieur, un droit interven-
tionniste. Ce ne sera pas le droit du « laissez faire, laissez
passer ». Mais ce sera un droit guidé par ce principe :
forcer les citoyens à respecter mutuellement leurs propriétés. Ce résultat ne peut être atteint sans une réglementation légale.

Voilà pourquoi, en dépit de la contradiction apparente,
le droit de propriété paraît, au xviii° siècle, comme un
droit à la fois absolu, et soumis à des restrictions légales.
L'opposition, entre ces deux idées est purement verbale.
La vérité est que, sans limitations légales, le droit de propriété ne saurait être respecté un seul instant. Il ne servirait à rien de l'avoir proclamé « absolu », si l'on n'avait,
en même temps, édicté les règles qui obligent chaque propriétaire à rester dans de justes limites et qui forcent
chaque citoyen à respecter la propriété d'autrui.

§ 3. — LES LIMITES ENTRE LA PROPRIÉTÉ DE DROIT PRIVÉ ET LA
PROPRIÉTÉ DE DROIT PUBLIC

Nous n'avons parlé jusqu'à présent que des doctrines
du xviii° siècle relatives à la propriété privée.

On pourrait supposer que, partisans du *droit absolu* de
propriété, les auteurs de ces doctrines entendent que
toute propriété est de *droit privé*.

En effet, si l'on admet qu'au-dessus de la propriété
privée, il y a une autre propriété, celle du souverain, on
n'atteint pas au *droit absolu* de propriété. On arrive bien

à supprimer tous ces démembrements du droit de propriété, qui constituaient l'essence du régime féodal. Mais on laisse subsister un démembrement d'une importance considérable, un partage du droit de propriété entre l'État d'une part, les concitoyens d'autre part.

Or il n'y a pas un seul philosophe, au xviiiᵉ siècle, qui réclame la dépossession de l'État. La propriété de *droit public* n'est pas mise en question. La plupart du temps, on n'en parle pas (1). Quand on en parle, c'est pour en affirmer la nécessité. Le plus souvent, d'ailleurs, on en suppose l'existence, sans s'attarder à en démontrer la légitimité.

Chez quelques philosophes, le domaine éminent de l'État est affirmé avec une énergie digne de fixer particulièrement l'attention. C'est le cas pour Jean-Jacques Rousseau.

Selon Rousseau, chaque associé, avant de passer le contrat social, renonce à tout ce qu'il possédait. La société devient maîtresse de tous ses biens. Puis elle remet à chacun sa part, dont elle le fait dépositaire. Chaque citoyen est le dépositaire d'une parcelle du bien public. C'est ce droit du dépositaire que Rousseau appelle le droit du propriétaire. Il y a donc, en vérité, un démembrement du droit de propriété. L'opération n'est pas identique à celle qui caractérise le droit féodal. Mais elle est de même nature. L'État est une sorte de suzerain : Il a la *directe uni-*

---

(1) C'est le cas pour Bodin, et pour divers autres, peut-être, qui, pourtant, parlent longuement de la *souveraineté*. On en a conclu que ces auteurs ne reconnaissaient pas l'existence de la propriété de *droit public*, et qu'ils rattachaient tous les pouvoirs de l'État à la seule notion de *souveraineté*. Il y a là une interprétation forcée. — On a pu citer, pourtant, quelques philosophes, qui rompirent des lances contre la notion du *domaine éminent* (Voir plus loin, p. 271). Mais ces philosophes sont au nombre des plus obscurs, et leur opinion paraît négligeable, dans une étude d'ensemble.

verselle. Il est, dit Rousseau, « maître de tous les biens ».
Mais les particuliers sont des sortes de vassaux. Ils ont le
domaine utile. L'Etat leur assure « la légitime possession »
de leurs biens. Et c'est cela qui change « l'usurpation
en véritable droit et la jouissance en propriété ». (1).
Dès lors, « le droit que chaque particulier a sur son
propre fonds est subordonné au droit que la société a sur
tous » (2). Il est clair que Rousseau, sous une apparence
très novatrice, ne fait guère qu'exprimer le droit tel qu'il
existait sous ses yeux. Il dit l'Etat, là où, d'ordinaire, on
disait le roi, ou la couronne, parfois même la nation. A
part cela, et l'intervention du contrat social, il ne fait
qu'exprimer avec exactitude les rapports qui existaient, au
xviii° siècle, entre la propriété de *droit public* et la propriété
de *droit privé.*

Il n'est pas jusqu'aux Économistes qui ne reconnaissent
l'existence de cette propriété de *droit public.* Les physiocrates vont même parfois très loin dans cette voie. Ainsi,
Mercier de la Rivière, soutient que le monarque doit être
« copropriétaire du produit net des terres de sa domination » (3). Et il insiste pour dire qu'il s'agit là d'une propriété véritable, non d'un simple usufruit.

Le souverain héréditaire, dit-il, est « par rapport à ses États,
un propriétaire qui conduit lui-même et pour son propre
compte l'administration de ses domaines .. Un souverain dont
les intérêts sont aussi inséparablement unis à ceux de la nation
dont il est le chef doit certainement chercher à lui procurer tous
les avantages ».(4).

(1) Rousseau, *Contrat social*, l. I, ch. ii.
(2) Rousseau, *Contrat social*, l. I, ch. II.
(3) Mercier de la Rivière, *Ordre essentiel*, ch. vi, p. 41.
(4) Id. *ibid.*, ch. xix, p. 149.

C'est du Louis XIV absolument pur.

Souvent, chez les philosophes du xviii° siècle, cette propriété de droit public prend une forme particulière. Il ne
s'agit plus du roi, de la couronne, de la nation, ni même
de l'État, comme dispensateurs des propriétés. Mais on dit
que toute propriété vient de *la loi*. Ainsi, Montesquieu dit
que les lois civiles « acquièrent » aux hommes « la propriété » (1). Voltaire s'exprime en termes non moins clairs :
« Dans l'état de société, telles sont ses paroles, nous ne
tenons aucun bien, aucune possession de la seule nature,
puisque nous avons renoncé aux droits naturels pour nous
soumettre à l'ordre civil qui nous garantit et nous protège ; *c'est de la loi que nous tenons toutes nos possessions* » (2).
— Fonder ainsi la propriété privée sur la loi, c'est encore
reconnaître l'existence d'une propriété de droit public,
d'un domaine éminent. Quel titre, en effet, le législateur
peut-il avoir à distribuer les propriétés? N'est-il pas vraiment le maître, celui qui dispose des biens et qui les
répartit? Sans doute, on pourrait concevoir que le législateur intervienne ici comme une sorte d'arbitre, uniquement pour fixer les normes de la division. Mais les Montesquieu et les Voltaire pensent que le droit de propriété
n'est pas un droit naturel. Si la loi n'intervenait que pour
opérer une distribution, elle ne pourrait donc rien faire.
Elle intervient bien pour créer la propriété. C'est la loi qui
est source de toute propriété privée. C'est donc le législateur qui est le propriétaire suprême, le seul vrai propriétaire. Les simples particuliers ne sont propriétaires que

(1) MONTESQUIEU, *Esprit des lois*, liv. XXVI, ch. xv.
(2) VOLTAIRE, *Dictionnaire philosophique*, v° Droit canonique.

dans la mesure où la loi leur en concède la faculté. En
réalité, il n'y a nulle différence entre cette vue et celle de
Rousseau. Les formules varient. Le fond est le même.

On doit donc dire que la philosophie du xviiie siècle ne
demande, à cet égard, aucune réforme.

La plupart du temps, les philosophes s'en tiennent même
à de simples généralités. Nous n'en connaissons qu'un
seul, qui ait cherché à tracer les limites précises entre le
droit supérieur de disposition, qui appartient au souverain,
et le droit de propriété privée. C'est Burlamaqui.

Burlamaqui, suivant ici Grotius (1), distingue deux
modalités dans la manière pour les rois de posséder la
souveraineté.

Les uns sont les maîtres de leur couronne, comme d'un patrimoine, qu'il leur est permis de partager, de transférer, d'aliéner
à qui bon leur semble, en un mot dont ils peuvent disposer
comme ils jugent à propos. D'autres n'ont la souveraineté qu'à
titre d'*usufruit* ou de *fidéi-commis*, et cela ou pour eux seulement,
ou avec le pouvoir de la transmettre à leurs descendants, suivant les règles établies pour la succession (2).

Il est clair que toutes les sympathies de Burlamaqui
sont en faveur des royaumes « usufructuaires ». Il déclarait même qu'il y avait présomption en faveur du caractère d'usufruit (3).

Qu'importe, au fond, propriété ou usufruit. Il s'agit tou-

(1) Grotius, *De la guerre et de la paix*, l. i. ch. iii, § 11.
(2) Burlamaqui, *Principes du droit politique*, Amsterdam, 1751, t. Ier,
1re partie, ch. vii, 5°, § 51, p. 85.
(3) Id. *ibid.*, § 53, p. 87.

jours d'un droit patrimonial. Donc Burlamaqui part de ce principe : le souverain a, sur son royaume, un droit patrimonial. Dès lors, la question de savoir quelles sont les limites entre ce droit et le droit de propriété privée se pose nécessairement. Aussi Burlamaqui consacre-t-il un chapitre entier à la détermination « du pouvoir des souverains sur les biens renfermés dans les terres de leur domination » (1).

Ce pouvoir n'est pas le même dans les royaumes sur lesquels le souverain exerce un droit de pleine propriété, que sur les royaumes « usufructuaires. »

Dans le premier cas, le souverain a sur les biens de ses sujets un droit aussi absolu que celui qu'a chaque père de famille sur son patrimoine.

Les sujets n'en peuvent disposer qu'autant et de la manière que le souverain le veut et le leur permet. » Ils « ne possèdent leurs biens que d'une manière *précaire*, et sous le bon plaisir du souverain, aussi longtemps qu'il leur en laisse la possession ; ils peuvent seulement en tirer ce qui leur est nécessaire pour leur nourriture et pour les autres besoins de la vie ; alors donc, la souveraineté se trouve accompagnée d'un droit de propriété absolue (2).

C'est Burlamaqui lui-même qui a souligné ici le mot précaire. Mais soulignons-le aussi pour notre propre compte. Nous le retrouverons au cours de notre étude et nous argumenterons au sujet de ce mot, lorsqu'il s'agira de la situation des églises catholiques en France à l'époque actuelle. Burlamaqui considère cette hypothèse comme

---

(1) BURLAMAQUI. *Principes du droit politique*, Amsterdam, 1751, t. Ier, 3e partie, ch. v, p. 279 et s.

(2) Id., *ibid.*, § 3, p. 279 280

plus théoriqne que pratique, et il condamne le système de la propriété absolue du souverain, comme contraire à l'avantage des Etats (1).

Burlamaqui passe alors au cas où le roi possède la souveraineté à titre d'usufruit. Il déclare qu'alors le souverain a droit sur les biens de ses sujets, principalement en trois manières.

> La première, dit-il, consiste à régler par de sages lois, l'usage que chacun doit faire de ses biens, conformément à l'avantage de l'Etat et à celui des particuliers. La seconde, à exiger des subsides et des impôts. La troisième, enfin, à user des droits du domaine éminent (2).

Reprenons chacun de ces trois points.

Burlamaqui donne, comme exemples, des *sages lois*, destinées à régler l'usage des biens d'une manière conforme tant à l'avantage de l'Etat qu'à celui des particuliers : — les lois somptuaires (3) ; — les lois contre le jeu , — contre les prodigues ; — celles qui mettent des bornes aux donations, aux legs, aux testaments (4) ; — enfin, « les lois contre l'oisiveté et ceux qui laissent dépérir leurs biens, faute de travail et de culture » (5) et à propos de ces dernières lois, Burlamaqui, s'inspirant de Locke, réclame énergiquement des lois qui interdiraient de « vivre

---

(1) ID.. *ibid.*, p. 280-282.

(2) BURLAMAQUI, *ibid.*, § 6, p. 282-283.

(3) ID., *ibid.*, § 7, p. 283-286.

(4) Remarquons, à ce propos, que les philosophes du xviii° siècle ne regardaient pas plus le droit de succession comme étant de droit naturel que le droit de propriété. MONTESQUIEU, par exemple, écrit : « La loi naturelle ordonne aux pères de nourrir leurs enfants; mais elle n'oblige pas de les faire héritiers. Maxime générale : nourrir ses enfants est une obligation du droit naturel : leur donner sa succession est une obligation du droit civil ou politique » *Esprit des lois*, Lv. 26, ch. vi .

(5) BURLAMAQUI, *ibid.*, § 8, p 286

sans avoir quelque occupation honnête, ou de l'esprit ou du corps » (1).

Ce simple petit tableau suffit pour donner une idée des pouvoirs que l'on confère ainsi au souverain, sous couleur de *sages lois*. Les particuliers, sous un tel régime, n'ont guère la liberté d'utiliser leurs propriétés suivant leur bon plaisir. Leur droit de propriété est limité de tous côtés par de *sages lois*. Mais que l'on ne se méprenne pas au mot. Lorsqu'au nom de la *sagesse*, un souverain possède un tel pouvoir d'intervention, c'est nécessairement parce qu'il considère la chose de ses sujets comme étant aussi sa chose. *Sages lois*, oui. Mais *sages lois* édictées par un *usu-fruitier*, un *fidéicommissaire*. En tous cas, *sages lois* qui supposent un pouvoir d'administration très étendu, et même mieux, un pouvoir de direction, de co-gestion, nous sommes tentés de dire de copropriété. Lorsque la sagesse de l'administrateur se fait envahissante, lorsqu'elle se mêle de tout, règle tout, régit tout, le maître n'est plus le propriétaire, c'est l'administrateur. Il ne faut pas s'arrêter au mot. Il faut voir le fait.

Nous tenons à poser dès maintenant ce principe. Nous aurons, au cours de cette étude, à en faire d'importantes applications.

La seconde manière dont le prince peut, selon Burlamaqui, disposer des biens de ses sujets, « c'est en exigeant d'eux des impôts ou des subsides. » D'où le souverain tire-t-il le droit de lever ces impôts? Burlamaqui ne songe pas à en faire un profit usufructuaire. Dès cette époque, il est acquis que les impôts sont pour les citoyens, une charge

(1) ID., *ibid.*, § 9, p. 286-287.

publique. Le caractère patrimonial des impôts a disparu.
Ce n'est donc pas en vertu de son droit de domaine éminent
que le souverain perçoit les impôts ; c'est en vertu d'un
autre principe.

Que le souverain ait ce droit, dit notre auteur, c'est ce qui
paraîtra incontestable, si l'on considère que les impôts ne sont
autre chose qu'une contribution que les particuliers paient à
l'Etat pour la conservation et la défense de leur vie et de leurs
biens (1).

Montesquieu avait déjà donné une définition analogue
de l'impôt : une portion que chaque citoyen donne de son
bien pour avoir la sûreté de l'autre, et en jouir agréable-
ment (2). Inutile, évidemment, de supposer à l'Etat un droit
de domaine éminent pour jouer ce rôle de collecteur
d'impôts. Un simple administrateur à gages pourrait
remplir des fonctions analogues entre co-intéressés.

Mais, ici encore, il faut prendre garde. Que l'Etat possède,
à d'autres égards, un droit de domaine éminent sur les biens
de ses sujets, et l'impôt change de nature ; il devient,
comme le disaient les économistes, la redevance due en
raison du droit de copropriété, dont le souverain est titulaire sur les biens de tous ses sujets. — Que l'Etat se mêle
de dire aux particuliers comment il entend qu'ils jouissent
de leurs biens, qu'il emploie les impôts de manière à contraindre les citoyens à prendre tel agrément obligatoire, et
l'Etat cesse encore d'être un simple administrateur. Il agit
en maître. Il substitue sa conception à celle des administrés. Il dispose de leurs biens pour ce qu'il juge leur
intérêt. Il a donc un droit supérieur de disposition et, s'il

---

(1) BURLAMAQUI, *ibid.*, § 10, p. 287.
(2) MONTESQUIEU, *Esprit des lois*, l. 13, ch. 1.

perçoit l'impôt, c'est en vertu de son domaine éminent. —
Burlamaqui n'aperçoit pas cette question. Il ne la pose donc
même pas. Mais ses observations nous entraînent nécessairement à l'énoncer ici, en la place qu'elle devrait, tout
naturellement, occuper.

La troisième partie du pouvoir souverain est, suivant
Burlamaqui, le *domaine éminent*, c'est-à-dire « le droit qu'a
le souverain de se servir, dans un besoin pressant, de tout
ce que possèdent les sujets (1). Burlamaqui en donne des
exemples :

Si l'on veut fortifier une ville, on prend les jardins, les terres
et les maisons des particuliers, qui se trouvent situées dans
l'endroit même où il faut faire des remparts ou des fossés. Dans
un siège, l'on abat et l'on mine souvent des maisons et des
campagnes, lorsque sans cela l'on serait incommodé, ou que l'on
l'ennemi en retirerait quelque avantage contre nous (2).

Burlamaqui pose la question embarrassante de savoir
s'il y aura lieu d'indemniser les citoyens expropriés.

Il est juste. dit-il, dans ces cas là, que les propriétaires soient
dédommagés par leurs concitoyens, ou par le trésor public, de
ce qui excède leur contingent, autant du moins que la chose est
possible. Que si les citoyens eux-mêmes se sont exposés volontairement à souffrir cette perte, comme s'ils avaient bâti des
maisons dans un lieu où elles ne sauraient subsister en temps
de guerre, alors l'État n'est pas obligé, à la rigueur, à les indemniser, et ils peuvent raisonnablement être censés consentir eux-
mêmes à cette perte (3).

(1) Burlamaqui, *ibid.*, § 24, p 292.

(2) Id., *ibid.*, § 25, p. 292.

(3) Burlamaqui, *ibid.*, § 29, p. 294. — On peut rapprocher de Burlamaqui,
un passage de Vattel : « Tout doit tendre au bien commun dans la société
politique, et, si la personne même des citoyens est soumise à cette règle,
leurs biens n'en peuvent être exceptés. L'État ne pourrait subsister, ou administrer les affaires publiques de la manière la plus avantageuse, s'il n'avait

Voilà, certes, une théorie qui est encore toute moderne. Nous aurons l'occasion de l'examiner plus loin.

Nous devons donc dire qu'au XVIII° siècle nul ne songeait à nier l'existence d'un *domaine éminent*, possédé par le souverain. On faisait coexister ce domaine avec le droit de propriété privée. Il y avait une superposition de deux propriétés : celle des simples citoyens et celle de l'État.

A la vérité, il y avait là quelque illogisme, de la part des philosophes, qui considéraient la propriété comme un droit naturel. Si la propriété privée est de droit naturel, l'État, formé après elle, doit la respecter : il ne saurait démembrer le droit de propriété, sans violer le droit naturel. Donc, pas de propriété de *droit public*, pas de *domaine éminent*, pour ceux qui font de la *propriété privée*, un droit naturel. Voilà ce qu'exigeait la logique : et aussi, ce que nul, au XVIII° siècle, n'a osé soutenir.

Mais la part faite à l'État tendait à diminuer. Une nouvelle notion se créait. Le souverain agissait tantôt comme administrateur, tantôt comme titulaire de la directe universelle. C'est comme administrateur qu'il édictait les lois destinées à protéger les propriétaires contre les atteintes des autres citoyens, et à prendre les mesures les plus favorables à la bonne gestion de leurs biens ; c'est comme administrateur aussi qu'il percevait les impôts, qu'il battait monnaie, qu'il rendait la justice, qu'il levait les armées. Mais c'est comme propriétaire qu'il expropriait pour cause d'utilité publique.

pas le pouvoir de disposer dans l'occasion de toutes sortes de biens soumis à son empire... Le droit qui appartient à la société ou au souverain, de disposer, en cas de nécessité et pour le salut public, de tout bien renfermé dans l'État, s'appelle *domaine éminent* .. » (*Le droit des gens*, édit. 1820, t. I, § 244, p. 208-209).

La théorie absolutiste du droit de propriété, telle que l'a élaborée la philosophie du xviii° siècle est maintenant facile à résumer. D'une façon générale, on ne considère pas le droit de propriété comme un droit naturel. Mais c'est un droit utile à garantir. Pour y parvenir, il faut le réglementer. On évitera ainsi les démembrements qui avaient caractérisé la propriété féodale. Un seul démembrement est conservé. La propriété est divisée entre l'État et les particuliers. L'État conserve le *domaine éminent*, c'est-à-dire un droit supérieur de disposition sur les biens des particuliers. Toutefois on tend à réduire l'importance de ce *domaine éminent*. On considère que l'État agit en simple administrateur, quand il accomplit certains actes que l'on rapportait, autrefois, à sa qualité de propriétaire. Mais on ne va pas jusqu'au bout de cette idée : on reconnaît que l'État, quand il exproprie, agit non en souverain, mais bien en maître.

SECTION II

La Révolution américaine et la théorie absolutiste du droit de propriété

Il n'est pas niable que la Révolution anglaise ait exercé une certaine influence sur le mouvement des esprits dans la France du xviii° siècle. Mais, spécialement en ce qui concerne le droit de propriété privée, nous n'avons pas à en tenir compte. L'Angleterre, en 1688, reste soumise au régime féodal. Ce régime subsiste encore aujourd'hui, dans la forme, plus que dans le fond des choses, il est vrai.

La Révolution américaine, au contraire, a servi de modèle à la Révolution française. Elle s'est inspirée directement des principes qu'avaient dégagés la philosophie, en ce qui concerne le droit de propriété. Pourtant, les Américains adoptèrent des principes qui diffèrent sur un point de ceux que nous avons énoncés. Ils accordèrent, en effet, une étendue considérable aux droits naturels ; et, en conséquence ils firent du droit de propriété l'un de ces droits naturels. C'était se rattacher à l'école de Locke.

Le domaine reconnu aux droits naturels n'est pas nettement délimité par la déclaration d'indépendance de juillet 1774. Mais il suffit de lire le début de cette Déclaration pour y découvrir des principes qui impliquent nécessairement l'extension *maxima* des droits naturels.

Nous tenons, y est-il dit, pour évidentes par elles-mêmes (*self-evident*) les vérités suivantes : que tous les hommes ont été créés égaux (*that all men are created equal*) ; qu'ils ont été doués par le Créateur de droits inaliénables (*inalienable rights*) entre lesquels sont la vie, la liberté et la poursuite du bonheur (*pursuit of happiness*)... (1).

On ne saurait fonder les droits naturels sur une assise plus large.

Si l'on consulte la constitution des 13 États qui ont formé primitivement la Confédération, on voit que presque tous ont, dès avant 1790, adopté un *Bill* des droits, qui mentionne expressément le droit de propriété comme constituant un droit naturel. Par exemple, la Virginie, dont faisaient partie Washington et Jefferson, a voté, le 12 juin 1776, une déclaration des droits qui proclamait :

1° Que tous les hommes sont par nature également libres et indépendants et ont certains droits innés (*inherent*), desquels,

_____

(1) P. JANET, *Histoire de la science politique dans ses rapports avec a morale*, 3ᵉ édit., t. Iᵉʳ, Introduction, p. xiv.

lorsqu'ils entrent en état de société, ils ne peuvent, par aucun contrat, priver ou dépouiller leur postérité : par exemple, la jouissance de la vie et de la liberté avec tous les moyens d'acquérir et de conserver la propriété, de poursuivre et d'obtenir sûreté et bonheur....

6° Que... les hommes donnant une suffisante garantie d'un intérêt commun permanent et d'attachement à la communauté .. ne peuvent être privés de leur propriété pour utilité publique sans leur consentement (1).

Le droit de propriété est ici mentionné expressément comme un droit naturel et inaliénable.

C'est aussi ce que déclare le cinquième article additionnel de la constitution américaine.

Personne... ne pourra... perdre .. les biens sans un procès en due forme ; aucune propriété privée ne pourra être appréhendée pour être consacrée à un usage public sans juste compensation (2).

Mais cet article, voté en décembre 1791, n'a pas pu influer sur la rédaction de la Déclaration française des droits de l'homme et du citoyen, qui, dans sa première rédaction, date de 1789.

En résumé, l'Amérique a donné à la France un exemple, qui a grandement influé sur la Révolution. Elle a adopté hardiment la théorie qui faisait de la propriété un droit naturel et absolu.

(1) Id., *ibid.*, p. xix et xx.
(2) Voir E. R. Dareste et P. Dareste, *Les Constitutions modernes*, t. II.

SECTION III

La Révolution française et la théorie absolutiste du droit de propriété

En ce qui concerne le droit de propriété, la Révolution française a répondu aux trois mêmes questions, que s'étaient posées les philosophes du xviii° siècle, et auxquelles ceux-ci avaient fourni les réponses assez peu unanimes que nous avons rapportées. De plus, la Révolution a effectué ce que les philosophes étaient, naturellement, impuissants à faire : elle a tiré les conséquences pratiques des solutions qu'elle adoptait Les actes de la Révolution sont donc, à cet égard, le meilleur commentaire des thèses du xviii° siècle, de même que celles-ci constituent la meilleure source pour expliquer les fondements des lois révolutionnaires.

Reprenons donc les trois questions posées précédemment.

§ 1ᵉʳ. — LE DROIT DE PROPRIÉTÉ EN TANT QUE DROIT NATUREL

La Révolution française semble se déclarer pour Locke et les physiocrates et suivre l'exemple des Etats-Unis de l'Amérique du Nord ; elle soutient que le droit de propriété est un droit naturel. C'est ce qu'elle inscrit dans la déclaration de 1789 : « la propriété est un droit inviolable et sacré » (1). Pour être inviolable et sacré, il faut nécessai-

_____

(1) DUVERGIER, En tête de la constitution du 3 sept. 1791, t. III, p. 275, art. 17.

rement que ce soit un droit naturel, tous les orateurs de la Constituante l'affirment (1). C'est ce que proclame en termes formels la déclaration du 24 juin 1793, dans son art. 2. Et la constitution de l'an 3 se rattache implicitement à la même doctrine, quand elle garantit « l'inviolabilité de toutes les propriétés » art. 358.

Il est à peine besoin de rappeler que la doctrine qui niait le droit de propriété privée dans la société civile eut, elle aussi, ses défenseurs. Il suffit de citer un nom : Babeuf (2).

Mais, si le babouvisme constitua une sorte d'accident au cours de la Révolution, on n'en saurait dire autant d'une autre opinion, qui eut pour elle Mirabeau, Tronchet, Camus, Robespierre, Hentz et Cambacérès, opinion qui s'appuyait sur l'autorité de Grotius, Puffendorf, Montes-quieu, Voltaire et Jean-Jacques (sans compter Bossuet, Fénelon, Massillon, etc.), et qui, à certains moments, fut nettement dominante. C'est l'opinion suivant laquelle le droit de propriété, loin d'être naturel, n'est qu'une création de la société, un produit de la loi.

Il serait fastidieux et, d'ailleurs, inutile, de relever tous les cas où, durant la Révolution, cette théorie se fit jour. Mais il importe d'en citer ici les principaux.

Nous trouvons un premier exemple dans la discussion relative aux biens ecclésiastiques, en 1789.

Treilhard et Thouret, pour soutenir que la nation peut reprendre les biens ecclésiastiques, avaient déclaré qu'il

---

(1) *Archives parlementaires*, t. VIII, p. 222, 256, 288, 321, 432, 463. — Comp. *Moniteur*, t. I, p. 338-362, 365-383,

(2) Voir : ESPINAS, *La philosophie sociale du XVIIIe siècle*. — FOURNIÈRE, *Les théories sociales du XIXe siècle de Babeuf à Proudhon*.

fallait distinguer entre les propriétés des particuliers et
celles des corps (associations) : les premières sont de droit
naturel; les secondes sont créées par la loi seulement.

La même raison, disait Thouret, qui fait que la suppression
d'un corps n'est pas un homicide, fait que la révocation de la
faculté aux corps de posséder des fonds de terre ne sera pas une
spoliation (1).

Mirabeau, qui voulait, lui aussi, nationaliser les biens
ecclésiastiques, se refusait à approuver la thèse de
Treilhard et de Thouret :

Toute propriété, disait-il, est « un bien acquis en vertu des
lois. La loi seule constitue la propriété, parce qu'il n'y a que la
volonté publique qui puisse opérer la renonciation de tous, et
donner un titre commun, un garant à la jouissance d'un seul. »

L'État peut donc reprendre les biens ecclésiastiques,
comme il a le droit de prendre la propriété de tout particulier (2). A quoi, Camus répondait : Bien, mais pour priver
soit un individu, soit un corps de sa propriété, il faut une
juste cause; car « il y a la même injustice à priver sans
juste cause un corps de son existence et de ses droits
civils, qu'il y a à priver un individu de sa vie ou de ses
droits sans juste cause » (3).

Un second exemple nous est fourni par la discussion
relative aux mines, en 1791. Saint-Martin, Dupont de
Nemours, Heurtault-Lamerville avaient soutenu, non sans
véhémence, que le droit de propriété étant de droit naturel, l'État ne pouvait contraindre le propriétaire du sol à

(1) THOURET, rapport, *Archives parlementaires*, t. IX, p. 485. — Voir le
discours de Treilhard, *ibid.*, p. 490-491.
(2) MIRABEAU, *ibid.*, p. 607.
(3) CAMUS, *ibid.*, p. 416.

abandonner son droit au sous-sol (1). Ils répondaient ainsi
au rapporteur, Regnauld d'Epercy, qui, au nom des Comités réunis d'agriculture et commerce, constitution,
finances, impositions et domaines, avait soutenu une thèse
contraire. Les mines, avait-il dit, « n'ont pas eu de maître
particulier, elles sont restées en masse dans la main de
chaque société, et chaque société a eu le droit d'en disposer » (2). Mirabeau, malheureusement, vint obscurcir
la question, en soutenant que, d'une part l'Etat n'est pas
propriétaire des mines, mais que, d'autre part, elles sont
à la disposition de la nation, en ce sens qu'elle peut les
concéder (3). Il fit ainsi triompher le projet des Comités,
qui devint le Décret des 12-28 juill. 1791 (4). Il est clair
que la thèse de la propriété-droit naturel subissait ainsi un
sensible échec.

On peut trouver un troisième exemple dans la célèbre
discussion relative au droit de tester, en 1791. Les orateurs du Midi prennent la défense du droit de tester.
Cazalès, Saint-Martin et Mougins dit Roquefort soutiennent que la propriété est de droit naturel. Or, si l'on
retire le droit de tester la propriété devient un simple
usufruit. Donc, il est impossible d'y toucher sans violer
un droit naturel (5). Contre cette théorie, s'élèvent Mirabeau, Tronchet, Dupont de Nemours, Pétion, Robespierre.
Lanjuinais, Buzot. Tour à tour, ils déclarent, après les
Montesquieu et les Rousseau, que la propriété est une

_____

(1) *Arch. parl.*, t. XXIV, p. 237-253, 409-411.
(2) REGNAULD D'EPERCY, *ibid.*, p. 226.
(3) MIRABEAU, *ibid.*, p. 217-253, 411.
(4) DUVERGIER, t. III, p. 121.
(5) CAZALÈS, *Arch. parl.*, t. XXIV, p. 570 et suiv., *in fine*. — SAINT-MAR-
TIN, *Moniteur*, t. VIII, p. 13. — MOUGINS, dit ROQUEFORT, *Arch. parl.*,
t. XXIV, p. 616.

création de la société, non de la nature et que l'Etat peut,
s'il le veut. en faire un droit viager (1). On sait que la
discussion n'aboutit pas : l'Assemblée ajourna le projet (2). Mais cet ajournement même montre combien il
était difficile d'obtenir une majorité quand il s'agissait de
choisir entre les deux systèmes. — Lorsque la question
revient en discussion, la thèse qui triomphe est celle qui
repose sur la conception du droit de propriété comme création artificielle. De cette règle découle, en bonne logique,
la prohibition du testament. On ne va pas jusque-là. Est-
ce en vertu d'un sentiment fondé sur le droit naturel ?
Non pas. L'hésitation est fondée sur des considérations
d'ordre exclusivement pratique :

... Cette règle, dit Cambacérès, sera-t-elle si absolue que les
chefs de famille n'aient jamais la faculté de disposer d'une
partie de leur héritage? Le Comité ne le pense point; il a cru
qu'une telle obligation blesserait trop nos habitudes, sans
aucun avantage pour la société, sans aucun profit pour la
morale (3).

En conséquence, la Convention décide que l'on pourra
disposer du dixième de ses biens, si l'on a des descendants,
et du sixième, si l'on ne laisse que des collatéraux (4).

Enfin, il importe de citer, comme dernier exemple, la
définition que Robespierre donnait de la propriété. « La

---

(1) MIRABEAU, *Arch. nat.*, AD, xviii, c , t. CLXIV; *Moniteur*, réimpr.,
t. VIII, p. 31 ; *Hist. parl.* de BUCHEZ ET ROUX, t. IX, p. 288 ; *Arch. parl.*,
t. XXIV, p.   . — TRONCHET, *Arch. parl.*, t. XXIV, p. 561. — DUPONT DE
NEMOURS, *ibid.*, p. 551. — PÉTION. *ibid.*, p. 612. — ROBESPIERRE, *ibid.*,
p. 562. — LANJUINAIS, *ibid.*, p. 599. — BUZOT, *ibid.*, p. 602.

(2) 6 avril 1791, *Arch. parl.*, t. XXIV, p. 599 602.

(3) Rapport sur le premier projet de Code civil, présenté le 9 août 1793, à
la Convention nationale, au nom du Comité de législation.

(4) Décrets du 5 brumaire an 2, art. 11 ; — du 17 nivôse an 2, art. 16.

propriété, disait-il, est le droit qu'a chaque citoyen, de jouir et de disposer de la portion des biens qui lui est garantie par la loi ». Mais cette définition, qui se trouvait implicitement contenue dans tant de mesures de la Révolution ne fut pas adoptée (1).

En résumé, on ne saurait dire que la Révolution ait pris une position nette sur la question de savoir si le droit de propriété est un droit naturel. Les trois doctrines qu'avaient dégagées la philosophie du xviiiᵉ siècle ont chacune leurs partisans. Celle des communistes seule est nettement écartée. La Révolution hésite entre les deux autres. Quand on arrive à la période du Consulat, aucun choix décisif n'a encore été fait.

§ 2. — LE DROIT DE PROPRIÉTÉ EN TANT QUE DROIT ABSOLU

On sait quelle fut l'œuvre de la Révolution en ce qui concerne le régime des biens. Nous n'avons donc pas à donner ici des détails, ni à insister sur des démonstrations acquises. Mais nous devons nous efforcer d'établir qu'à un double point de vue, la Révolution considère le droit de propriété comme un droit *absolu*, en prenant ce mot dans le sens que nous lui avons donné quand nous avons traité de la philosophie du xviiiᵉ siècle.

En effet, d'une part, la Révolution *tend à supprimer l'émiettement* qui avait été le résultat du régime féodal.

D'autre part, elle *limite étroitement* le droit des propriétaires, de manière à ce que les démembrements, causes

(1) Proposition de Robespierre, 24 avril 1793, *Moniteur*, t. XVI, p. 213 (art. 1 du projet). — Voir Max. ROBESPIERRE, *Œuvres*, t. III, p. 355-360.

de l'émiettement, ne puissent plus se produire, et aussi de manière à ce que le droit de propriété puisse être exercé sans qu'il en résulte d'atteinte ni au droit des autres propriétaires, ni au droit du corps social.

1. — Nous ne retracerons pas ici par le menu les dispositions par lesquelles la Révolution a détruit successivement les démembrements féodaux de la propriété. C'est un point historique si bien élucidé, qu'il n'y a pas lieu d'insister.

Nous nous contenterons de rappeler les principales mesures prises par la Révolution et de présenter ainsi le tableau succinct de ce qu'elle a fait pour supprimer l'émiettement du droit de propriété.

A. — On connaît assez la nuit du 4 août et le décret qui en est résulté. Ce décret a été promulgué le 3 novembre 1789 (1). Il classe en trois catégories les démembrements de la propriété que la Constituante voulait abolir ; — 1° Les droits féodaux « qui tiennent à la mainmorte réelle et à la servitude personnelle » ou qui impliquent l'exercice d'un droit appartenant à la puissance publique, tels que le droit exclusif des fuies et colombiers (art. 2), le droit exclusif de la chasse et des garennes ouvertes (art. 3), les justices seigneuriales (art. 4). Tous ces droits sont abolis *sans indemnité.* — 2° Les redevances purement foncières dues à tout autre que le seigneur féodal comme prix ou comme condition de la cession d'un fonds. Ces redevances sont déclarées *simplement rachetables.* — 3° Les

---

(1) Sur les raisons de ce retard, voir Robert BEUDANT, *La transformation juridique de la propriété foncière,* p. 214-222. — Le décret se trouve : *Arch. parlem.,* t. VIII, p. 397.

redevances féodales, dues, comme des redevances purement foncières, à titre de prix ou de condition d'une concession de terre. Ces redevances étaient, à la fois, seigneuriales et foncières. Leur caractère seigneurial était
aboli. Elles étaient donc assimilées à de simples redevances foncières et étaient déclarées *rachetables.*

L'Assemblée avait hésité pour savoir lesquels de ces
droits seraient abolis purement et simplement, et lesquels
seraient déclarés rachetables.

La loi des 15-28 mars 1790, préparée par un célèbre
rapport de Merlin, précisa, d'ailleurs, quels étaient les
droits abolis sans rachat, et les distingua nettement de
ceux qui étaient simplement rachetables (1). La loi des
3-9 mai 1790, préparée par un rapport de Tronchet, fixa
les principes et établit le mode et le taux du rachat des
droits seigneuriaux déclarés rachetables par la loi du
15 mars (2). En outre, la loi des 18-29 décembre 1790,
préparée aussi par Tronchet, régla les conditions de rachat
des rentes foncières (3) et celle des 7 juin-5 août 1791,

(1) *Arch. parl.*, t. XI, p 498 à 528, 685, 688, 715, 725, 763; t. XII, p. 1,
13, 16, 32, 91, 109, 116, 170, 172. — Cette loi contient une erreur importante.
Elle considère les baux à complant comme translatifs de la propriété, et elle les
déclare, en conséquence, rachetables (tit. 3, art. 2). Or, le bail à complant
transférait bien la propriété à La Rochelle, mais, à Nantes, il ne conférait
qu'un droit d'usufruit. Les bailleurs à complant de la région nantaise se trouvaient ainsi expropriés.

(2) *Ibid*, t, XII, p. 387 à 401; t. XV, p. 273, 276, 291, 297, 362, 364 et
suiv.

(3) *Ibid.*, t. XXI, p. 156 à 169; 187, 217, 532, 523. — La même erreur que
le décret du 15 mars 1790 avait commise à l'égard des baux à complant, celui
du 18 décembre la commettait à l'égard des baux à locatairerie perpétuelle.
Ces baux transféraient bien la propriété à Aix, mais non pas à Toulouse
(BOUTARIC, *Traité des droits seigneuriaux*, p. 379. — JULIEN, *Commentaire
sur les statuts de Provence*, I, 269. — TRONCHET, *Rapport, Arch. parl.*, t. XXI,

préparée par Arnould, fixa le sort des tenures à domaine
congéable de manière à ne pas conférer aux domaniers une
propriété, à laquelle ils n'avaient pas droit et à limiter
pourtant les droits abusifs des fonciers (1).

L'émiettement était-il aboli par cet ensemble de mesures ?
Loin de là. Sans doute, l'article 1er du décret des 11 août-
3 novembre 1789 débutait par la phrase bien connue :
« L'Assemblée nationale détruit entièrement le régime
féodal ». Mais, après avoir réglé tous les menus détails, le
bilan de l'opération était tout autre. On a pu le fixer dans
les termes suivants :

> La Constituante » avait aboli les droits de servitude person-
> nelle et réelle et les droits honorifiques; mais elle avait trans-
> formé et non anéanti les autres droits féodaux. Les habitants
> des campagnes, qui s'étaient levés contre la féodalité, se virent
> obligés d'acquitter comme simples droits *fonciers* des droits et
> des rentes qu'ils payaient auparavant comme *féodaux et censuels*.
> Cette transformation, qui laissait subsister en partie les liens du
> passé et le fardeau des rentes et des champarts, ne leur parut
> pas, dans l'ordre réel, une révolution suffisante » (2).

La vérité, très simple, est que les démembrements séculaires de la propriété représentaient des sommes considérables. Il ne servait à rien de les déclarer rachetables :
le paysan, même pourvu du titre théorique de propriétaire
ne pouvait matériellement pas racheter ces servitudes
innombrables, qui pesaient sur sa terre. Les droits honorifiques, qu'on avait abolis sans rachat étaient ceux qui le

---

p. 136-165). - Signalons aussi que cette loi laissait subsister l'emphytéose, et
se bornait à en réduire la durée à 99 ans.

(1) *Ibid.*, t. XXV, p. 721 à 127 ; t. XXVI, p. 489, 592, 628, 697 ; t. XXVII,
p. 17, 55.

(2) LAPERRIÈRE, *Histoire des principes, des institutions et des lois pendant
la Révolution française*, 1850, p. 121.

génaient le moins. Il eût préféré cent fois que la Constituante ait maintenu ces droits personnels, qui le gênaient si peu, — il les méprisait, — et qu'elle ait aboli sans indemnité les redevances qui pesaient sur lui d'un poids écrasant.

L'émiettement devait donc, ou se perpétuer, ou être supprimé par des mesures coercitives. C'est à ce dernier parti que se résoud l'Assemblée législative.

B. — La loi des 18 juin-6 juillet 1792 supprime les droits casuels, soit censuels, soit féodaux et tous ceux qui en sont représentatifs. Aucune indemnité n'est due, à moins que ces droits « ne soient justifiés par le titre primitif d'inféodation, d'accensement, ou de bail à cens, être le prix et la condition d'une concession des fonds pour lesquels ils étaient perçus. » Lorsque ce titre primitif était produit, les droits en question étaient rachetables (1). — La loi du 20 août 1792 ne modifie rien aux principes posés par la Constituante en ce qui concerne les droits fixes ; mais elle en rend le rachat plus aisé. Cette mesure n'a pas le temps d'être mise en vigueur que déjà la Législative applique aux droits fixes les principes formulés pour les droits casuels. Aux termes de la loi des 25-28 août 1792, « toute propriété foncière est réputée franche et libre de tous droits » (2). La portée de ce principe est précisée par les considérants dont la loi est précédée.

« Considérant, disait l'Assemblée, que le régime féodal est aboli que néanmoins il subsiste dans ses effets, et que rien n'est plus instant que de faire disparaître du territoire français ces

_____

(1) *Arch. parl.* t. XXXIX, p. 194, 210, t. XLV, p. 17 et 18. — *Arch. nat.*, AD, xviii, c. t. 191.
(2) Art. 2.

décombres de la servitude, qui couvrent et dévorent les propriétés...

Mettant ces principes en action, la loi décidait :

Tous les droits seigneuriaux, tant féodaux que censuels, quelles que soient leur nature et leur dénomination, même ceux qui pourraient avoir été omis dans les dites lois ou dans le présent décret. . sont abolis sans indemnité, à moins qu'ils ne soient justifiés avoir pour cause une concession primitive de fonds, laquelle cause ne pourra être établie qu'autant qu'elle se trouvera clairement énoncée dans l'acte primordial d'inféodation d'accensement, ou de bail à cens qui devra être rapporté « (1).

Il importe de remarquer que ce décret si radical laissait pourtant subsister les démembrements de la propriété dans deux cas : d'abord, cas plus théorique que pratique, quand, par impossible, le titre primitif était représenté ; — puis, cas plus important, quand il s'agissait de rentes, champarts et autres redevances, qui ne tiennent pas à la féodalité, « dues par des particuliers à des particuliers non seigneurs, ni possesseurs de fiefs » (1). Le décret des 27 août-7 septembre 1792, sur le domaine congéable s'inspire exactement des mêmes principes. Il est vrai qu'il les applique mal. La Constituante fut trompée par un rapport soit erroné, soit partial, et elle se décida sans que les intéressés aient eu le temps de faire surgir un contradicteur des rangs de l'Assemblée (3). Elle crut donc que le bail à domaine congéable était une tenure féodale, et elle l'assimila aux fiefs. Les domaniers, dès lors, deviennent propriétaires du sol ; les

(1) Art. 5.
(2) Art. 17.
(3) Rapport d'Alain Bohan (du Finistère), 23 août 1792. *Arch. parl.*, t. XLVIII, p. 640 et suiv.

redevances qu'ils payaient sont considérées comme de simples rentes, et, comme telles, abolies, à moins qu'elles ne soient expressément stipulées dans le contrat de concession.

En résumé, le principe que la législative avait appliqué ou voulu appliquer, est le suivant :

1° Les droits féodaux, qui impliquent une supériorité personnelle demeurent abolis, *sans indemnité.* — 2° Les redevances foncières dues à tout autre que le seigneur féodal, comme prix ou comme condition de la cession d'un fonds sont simplement *rachetables*, sauf dans un cas : quand le titulaire de cette redevance est seigneur féodal à l'égard de personnes autres que le tenancier ; en ce cas la féodalité du seigneur réagit sur tous ses droits, même non féodaux (1). — 3° Les redevances féodales dues, comme des redevances purement foncières, à titre de prix ou de condition d'une concession de terre, sont abolies *sans indemnité,* sauf dans un cas : quand la preuve irréfutable de l'inféodation ou de la concession est rapportée par le seigneur; alors, les redevances sont *rachetables.*

La propriété ne cessait pas, pour cela, d'être *émiettée.* L'émiettement était restreint : c'était tout. Il n'était pas supprimé. Il pouvait, dans l'avenir, reprendre une extension aussi grande que par le passé.

C. — La Convention fit un pas de plus.

Le décret du 17 juillet 1793 « supprime sans indemnité toutes les redevances ci-devant seigneuriales et droits féodaux, même ceux conservés par le décret du 25 août 1792. »

---

(1) Ainsi, « ce n'est plus la nature du droit en lui-même, c'est la qualité du possesseur, que l'Assemblée considère » (CHÉNON, *Les démembrements de la propriété foncière en France,* p. 123).

Mais il maintient l'existence des « rentes ou prestations purement foncières et non féodales. » Et le même décret, dans son article 6, ordonne de brûler tous les titres recognitifs des droits supprimés.

L'extension la plus grande était, d'ailleurs, donnée aux expressions : « redevances seigneuriales et droits féodaux ». C'est ainsi que, consultée par un tribunal, la Convention avait fait la déclaration suivante :

Par l'article 1er de la loi du 17 juillet 1793, toute redevance ou rente entachée originairement de la plus légère marque de féodalité est supprimée sans indemnité, quelle que soit sa dénomination, quand même elle aurait été déclarée rachetable par les lois antérieures (1).

Dès lors, le système était très simple. Il existait deux catégories de rentes ou redevances foncières : 1° Celles qui portaient la marque même *la plus légère* de féodalité. Elles étaient supprimées *sans indemnité*. — 2° Celles qui étaient indubitablement foncières, sans aucun mélange de féodalité. Elles étaient rachetables.

Il est vrai que des rentes *rachetables* n'étaient pas, pour cela, des rentes *rachetées*. Mais nous dirons plus loin que la Constituante avait interdit pour l'avenir la création de baux de plus de 99 ans (2). Dès lors, la féodalité était détruite, non seulement en elle-même, mais dans tout ce qui l'*imitait*, et dans tout ce qui pouvait servir à la reconstituer.

Il nous resterait, pour être complet, à signaler quelques autres mesures. Les lois hypothécaires du 9 messidor an 3 et du 11 brumaire an 7 suppriment le domaine utile auquel donnaient encore naissance certaines locations à long

(1) DALLOZ, *Répertoire*, t. XXXVIII, p. 350.
(2) Voir plus loin, p. 210 et note 4.

terme, telles que l'emphytéose (1). La loi du 11 brumaire
an·7, confirmée par celle du 22 frimaire de la même année,
déclare que la rente foncière a désormais un caractère
mobilier et non plus immobilier ; nous verrons plus loin
la portée de cette disposition (2). Notons aussi qu'un décret
du 9 brumaire an 6 (30 octobre 1797) réintégra les bailleurs
à domaine congéable dans la propriété de leur fonds :
ainsi fut réparée l'erreur commise par le décret des 27 août·
7 septembre 1792 (3).

Nous avons maintenant rappelé avec une suffisante précision quelles mesures furent prises, successivement, par
les assemblées de la Révolution, en vue de supprimer
l'émiettement de la propriété. Grâce aux lois qui aboliront
la féodalité, cet émiettement est supprimé : les *cisaillements*
de la propriété n'existent plus ; désormais, chaque propriétaire jouit, sur son bien, d'un droit *absolu*.

2. — Il ne suffisait pas de supprimer *l'émiettement* des
propriétés. Il fallait encore prendre des mesures pour

---

(1) Chénon, *op. cit.*, p. 130 à 131.

(2) Id., p. 140 à 142. — Voir plus loin, p. 236 et s.

(3) Duveroier, t. X, p. 106. — Ce même décret déclare (art. Iᵉʳ) que les baux
à locatairerie perpétuelle cessent d'être translatifs de propriété : ainsi était réparée l'injustice commise en 1790, à l'égard des bailleurs à locatairerie perpétuelle de la région toulousaine ; mais c'était au prix d'une injustice, que l'on
commettait à l'égard des preneurs provençaux, puisque la loi nouvelle les dépouillait, *sans indemnité*, d'une propriété qui leur était acquise — On peut
noter aussi que l'avis du Conseil d'Etat du 4 thermidor an VIII (23 juillet 1800)
répare l'erreur commise en 1790 : le bail à complant cesse d'être considéré
comme translatif de la propriété dans la région nantaise, et les bailleurs
rentrent dans la propriété dont ils avaient été injustement dépouillés (V. aussi
l'avis du 21 ventôse, 23 messidor an XI, Sirey, 3, 2, 152, qui étend cette
solution à toutes les régions, où les clauses des baux sont analogues à celles
des baux de la Loire-Inférieure).

éviter qu'à l'avenir les démembrements, source de cet émiettement, puissent se produire à nouveau.

De là, toute une série de mesures restrictives. Permettre le libre exercice du droit de propriété, autoriser indistinctement toutes les conventions relatives à ce droit, ç'eut été permettre au régime féodal de se reconstituer. Or, c'était ce que l'on voulait à tout prix éviter. On fut ainsi amené nécessairement à édicter une longue liste de mesures restrictives. De même que la guillotine paraissait le seul moyen efficace pour garantir la liberté des citoyens, de même les restrictions minutieuses semblaient le seul procédé possible pour garantir leur propriété.

Ces mesures restrictives peuvent être rattachées à deux notions distinctes.

D'abord, il s'agit d'empêcher le retour du régime féodal.

Puis, il s'agit d'empêcher que les propriétaires portent atteinte au droit du corps social et à celui des autres propriétaires.

A. — Parmi les mesures destinées à empêcher le retour du régime féodal, les premières qu'il convient de citer sont naturellement celles qui eurent pour objet de supprimer les redevances perpétuelles et les droits féodaux. Nous en avons suffisamment parlé. Mais toute une série de mesures s'y rattachent.

Les capitaineries sont abolies (1). — Abolis aussi les droits de vaine pâture et de parcours sur les terres privées (2) : chacun peut clôturer sa propriété, et ceux

_____

(1) Décrets du 4 août, art. 3.
(2) Décret du 28 septembre-6 octobre 1791, sect. IV, art. 4, 5, 6, dans Du-VERGIER, t. III, p. 432.

qui déplacent ou suppriment les bornes, de même que
ceux qui commettent avec leurs bestiaux des dégâts sur
les champs d'autrui sont frappés de peines sérieuses. —
Il est interdit de devenir propriétaire exclusif des eaux
d'un fleuve ou d'une rivière navigable ou flottable (1). —
Il est défendu, aussi, de chasser le gibier ailleurs que sur
le terrain dont on est propriétaire (2). — On pousse l'idée
jusqu'à ses plus extrêmes limites : il est interdit de pénétrer sous aucun prétexte sur le terrain d'autrui ; si des fruits
tombent d'un arbre qui vous appartient sur le terrain du
voisin, ces fruits cessent de vous appartenir, et deviennent
la propriété du voisin (3). Enfin, il est absolument défendu
de donner sa terre à ferme pour une durée de plus de
99 ans ou pour plus de trois générations successives (4).
Du moment qu'il n'y a plus de tenures perpétuelles, le
droit de propriété cesse de pouvoir être démembré, il n'y
a pas, d'une part, le titulaire du *domaine direct*, d'autre
part, celui du *domaine utile* ; il y a le propriétaire d'un côté
et le fermier de l'autre. Donc, plus de rentes foncières
perpétuelles. Et, pour avoir une certitude de plus, on
prend soin d'interdire que les baux soient renouvelés par
tacite reconduction : « il n'est dû aucun avertissement pour
la sortie ; le terme interpelle, et, si le fermier excède le
terme de sa jouissance, il ne peut s'en faire un titre » (5).

---

(1) Décret du 28 sept. 1791, tit. I, art. 4, dans DUVERGIER, t. III, p. 430.
(2) Décrets du 4 août, art. 3. — Robespierre, pourtant, aurait voulu que la
chasse fût libre sur le terrain d'autrui après la dépouille des récoltes (*Arch.*,
parlem., t. XIII, p. 166). Il ne fut pas suivi : La Convention, maintint, à cet
égard, la règle fixée par la Constituante (Procès-verbal du 7 sept. 1793).
(3) Procès-verbal de la Convention du 12 sept. 1793.
(4) Décret des 18-29 décembre 1790, art. 1er.
(5) Décret du 28 septembre 1791, sect. II, art. 4.

B. — Pour empêcher que les propriétaires portent atteinte aux droits de la société, on institue l'expropriation pour cause d'utilité publique. Mais il ne s'agit plus, comme sous l'ancien régime, d'expropriations arbitraires et sans indemnités. La déclaration des droits de l'homme et du citoyen dit déjà, en 1789, que nul ne peut être privé de sa propriété « si ce n'est lorsque la nécessité publique, légalement constatée, l'exige évidemment, et sous la condition d'une juste et préalable indemnité » (art. 17). La déclaration du 24 juin 1793 contient une formule à peu près identique : « Nul ne peut, dit l'article 17, être privé de la moindre portion de sa propriété sans son consentement, si ce n'est lorsque la nécessité publique, légalement constatée, l'exige évidemment, et sous la condition d'une juste et préalable indemnité ». Enfin, la Constitution du 5 fructidor an III déclare, dans son article 308, qu'elle « garantit l'inviolabilité de toutes les propriétés, ou la juste indemnité de celles dont la nécessité publique, légalement constatée, exigerait le sacrifice ».

Voilà certes, un principe solennellement affirmé. Mais on a déjà vu que la Révolution avait néanmoins exproprié les seigneurs sans indemnité ; et l'on verra que les Églises ne furent pas mieux traitées. Il y avait donc une sorte de principe sous-entendu : c'est que la propriété cesse d'être respectable, lorsqu'elle paraît, pour quelque raison que ce soit, porter atteinte à l'ordre public ; alors elle peut être supprimée sans indemnité.

Mais, quand la Révolution appliqua, même avec indemnité, la théorie de l'expropriation pour cause de nécessité publique, elle le fit en prenant les mots « nécessité publique » dans une acception extrêmement large. Les Révolutionnaires, s'inspirant des idées de Locke, considèrent qu'un propriétaire ne saurait conserver sur ses terres un droit exclusif, s'il ne les met pas en valeur d'une manière convenable. Dans le cas où le propriétaire néglige ce devoir, la « nécessité publique » exige qu'il soit exproprié.

La société, dit-on, ne peut admettre aucune propriété protégée par les lois sans l'obligation tacite à la culture. La culture est le fondement inébranlable du pacte social : c'est sa première base physique, morale et politique (1).

En conséquence, si les propriétaires de marais refusent de procéder à leur dessèchement, l'État les exproprie, moyennant la valeur actuelle du sol des marais, et il adjuge à d'autres les marais en question (2).

Mais l'État ne se contente pas de contraindre les propriétaires à dessécher leurs marais et à mettre leurs terres en bon état de culture. Il veut encore que les particuliers ne nuisent pas, par des mesures inconsidérées, aux cultures qu'ils ont établies. Aussi défend-on au propriétaire d'un terrain non clos de chasser le gibier à l'aide de chiens courants et d'armes à feu. On donne plusieurs raisons de cette interdiction, parmi lesquelles la suivante : de telles pratiques nuiraient à ses propres récoltes et « il importe à la société que personne n'abuse de sa propriété, surtout lorsque cette propriété est d'une nature qui la rend nécessaire à la conservation de la société elle-même » (3). Voilà donc les propriétaires mis dans l'impos-

(1) HEURTAULT-LAMERVILLE, Rapport, 29 août 1790, Arch. parl., t. XXVIII, p. 412.

(2) Décret du 1er mai 1790, Instruction des 12-20 août 1790, Décret des 26 décembre-1790-5 janvier 1791, dans DUVERGIER, t. I, p. 188, 351, t. II, p. 143. — Voir aussi la loi des 11-19 sept. 1792, et la loi du 14 frimaire, an II, cette dernière bientôt rapportée par celle du 13 messidor an III.

(3) Rapport de MERLIN, Arch. parl., t. XIII, p. 157. — Décret du 28 avril 1790, dans DUVERGIER, t. I, p. 184.

sibilité de chasser le gibier sur leurs propres terres, hors certains cas déterminés. C'est encore là une sorte d'expropriation indirecte, et sans indemnité.

Nous avons déjà parlé de la loi sur les mines des 12-18 juillet 1791, et nous avons eu l'occasion de dire qu'elle distinguait nettement le propriétaire du sol et celui du sous-sol. C'est là une nouvelle limitation des droits du propriétaire. Il est vrai qu'en pareil cas, il y avait indemnité pour le propriétaire du sol. Mais son droit n'en était pas moins limité au nom de l'intérêt social.

C. — Enfin, il faut signaler les mesures prises pour protéger la propriété des voisins. On emprunte au droit romain les dispositions qui fixent les distances des plantations, des haies vives, des arbres et des fossés. On prend à la coutume de Paris l'article qui interdit de faire un puits, une citerne ou une aisance à moins de deux mètres du fonds voisin. Pourtant on ne va pas très loin dans cette voie. On se refuse à fixer une distance minima entre le fonds voisin et les murs ou bâtiments ; on se refuse aussi à donner au propriétaire le droit de contraindre son voisin à lui vendre la mitoyenneté d'un mur : « C'était gêner et même violer la propriété » (1).

C'est aussi pour protéger les propriétés voisines, que l'on interdit aux propriétaires de chasser sur leurs propres terres, quand elles ne sont pas closes par des murs ou par des haies vives, ou quand elles ne comprennent pas de forêts : le propriétaire d'un terrain non clos se laisserait, sans cela, entraîner à poursuivre le gibier jusque chez ses voisins (2).

(1) MERLIN, Exposé des motifs pour le projet de Code civil, liv. II, tit. II, AD, xviii, c. t. 325.

(2) Décret du 28 avril 1790, dans DUVERGIER, t. I, p. 184, art. 13.

3. — Par cet ensemble de mesures restrictives, le propriétaire est désormais assuré d'avoir un droit *absolu* : il lui est interdit de démembrer sa propriété, sauf les cas anodins de l'usufruit, de l'hypothèque et des servitudes ; il lui est interdit d'user de sa propriété d'une manière dommageable à la société ou aux autres propriétaires. A condition de respecter toutes ces prohibitions, la propriété privée se trouve assise sur une base inébranlable. Sans doute, le propriétaire cesse d'être libre : il est enserré dans un étroit réseau de prescriptions impérieuses. Il a payé sa sécurité au prix de sa liberté. Bentham, qui n'aimait guère la Révolution française, en a exprimé les principes, à cet égard, d'une manière saisissante.

Il y a, dit il, une distinction importante à faire entre la perfection idéale de la sûreté et la perfection praticable. La première exigerait que rien ne fût jamais ôté à personne. La seconde est accomplie, si l'on n'ôte rien au-delà de ce qui est nécessaire pour la conservation du reste (1).

La Révolution française avait précisément ôté du droit de propriété ce qui lui avait paru nécessaire pour la conservation du reste. Si elle n'en avait rien ôté, l'*émiettement* n'aurait pas tardé à se produire, comme sous la période féodale, où toutes les conventions relatives à la propriété étaient abandonnées à la volonté des parties contractantes. Au lieu de cela, la Révolution a beaucoup ôté au droit de propriété. Ce qui en est resté a, dès lors, reçu un caractère d'*absolutisme*, qui écarte la possibilité des démembrements

(1) Jérémie BENTHAM, *Traités de législation civile et pénale*, trad Et. Dumont, 2ᵉ édit., t. Iᵉʳ, 1820, p. 198. — La première édition de cette traduction avait paru en l'an X.

plus ou moins féodaux : l'émiettement du droit de propriété est désormais rendu impraticable.

En donnant au droit de propriété ce caractère tout nouveau, la Révolution ne faisait, d'ailleurs, qu'appliquer un
principe, que la déclaration des droits, de 1789, avait formulée en des termes particulièrement heureux.

La liberté, y est-il écrit, consiste à pouvoir faire tout ce qui
ne nuit pas à autrui. Ainsi, l'exercice des droits naturels de
chaque homme n'a de bornes que celles qu'assurent aux autres
membres de la société la jouissance de ces mêmes droits. Ces
bornes ne peuvent être déterminées que par la loi (art. 2).

En conséquence, pour assurer le libre exercice du droit
inviolable de la propriété, la loi s'était mise à tracer des
bornes au droit de propriété.

C'est exactement la même thèse que soutiennent, de
nos jours, les interventionnistes, dans la matière des
contrats de travail. L'ouvrier, disent-ils, ne se trouve pas
sur le pied d'égalité avec le patron, quand il s'agit de
discuter les conditions du contrat du travail. Le petit
atelier familial tend, en effet, à disparaître. Le paternalisme patronal a vécu. Le patron moderne, c'est un puissant capitaliste, ou une richissime société : l'ouvrier doit
accepter ou refuser les conditions édictées par ce patron
trop haut placé. Pas de discussion possible. C'est, pour
l'ouvrier, à prendre ou à laisser. La liberté du contrat,
dans ces conditions, n'est qu'un mot. — Pour rétablir la
liberté, il faut que la loi intervienne, et qu'elle limite les
pouvoirs du patron. De là, toute la réglementation du
travail. — De même, la liberté des conventions, en matière
de propriété n'était plus qu'un mot, à la fin de l'ancien
régime. Il a fallu que la loi intervienne et qu'elle limite les

pouvoirs des propriétaires. Dès lors, les démembrements du droit de propriété, qui avaient caractérisé le régime féodal, devenaient impossibles. La vraie liberté de la propriété date du jour où la loi est ainsi intervenue pour limiter les droits des propriétaires.

Quoiqu'il en soit de la justesse de ces conceptions c'est là un point de départ nouveau, une nouvelle assiette pour le droit de propriété.

§ 3. — LES LIMITES ENTRE LA PROPRIÉTÉ DE DROIT PRIVÉ ET LA PROPRIÉTÉ DE DROIT PUBLIC

Nous avons vu que, sous l'ancien régime, il existait un démembrement de la propriété, dont l'importance était vraiment primordiale. Tout bien était soumis à la *directe* du roi. Nous avons vu aussi que cette *directe* avait peu à peu changé de caractère : il ne s'agissait plus d'un patrimoine propre à la famille des Capet, c'était une sorte de patrimoine national, dont les Capétiens avaient la gestion. La philosophie du xviiie siècle n'avait rien fait pour renverser cette notion ; elle avait seulement cherché à préciser les limites entre cette propriété de *droit public* et les propriétés de *droit privé*.

Un problème se posait, pour la Révolution. Le mouvement irrésistible, qui emportait, dans une même abolition, tous les démembrements féodaux, allait-il aussi tendre à supprimer la propriété de droit public, le *domaine éminent* de l'État sur les biens des citoyens ? — Ou bien, ce démembrement allait-il, au contraire, être conservé, et dans quelles conditions ?

Nous avons déjà eu l'occasion de remarquer qu'aucun

philosophe, au xviii° siècle, n'avait osé s'attaquer au
domaine éminent du souverain. Que la propriété soit, pour
eux, une création artificielle de la loi, ou bien un droit
naturel, peu importe : tous admettent que la propriété de
droit privé est dominée et limitée par une propriété *éminente*, que nous avons appelée la propriété de *droit
public*.

La Révolution suit, sans hésiter, les philosophes du
xviii° siècle sur ce terrain. C'était illogique. Partagée entre
deux doctrines principales : celle des déclarations des
droits de l'homme, — et celle des lois sur les biens ecclésiastiques, sur les mines, sur le droit de tester, etc., — la
Révolution devait, en bonne logique, soutenir, tantôt que
l'Etat ne possède pas de propriété *éminente*, tantôt qu'il en
possède. La première thèse concordait seule avec la doctrine de la propriété-droit naturel ; la seconde était la
conséquence nécessaire de la notion d'une propriété-créa-
tion artificielle de la loi. Mais la logique est ici en défaut.
La doctrine de la Révolution est certaine : l'Etat est le
propriétaire *éminent* des biens des citoyens ; il est, à cet
égard, le remplaçant du souverain détrôné, ou plutôt,
l'Etat reprend au roi le droit de *domaine éminent* dont il
avait la disposition, et il confie ce droit à un gouvernement
élu. L'administrateur change, la théorie reste la même, les
principes ne varient pas.

Il est tout à fait étrange que la contradiction entre la
thèse de la propriété-droit naturel, et celle de l'Etat-propriétaire éminent n'ait pas sauté aux yeux des Révolutionnaires. Hentz, par exemple, écrit :

La propriété est la première loi sociale, mais le droit qu'elle
donne doit être envisagé moins sous le rapport de celui qui en

jouit que sous celui de la société pour l'utilité de laquelle elle a
été instituée (1).

Dire que la propriété a été instituée *pour l'utilité de la
société*, c'est dire que le droit de propriété n'est pas inviolable, et qu'il doit, au contraire, être violé, dès que *l'utilité
de la société* l'exige ; c'est se mettre en contradiction avec
les déclarations des droits de l'homme : le droit de propriété cesse d'être un droit *de l'homme*, c'est une concession
faite à l'homme *pour l'utilité de la société*. — Aucun partisan de la propriété-droit naturel ne pouvait, sans illogisme, se placer à un tel point de vue.

Mais, si la contradiction n'a pas éclaté à tous les yeux,
c'est parce que la question n'a pas été nettement posée.
Elle n'a jamais été traitée que d'une manière incidente, à
propos d'autres questions, telles que l'abolition du régime
féodal, ou la nationalisation des biens du clergé. C'étaient
là des questions trop passionnantes, pour qu'une discussion philosophique et sereine sur les droits de l'État pût
les précéder : le droit *éminent* de propriété, reconnu à
l'État, servait d'argument, et non pas de principe ; c'était
une idée de second plan ; elle restait dans l'ombre. On
comprend donc, à la réflexion, qu'à cette époque, où les
événements se succédaient avec une rapidité effrayante,
nul n'ait songé à relever cette contradiction.

Mais, précisément parce que la notion de l'État-titulaire
d'un droit de *domaine éminent* n'a pas été mise en relief
directement par les révolutionnaires, il est assez difficile de
tracer la limite, à l'époque intermédiaire, entre la propriété de *droit privé* et la propriété de *droit public*. Pour y
parvenir, ce ne sont pas les discours qu'il faut examiner,

1) HENIZ, *Rapport* (1793), *Arch. nat.*, AD. xviii, c 326.

ni les opinions philosophiques ; ce sont les textes de lois.

Les lois en question peuvent se grouper sous les trois rubriques déterminées par Burlamaqui : 1° Sages lois d'administration ; — 2° impôts ; — 3° domaine éminent.

Nous empruntons cette classification pour deux raisons : d'abord parce que c'est celle qu'avait adoptée la philosophie du xviii° siècle, dans sa dernière expression ; ensuite, parce que c'est celle que va choisir Portalis, dans l'exposé de motifs qu'il rédigera pour le titre du Code civil relatif à la propriété.

1. — A. — Parmi les *sages lois*, destinées à régler l'usage des biens d'une manière conforme tant à l'avantage de l'État qu'à celui des particuliers, Burlamaqui citait en premier lieu les lois somptuaires.

Or, c'est une préoccupation constante pour les Révolutionnaires que de rendre impossibles les grandes fortunes. L'intérêt de l'État, disent-ils, veut « non pas que quelques-uns aient beaucoup, mais que tous aient assez » (1). C'est la formule qui rend compte le plus exactement de toute la législation révolutionnaire en cette matière.

La lutte contre les démembrements féodaux de la propriété a pour but de mettre plus d'égalité entre les anciens tenanciers et les ci-devant seigneurs.

Mais les lois révolutionnaires ne se bornent pas à cela. Toute la législation sur la vente des biens nationaux se rattache à cette même idée. Sans doute, elle avait pour but de relever le crédit public ; mais elle avait aussi pour objet « l'accroissement heureux, surtout parmi les habitants des campagnes, du nombre des propriétaires » (2). En consé-

(1) Hentz, rapport précité.
(2) Décret des 14-17 mai 1790, motifs.

quence,les biens ruraux mis aux enchères sont divisés par
petits lots, et l'on donne aux adjudicataires douze ans pour
se libérer (1). Il est vrai que l'Assemblée Nationale revient
bientôt sur cette mesure : elle interdit que l'on divise les
corps de ferme ou de métairie, et elle accorde quatre ans
et demie, pour se libérer, quand il s'agit de biens ruraux,
et deux ans, dix mois. quand il s'agit d'autres biens (2).
Mais le désir de multiplier les propriétés l'emporte de
nouveau, dès que les nécessités fiscales se font moins impérieuses. Aussi l'Assemblée législative décide-t-elle, qu'
« en vue de multiplier les petits propriétaires », les terres
d'émigrés « seront divisées par petits lots de 2, 3 ou 4
arpents au plus, pour être mises à l'enchère et aliénées à
perpétuité par bail à rente en argent » (3). La Convention
fait plus encore. Elle décrète que « dans les communes qui
n'ont pas de communaux à partager et où il se trouvera
des biens appartenant aux émigrés, il sera fait sur ces
biens un prélèvement suffisant pour en donner un arpent
à titre d'arrentement à chaque chef de famille qui ne serait
point propriétaire d'un fonds de terre de cette étendue » (4).
Mais la Convention s'aperçoit bientôt qu'elle s'est laissée
emporter trop loin par sa générosité. Elle adopte une
mesure qui, pour être moins libérale, manifeste néanmoins
très nettement sa volonté de multiplier le nombre des

(1) « Tout cultivateur qui voudra acquérir une petite propriété pourra donc
y parvenir avec une légère avance qu'il se procurera facilement, s'il est connu
dans son pays pour honnête, et en trouvant ensuite dans le produit de son
travail et dans les récoltes les moyens d'acquitter en peu d'années le prix de
son acquisition » (La Rochefoucauld, Rapport au nom du Comité d'aliénation, Arch. nat.. AD. xviii, c. t XVIII).
(2) Décret des 3-17 novembre 1790, art. 3, 4 et 14.
(3) Décret du 14 août 1792, dans Duvergier, t. IV, p. 361.
(4) Décret du 3 juin 1793, sect. IV, art. 2, dans Duvergier, t. VI, p. 53.

petites propriétés. Elle décide que « les chefs de famille
non-propriétaires qui ne sont point compris sur les rôles
d'impositions et qui résident dans des communes où il n'y
a pas de terrains communaux auront la faculté d'acheter
des biens d'émigrés jusqu'à concurrence de cinq cents
livres chacun, payables en vingt années et vingt payements
égaux sans intérêts (1). Les défenseurs de la patrie sont
encore plus favorisés : ils « pourront en acquérir jusqu'à
concurrence du montant du brevet de récompense qui leur
sera accordé d'après le nombre de leurs campagnes » (2).
Puis la Convention modifie le décret du 3 novembre 1790 :
dorénavant, l'on divisera le plus possible les corps de
ferme (3). Arrive ensuite une période de détresse financière, où l'on est obligé de revenir sur ces mesures : on
exige le paiement de la moitié du prix dans la décade de
l'acte de vente (4) ; on demande, ensuite, les trois quarts
dans le premier mois de la soumission et le reste dans les
quinze mois suivants (5), enfin, on impose aux acheteurs
de payer un dixième en numéraire comptant, près cinq
dixièmes, dont moitié au bout de dix jours et moitié dans
six mois, et les quatre dixièmes restants dans quatre ans (6).

Il est clair que l'embarras des finances est la seule raison
de toutes ces législations successives. Le désir du législateur apparaît clairement, en dépit de tous ces textes contradictoires : il veut rendre les fortunes plus égales, et

(1) Décret du 13 septembre 1793, art. 2, dans DUVERGIER, t. VI, p. 206.
(2) *Ibid.*, art. 5.
(3) Décret du 2 frimaire an II, (22 novembre 1793), dans DUVERGIER, t. VI,
p. 362.
(4) Décret du 6 floréal an IV (25 avril 1796), dans DUVERGIER, t. IX, p. 98.
(5) Décret du 13 thermidor an IV (31 juillet 1796), art. 12 et 5
(6) Décret du 16 brumaire an V (6 novembre 1796) art. 11.

frapper les grandes propriétés. Il s'agit bien ici de lois somptuaires.

C'est aussi une sorte de loi somptuaire, ce décret du 14 août 1792, qui impose le partage obligatoire des biens communaux entre tous les habitants de la commune (1). C'était une sorte de luxe, pour les communes que de posséder des territoires indivis. Qu'on les partage entre les habitants. — Il est vrai que la mesure ne fut pas obéie. Le 10 juin 1793, la Convention dût rendre le partage facultatif (2).

B. — Toute la législation révolutionnaire sur les successions et testaments s'inspire de cette même notion : fractionner les fortunes, de manière à diminuer, autant que possible, les inégalités de richesse. On met « la volonté de la loi, toujours égale et juste, à la place de celle des hommes, trop souvent arbitraire et immorale dans ses distributions (3). C'est au nom de la volonté de la loi que l'on abolit toute inégalité dans les partages de successions *ab intestat* (4). C'est en vertu de la même idée encore que l'on supprime à peu près complètement le droit de tester : comment pourrait-il y avoir encore un *droit* de tester ? Pour cela, il faudrait qu'un individu pût exercer sa volonté une fois qu'il a cessé de vivre, qu'il pût disposer de ses biens, une fois qu'il est mort. Absurdité, s'écrie Mirabeau. Les droits de l'individu, « en fait de propriété, ne peuvent s'étendre au-delà du terme de son existence » (5). Aussi

(1) DUVERGIER, t. IV, p. 361.
(2) Décret des 10-11 juin 1893, sect. II et III.
(3) BARBIER, *Moniteur*, t. XIX, p. 697.
(4) « Tous héritiers en égal degré succèdent par portions égales aux biens qui leur sont déférés par la loi » Décret des 8-15 avril 1791, art. 1er).
(5) MIRABEAU, discours cité plus haut, p. 199, note 1.

supprime-t-on les substitutions (1) et le droit de tester en
ligne directe (2). Il est vrai que l'on se ravise ensuite : on
accorde aux testateurs le pouvoir de disposer du dixième
de leurs biens, s'ils ont des descendants, et du sixième,
s'ils laissent seulement des collatéraux (3). — Qu'est-ce à
dire ? La loi n'est-elle donc plus seule maîtresse des biens
qu'on laisse en mourant ? Le défunt en est-il encore le
propriétaire pour un dixième, pour un sixième ? Pourquoi
réduire le droit supérieur de disposition, qui appartient à la
loi ? — Ce n'est point que le *domaine éminent*, reconnu à la
nation, soit mis en échec. Le législateur a voulu seulement
tenir compte de certaines habitudes (4). Mais il a pris
toutes les mesures nécessaires pour que nul ne puisse abuser de son droit de disposition testamentaire. — Si l'on veut
faire une donation de son vivant, cette libéralité ne pourra
être révoquée ni pour survenance d'enfants, ni pour ingratitude, ni en raison de la suggestion, de la captation, etc. :
elle est irrévocable (5). Ainsi, le donateur sera contraint
de faire toutes les réflexions nécessaires avant de com-
mettre cet acte irrévocable. — Ensuite les donations
sont soumises à des formes rigoureuses : elles ne doivent
contenir aucune condition impossible, contraire aux lois et
aux mœurs, dépendant de la volonté du donateur, ou gênant

(1) Décret des 25-octobre-14 novembre 1792, dans DUVERGIER, t. V, p. 57.
(2) Décrets des 5 et 7 mars 1793, dans DUVERGIER, t. V, p. 229 et 232.
(3) Décret du 5 brumaire an II, art. 11. — Décret du 17 nivôse an II,
art. 16. — La quotité disponible fut élevée encore, par la loi du 1 germinal
an VIII (23 mars 1800). D'après ce texte, elle est égale au quart des biens
quand le testateur a, trois enfants au plus, et elle diminue successivement,
avec le nombre des enfants, en restant toujours équivalente à la part de
chaque héritier. Donc, si le testateur a beaucoup d'enfants, son droit de
tester est à peu près nul (DUFERGIER, t. XII, p. 186).
(4) Rapport de CAMBACÉRÈS, cité plus haut, p. 189, note 3.
(5) Projet de Code, liv. II, tit. III, art. 37.

la liberté civile et politique du donataire ; elles doivent
être déposées chez un notaire (1), indiquer toujours l'esti-
mation de la valeur de l'objet donné, être affichées et publiées
par le notaire sur la place publique, au lieu du domicile du
donateur et de la situation des biens (2). — Enfin, la portion dont on peut disposer (sixième ou dixième de la fortune) ne peut être attribuée, même en partie, à aucun des
héritiers *ab intestat* (3). Bien mieux, cette portion ne peut
guère être attribuée en totalité à qui que ce soit, car il est
un maximum qu'on ne peut dépasser et ce maximum est
vite atteint : c'est 1.000 quintaux de froment en revenu,
suivant le projet de Code de 1793 (4), 10.000 livres d'argent,
suivant le décret de l'an II (5). On avait même été jusqu'à
annuler la donation lorsque le donataire possédait déjà
une fortune équivalente, ou lorsque ce donataire était un
célibataire âgé de plus de vingt-et-un ans, ayant un revenu
supérieur à la valeur de 50 quintaux de blé (6) ; mais la
loi de l'an II n'avait pas reproduit ces dernières dispositions.

Ces *sages lois* furent, d'ailleurs, déclarées rétroactives :
toutes les successions postérieures au 14 juillet 1789
durent être ouvertes à nouveau (7). Grande joie, pour les
personnes qui bénéficièrent de cette opération ; grande
colère, chez celles qui durent rendre gorge ; grand

---

(1) Décrets des 5-12 septembre 1791 ; — du 5 brumaire an II, art. 1er ; —
du 17 nivôse an II, art. 12.

(2) Projet de Code civil, liv. II, tit. III, art. 32 et 33

(3) Décret du 17 nivôse, an II, art. 16. — Cette disposition fut abrogée par
la loi du 1 germinal an VIII (25 mars 1800), V. dans *Arch. parl.*, 2e série,
t. I, p 513, et dans DUVERGIER, t. XII, p. 186.

(4) Projet de Code civil, liv. II, tit. III, § 3, art. 21.

(5) Décret du 17 nivôse an II, art. 31.

(6) Projet de Code civil, *ibid.*

(7) Décrets des 5 brumaire an II, art. 9; — du 17 nivôse an II, art. 9, 13
et 15.

embarras pour la Convention, à qui les uns demandent
d'étendre les effets de cette rétroactivité, tandis que les
autres la somment d'avoir à revenir sur cette législation
qui les ruine. Et la Convention de déclarer : les lois de
l'an II ne sont pas vraiment rétroactives, « parce qu'elles
n'ont fait que développer les principes proclamés dès le
14 juillet 1789 par un grand peuple qui se ressaisissait de
ses droits » (1).

C. — Toutes les lois, dont nous avons parlé déjà, et qui
avaient pour but de supprimer le régime féodal, étaient des
lois de *sagesse*, elles aussi. Or, elles avaient pour effet de
supprimer *sans indemnité* un grand nombre de droits, dont
beaucoup n'étaient féodaux que de nom, d'abolir des usages
séculaires, de limiter à un maximum de 99 ans la durée des
baux naguère encore perpétuels, etc.

Sages lois encore : — celle des 14-17 juin 1791, qui
interdit les associations professionnelles ; — celle du 11 septembre 1793, qui permettait aux municipalités de perquisi-
tionner dans les greniers et maisons des particuliers, pour
constater les quantités de grains et farines qui pouvaient
s'y trouver, et qui soumettait tous les meuniers à la réqui-
sition du gouvernement ; — celle du 29 septembre 1793,
célèbre sous le nom de loi du *maximum*, qui fixait le coût
maximum de la plupart des objets nécessaires à la vie ou
d'usage courant ; — celle des 19-24 juillet 1793, qui créait
la propriété littéraire et artistique, mais qui n'accordait

---

(1) Décret du 22 ventôse an II (12 mars 1794), qui répond à 60 questions,
sur la 4ᵉ question, dans DUVERGIER, t. VII, p. 118. — Voir aussi les décrets
du 9 fructidor an II (26 août 1794), qui répond à 36 questions, et du premier
jour des sans-culottides an II (17 septembre 1794), qui répond à 7 questions,
toutes relatives aux lois successorales.

cette propriété aux héritiers des écrivains et artistes que
pendant dix ans ; — et celles, que nous avons citées, qui
restreignent le droit, pour les propriétaires, de chasser sur
leurs propres terres ou d'exploiter des mines cachées sous
le sol, et qui leur interdisent de mal cultiver leurs champs.

D. — *Sages lois*, soit. — Mais, quand l'État, sous couleur
de *sages lois* se mêle si intimement de l'administration des
propriétés privées, il n'agit pas en simple gérant. Il a
nécessairement un *droit supérieur de disposition*, et c'est au
nom de ce droit qu'il abolit sans indemnité les redevances
féodales, qu'il interdit les baux perpétuels, qu'il cherche à
développer, les petites propriétés au détriment des grandes,
qu'il impose l'égalité dans les partages des successions, qu'il
nie l'existence du droit de tester, qu'il retire leurs terres
aux propriétaires lorsqu'ils les cultivent mal, qu'il fait
tomber dans le « domaine public » les droits d'auteurs
dix ans après la mort des écrivains et des artistes, etc. etc.
Vainement dirait-on qu'il s'agit là, pour l'État, de contraindre les particuliers à gérer leurs biens dans l'intérêt de
la communauté et dans leur propre intérêt ; mais que l'État
n'a pas besoin, pour exercer ce rôle, d'avoir une portion de
ce droit de propriété. Il est clair que la plupart des lois
énumérées ne peuvent s'expliquer ainsi. C'est bien en
maître que l'État agit, dans la plupart des cas, que nous
venons d'énumérer, en maître absolu, qui, comme
Louis XIV le disait, *a la disposition pleine et libre de tous les
biens qui sont possédés, aussi bien par les gens d'Église que par
les séculiers, pour en user en tout comme sages économes.*
Il en aurait été différemment, si la Révolution s'était
bornée à reprendre les biens, tels que les droits de justice,
tels que les droits proprement seigneuriaux, qui conféraient

à des particuliers l'exercice de prérogatives considérées comme des attributs de la souveraineté. L'État était affaibli au début de la période féodale ; les particuliers ont rendu patrimoniales de véritables charges publiques. L'État redevient puissant ; il reprend ces charges. Rien à dire. — Quand le domaine *royal* change de nom et devient domaine *national* ou domaine *public* (1), rien à dire non plus : le domaine royal était considéré, déjà antérieurement, comme ne constituant pas un patrimoine ordinaire, et le roi en était le gérant pour le compte du vrai propriétaire, la nation. — Si l'on s'en était tenu à des modifications de ce genre, et si, pour le reste, les assemblées de la Révolution s'étaient bornées à édicter des lois, pour réglementer l'usage des biens, entre les mains de ceux qui en étaient les propriétaires, il serait devenu possible de soutenir que l'État était désormais, un souverain, mais non plus le *propriétaire éminent* des biens de tous les citoyens.

Or, la Révolution ne s'est pas bornée à cela. L'État n'a pas acquis seulement un domaine limité, une étendue territoriale, l'ancien domaine royal. Il ne se borne pas à exercer sur les biens des particuliers un simple droit de souveraineté, se manifestant par de *sages lois d'administration*. Il possède, en outre, un droit de *domaine éminent* sur l'ensemble de tous les biens des citoyens, et c'est pourquoi il peut, par exemple, interdire aux particuliers de tester : à la mort de chacun, les biens font retour à l'État, qui les distribue à qui bon lui semble et suivant les règles qu'il fixe.

Il est vrai que, dans certaines hypothèses, la distinction entre l'État-propriétaire éminent, et l'État-administrateur

_____

(1) Décret des 22 novembre-1er décembre 1790.

souverain est plus délicate. Le *criterium* entre ces deux
qualités est malaisé à déterminer. Nous ne nous efforce-
rons, d'ailleurs, pas de rechercher ce *criterium*, peut-être
impossible à fixer d'une manière absolument satisfaisante.
Aussi bien notre but n'est-il pas de cataloguer les cas
délicats et de ranger les uns au nombre des actes permis
à un État, en tant que sage administrateur, et les autres
dans la liste de ceux qui caractérisent un État, titulaire du
domaine éminent. Nous abandonnons, au contraire, très
volontiers la discussion sur ces questions épineuses. Cette
casuistique n'ajouterait rien à notre thèse. Mais nous
croyons en avoir assez dit pour pouvoir affirmer sans
conteste que la Révolution a dépassé plus d'une fois les
mesures assignées à l'État simple administrateur, et qu'il
est impossible de justifier nombre de ses décrets, si l'on ne
fait appel à la notion du *domaine éminent*, transmis par le
pouvoir royal à la République.

2. — Nous avons vu, qu'au XVIII⁰ siècle, la conception
de l'impôt-charge publique avait été largement répandue
par les philosophes. — Mais, à côté de cette conception,
une autre subsistait, à laquelle les physiocrates avaient
donné comme un regain de vie : celle suivant laquelle
l'impôt est un effet nécessaire du *domaine éminent* ; car, si
le souverain est en quelque sorte « copropriétaire » des
biens de ses sujets, une part de leurs revenus lui revient
nécessairement : c'est simple justice. .

Il est impossible de dire laquelle de ces deux thèses a
triomphé pendant la Révolution.

Sans doute, la Révolution proclame l'égalité de tous
devant l'impôt. Désormais, pour employer les termes de
la Constitution du 24 juin 1792, « nul n'est dispensé

de l'honorable obligation de contribuer aux charges
publiques » (art. 101).

Mais cette égalité de tous devant l'impôt comporte deux
interprétations. On peut dire, sans doute, que l'Etat
intervient désormais comme souverain, et que tout citoyen
a, depuis la Révolution, le devoir de contribuer aux charges
nationales. Mais on peut dire tout aussi bien que « nos
biens sont devenus des censives » et que « nous sommes
tous aujourd'hui sous la directe du roi ; car ici roi ou
république est tout un en effet, eût dit le bon Loisel, et
a nom Etat » (1).

Or, si la première interprétation était familière aux
hommes de la Révolution, la seconde ne leur était pas non
plus étrangère. On en trouve la preuve dans l'influence
qu'exerça sur eux l'Ecole des physiocrates. Suivant cette
Ecole, le souverain étant « copropriétaire du produit net
des terres de sa domination » doit percevoir une part de
ce produit. Plus de contributions indirectes. Un seul
impôt : l'impôt foncier. — Ces deux formules sont précisément celles qui résument le mieux la politique de la
Révolution en matière d'impôts.

Sans qu'il y ait lieu de retracer ici toutes les mesures
fiscales prises pendant la Révolution, il suffit de rappeler
celles de ces mesures qui nous intéressent particulièrement
ici.

Et d'abord, l'hécatombe d'impôts indirects opérée par la
Constituante. Abolie la gabelle, et, avec elle, les droits sur
les huiles, et la marque des fers (11 mars 1790) : abolies
les traites, ou douanes intérieures (31 octobre 1790) : abolies
les entrées, ou octrois des villes (19 février 1791) : aboli,

_____

(1) Paul VIOLLET, *Histoire du droit civil français*, précité, p. 757.

le monopole du tabac (4-20 mars 1791) : aboli l'impôt des
aides (17 février 1791). — Pourtant, tous les anciens
impôts indirects ne périrent pas. Les droits de contrôle et
de centième denier devinrent l'enregistrement (5 décembre
1790), l'impôt du timbre fut même élargi (7 février 1790,
3 vendémiaire an 7) les douanes extérieures reçurent un
nouveau tarif (2 mars 1790). On créa même quelques
nouveaux impôts indirects : ceux sur les cartes à jouer
(3 pluviôse an 6) et sur le tabac, et même on rétablit les
octrois des villes (27 vendémiaire an 7).

La tendance à la suppression des impôts indirects est, en
résumé, bien nette.

Quant aux impôts directs, le principal en fut incontestablement la contribution foncière. (Décrets des 23 novembre
1790 et 3 frimaire an 7).

Nous accordons volontiers que l'on prit de grandes
libertés avec le plan des physiocrates. La contribution foncière fut un impôt de répartition, et non de quotité ; elle
fut payée en argent, et non pas en nature. Et surtout, elle
ne fut pas l'impôt unique : il y avait, à côté d'elle, la contribution personnelle et mobilière (13 janvier 1791, 2-17 mars
1791, 4 frimaire an 2, 3 nivôse an 7, 1er brumaire an 7).

La tendance n'en était pas moins très certainement
vers la réalisation des idées physiocratiques.

Que l'on songe, d'autre part, à l'intervention inces-
sante de l'État dans les affaires des citoyens, non pas à
titre de souverain administrateur, mais bien comme possédant le *domaine éminent*, et un doute prend immédiatement
naissance dans l'esprit, sur la portée de la soi-disante
« contribution aux charges publiques ». L'expression est,
en effet, très équivoque : elle ne signifie pas nécessairement que l'État agit en souverain, non en propriétaire ;

elle peut fort bien désigner une sorte de redevance due à l'État, propriétaire *éminent*.

Les deux explications sont également de nature à satisfaire l'esprit, et celle qui se rattache à la notion du *domaine éminent* cadre mieux avec les idées de la Révolution.

3. — Mais c'est quand on parle des *expropriations* que l'on voit apparaître avec le plus de certitude l'État révolutionnaire, dans son rôle de maître suprême des propriétés privées.

Nous avons déjà eu l'occasion d'énumérer les textes qui reconnaissent le droit, pour l'État, d'exproprier les citoyens, en leur donnant une juste et préalable indemnité.

Ce droit d'exproprier pour cause de nécessité publique constitue ce que Burlamaqui appelait le *domaine éminent* du souverain. Que la personne expropriée reçoive ou non une indemnité, cela ne change pas ce fait : le propriétaire a perdu son bien. Donc il y a eu, comme dans une revendication, quelqu'un qui a pris sa place, et ce quelqu'un avait un titre supérieur, un droit supérieur de disposition.

Sans doute, lorsque l'exproprié reçoit une « juste et préalable indemnité », le dommage qu'il subit est atténué ; la société s'excuse, en quelque sorte, et répare dans la mesure du possible, le mal qu'elle fait. Il faut même aller plus loin. Supposons que la règle de l'indemnité « juste et préalable » soit érigée en principe absolu. Il faut avouer alors que le *domaine éminent* ne subsiste plus guère, de ce chef, qu'en théorie. Cela devient une question d'école, une affaire de mots. Le droit supérieur de disposition ne

s'exerce plus alors qu'avec une extrême timidité. Il n'y a
plus qu'une sorte de vestige, un souvenir historique de ce
qui fut, peut-être, dans le passé, un véritable droit de
domaine éminent. En d'autres termes, il y a bien toujours
un démembrement de la propriété : les citoyens n'ont
qu'un droit de *domaine utile*, et l'Etat possède la *directe* ;
mais cette directe se réduit à si peu de chose, qu'elle
n'excite même plus la réprobation ; c'est comme la directe
seigneuriale avant la Révolution : *on l'oublie*.

Pourtant, même lorsque l'expropriation a lieu contre
indemnité, il peut arriver que le public reprenne conscience
de la *directe*, qui pèse sur ses biens : c'est quand l'Etat
interprète très largement l'expression d'*utilité*, ou de
nécessité publique. Si les cas, où l'Etat trouve bon d'exproprier sont très limités, très peu· nombreux, il est clair
que le *domaine éminent* de l'Etat n'est guère gênant. Mais
si, au contraire, ce que l'on appelle l'Etat a de grands
besoins et des prétentions considérables, s'il intervient
sans cesse dans les affaires privées au nom de l'intérêt
public, s'il exproprie sans relâche, en dépit de toutes les
indemnités, même justes et préalables, le *domaine éminent*
redevient une réalité tangible.

Il en est de même, à plus forte raison, lorsque l'expropriation a lieu *sans indemnité*. Alors, la *directe* de l'Etat
cesse de se laisser oublier. Elle vit, et les citoyens en
prennent conscience ; ils en connaissent tout le pouvoir ;
ils savent que leur propriété n'est pas pleine et entière, et
que, du jour au lendemain, ils peuvent être contraints
d'en faire complet abandon, si l'Etat l'ordonne.

Posons, maintenant, la question de savoir quelle est la

portée des expropriations édictées par les lois de la Révolution.

Nous devons répéter, d'abord, ici, ce que nous avons dit au sujet des *sages loi*s d'administration. Quand la Révolution reprend le domaine *royal*, pour en faire le domaine *national*, quand elle retire aux seigneurs des droits que l'on peut considérer comme des prérogatives de la puissance publique, il n'y a rien là qui ne puisse s'expliquer par la notion de *souveraineté* : l'Etat n'avait pas besoin, pour procéder à de telles reprises, d'avoir un droit de *domaine éminent*.

Or, la Révolution ne s'en est pas tenue là. Elle a édicté des expropriations pour cause de nécessité publique, les unes *avec indemnité*, les autres *sans indemnité*.

A. — Nous avons déjà eu l'occasion de rencontrer sur notre route les principaux exemples d'expropriations prononcées avec indemnité. Tel était le cas pour les propriétaires qui négligeaient de mettre leur terrain en bon état de culture, et qui, notamment, refusaient de dessécher les marais. Tel était aussi le cas pour les propriétaires, dans le terrain desquels se trouvaient des mines.

Le propriétaire, qui refusait de dessécher ses marais, se voyait contraint de céder sa terre à l'individu ou à la société qui offrait la condition la plus avantageuse. Mais ce n'était pas le propriétaire exproprié qui touchait la somme produite par la vente. Il recevait simplement la valeur actuelle du sol du marais, soit en argent, soit en partie de terrain desséché (1). La différence entre le prix payé par

_____

(1) Décret du 1er mai 1790 ; — Instruction des 12-20 août 1790 ; — Décret.

l'adjudicataire et celui versé à l'exproprié était acquise à l'État. Il est clair qu'une telle opération, bien qu'elle respecte le principe de l'indemnité, suppose celui du *domaine éminent*. A quel titre l'État touche-t-il cette différence, s'il n'a pas un droit supérieur de propriété?

En ce qui concerne les mines, les citoyens ou les sociétés qui obtenaient le droit de les exploiter devaient aussi payer une indemnité au propriétaire de la superficie. (1) Mais de quel droit l'État dépouillait-il ce dernier au profit de ceux-là? — Nous avons déjà eu l'occasion de dire que la Révolution n'avait pas dégagé, à cet égard, une doctrine nette. Les uns prétendaient que toutes les mines appartenaient à l'État; — mais alors pourquoi accordaient-ils une indemnité au propriétaire de la surface? Les autres prétendaient que les mines appartenaient au propriétaire du sol; aussi refusaient-ils de l'en laisser dépouiller à aucun prix. D'autres enfin soutenaient que l'État, sans être propriétaire des mines, pouvait les enlever à leurs propriétaires et les concéder à d'autres, en obligeant ceux-ci à indemniser ceux-là; c'est cette dernière thèse qui l'emporta.

Ici le *domaine éminent* est moins visible, parce que l'État ne retire pas de l'opération, un bénéfice. Mais, au fond, l'hypothèse est la même. Si le propriétaire se voit dépouillé du droit d'exploiter les mines contenues dans sa terre, c'est donc qu'il n'est pas pleinement propriétaire. Le raisonnement juridique peut parvenir à masquer le démembrement subi par son droit de propriété; il ne saurait

des 26 décembre 1790-5 janvier 1791, dans DUVERGIER, t. I, p. 188 et 351, t. II, p. 143.

(1) Décret des 12-28 juillet 1791, dans DUVERGIER, t III, p. 121.

le faire disparaître entièrement ce démembrement. Car, si
le droit est limité, il faut bien que ce qui le limite représente
l'autre partie du droit entier de propriété. Nous voulons
bien que la violation du droit de propriété ne soit point,
ici, trop vexatoire. On la supporte et l'on se contente de dire
que l'État agit ici en souverain, non en propriétaire. Encore
est-ce à une condition, c'est que l'attributaire du droit
d'exploiter la mine ne soit pas quelque entrepreneur hardi,
quelque société de spéculation. En ce cas, l'expropriation
retrouve son caractère odieux, et l'exproprié sent vivement
que l'État a agi en maître.

En somme, il est certain que les révolutionnaires n'ont
pas entendu limiter étroitement les cas de *nécessité publique*,
où il est permis à l'État d'exproprier avec indemnité. Un
individu a des mines cachées sous son sol, et ne se dispose
pas à les exploiter : exproprié. Un autre a des marais et il
ne les dessèche pas : exproprié, et à des conditions particulièrement dures pour lui, et, très avantageuses pour
l'État.

Il est impossible, dans ces conditions, de dire que l'État
révolutionnaire ait laissé dormir la *directe* qu'il avait conservée sur l'ensemble des terres.

B. — Mais, là où ce droit se faisait particulièrement
sentir, c'était quand il s'exerçait *sans indemnité*.

Or, l'expropriation *sans indemnité* est un fait courant
pendant la période révolutionnaire.

a) Nous en avons cité un premier exemple bien caractéristique, quand nous avons rappelé le décret du 17 juillet
1793. Ce texte supprimait « *sans indemnité* toutes les rede-

vances, ci-devant seigneuriales et droits féodaux, même ceux conservés par le décret du 25 août 1792. » Or, beaucoup de ces redevances avaient un caractère mixte : elles étaient foncières, et, en outre, elles contenaient stipulation d'un faible droit de lods et ventes, ou bien elles étaient jointes à un cens, etc. Ces stipulations accessoires suffisaient pour donner, suivant la Convention, un caractère féodal aux redevances et les titulaires se trouvaient expropriés *sans indemnité,* non seulement, des profits résultant de la stipulation accessoire à caractère féodal, mais encore des redevances foncières elles-mêmes. Impossible de justifier une pareille mesure autrement que par le *domaine éminent* de l'Etat. — Ce qu'il y a de plus curieux, c'est que l'Etat se trouvait spolié par contre-coup. En effet le roi était titulaire de nombreuses redevances de ce genre. Or, le domaine royal était devenu domaine national. Le domaine national, pas plus qu'aucun particulier, ne pouvait rester titulaire d'une de ces redevances foncières accompagnées de stipulations d'ordre féodal. Les redevances étaient annulées en même temps que ces stipulations. Mais, pour pouvoir procéder à cette annulation, l'Etat devait user de son droit de *domaine éminent,* de sa *directe universelle,* principe féodal nécessairement conservé, car, sans ce principe, impossible de supprimer sans indemnité les redevances en question. Il y avait là une situation étrangement embrouillée, que les contemporains n'ont pas aperçue.

b) Nous trouvons un second exemple d'expropriation *sans indemnité,* dans les dispositions qui furent adoptées à l'égard des biens ecclésiastiques. Nous avons déjà eu l'occasion d'indiquer comment s'était formée l'idée que les biens des Églises appartenaient à l'ensemble des fidèles,

c'est-à-dire à la nation (Voir plus haut, p. 108 et s.) et comment le droit naturel ne faisait pas, pour les Constituants,
obstacle à la nationalisation des biens ecclésiastiques (Voir
plus haut, p. 196-197). — Il ne semble pas que la Constituante ait eu l'intention de procéder à une expropriation
à proprement parler. Elle trouvait dans les canonistes eux-
mêmes la théorie suivant laquelle les biens d'église appartiennent au peuple, à condition de rester affectés à leur
but spécial : entretien du culte et charité.

La propriété des biens ecclésiastiques, disait Talleyrand,
appartient « à la nation, en ce sens que, la nation s'obligeant à
faire acquitter les charges des établissements nécessaires ou
utiles à pourvoir dignement à l'acquit du service divin, suivant
le véritable esprit des donateurs, à faire remplir même les fondations publiques lorsqu'elles ne présenteront aucun inconvénient, elle pourra employer l'excédent au delà de ces frais à des
objets d'utilité générale » (1).

En d'autres termes, et pour employer un langage plus
moderne, mais plus précis, les biens ecclésiastiques étaient
antérieurement *gérés* par le clergé et ils allaient dorénavant être *gérés* par la nation; cela n'impliquait pas une
expropriation ; affectés au culte et à l'assistance ils étaient ;
affectés au culte et à l'assistance ils resteraient. Cette
argumentation semble avoir eu beaucoup plus de prise
sur la Constituante que celle qui portait sur le droit
naturel de propriété des personnes morales. Elle cadrait
d'ailleurs parfaitement avec les textes qui furent adoptés,
à tel point que ces textes sont peu compréhensibles pour
qui ne songe pas à l'argumentation de Talleyrand. Voici,
en effet, le texte voté le 24 novembre 1789 :

(1) *Arch. nat.*, AD, xviii, c. t. XVI, pièce 20.

L'Assemblée nationale décrète : 1° que tous les biens ecclésiastiques sont à la disposition de la Nation, à la charge de pourvoir d'une manière honorable aux frais du culte, à l'entretien des ministres et au soulagement des pauvres sous la surveillance et d'après les instructions des provinces; 2° que dans les dispositions à faire pour subvenir à l'entretien des ministres de la religion, il ne pourra être assuré à la dotation d'une cure moins de 1.200 livres par année, non compris le logement et les jardins en dépendant (1).

On a beaucoup épilogué sur cette expression « les biens ecclésiastiques sont *à la disposition* de la nation ». Mais le sens nous paraît clair. Les biens ecclésiastiques n'ont pas été retirés au clergé, et pris par la nation. Le *gérant* seul a changé. Le but social est resté le même, et c'est pourquoi le décret spécifie que l'affectation des biens ecclésiastiques est à la fois l'entretien du culte, et des ministres et le soulagement des pauvres. Il est vrai que la Constitution de 1791 contient des formules un peu différentes, mais qui nous paraissent tout à fait équivalentes.

Les biens destinés aux dépenses du culte, y est-il dit, et à tous les services d'utilité publique appartiennent à la Nation et sont dans tous les temps à sa disposition (tit. Iᵉʳ)... Le traitement des ministres du culte catholique pensionnés, conservés, élus, ou nommés en vertu des décrets de l'Assemblée nationale Constituante, fait partie de la dette nationale (tit. V, art. 2).

Jusqu'ici, pas d'expropriation. — La constitution civile du clergé (12 juillet-24 août 1790) ne changea en rien les dispositions dont nous venons de parler ; mais elle eut un effet, dont il faut, ici, tenir compte : la Papauté se déclara,

_____

(1) Duvergier, t. I, p. 61.

par le bref *quod aliquantum* (10 mars 1791) (1), adversaire
intransigeant de la constitution civile. Dès lors, deux courants se manifestent parmi les Révolution..aires : l'un,
qui conduit à respecter les principes posés en 89 et à rester
libéral envers l'Eglise ; l'autre, qui tend, par mesure de
rétorsion à exproprier les biens ecclésiastiques. Ces deux
courants luttèrent pendant quelque temps l'un contre
l'autre, remportant alternativement des avantages. Au
courant libéral se rattachent le décret du 18 frimaire an II
(8 décembre 1793), qui proclame la liberté des cultes, et
celui du 26 frimaire an II (18 décembre 1793) qui déclare
que la nation continuera à faire les frais du culte (1). Mais
à l'autre courant se rattachent toute une série de mesures
beaucoup plus importantes : le décret du 20 brumaire
an II (10 novembre 1793) transforme l'église métropoli-
taine de Paris en temple de la déesse Raison ; celui du
18 floréal an II (7 mai 1794), établit le culte de l'Etre
suprême ; celui du jour de la deuxième sans-culottide de
l'an II (18 septembre 1794) supprime les traitements payés
aux membres du clergé constitutionnel ; les prêtres cessent
d'être salariés, mais ils ne sont pas entièrement dépouillés : ils reçoivent des pensions, sans distinguer entre ceux
qui continuent ou non leurs fonctions ; la loi du 3 ventôse
an III (21 février 1795) maintient expressément, par son
art. 11, celle du deuxième jour des sans-culottides de
l'an II, et elle y ajoute des nouvelles mesures restrictives :
« la République ne fournit aucun local pour l'exercice
du culte, ni pour le logement des ministres » (art. 3), les
communes ou 'sections de communes, en nom collectif, ne

<hr/>

(1) Edme CHAMPION, *La séparation de l'Eglise et de l'Etat en 1794*,
ch. XVI, p. 175 et s.

(2) ID., *ibid.*, p. 251.

pourront acquérir ni louer de local pour l'exercice des cultes » (art. 8), il ne peut être formé aucune dotation perpétuelle ou viagère, ni établi aucune taxe pour en acquitter les dépenses » (art. 9.) — Comment justifier ces diverses mesures, si l'Assemblée nationale n'avait fait que changer le *gérant* des biens ecclésiastiques, tout en maintenant la destination de ces biens? Il est clair que c'était impossible. Aussi renonçait-on à cette explication. On donnait, après coup, une interprétation nouvelle aux actes de la Constituante. Le décret du 24 novembre 1789 était considéré comme « un acte unilatéral et d'autorité : c'était l'acte d'un propriétaire qui reprend son bien » (1). Que cette interprétation date de 89 ou de l'an II, peu nous importe ici. Ce qui importe, c'est de constater que l'Etat révolutionnaire a repris les biens ecclésiastiques comme constituant des biens nationaux, et qu'il a cru légitime d'employer ces biens à des destinations autres que l'exercice du culte, l'entretien des ministres ou l'assistance des pauvres. Mais alors, la thèse canonique, qui attribuait la propriété des biens ecclésiastiques non pas au clergé, non pas davantage au roi, mais bien à ses destinataires impersonnels : le culte, le soulagement des pauvres, — cette thèse canonique, que Talleyrand avait soutenue avec succès en 89, — cette thèse n'était donc pas la véritable ? C'était une autre thèse qui triomphait, thèse beaucoup plus ancienne, dont Charles V s'est fait le champion, au xivᵉ siècle et qui avait été soutenue au cours des temps, par Arnauld de Brescia, Wiclef, Pierre Dubois, Boerius, Jean Huss, Le Maistre, Bacquet et Jarry, thèse qui avait

(1) Esmein, *Précis élémentaire de l'histoire du droit français de 1789 à 1814*, p. 174.

obtenu en 1560 un grand retentissement lors de la tenue
des États généraux, et qui avait servi au roi pour obtenir de
l'Église la participation aux contributions publiques, et
pour justifier les édits de 1666, et de 1749 sur les établissements ecclésiastiques (1). Cette thèse, c'est que le roi
possède un droit supérieur de disposition sur les biens des
personnes morales, en général, et des Églises en particulier ; de là, son droit d'*amortissement*. Peu importe, dès
lors, le but auquel sont affectés les biens, peu importe la
volonté des donateurs. Il s'agit d'une propriété, qui,
comme toutes les propriétés, a subi un démembrement :
la portion de propriété qui est laissée aux particuliers,
n'est qu'une sorte d'usufruit; celle qui appartient au roi,
ou à l'État, c'est la portion supérieure, c'est le *domaine
éminent*. Vienne une nécessité impérieuse, et le souverain
peut non seulement prélever un droit d'*amortissement*,
mais encore, — comme l'avaient fait Clovis, Charles
Martel, Louis le Débonnaire et tant d'autres, — user
de son droit supérieur de disposition, retirer aux Églises
leurs biens, et en faire tel usage que bon lui semble (2).
Comme le disait de Cerfvol, dans un passage que nous
avons déjà cité, mais qu'il nous faut ici répéter :

On ne manquera pas d'alléguer la volonté libre des donateurs; mais... il faut observer que la masse entière des biens
d'un État est dans la main de la loi civile de cet État, que les
particuliers n'en sont, en quelque sorte, qu'usufruitiers et n'en
peuvent disposer qu'en certaines circonstances, pour eux, pour
leurs descendants et pour la patrie. (3)

(1) Voir plus haut, p. 38, 40, 110.
(2) Voir plus haut, p. 85, 86.
(3) DE CERFVOL, *Du droit du souverain sur les biens-fonds du clergé et*

L'État révolutionnaire reprenait donc ses biens comme propriétaire. Soit. Mais il faut voir clairement ce que cela veut dire. Cette formule signifie que l'État révolutionnaire héritait du droit de *domaine éminent*, exercé auparavant par le roi sur l'ensemble des biens possédés par les Français : en détournant les biens ecclésiastiques du but auquel ils étaient destinés, l'État révolutionnaire faisait de ce *domaine éminent* un usage peu libéral, à coup sûr. Quel motif invoquait-on, d'ailleurs? Comme les rois mérovingiens, l'État révolutionnaire invoquait la nécessité pressante des finances : celui qui réclamait l'utilisation des biens ecclésiastiques pour l'usage général de la République, c'était Cambon, c'était un financier. Voilà qui achève de fixer les idées et de préciser la portée de cet acte : ce n'est pas un attentat à la propriété privée; c'est l'exercice extrême et maladroit, peut-être, d'un droit légitime : celui du *domaine éminent*.

Une fois ce principe dégagé, il n'y a plus d'intérêt, pour nous, à rappeler les dispositions des décrets des 11 prairial an III (30 mai 1795) et du 7 vendémiaire an IV (29 septembre 1795), qui ne modifient en rien les conclusions auxquelles nous venons d'arriver. — Mais il importe de remarquer que, de tous les biens ecclésiastiques pris ainsi par l'État, en vertu de son droit de *domaine éminent*, le Concordat de l'an IX a fait deux parts : — 1° ceux de ces biens, qui avaient été définitivement aliénés, en tant que biens nationaux. Pie VII en consentait le sacrifice définitif : « Le pape, pour le bien de la paix et l'heureux rétablissement de la religion catholique, déclare que ni lui,

---

des moines et de l'usage qu'il peut faire de ces biens pour le bonheur des citoyens, 1770, p. 86.

ni ses successeurs ne troubleront en aucune manière les
acquéreurs des biens ecclésiastiques aliénés et qu'en
conséquence, la propriété de ces mêmes biens, les droits
et revenus y attachés, demeurent incontestables entre
leurs mains ou celles de leurs ayants cause » (art. 13) ; —
2° ceux de ces mêmes biens, qui n'avaient pas encore été
aliénés. Ils furent *remis à la disposition* des évêques, quand
il s'agissait d'églises métropolitaines, cathédrales, paroissiales et autres (art. 12), et à la disposition des fabriques,
quand il s'agissait de biens provenant des anciennes
(arrêté du 7 thermidor an IX). La loi du 18 germinal an X
(8 avril 1802) a, en outre, décidé que les presbytères et les
jardins non aliénés seraient « rendus aux curés et desservants » (art. 7). Mais que faut-il entendre par ces restitu-
tions? L'Etat faisait-il, en quelque sorte, *mea culpa*, pour
avoir usé de son droit de *domaine éminent* à l'égard des
biens ecclésiastiques, et abandonnait-il de nouveau ces
biens à leurs précédents tenanciers, à ceux qui, avant la
Révolution, avaient sur eux le *domaine utile* ? On l'a prétendu en termes plus ou moins formels, ou plutôt, ceux
qui ont soutenu cette opinion ont dit généralement que
l'Etat avait violemment et abusivement pris les biens
ecclésiastiques pendant la Révolution, et que le Concordat avait pour effet de *restituer* avec pleine propriété ceux
des dits biens qui n'avaient pas été aliénés (1). Il est clair
qu'avec cette manière de s'exprimer, on méconnaît le droit
de *domaine éminent*, qui a toujours appartenu à l'Etat. —

---

(1) MACAREL et BOULATINIER, *De la fortune publique de la France et de
son administration*, t. II, p. 183 et 184. — BATBIE, *Traité théorique et pratique
de droit public et administratif*, 2ᵉ éd., t. II, p. 215, nᵒ 299. — BOISTEL,
Philosophie du droit, t. I, p. 242. — FOUCART, *Eléments de droit administratif*, t. III, p. 571.

D'autres ont soutenu que les églises mises à la disposition
des évêques n'ont pas cessé pour cela d'appartenir à la
nation. L'acte d'appropriation fait sous la Révolution n'a
pas été révoqué lors du Concordat. Les églises ont été
mises à la disposition des évêques. C'est tout. Aussi a-t-on
soutenu que les églises rendues aux évêques lors du Concordat étaient tombées dans le domaine public (1) ou bien
qu'elles appartenaient, suivant certaines distinctions, les
unes aux communes (2) les autres à l'Etat (3). Quant aux
palais épiscopaux et aux presbytères restitués après le
Concordat, on reconnaissait, le plus souvent, qu'ils étaient
propriété les uns de l'Etat, les autres des communes (4).
— Quoi qu'il en soit au sujet de ces controverses, qui
ont perdu tout intérêt pratique depuis la séparation des
Eglises et de l'Etat survenue en 1905, un point est acquis :
c'est que l'Etat révolutionnaire s'est approprié les biens
ecclésiastiques, et qu'il a, incontestablement, usé en cette
circonstance d'un droit de *domaine éminent* ; il a agi non en
souverain mais en maître, en titulaire de la *directe*.

e) On trouve un troisième exemple d'expropriation *sans
indemnité* dans les dispositions prises à l'égard des congrégations religieuses. Ici, il est à peine besoin d'insister. Il
est clair que la Révolution héritait du droit supérieur de
disposition, que le roi avait possédé à cet égard. Comme

(1) DUBIEF et GOTTOFREY, dans *Répertoire* de Béquet, v° *Cultes*, n°s 1918 et
suivants — DUCROCQ, *Cours de droit administratif*, 7° édit., t. III, p. 395 et
465.

2) AUCOC, *De la propriété des églises paroissiales*, dans *Revue critique*,
mars 1878

(3) BARTHÉLEMY, *Traité élémentaire de droit administratif*, 2° édit.,
p. 262.

(4) Voir Avis du Conseil d'Etat du 3 nov. 1836, dans le *Rép.* de Béquet,
v° *Cultes*, n° 1939.

lui, elle s'appropriait les biens des congrégations en vertu
d'un droit supérieur de disposition. C'est ce que fit le décret
des 13-19 février 1790, pour les congrégations à vœux
solennels, et celui du 18 août 1792, pour les congrégations à vœux simples. Le Concordat, loin ,d'être contraire à cette suppression, la ratifia expressément. L'art.
11 du Concordat, après avoir rendu l'existence aux chapitres épiscopaux et aux séminaires, ajoutait : « Tous
les autres établissements ecclésiastiques sont supprimés ».
Ce texte visait évidemment les congrégations. Portalis
le disait, d'ailleurs, sans ambages, au Corps législatif, le
15 Germinal an X.

Le Pape avait autrefois, dans les ordres religieux, une milice
qui lui prêtait obéissance... Nos lois ont licencié cette milice et
elles l'ont pu : car on n'a jamais contesté à la puissance publique
le droit d'écarter ou de dissoudre des institutions arbitraires,
qui ne tiennent point à l'essence de la religion et qui sont jugées
suspectes ou incommodes à l'État.

Conformément à la discipline fondamentale, nous n'aurons
qu'un clergé séculier, c'est-à-dire des évêques et des prêtres
toujours intéressés à défendre nos maximes comme leur propre
liberté, puisque leur liberté, c'est-à-dire les droits de l'épiscopat
et du sacerdoce, ne peuvent être garantis que par ces maximes (1).

Il est à remarquer que Portalis, dans ce passage, ne
parle que du droit, pour l'État, de dissoudre les congrégations, considérées comme associations de personnes, et
il semble faire de ce droit un attribut de la souveraineté.
Mais ces associations ont des biens. L'association une fois
dissoute, les biens en sont sans maître, et, comme tels, ils
appartiennent à l'État. On pourrait donc soutenir, par ce

_____

(1) *Monit. univ.* du 16 germ. an X, p. 788.

détour habile, que l'Etat s'approprie les biens des congrégations, non pas en vertu d'un droit de *domaine éminent*, mais par une simple conséquence de son droit de souveraineté. Mais c'est là un raisonnement spécieux. Le droit, pour l'Etat, de s'approprier les biens sans maître, n'est d'ailleurs, qu'une application de son droit de *domaine éminent*. C'est une de ces applications si courantes, si peu gênantes, en général, que l'on ne songe pas à en approfondir la portée : on oublie que ce sont des manifestations de droit de *domaine éminent*. Mais vienne un cas où l'Etat, d'autorité, dissout des associations, et s'approprie leurs biens, alors le *domaine éminent* de l'Etat devient tout à coup sensible, parce que c'est l'Etat lui-même qui supprime la personne morale, ou, si l'on préfère, qui tue le maître, et qui, tout aussitôt, s'en approprie les biens comme étant « sans maître ». Nous sommes donc en présence d'un cas où le droit de *domaine éminent* se révèle avec pleine évidence, et la théorie des biens sans maître, loin d'exclure la notion de ce droit, nous force, au contraire, à en sentir la puissance, au moment où, peut-être, nous en avions oublié l'existence.

d) Contentons-nous de signaler, maintenant, pour compléter une démonstration qui n'est plus à faire, d'autres lois qui, toutes, consacrent des expropriations *sans indemnité* : la législation bien connue relative aux biens des émigrés ; la loi qui en l'an II détruit rétroactivement les partages successoraux effectués depuis 1789 (V. plus haut, p. 224) ; celle qui restreint le droit, pour les propriétaires de chasser sur leurs propres terres (V. plus haut, p. 212-213) ; les décrets des 8 et 12 août 1793, qui suppriment toutes les académies et sociétés littéraires patentées ou dotées par la nation, et qui mettent au nombre des *propriétés* de la République, tous les tableaux, statues, livres et manuscrits, dont ces académies ou sociétés avaient auparavant la *jouissance* (1), etc. Joignons-y même la loi fameuse des 19-24 juillet 1793 qui créa la propriété littéraire et artistique ; car nulle part ne se voit plus clairement la limite entre ce qui appartient aux particuliers et ce qui est du *domaine éminent* : la loi interdit aux héritiers de l'artiste ou de l'écrivain de toucher des droits d'auteur dix ans après la mort de celui-ci ; après ces dix ans toute œuvre tombe dans le *domaine public*. Sans doute, la loi accorde une protection aux auteurs, et, si elle fait tomber au bout d'un certain temps, leurs œuvres dans le *domaine public*, c'est en échange de la protection accordée, qu'elle impose ce sacrifice. Mais dire cela, c'est justifier, assurément, la limitation portée aux droits d'auteur, et, par conséquent c'est affirmer l'existence de l'expropriation subie par les auteurs, au bénéfice de la société.

Nous en avons assez dit, pour que la démonstration soit désormais faite, sans contestation possible : la Révolution a procédé non seulement à des expropriations *avec indem-*

_____

(1) Un procès aujourd'hui oublié eût lieu à cette occasion : un éditeur avait copié le Dictionnaire de l'Académie française, qui se trouvait au nombre des *manuscrits* dont la nation avait repris, en 1793, la pleine propriété, et, sans autorisation, l'avait publié ; poursuivi comme contrefacteur par un autre éditeur, qui avait, lui, obtenu le droit d'éditer le Dictionnaire, il fut acquitté le 27 thermidor an X, par le tribunal de première instance de la Seine ; le tribunal d'appel jugea dans le même sens ; mais le tribunal de cassation, conformément aux conclusions de Merlin et sur les observations de Pérignon et de Cauveau Lagarde, jugea, le 7 prairial an 11, qu'il y avait bien eu contrefaçon. (On trouvera un compte rendu très complet de cette affaire dans le *Journal de jurisprudence*, publié par l'*Académie de législation*, t. III, p. 276-336).

nité, dans les cas où la nécessité publique invoquée pour justifier ces expropriations n'était pas absolument évidente : et dès lors, on a le droit de déclarer qu'elle a, dans ces cas, agi en vertu de son droit de *domaine éminent*. Mais, surtout elle a procédé à de nombreuses expropriations *sans indemnité*, et cela dans des conditions telles que ces expropriations peuvent se justifier uniquement par l'existence du droit de *domaine éminent*.

4. — Loin donc de supprimer tous les démembrements du droit de propriété, qui avaient un caractère féodal, la Révolution a maintenu l'un de ces démembrements. Aucun particulier ne jouit de la propriété pleine, entière et libre. Il n'est propriétaire qu'en partie. Il n'a que la propriété de droit privé : A l'État appartient la propriété de droit public, la *directe universelle*, le droit supérieur de disposition, le *domaine éminent*. Et les limites entre la propriété de *droit privé* et celle de *droit public*, loin d'être nettement déterminées, restent, au contraire imprécises. L'État les déplace selon son bon plaisir. Tantôt il respecte le droit de propriété privée à ce point qu'on en oublie l'existence de la propriété de droit public. Tantôt il procède à des expropriations violentes, totales et sans indemnité. Parfois aussi, il se contente de mesures moyennes, qu'on est embarrassé pour cataloguer.

§ 4. — Résumé de la doctrine de la Révolution française

En résumé, la Révolution n'a pas de doctrine ferme sur le caractère qu'il convient d'attribuer au droit de propriété : Est-ce un droit naturel ? — Est-ce une création artificielle de

l'homme? Les déclarations de droits sont dans le premier
sens ; mais beaucoup de lois s'inspirent de la seconde opinion. — La Révolution poursuit avec une grande fermeté
une tâche qu'elle s'était assignée. Elle transforme la propriété en un droit *absolu* ; c'est-à-dire qu'elle détruit tous
les effets néfastes que la *liberté* propre au régime féodal
avait produits : l'*émiettement* du droit de propriété entre de
multiples propriétaires, ou prétendus propriétaires. Pour
empêcher que cet émiettement se reproduise à nouveau
dans l'avenir, elle entoure la propriété d'une série de prohibitions et de mesures restrictives. Le droit de propriété,
ainsi limité, peut, enfin, être un droit *absolu*, parce que
nul propriétaire n'a désormais le pouvoir de porter atteinte,
comme propriétaire, aux droits de la société, et aux droits
des autres propriétaires, d'où il résulte que sa propriété est,
par réciprocité, aussi fortement protégée que possible. —
Pourtant, la Révolution laisse subsister un démembrement
à caractère féodal : la division du droit de propriété entre
les particuliers et l'Etat. L'Etat conserve, plus fort peut-
être qu'auparavant, son droit de *domaine éminent* sur les biens
de tous les citoyens. Qu'il agisse comme simple administrateur pour fixer les limites du droit de propriété, qu'il
prélève des impôts sur les citoyens, qu'il exerce enfin son
droit d'expropriation pour cause de nécessité publique,
peu importe : l'Etat révolutionnaire prend maintes fois des
mesures que la notion de souveraineté ne saurait, à elle
seule, justifier. Il force les citoyens à se souvenir sans
cesse que leur droit de propriété est incomplet et qu'un
des tronçons de ce droit, la partie principale peut-être, s'en
trouve entre les mains de l'Etat.

SECTION IV

Le Code civil et la théorie absolutiste du droit de propriété

Le Code civil français représente l'expression la plus complète de la théorie absolutiste du droit de propriété. Tout contribue à lui donner ce caractère. A l'époque du Consulat, on était las des incertitudes, des procès, des excès de toutes sortes qui avaient, depuis 89, accompagné la Révolution. Cela seul aurait suffi pour conférer au Code un caractère tel, que la propriété privée y trouvât toutes les garanties désirables. Ajoutez à cela le retour de nombreux hommes, qui avaient fui, ou qui s'étaient cachés durant la tourmente, et qui réclamaient un régime fort, capable de faire respecter leurs biens. Tenez compte enfin des personnalités qui influent sur les délibérations : Portalis, et, surtout, l'homme qui sait comprendre tout ce qu'on attend de lui : Bonaparte.

Voilà pourquoi le Code civil français est le type de toute législation absolutiste sur le droit de propriété. On ne pourra jamais aller plus loin en ce sens. Autant qu'une théorie puisse être réalisée en une loi, le Code civil français réalise la théorie absolutiste du droit de propriété.

Nous nous en rendrons compte très aisément, en passant en revue, de nouveau, les trois problèmes dont nous avons déjà examiné les solutions dans la philosophie du XVIIIe siècle et dans la législation révolutionnaire.

§ 1er — LE DROIT DE PROPRIÉTÉ EN TANT
QUE DROIT NATUREL

Pour les auteurs du Code civil, pas d'hésitation : le droit de propriété privée est un droit naturel. Les philosophes du xviii° siècle étaient partagés sur cette question. La Révolution n'avait pas dégagé, à cet égard, une doctrine uniforme. Le Code civil, lui, tranche la question.

Il faut lire les pages où Portalis s'élève contre les doctrines, suivant lesquelles « les biens de la terre ont été originairement communs ». Au point de vue philosophique, nous nous abstenons, ici, de les apprécier. Nous sortirions du cadre de cette étude. Mais nous devons, de toute nécessité, constater quelle énergie dans l'expression Portalis sait déployer pour affirmer ce qu'il considère comme vrai. L'homme, dit-il, ne saurait « exister ni vivre sans consommer : il a donc un *droit naturel* aux choses nécessaires à sa subsistance et à son entretien ». Voilà Portalis en guerre contre Bossuet, Montesquieu, Voltaire et Rousseau. « Méfions-nous, s'écrie-t-il, des systèmes dans lesquels on ne semble faire de la terre, la propriété commune de tous, que pour se ménager le prétexte de ne respecter les droits de personne ». S'il s'agit du système de Hobbes, ou des doctrines de Mably, de Brissot, de Babeuf, le conseil se comprend. Il est empreint de malveillance s'il vise Jean-Jacques, ou Bossuet. Mais Voltaire et Montesquieu, accusés de ne respecter les droits de personne ! Portalis, il est vrai, n'a pas le temps de s'arrêter à la discussion des systèmes. Il se contente de quelques allusions venimeuses et il y oppose ses affirmations :

Il y a des propriétaires depuis qu'il y a des hommes. — On trouve, dans tous les temps et partout des traces du droit individuel de propriété. — Le principe du droit est en nous : il n'est point le résultat d'une convention humaine ou d'une loi positive ; il est dans la constitution même de notre être, et dans nos différentes relations avec les objets qui nous environnent (1).

Portalis tente de démontrer la vérité de ces diverses affirmations. Puis il conclut sur ce point en disant :

N'aspirons donc pas à être plus humains que la nature, ni plus sages que la nécessité. — Aussi, vous vous empresserez, citoyens législateurs, de consacrer par vos suffrages le grand principe de la propriété, présenté dans le projet de loi, *comme le droit de jouir et de disposer des choses de la manière la plus absolue* (2).

On sait que ces dernières expressions ont passé dans le Code civil. Il faut donc déclarer que l'art. 544 C. civ. consacre la doctrine suivant laquelle la propriété est de droit naturel.

Ce n'est pas, d'ailleurs, Portalis seul, qui a soutenu cette doctrine, dans les travaux préparatoires. C'est aussi le tribun Grenier, dans son discours au Corps législatif.

Il déclare, « que la propriété individuelle .. est parfaitement appropriée à la nature de l'homme » ; il soutient que la proie conquise par l'homme sauvage, constitue, pour lui, « une propriété individuelle fondée sur le droit naturel » ; il s'élève contre la doctrine qui attribue « l'origine de la propriété individuelle.... à de simples conventions, qui pouvaient être révoquées par d'autres » et il affirme que, lorsqu'il y eut partage de biens communs, « ce fut moins l'effet d'une convention nouvelle sur la propriété, que l'exécution d'un droit préexistant » (3).

(1) *Exposé des motifs du projet de Code civil*, tit. II, liv. II, dans LOCRÉ, *La législation civile de la France*, t. VIII, p. 117, 118.
(2) *Ibid.*, p. 151.
(3) *Ibid.*, p. 197, 198-199, 198, 201.

Pourtant, ce serait une erreur certaine de croire qu'à quelques années d'intervalle, une question philosophique eût été ainsi résolue, de sorte que la thèse contraire ne trouvât plus le moindre partisan. Non. Il y avait seulement une majorité pour considérer le droit de propriété comme un droit naturel. L'unanimité n'était pas faite. Témoin, le tribun Chabot (de l'Allier) qui, dans son rapport sur le titre des successions, expose la théorie inverse.

Avant l'établissement des sociétés civiles, dit-il, la propriété était plutôt un fait qu'elle n'était un droit.

La nature a donné la terre en commun à tous les hommes : elle n'en a point assigné à chacun d'eux telle ou telle portion.

La propriété particulière ne pouvait donc avoir d'autre origine que le droit du premier occupant ou le droit du plus fort : elle ne durait que par la possession, et la force aussi pouvait la détruire.

La société civile est la seule et véritable source de la propriété : c'est elle qui garantit à chaque individu ce qu'il possède à juste titre, et cette garantie est même le but principal de la société ; elle est un des premiers éléments de son existence, de sa conservation et de sa prospérité (1).

C'était aussi l'opinion du tribun Siméon :

L'état social, disait-il, ne permet pas que la chasse, la pêche, les effets que la mer rejette, les choses perdues, soient, comme dans l'état de nature, au premier occupant (2).

Chabot et Siméon sont disciples de Rousseau. Portalis et Grenier se rattachent à Locke. La doctrine du philosophe anglais l'emporte sur celle du genevois et passe dans le Code, au titre de la propriété. Ajoutons de suite

(1) LOCRÉ, t. X, p. 213.
(2) *Discours au Corps législatif* sur le titre des successions. LOCRÉ, t. X, p. 278.

que les rôles changent et que c'est la doctrine de Rousseau
qui l'emporte et qui guide les auteurs du Code, quand ils
arrivent au titre des successions. Cela provient peut-être
tout simplement du choix des orateurs et rapporteurs. Si
Chabot et Siméon s'étaient occupés du titre de la propriété, peut-être que la doctrine du Code civil ne nous
paraîtrait pas, aujourd'hui, si nettement déterminée. Le
travail des législateurs offre souvent des surprises de ce
genre. Quoi qu'il en soit, nous devons constater le fait ;
et ce fait est que lorsque le titre de la propriété est mis en
délibération, il existe une quasi-unanimité pour proclamer
que le droit de propriété est un droit naturel.

Si le droit de propriété est un droit naturel, la société
civile ne doit pas y porter atteinte. Locke et, à sa
suite, les physiocrates, avaient déjà insisté sur cette
conséquence. Les auteurs du Code la développent à leur
tour.

Portalis, dans son « exposé des motifs » du titre de la
propriété, écrit, en propres termes :

Citoyens législateurs, la loi reconnaît que la propriété est le
droit de disposer de son bien de la manière la plus absolue et
que ce droit est sacré dans la personne du moindre particulier. Quel principe plus fécond en conséquences utiles !

Ce principe est comme l'âme universelle de toute la législation, il rappelle aux citoyens ce qu'ils se doivent entre eux, et
à l'État ce qu'il doit aux citoyens ; il modère les impôts, il fixe
le règne heureux de la justice ; il arrête, dans les actes de la
puissance publique, les grâces qui seraient préjudiciables aux
tiers ; il éclaire la vertu et la bienfaisance même ; il devient la
règle et la mesure de la sage composition de tous les intérêts
particuliers avec l'intérêt commun ; il communique ainsi un

caractère de grandeur et de majesté aux plus petits détails de
l'administration publique.

Aussi vous avez vu le génie qui gouverne la France établir sur la propriété les fondements inébranlables de la République (1).

Le tribun Faure, dans son rapport sur le projet de loi
relatif à la propriété, rappelait en quelques mots la même
idée :

Il est... certain, disait-il, que la propriété est la base de tout
édifice politique, qu'une des premières conditions du pacte social
est de protéger et de maintenir la propriété, que tout ce qui tient
à cet objet est de la plus grande influence sur le sort des peuples,
et enfin que plus les lois sur la propriété sont justes et sages,
plus l'État est florissant et heureux (2).

Le tribun Grenier n'est pas moins affirmatif. Selon
lui :

C'est pour le garantir (le droit de propriété) que toutes les
puissances de la terre ont été établies... Tous les titres du Code
civil ne sont qu'un développement de règles relatives à l'exercice du droit de propriété ; ce qui prouve déjà que la propriété
est la base de toute législation, la source de toutes les affections
morales et de toutes les jouissances auxquelles il est permis à
l'homme d'aspirer (3).

En conséquence, le Code civil prend parti entre les systèmes qui avaient divisé les philosophes du xviiiᵉ siècle et
les législateurs de la Révolution. Il proclame d'une part,
que le droit de propriété individuelle est un droit naturel,

(1) Locré, t. VIII, p. 170.
(2) Ibid., p. 174.
(3) Ibid., p. 201, 202.

et, d'autre part, qu'aucun droit ne mérite d'être garanti plus sérieusement.

§ 2. — LE DROIT DE PROPRIÉTÉ EN TANT QUE DROIT ABSOLU

Les philosophes du XVIIIe siècle avaient considéré le droit de propriété comme ayant une valeur *absolue*. Ils voulaient que tout propriétaire pût avoir un droit exclusif sur sa chose. C'est pourquoi ils demandaient — d'une part la suppression de cette liberté qui avait permis d'établir plusieurs propriétaires, à des échelons divers, pour un seul et même bien ; — d'autre part, l'établissement de toute une série de restrictions telles que chaque propriétaire soit forcé de respecter le droit des autres propriétaires et ceux du corps social, et telles aussi que le droit de propriété individuelle fût sérieusement garanti.

C'est sur ces principes que la Révolution avait étayé le régime de la propriété.

Le Code civil ne fait, à cet égard, que consacrer l'œuvre de la Révolution.

1. — La liberté de créer plusieurs propriétaires à des degrés divers, pour une seule et même chose n'existe plus.

Portalis fait allusion à la destruction de cette ancienne liberté dans un paragraphe de son exposé des motifs.

Lors, dit-il, de l'étrange révolution qui fut opérée par l'établissement du régime féodal, toutes les idées sur le droit de propriété furent dénaturées et toutes les véritables maximes furent obscurcies ; chaque prince dans ses États voulut s'arroger des droits utiles sur les terres des particuliers, et s'attribuer le domaine absolu de toutes les choses publiques. C'est dans ce

temps que l'on vit naître cette foule de règles extraordinaires
qui régissent encore la plus grande partie de l'Europe, et que
nous avons heureusement proscrites (1).

Désormais, plus de division de la propriété privée en
domaine éminent et en *domaine utile*. C'était là un démembrement qui s'expliquait du temps où la propriété de droit
privé et la propriété de droit public étaient confondues et
où les règles du droit public s'appliquaient au droit privé et
réciproquement. La distinction a été faite par la Révolution. Le Code civil la conserve.

Ce n'est pas à dire que les lois révolutionnaires aient
été unanimement approuvées par les hommes du Consulat. On critiquait la loi de 93 surtout, en vertu de
laquelle les redevances ou rentes entachées originairement de la plus légère marque de féodalité avaient été
déclarées abolies. Le Directoire avait invité les Cinq-Cents
à réviser ce texte (2). Mais les Cinq-Cents ne se mirent pas
d'accord (3). Les Consuls présentèrent peu après leur avènement, un projet dans le même sens (4). Mais le Tribunat rejeta ce projet par 59 voix sur 88, en la séance du
26 ventôse an VIII (5). Le Gouvernement reprit ce projet
en 1803, puis en 1805; mais il se heurta à l'opposition du
Conseil d'Etat (6).

(1) Locré, t. VIII, p. 155.
(2) *Message du Directoire exécutif au Conseil des Cinq-Cents* (15 messidor
an IV) suivi d'un *Mémoire du ministre des finances*, Arch. nat. A D IV
18, baux et fermages, t. LXXXIX, n° 18. — Voir aussi le message du
4 thermidor an V (22 juillet 1797) au *Moniteur*, t. XVII, p. 1239.
(3) Voir, à ce sujet Arch. nat. A D XVIII c., t. CCCCLI, et *Moniteur*,
t. XVII, p. 1272 et 1275; t. XIX, p. 1019.
(4) Projet de décret du 18 ventôse an VIII, *Arch. parl.*, 2e série, t. I,
p. 328.
(5) Voir, à ce sujet, *Arch. parl.*, 2e série, t. I, p. 374, 434 à 448, 466.
(6) Avis du Conseil d'État des 30 pluviôse an XI (19 février 1803) et

Voilà pourquoi le Code civil ne revient pas sur l'œuvre accomplie, à cet égard, par la Révolution. Les redevances ou rentes entachées de la plus légère marque de féodalité sont et demeurent abolies. Bien au contraire, les orateurs qui préparèrent le Code civil manifestèrent souvent leur horreur pour le régime féodal. Au passage de Portalis que nous avons cité, on peut en ajouter nombre d'autres. C'est Berlier, qui parle du « régime à jamais aboli des fiefs » (1). C'est Albisson, rappelant « cette désastreuse hiérarchie foncière, qui a déshonoré la législation française jusqu'à la nuit mémorable du 4 août 1789 » (2). C'est Gillet, qui s'écrie : « Qu'était-ce... que le régime féodal, sinon l'art de faire de la propriété foncière un instrument d'asservissement » (3).

L'esprit qui anime le Code civil est donc aisé à définir : c'est celui de la Convention, en 93.

2. — Comme les Révolutionnaires, les auteurs du Code civil se préoccupent d'empêcher le retour d'un régime féodal et ils prennent des mesures à cet effet.

Le principe, pour eux, comme pour les philosophes du XVIIIᵉ siècle et comme pour les révolutionnaires, c'est que le droit de propriété ne saurait être un droit *absolu*, s'il n'est garanti par des règles restrictives.

En vérité, les auteurs du Code civil semblent s'être ingénié pour exprimer ces principes sous les formes les

13 messidor an XIII (2 juillet 1805), dans DUVERGIER, t. XIV, p. 118 et t. XV, p. 265.

(1) BERLIER, *Exposé des motifs du projet sur les servitudes* (LOCRÉ, t. VIII, p. 367).

(2) ALBISSON, *Rapport au Tribunal sur les servitudes*. (*Ibid.*, p. 381).

(3) GILLET, *Discours prononcé au corps législatif au nom du Tribunal sur les servitudes*. (*Ibid.*, p. 402).

plus diverses, afin que nul ne puisse se méprendre sur leur intention.

Treilhard, dans son exposé des motifs sur le titre de la distinction des biens, trouve, à ce propos, des expressions particulièrement heureuses.

Ce qu'il importait surtout d'établir solennellement, dans le Code, dit-il, c'est que les particuliers ont la libre disposition des biens qui leur appartiennent : voilà la principale disposition du chapitre III ; voilà la sauvegarde et la garantie de la propriété.

Cependant, cette maxime elle-même pourrait devenir funeste, si l'usage que chacun peut faire de sa propriété n'était pas surveillé par la loi.

Si un particulier s'obstinait à ne pas réparer sa maison et à mettre en danger, par cette manière d'user de la chose, la vie de ceux qui traverseraient la rue, point de doute qu'il devrait être forcé par la puissance publique à démolir ou à réparer ; il serait facile de citer d'autres abus de propriété, qui compromettraient et la sûreté des citoyens, et quelquefois même la tranquillité de la société entière.

Il a donc fallu, en même temps qu'on assurait aux particuliers la libre disposition de leurs biens, ajouter à cette maxime inviolable le principe non moins sacré, que cette disposition était néanmoins soumise aux modifications établies par les lois ; et c'est par cette précaution sage et prudente, que la sûreté et la propriété de tous se trouvent efficacement garanties ; ce n'est point par des mouvements capricieux et arbitraires que la faculté de disposer de sa chose pourra être modifiée ; c'est par la loi seule. c'est-à-dire par la volonté nationale, dont vous êtes les organes ; et votre sagesse est un garant que cette volonté n'admet de modification que pour des motifs d'une haute considération (1).

Savoye-Rollin, dans les discours qu'il prononça devant

(1) LOCRÉ, t. VIII, p. 59-60.

le Corps législatif au nom du Tribunat, n'est pas moins affirmatif que Treilhard, et il est plus précis.

La seconde partie de la loi qui vous est proposée, dit-il,... commence par déclarer que *les particuliers ont la libre disposition des biens qui leur appartiennent...* Le même article ajoute, *sous les modifications établies par les lois* ; cette disposition ne peut concerner les ventes ou les échanges forcés que l'intérêt public commande : une autre loi est chargée de statuer sur ce point. Il s'agit donc simplement de ces limitations que la sûreté publique exige quelquefois d'un propriétaire et qui sont justifiées par la conservation même de toutes les propriétés qu'il menace de la sienne (1).

Portalis, dans son exposé des motifs relatif au titre de la propriété n'a pas manqué d'insister, lui aussi, sur ces mêmes principes. La tâche de Portalis était particulièrement ardue. Il venait de dire que la propriété était *le droit de jouir et de disposer des choses de la manière la plus absolue.* Il lui fallait éviter de tomber dans la contradiction, ou dans le paradoxe et démontrer rigoureusement que, pour que la propriété fût « le droit de jouir et de disposer des choses de la manière *la plus absolue,* il fallait *nécessairement* qu'elle fût soumise à une *réglementation.* Voici comment il s'est tiré de cette difficulté.

Comme les hommes vivent en société. dit-il, et sous des lois, ils ne sauraient avoir le droit de contrevenir aux lois qui régissent la société.

Il est d'une législation bien ordonnée de régler l'exercice du droit de propriété comme on règle l'exercice de tous les autres droits. Autre chose est l'indépendance. autre chose est la liberté. La véritable liberté ne s'acquiert que par le sacrifice de l'indépendance.

(1) Locré, t. VIII, p. 76-77.

Les peuples qui vivent entre eux dans l'état de nature sont indépendants sans être libres; ils sont toujours forçants ou forcés. Les citoyens sont libres sans être indépendants, parce qu'ils sont soumis à des lois qui les protègent contre les autres et contre eux-mêmes.

La vraie liberté consiste dans une sage composition des droits et des pouvoirs individuels avec le bien commun. Quand chacun peut faire ce qui lui plaît, il peut faire ce qui nuit à autrui ; il peut faire ce qui nuit au plus grand nombre. Le silence de chaque particulier opérerait infailliblement le malheur de tous.

Il faut donc des lois pour diriger les actions relatives à l'usage des biens, comme il en est pour diriger celles qui sont relatives à l'usage des facultés personnelles.

On doit être libre avec les lois, et jamais contre elles. De là en reconnaissant dans le propriétaire le droit de jouir et de disposer de sa propriété de la manière la plus absolue, nous avons ajouté, *pourvu qu'il n'en fasse pas un usage prohibé par les lois ou par les règlements* (1). »

C'est, on le voit, exprimée en termes aussi précis que possible, la théorie absolutiste du droit de propriété dans l'acception adoptée par la philosophie du xviiie siècle. En comprenant ainsi le mot « absolu » le nouveau régime de la propriété s'oppose très exactement au régime féodal : celui-ci était le régime de l'absence de limites, de la licence, de la liberté excessive ; celui-là, au contraire est le régime de la vraie liberté, des sages restrictions ; — celui-ci aboutissait à un émiettement du droit de propriété, à un cisaillement extrême, à une multiplication telle des divers droits réels, que nul ne pouvait plus se dire pleinement propriétaire ; celui-là fonde le droit de jouir et de disposer des choses de la manière *la plus absolue*.

(1) Locré, t. VIII. p. 151-152.

Mais celui qui apporte en cette matière les notions les plus neuves est assurément Grenier.

La propriété, dit-il, est d'abord ainsi définie : « Le droit de jouir et disposer des choses de la manière la plus absolue, pourvu qu'on n'en fasse pas un usage prohibé par les lois et par les règlements. »

On sent au premier abord la justesse de cette définition ; elle rappelle celle qu'on trouve dans le droit romain, qui paraît aussi avoir été faite avec soin, *Jus utendi et abutendi re suâ, quatenus juris ratio patitur* : mais, osons le dire, la définition contenue dans le projet de loi est plus exacte : l'esprit se refuse à voir ériger l'*abus de la propriété en droit* : il est bien toléré par la loi civile tant qu'il ne nuit point à autrui ; mais, dans les règles de la loi naturelle et de la morale on ne doit pas se le permettre. Ainsi on était porté à penser que par ces expressions *Jus abutendi*, les Romains n'avaient voulu entendre que *le droit de disposer de la manière la plus absolue,* et qu'ils s'en étaient seulement servis par opposition à ces mots, *Jus utendi et finendi*, sous lesquels ils avaient défini l'usufruit (1).

Ainsi, ce ne sont pas seulement les lois et les règlements, qui peuvent limiter le droit de propriété ; c'est encore la jurisprudence. En effet, ni le pouvoir législatif, ni le pouvoir exécutif ne peuvent dresser la liste complète de tous les actes susceptibles de *nuire à autrui*. Ce sont les magistrats qui diront en quelles circonstances un *abus de droit*, commis par le propriétaire, tombe non seulement sous les coups de la loi naturelle et de la morale, mais encore sous ceux de la loi civile ; et Grenier nous fournit ici le *criterium*, qui guidera le magistrat : il faut et il suffit pour cela que l'*abus* commis par le propriétaire *nuise à autrui*.

(1) Locré, t. VIII, p. 202-203.

On sait que la jurisprudence s'est emparée de cette notion. De là est sortie toute une théorie, qui s'appuie, il est vrai, sur l'art. 1382, plutôt que sur l'art. 544, mais qui n'en est pas moins pour cela le développement de l'idée émise par Grenier. C'est la théorie de l'*abus des droits*.

Le principe posé par les auteurs du Code est donc plus précis que celui des révolutionnaires. Il est double et peut se formuler ainsi : *Le droit de propriété, pour pouvoir être exercé de la manière la plus absolue doit être limité : 1° par les lois ou par les règlements ; 2° par la jurisprudence, dans les cas où, en abusant de son droit. le propriétaire nuit à autrui.*

Quant aux applications auxquelles ce principe a donné lieu, nous aurons l'occasion de les indiquer dans le paragraphe suivant.

§ 3. — LES LIMITES ENTRE LA PROPRIÉTÉ DE « DROIT PRIVÉ » ET LA PROPRIÉTÉ DE « DROIT PUBLIC »

La Révolution avait considéré l'État comme héritier du droit de *domaine éminent*, qui, sous l'ancien régime, appartenait au roi, sur l'ensemble des biens des particuliers.

Les auteurs du Code civil repoussent cette conception. Logiques avec eux-mêmes, ils déclarent que le droit de propriété, étant un droit naturel de l'homme, a pour but l'utilité des particuliers, non celle de la société ou de l'État. L'État lui-même ne se justifie que s'il a pour but l'utilité des particuliers. Comment parler, par conséquent, d'une propriété de droit public, qui s'opposerait à la propriété de droit privé, et viendrait en limiter l'extension?

Donc, pour les auteurs du Code civil, l'État n'a pas un droit supérieur de propriété, une directe universelle, un droit de domaine éminent. Nous allons tout d'abord reproduire, à cet égard, les affirmations et les doctrines des hommes du Consulat.

Mais une seconde question se posera ensuite. En vertu de quel principe les lois ou la jurisprudence interviennent-elles pour limiter le droit de propriété individuelle et peut-on considérer que ce principe nouveau est inscrit dans le Code civil?

Une fois cette question résolue, il nous restera à passer en revue les diverses limitations imposées par le Code civil au droit de propriété et à dire si, vraiment, le dessein des auteurs du Code a été atteint, et s'il n'y a plus lieu de distinguer entre la propriété de droit privé et celle de droit public.

1. — Dès le début des délibérations relatives au Code civil, l'occasion s'est trouvée d'affirmer hautement, que l'État n'avait pas un droit de *domaine éminent* sur les biens des particuliers, ou — ce qui revient au même, — que lorsqu'on parlait de *domaine éminent*, on entendait par là un droit de *souveraineté*, non un droit de *propriété*.

Point de méprise, dit Portalis au sujet de l'art. 3, sur les mots *domaine éminent* ; ce serait une erreur d'en conclure que chaque État a un droit universel de propriété sur les biens de son territoire.

Les mots *domaine éminent* n'expriment que le droit qu'a la puissance publique de régler la disposition des biens par des lois civiles, de lever sur ces biens des impôts proportionnés aux besoins publics, et de disposer de ces mêmes biens pour quelque objet d'utilité publique, en indemnisant les particuliers qui les possèdent.

Au citoyen appartient la propriété, et au souverain l'Empire. Telle est la maxime de tous les pays et de tous les temps (1).

C'était là, en législation, une idée toute nouvelle.

Dans les temps primitifs, l'autorité publique est un droit de propriété : les premiers chefs de tribu sont maîtres des choses et des gens. — Puis, l'autorité publique est exercée à un double titre : cette propriété conservée, et devenue *domaine éminent, directe universelle,* — et la *souveraineté,* simple pouvoir de commander, abstraction faite de toute notion patrimoniale. — Avec le Code civil, une ère nouvelle s'ouvre : l'autorité publique sera exercée à titre de *souveraineté* exclusivement.

Voici comment Portalis développe cette doctrine :

L'empire qui est le partage du souverain, dit-il, ne renferme aucune idée de domaine proprement dit. Il consiste uniquement dans la puissance de gouverner. Il n'est que le droit de prescrire et d'ordonner ce qu'il faut pour le bien général, et de diriger, en conséquence, les choses et les personnes. Il n'atteint les actions libres des citoyens qu'autant qu'elles doivent être tournées vers l'ordre public. Il ne donne à l'État, sur les biens des citoyens, que le droit de régler l'usage de ces biens par des lois civiles, le pouvoir de disposer de ces biens pour des objets d'utilité publique, la faculté de lever des impôts sur les mêmes biens (2).

Ainsi, l'État prescrit et ordonne ce qu'il faut faire pour le bien général. De là son triple pouvoir : il édicte de sages lois pour l'administration des propriétés privées; il perçoit les impôts; il exproprie pour cause d'utilité publique. Portalis ne voit là aucune parcelle de droit de propriété,

(1) PORTALIS, *Exposé des motifs du titre préliminaire du Code civil.* (LOCRÉ, t. I, p. 581,582.)

(2) ID., *Exposé des motifs du titre de la propriété,* LOCRÉ, t. VIII, p. 153.

aucune « directe ». — Mais, serait-on tenté d'objecter à Portalis, vous soulevez une simple question de mots. Vous accordez que l'État limite le droit de propriétaire, qu'il leur retire une portion de leur droit de disposition et de jouissance. Vous accordez encore que l'État retire aux citoyens leurs biens, lorsqu'il y a « utilité publique ». Vous accordez enfin qu'il leur retire une partie de leurs biens, pour contribuer aux charges publiques. Donc, vous devez accorder que la propriété particulière *n'est pas pleine et entière*. C'est une propriété limitée, démembrée. Où est, selon vous, l'autre partie de la propriété ? — Nous disons que c'est l'État qui possède cette autre portion. — Quant à vous, vous déclarez que l'État ne possède nulle portion de propriété, mais seulement un droit de prescrire et d'ordonner ; nul domaine proprement dit, mais seulement un droit de souveraineté. — Affaire de mots.

Portalis sent toute la force de l'objection et il y répond par avance, en déclarant qu'il est prêt à employer les mots *domaine éminent*, si on le désire.

Ces différents droits réunis, dit-il, forment ce que Grotius, Puffendort, et autres, appellent le *domaine éminent du souverain*, mots dont le vrai sens, développé par ces auteurs, ne suppose aucun droit de propriété et n'est relatif qu'à des prérogatives inséparables de la puissance publique (1).

La manœuvre est habile. Ce sont ceux qui critiquent Portalis qui ont l'air, maintenant, de lui faire une querelle de mots. Il achève de les confondre en disant que certains philosophes ont même voulu biffer les mots *domaine éminent*. Mais Portalis ne partage pas leur sentiment. Qu'im-

(1) Locré, t. VIII, p. 153.

portent les mots. Ce qui importe, ce sont les faits. Portalis
veut simplement que l'État n'ait entre les mains aucune
parcelle du droit de propriété, mais seulement un droit de
direction. Il se désintéresse du reste. Voici comment il
s'exprime :

> Des jurisconsultes célèbres craignant que, dans une matière
> aussi délicate. on ne pût trop aisément abuser des expressions
> les plus innocentes, se sont élevés avec force contre les mots
> *domaine éminent.* qu'ils ont regardés comme pleins d'incorrection
> et d'inexactitude. Les discussions les plus solennelles sur ce
> point ont longtemps fixé l'attention de toutes les universités de
> l'Europe. Mais il faut convenir que cette dispute se réduisait à
> une pure question de mots puisqu'en lisant ces ouvrages qui ont
> été respectivement publiés on s'aperçoit que tous nos contro-
> versistes s'accordent sur le fond même des choses, et que ceux
> d'entre eux qui parlaient des prérogatives du *domaine éminent*,
> les limitaient aux droits que les autres faisaient dériver de l'em-
> pire ou de la souveraineté (1).

Au fond, l'argument de Portalis consiste à dire : Ma
doctrine est celle d'illustres docteurs du droit naturel, Grotius. Puffendorf, et autres. Parmi eux, les uns disent *domaine éminent* ; les autres disent *souveraineté*, ou *empire*. Mais,
comme tous sont d'accord sur le fond, je n'entre pas dans
la querelle. Je ne m'attache pas au mot.

Voyons ce que vaut l'argument d'autorité, invoqué ici
d'une manière si adroite.

Invoquer l'autorité de Grotius, c'est toujours une force.
Tant de gens, à toute époque, ont admiré Grotius, sans
l'avoir lu ! Quelques-uns, pourtant, ont ouvert ses ouvrages, et, pour ceux-là, c'est chose étrange que de trouver

---

(1) LOCRÉ, t. VIII, p. 153-151.

Grotius comme premier et principal soutien d'une théorie, qui prétend sauvegarder le plus possible le droit de propriété privée.

Portalis renvoie à quatre passages de Grotius.

Reproduisons d'abord le premier.

Le *droit rigoureux*, dit Grotius, est... de deux sortes : l'un que j'appelle *droit privé* ou *inférieur* (*facultas vulgaris*) et l'autre *droit éminent* ou *supérieur* (*facultas eminens*). Le premier est celui qui tend à l'utilité particulière de chacun. L'autre est celui qu'a tout le corps sur ses membres et sur ce qui leur appartient, autant que le demande le bien commun, et qui à cause de cela l'emporte sur le droit privé. Ainsi le *pouvoir du roi* est au-dessus, et du *pouvoir paternel* et du *pouvoir d'un maître*. Un roi a, pour le bien public (1), un plus grand pouvoir de disposer de ce qui appartient à chacun, que n'en ont les propriétaires eux-mêmes. Quand il s'agit de fournir aux besoins de l'État, on est tenu d'y contribuer plus que de satisfaire ses créanciers (2).

Celui qui douterait de la pensée de Grotius, n'aurait qu'à se reporter à la note, que nous reproduisons. On y verra que Grotius considérait bien le souverain comme ayant un véritable droit de *propriété* sur les biens de ses sujets. Il est vrai que, dans cette note, Grotius fait dire à Pline ce

_____

(1) C'est ce que remarque PHILON, juif : Καὶ μὴν ἄργυρός τε καὶ χρυσὸς, καὶ ὅσα ἄλλα κειμήλια παρὰ τοῖς ἐρχομένοις θησαυροφυλακεῖται, τῶν ἡγωμίνων μᾶλλον ἢ τῶν ἐχόντων ἐστίν. « L'argent, l'or et toutes les autres choses rares et précieuses, que les sujets serrent et gardent avec soin, sont plus au souverain, qu'à ceux qui les possèdent. » *De plantatione Noë* (p. 222, C. Ed. Paris). PLINE LE JEUNE dit que le prince, à qui tous les biens de chacun appartiennent, est aussi riche qu'ils le sont tous ensemble. *Nam cujus est, quidquid est omnium, tantum ipse, quantum omnes, habet.* Panegyric (chap. XXVII, *in fine*). Et un peu plus bas : *Ecquid Cæsar non suum videat ?* « L'Empereur voit-il rien qui ne soit à lui ? » Voyez Jean DE SABISBERY, *Polycratie*, liv. VI, chap. I, (p. 335, *Ed. Lugd.*, B., 1639) (Note de GROTIUS).

(2) GROTIUS, *Le droit de la guerre et de la paix*, trad. Barbeyrac, 1724, t. Ier. liv. I, ch. I, § 6.

que celui-ci n'a jamais dit. Mais peu importe, en ce moment.
Nous cherchons la pensée de Grotius. Or elle s'oppose
directement à celle de Portalis, bien loin de lui servir
d'appui.

Portalis renvoie ensuite à un second passage, où Grotius,
en parlant des affaires particulières, que règle le souverain,
range au nombre de ces affaires celles qui concernent les
choses, « comme quand il s'agit de lever des *impôts* et
d'exercer d'autres actes semblables : à quoi, ajoute-t-il, il
faut rapporter le *domaine éminent* qu'a l'État sur les citoyens et sur leurs biens, autant que le demande l'utilité
publique » (1).

Ce passage renvoie évidemment à la définition du *domaine
éminent* qui a été donnée dans le premier passage cité. Portalis ne peut donc pas davantage en tirer un argument
valable.

Le troisième passage cité par Portalis est ainsi conçu :

Il faut savoir que, lors même que les sujets ont acquis un
droit, le roi peut le leur ôter en deux manières, ou en forme de
peine, ou en vertu de son domaine éminent : bien entendu qu'il
n'use du privilège de ce *domaine éminent*, ou supérieur, que
quand le bien public le demande ; et qu'alors même celui qui a
perdu ce qui lui appartenait en soit dédommagé, s'il se peut, du
fond public (2)...

Ici encore, Grotius se réfère à la définition générale
qu'il a antérieurement donnée du droit de *domaine éminent*.
Il parle, il est vrai, d'indemnités en cas d'expropriation ;
mais le dédommagement n'a lieu que *s'il se peut*. Donc, les
sujets ne peuvent rien exiger, quand ils sont dépouillés.

1) Grotius, *ibid.*, ch. III, § 6.
(2) Id., *ibid.*, liv. II, ch. XIV, § 7.

On a peine à comprendre comment ces passages renforcent la thèse de Portalis. C'en est juste le contre-pied.

Enfin, Portalis renvoie à un chapitre entier de Grotius : le chapitre 20 du livre 3. Dans ce chapitre, il n'est qu'une seule fois question du sujet qui nous intéresse ; c'est dans un passage, où, appliquant les principes que nous venons de rappeler, Grotius en conclut que le souverain peut, dans un traité de paix, disposer des biens de ses sujets ; mais il soutient qu'en ce cas, les sujets ont toujours droit à une indemnité (1).

En résumé, c'est à tort que Portalis s'appuie sur Grotius. Comment aurait-il pu, d'ailleurs, trouver, même par une heureuse fortune, des idées favorables à sa thèse dans Grotius ?

Grotius, en effet, n'a pas fait le moindre effort pour rechercher le principe de la souveraineté. Il la considère comme un simple fait. Il ne s'étonne donc pas qu'elle soit exercée dans des conditions différentes suivant les temps et les pays. Il reconnaît, pourtant, que la souveraineté appartient généralement au peuple. Mais c'est là, pour Grotius, une souveraineté toute théorique, et qui reste en puissance. La seule souveraineté effective, est celle du monarque ou du corps, à qui le peuple a, irrévocablement délégué le pouvoir. La souveraineté du peuple reste donc perpétuellement en puissance. Ainsi le peuple peut être asservi, par l'effet d'une conquête. Il peut même vendre sa liberté, s'il le juge utile à son intérêt, notamment pour assurer sa subsistance.

Rien n'empêche, ajoute-t-il, qu'il y ait des gouvernements civils qui soient établis pour l'avantage du souverain, comme

(1) Id., *ibid.*, liv. III, ch. xx, §§ 7, 8 et 9.

les royaumes qu'un prince acquiert par droit de conquête, sans
que, pour cela, on puisse traiter ces royaumes de tyranniques,
la tyrannie emportant une injustice. Lors même que l'établissement du gouvernement aurait lieu dans l'intérêt des sujets,
cela n'entraînerait pas la supériorité du peuple sur le souverain ;
car on ne voit pas que le pupille soit au-dessus de son
tuteur. (1)

Que Louis XIII, à qui le livre de Grotius était dédié ait
approuvé de telles lignes, cela est concevable. Mais il est
difficilement concevable qu'on y trouve jamais la négation
de la *directe universelle*.

Quant à la propriété individuelle, Grotius l'expliquait
uniquement par l'occupation. C'était un simple fait de
hasard ou de force, bien loin de constituer un droit
naturel. (2) Cela était logique de la part d'un auteur qui
accordait tant de pouvoir au souverain.

Mais, si Portalis a tort de citer Grotius, on ne peut lui
reprocher d'invoquer l'autorité de Puffendorf, bien que ce
dernier exprime sa pensée d'une manière beaucoup plus
enveloppée que Portalis. (3)

Quant aux « jurisconsultes célèbres », auxquels Portalis
fait allusion et qui critiquaient si âprement la notion du
domaine éminent, quels sont-ils? Heureusement Portalis
a pris soin de nous les citer en note, sinon nous aurions eu
quelque peine à les découvrir. Ce sont : Fleischer et
Leyser (4).

---

(1) GROTIUS, *De la paix et de la guerre*, liv. I, ch. III, §§ 7 et 8. — Comp.
ROUSSEAU, *Contrat social*, liv. 1, chap. II, p. 110 : « Grotius nie que tout
pouvoir humain soit établi en faveur de ceux qui sont gouvernés. »

(2) ID , *ibid.*, liv. II. ch. II, § 10.

(3) PUFFENDORF, *Le droit de la nature et des gens*, trad. Barbeyrac 1712,
liv. VIII, ch. v.

(4) FLEISCHER, *Institutiones juris naturæ et gentium*, liv. III, ch. II, § 2.
— LEYSER, *Pro imperio contra dominium eminens*.

Mais ne faisons pas grief à Portalis d'avoir ainsi adopté une idée, défendue jusqu'alors par Puffendorf et par d'assez obscurs théoriciens. C'est, au contraire, un mérite. Le seul tort de Portalis est d'enfler le mérite de ses précurseurs et de leur prêter une réputation à laquelle ils n'avaient pas su atteindre.

Quoi qu'il en soit, d'ailleurs, au sujet de l'argument d'autorité, — la question restait entière. Portalis jouait-il sur les mots? — ou bien y avait-il une différence véritable entre les attributs que l'on avait jusque-là reconnus à l'autorité publique et ceux que Portalis proposait?

Portalis semble avoir conscience de n'avoir pas tranché cette question, par l'argument d'autorité. Il entreprend donc d'y répondre directement. Pour cela, il se borne à montrer à quelles conséquences peut mener la théorie de l'État-propriétaire. Il choisit, parmi les auteurs qui ont soutenu cette théorie, celui qui l'a poussée à des conséquences extrêmes. Il rend la théorie même responsable de ces conséquences. Et cela suffit pour qu'il puisse présenter la théorie opposée comme la seule admissible.

Voici, d'ailleurs, ses propres paroles :

En France, et vers le milieu du dernier siècle, nous avons vu paraître des écrivains dont les opinions systématiques étaient vraiment capables de compromettre les antiques maximes de l'ordre naturel et social. Ces écrivains substituaient au droit incontestable qu'a l'État ou le souverain de lever des subsides, un prétendu droit de *co-propriété sur le tiers du produit net des biens des citoyens*.

Les hommes qui prêchaient cette doctrine se proposaient de remplacer toutes les lois fondamentales des nations par la prétendue force de *l'évidence morale*, presque toujours obscurcie par les intérêts et les passions, et toutes les formes connues de gouvernement par un *despotisme légal*, qui impliquerait contradiction

jusque dans les termes; car le mot *despotisme*, qui annonce le
fléau de l'humanité, devait-il jamais être placé à côté du mot
légal, qui caractérise le régime bienfaisant des lois ?

Heureusement toutes ces erreurs viennent échouer contre les
principes consacrés par le droit naturel et public des nations. Il
est reconnu partout que les raisons qui motivent pour les particuliers la nécessité du droit de propriété, sont étrangères à l'État
ou au souverain, dont la vie politique n'est pas sujette aux
mêmes besoins que la vie naturelle des individus (1).

Or, Mercier de la Rivière n'est pas le seul à avoir attribué à l'Etat un droit de *domaine éminent*, au vrai sens de
ce mot. Toute la philosophie du xviii° siècle, peut-on-dire,
adoptait cette idée. Les physiocrates n'en eurent nullement
le monopole. D'autres philosophes, au contraire, avaient
trouvé, à ce droit de *domaine éminent* un fondement tout
autre que l'*évidence morale*. C'est ici qu'il eût fallu parler de
ceux qui, ne faisant pas de la propriété individuelle un
droit naturel, posaient ce principe : nul ne peut être propriétaire que dans la mesure où la loi le permet ; en d'autres
termes, la propriété d'intérêt privé est limitée par une propriété préexistante et supérieure, qui est la propriété d'intérêt social. C'est cela qu'il eût fallu critiquer. Or, Portalis
n'en parle pas.

Il se trouve pourtant amené à effleurer la question,
quand il affirme que «les raisons qui motivent pour les particuliers la nécessité du droit de propriété, sont étrangères
à l'Etat ou au souverain ».

Que le souverain ait d'autres besoins que ses sujets,
voilà qui est indiscutable. Mais en quoi la vie politique du
souverain diffère-t-elle de la vie des sujets? Pourquoi les

(1) Locré, t. VIII, p. 151.

particuliers ont-ils besoin d'un droit *absolu* de propriété, tandis que le souverain n'a besoin d'aucune parcelle de ce droit? Voilà ce qu'il faudrait dire. Or, c'est ce que Portalis ne dit pas. Il affirme, et passe. Point n'était la peine alors de critiquer l'*évidence morale*, chère aux physiocrates.

Nous ne voulons retenir qu'un fait de tout ceci : c'est que Portalis semblait extrêmement gêné pour étayer son système.

D'où provenait cette gêne ?

Portalis venait d'affirmer, et même, dans la mesure du possible, de démontrer, que la propriété individuelle est un droit naturel. Il n'avait qu'à tirer les conclusions qui en découlaient. Si la propriété est un droit naturel, l'État a pour fonction principale de faire respecter la propriété de chacun. Il n'a, pour cela, qu'à laisser à chacun une liberté complète. Plus l'État interviendra dans les affaires des propriétaires, plus il violera le droit de propriété.

Or, Portalis venait de reconnaître que, pour être *absolu*, le droit de propriété devait être limité. Sinon, chaque propriétaire empiéterait tant qu'il le pourrait sur les propriétés voisines. La liberté sans frein avait conduit à un régime à jamais détruit : le régime féodal.

Pour concilier ces deux principes d'apparence opposée : *la propriété est de droit naturel, — elle ne peut être garantie que grâce à des limitations,* — Portalis avait recours au principe posé par la philosophie du xviiⁱ siècle et que la Révolution avait ainsi formulé : « L'exercice des droits naturels de chaque homme n'a de bornes que celles qui assurent aux autres membres de la société la jouissance de ces mêmes droits. Ces bornes ne peuvent être déterminées que par la loi ».

Mais, précisément parce que Portalis faisait de la propriété un droit naturel, il ne pouvait pas admettre que les lois interviennent ici au nom d'un droit de *domaine éminent*, au sens féodal du mot. Cela eût supposé que toute propriété privée était une concession de la loi, non un droit naturel; une création artificielle de la société, non un droit de l'homme.

Poser ainsi en principe que l'Etat n'est pas le propriétaire éminent des biens de tous les citoyens, c'était une grande nouveauté. Ni l'ancien régime, ni la Révolution n'avaient soutenu cette doctrine. L'Eglise pas davantage. Le droit romain non plus. C'était une innovation d'une extrême hardiesse, *au moins en théorie*.

Il est donc tout naturel que Portalis ait éprouvé un peu de gêne, qu'il ait cherché des appuis, qu'il eût esquivé certaines questions embarrassantes.

Il a du moins eu ce mérite de ne pas osciller, comme les Révolutionnaires, entre deux notions contradictoires : — la propriété est de droit naturel, — elle n'est pas de droit naturel. Et il n'a pas commis la contradiction consistant à donner à l'Etat un droit féodal de *domaine éminent*, quand, dans certaines déclarations, on considère la propriété comme étant de droit naturel.

2. — Si Portalis, et le Code civil avec lui, refusent d'admettre la théorie de l'Etat, titulaire du *domaine éminent*, comment s'explique l'intervention de la loi, en matière de propriété ? — Nous l'avons vu, c'est par l'idée de *souveraineté, dégagée de toute idée de patrimonialité*.

Pour bien nous rendre compte de la portée de ce principe nouveau en législation, voyons comment les auteurs du Code l'ont mis en œuvre.

L'Etat, selon eux, peut porter atteinte au droit de propriété individuelle à trois titres différents.

A. — En premier lieu, l'Etat peut édicter en vue du bien commun des *lois relatives au droit de propriété*.

C'est, dit Portalis, non comme propriétaire supérieur et universel du territoire, mais comme administrateur suprême de l'intérêt public, que le souverain fait des lois civiles pour régler l'usage des propriétés privées. Ces propriétés ne sont la matière des lois que comme objet de protection et de garantie, et non comme objet de disposition arbitraire. Les lois ne sont pas de purs actes de puissance ; ce sont des actes de justice et de raison. Quand le législateur publie des règlements sur les propriétés particulières, il n'intervient pas comme maître, mais uniquement comme arbitre, comme régulateur, pour le maintien du bon ordre et de la paix (1).

Qu'est-ce que ces « Lois civiles », dont l'objet est de « régler l'usage des propriétés privées ? » Portalis ne cite aucun exemple. Mais nous trouvons une intéressante liste d'exemples dans une autre partie des travaux préparatoires relatifs au titre de la propriété. C'est le tribun Faure, qui nous donne cette liste, dans son rapport au nom de la section de législation.

Si, par exemple, dit-il, la loi ne permet pas que le propriétaire d'une forêt la fasse défricher, c'est une précaution sage qu'elle prend pour la conservation d'un genre de richesses précieux sous tant de rapports à tous les membres de l'État.

De même, si des règlements de police défendent à tout propriétaire de faire sur son propre terrain des constructions qui obstrueraient la voie publique ; s'ils défendent de vendre et ordonnent même de jeter des aliments qui par leur nature pourraient occasionner des maladies, ou s'ils prohibent à tout autre

(1) Locré, t. VIII, p. 155.

qu'à des personnes de l'art de vendre des objets trop dangereux
par leur nature pour être mis indiscrètement à la disposition de
tout le monde : ce sont autant de mesures nécessitées par l'intérêt général; et chacun est censé avoir consenti d'avance à ces
prohibitions auxquelles tous sont également intéressés (1).

Il convient même d'ajouter ici, le droit que Grenier
reconnaissait explicitement à la jurisprudence de s'opposer
à tout *abus* du droit de propriété, dès que cet abus aurait
pour effet de porter dommage à autrui.

B. — L'Etat a encore le droit d'exiger les *impôts*. Portalis
est bref à cet égard.

Nous convenons que l'État ne pourrait subsister s'il n'avait les
moyens de pourvoir aux frais de son gouvernement ; mais en se
procurant ces moyens par la levée des subsides, le souverain
n'exerce point un droit de propriété; il n'exerce qu'un simple
pouvoir d'administration (2).

Ni Grenier, ni Faure ne parlent de cette restriction
apportée au droit de propriété.

C — Enfin l'État peut procéder à l'*expropriation pour
cause d'utilité publique*. Voici en quels termes en parle Portalis.

On a toujours tenu pour maxime que les domaines des particuliers sont des propriétés sacrées qui doivent être respectées
par le souverain lui-même.

D'après cette maxime, nous avons établi, dans le projet de loi,
que *nul ne peut être contraint de céder sa propriété, si ce n'est pour
cause d'utilité publique et moyennant une juste et préalable indemnité.*

L'État est dans ces occasions, comme un particulier qui traite

(1) Locré, t. VIII, p. 175.
(2) *Ibid.*, p. 155.

avec un autre particulier. C'est bien assez qu'il puisse contraindre un citoyen à lui vendre son héritage, et qu'il lui ôte le grand privilège qu'il tient de la loi naturelle et civile de ne pouvoir être forcé d'aliéner son bien.

Pour que l'État soit autorisé à disposer des domaines des particuliers, on ne requiert pas cette nécessité rigoureuse et absolue qui donne aux particuliers même quelque droit sur le bien d'autrui (1). Des motifs graves d'utilité publique suffisent, parce que dans l'*intention raisonnablement présumée de ceux qui vivent dans la société civile*, il est certain que chacun s'est engagé à rendre possible par quelque sacrifice personnel ce qui est utile à tous; mais le principe de l'indemnité due au citoyen dont on prend la propriété est vrai dans tous les cas, sans exception. Les charges de l'État doivent être supportées avec égalité et dans une juste proportion. Or, toute égalité, toute proportion serait détruite, si un seul ou quelques-uns pouvaient jamais être soumis à faire des sacrifices auxquels les autres citoyens ne contribueraient pas (2).

Le tribun Faure ne fait que répéter, sous une autre forme, ce passage de Portalis, en écrivant dans son rapport :

Lorsque..... l'utilité publique exige qu'une propriété soit cédée, celui à qui cette propriété appartient ne peut s'y refuser. Il ne prétendra pas sans doute que son intérêt particulier, en supposant même que cet intérêt existe réellement, doit prévaloir sur celui de l'État en général : cette prétention serait en contradiction manifeste avec le pacte social, dont l'obligation est tellement rigoureuse que personne, sous quelque prétexte que ce soit, ne saurait s'en dispenser. L'étranger même qui voudrait user de la propriété qu'il possède dans un autre pays que le

---

(1) On sait le droit qu'a tout propriétaire qui n'a point d'issue pour arriver à son domaine. d'obliger les propriétaires à lui donner, en payant, passage sur leurs propres terres (Note de Portalis).

(2) LOCRÉ, t. VIII, p. 156.

sien, ne pourrait, en pareil cas, alléguer que n'ayant point
souscrit au pacte, il ne peut être tenu des obligations qu'il
entraîne : on lui répondrait avec raison que par cela seul qu'il
est propriétaire, il est soumis, quant à sa propriété, à toutes
les lois du pays où elle se trouve.

Enfin, dès que le propriétaire à qui l'État demande sa
propriété reçoit une indemnité proportionnée au sacrifice qu'il
fait, dès qu'il est indemnisé avant d'être dessaisi, ce que
l'individu doit à la société et ce que celle-ci doit à l'individu
sont également satisfaits. Telle doit être une loi juste, et telle
est la disposition du projet. (1)

Et Grenier répète les mêmes explications, sans faire
davantage allusion à un droit de *domaine éminent*.

L'intérêt général, qui est supérieur à tous les intérêts privés,
dit-il, peut exiger qu'un particulier cède sa propriété. Ce droit
pourrait-il ne pas exister, puisque, dans certains cas de nécessité,
un simple citoyen peut être autorisé à affecter la propriété d'un
autre, comme par exemple, si un chemin était indispensable ?
— Mais en même temps qu'on était occupé du droit du corps
social, on s'est empressé de manifester le plus grand intérêt pour
la propriété individuelle, en disant que *nul ne peut être contraint
de céder sa propriété, si ce n'est pour cause d'utilité publique*; et en
ajoutant, *et moyennant une juste et préalable indemnité.*

Il faut donc qu'il soit constant qu'il y ait une *cause d'utilité
publique*, ce qui, dans la nature des choses, peut être assimilé à
une nécessité ; et l'on ne peut être dessaisi de la propriété
qu'autant qu'on aura préalablement reçu ce qui fera la juste
indemnité. Ces précautions doivent faire disparaître toute crainte
d'abus. (2)

D. — Il est impossible de ne pas faire une première
remarque : c'est que les pouvoirs de l'État-*souverain* sont

(1) Locré, t. VIII, p. 176.
(2) *Ibid.*, p. 203.

coulés exactement dans le même moule que ceux de l'Etat-
propriétaire éminent. C'est la même division tripartite, en
sages lois, impôts et *expropriation.* Le Code civil ne modifie
en rien ce cadre classique, tracé par la philosophie du
xviiie siècle.

Une deuxième remarque suit aussitôt la première : c'est
que le contenu non plus n'a pas été modifié sensiblement.
Nous aurons bientôt l'occasion d'examiner attentivement
le Code civil lui-même et de déterminer avec précision
quelles limites il a apportées au droit de propriété. Mais, à
nous en tenir, maintenant, aux notions générales fournies
par les travaux préparatoires du titre de la Propriété, nous
nous faisons une idée suffisante de ce qu'il faut entendre
par les *sages lois d'administration,* par les *impôts* et par le
droit d'expropriation. Sans doute, ce dernier droit n'a lieu
que contre indemnité. Mais rien ne garantit que des expropriations sans indemnité ne puissent avoir lieu sous le
nom de *sages lois.* Le tribun Faure en citait même un
exemple caractéristique, quand il parlait du droit de faire
détruire les aliments susceptibles de provoquer des maladies ; car, en ce cas, le propriétaire des aliments n'a jamais
eu droit à aucune indemnité.

Dès lors, une question se pose : A quoi sert d'avoir
modifié le principe, si les résultats restent les mêmes? N'y
a-t-il donc là vraiment qu'une simple question de mots?

A la vérité, nous croyons qu'il y a autre chose qu'une
question de mots.

Dire que le souverain a un droit de *domaine éminent,*
dans le sens féodal du mot, c'est ouvrir à l'Etat un champ
à peu près illimité. L'Etat peut se saisir des biens des
citoyens sans violer aucun droit, car aucun droit ne lui
est opposable, puisque la propriété particulière est une

concession qu'il accorde aux citoyens et qui est perpétuellement révocable.

Dire, au contraire, que le souverain agit comme *arbitre*
entre les propriétaires, comme *régulateur*, et que sa mission est seulement d'assurer le bon ordre et la paix, c'est
déclarer qu'il y a une limite que l'État ne peut franchir
sans s'arroger des droits qui ne lui appartiennent pas. « Les
particuliers ont la libre disposition des biens qui leur
appartiennent », dit l'art. 537 du Code civil. Et l'article 544 ajoute : « La propriété est le droit de jouir et de
disposer des choses de la manière la plus absolue. » L'Etat
juge si ces prescriptions sont observées. Sa mission est d'y
veiller. L'Etat est au service des propriétaires, non les propriétaires au service de l'Etat.

La différence entre les deux points de vue existe donc,
et elle est considérable.

E. — Mais elle reste *purement théorique*. Là est le défaut
capital de la théorie de Portalis, et peut-être aussi ce qui
le gênait le plus. Cette *limite*, au-delà de laquelle l'Etat
cesse d'agir comme *souverain* et agit en *propriétaire éminent*,
qui la tracera ? — Il y avait bien, au temps du Consulat, un
Sénat conservateur, dont la Constitution de l'an VIII
disait : « Il maintient ou annule tous les actes qui lui sont
déférés comme inconstitutionnels par le Tribunat ou par
le Gouvernement » (art. 21). Mais le Gouvernement avait
l'initiative des lois, et n'avait, par conséquent, pas à les
faire déclarer inconstitutionnelles. Quant au Tribunat, il
avait été réduit à l'impuissance par les Consuls, depuis le
jour qu'il avait manifesté quelque velléité d'indépendance.
Dès lors, il n'y avait plus personne qui pût contraindre le

législateur à rester dans les limites de la pure souveraineté, sinon le législateur lui-même.

C'était ce que Treilhard avait déjà reconnu, dans un passage que nous avons cité (1). Or, il est clair que la
« volonté nationale », dont avait parlé Treilhard, est
mobile : elle peut exiger, pour l'Etat, un droit supérieur
de propriété, là où, quelques années auparavant, elle s'est
contentée, pour lui, du rôle d'arbitre. Quant à la « sagesse »
des législateurs, elle peut se trouver en défaut : alors la
« volonté nationale » est méconnue, ou, tout simplement,
on fait dire à la volonté nationale ce qu'elle n'a jamais
songé à dire, et la « volonté nationale » laisse dire et
laisse faire.

Il semble bien que l'embarras de Portalis vienne aussi
de son impuissance à tracer, conformément au principe,
une limite au législateur. -- Il n'avait pas été difficile
d'exprimer l'idée d'inviolabilité du droit de propriété privée : nous avons vu comment les articles 537 et 544
l'avaient fait. — Il n'était pas difficile non plus d'exprimer
l'idée que le droit des propriétaires rencontre certaines
restrictions. Il avait suffi pour cela d'ajouter un membre
de phrase à ces mêmes articles. L'article 537 dit : « Les
particuliers ont la libre disposition des biens qui leur
appartiennent, *sous les modifications établies par les lois* ».
Et l'article 544, de même, dit : « La propriété est le droit
de jouir et de disposer des choses de la manière la plus
absolue, *pourvu qu'on n'en fasse pas un usage prohibé par les
lois ou par les règlements* ». — Comment aller plus loin,
maintenant, et déclarer que les lois et les règlements
pourront restreindre le droit de propriété individuelle,

(1) Voir plus haut, p 259.

uniquement en vertu du principe de *souveraineté*, mais
jamais par application d'un droit féodal de *domaine éminent* ? Et si l'on trouve un texte pour exprimer législati-
vement cette pensée, comment en imposer l'observation au
législateur ? — On n'admet pas, en France, que le juge
puisse refuser d'appliquer les lois inconstitutionnelles (1).

Dès lors, la théorie de Portalis, et, semble-t-il, de la
majorité des auteurs du Code civil, ne pouvait pas passer
dans le Code civil. C'était une vue directrice, dont, comme
particuliers, ils pouvaient s'inspirer. Mais ils n'avaient
aucun moyen d'en imposer l'observation.

Bien mieux. En raison même de cette impuissance, les
auteurs du Code ouvraient la porte à tous les errements,
qu'ils auraient voulu empêcher. Ils étaient dans la nécessité de donner carte blanche aux législateurs de l'avenir.
Ils leur transmettaient un code qui disait : — La *propriété
est inviolable*, — *mais les lois peuvent y apporter toutes les
atteintes possibles, sans aucune restriction.* Qu'auraient pu
dire d'autre ceux qui auraient voulu attribuer à l'Etat un
droit féodal de *domaine éminent ?* Rien, dans le Code, n'empêche les législateurs de porter à la propriété privée des
atteintes qui seraient inexplicables, autrement que par la
notion de la propriété, — concession bénévole de l'Etat.

En résumé, les auteurs du Code civil ont eu dans
l'esprit, un principe nouveau, suivant lesquels les pouvoirs de l'Etat auraient été limités : le législateur aurait

(1) Voir sur les pouvoirs des juges aux États-Unis : DICEY, *Law of the
Constitution*, p. 86, 87. — STORY, *Commentaries on the Constitution of the
united states*, n° 1576. — HAMPTON L. CARSON, *The supreme Court of the U.
A. S., its history.* — BRINTON COXE, *An essay ou judicial power and incons-
titutionnal législation.*

le droit de porter atteinte aux propriétés privées, dans
l'intérêt du respect de la propriété, et à titre d'*arbitre*
entre tous les propriétaires ; mais il n'aurait pas le droit
d'agir en *maître*, ni de porter atteinte aux propriétés de
droit privé, en vertu d'une notion féodale de *domaine éminent*
ou, si l'on préfère, au nom d'une propriété de *droit public*.
— Mais, loin d'avoir pu inscrire leur principe dans le
Code, les hommes du Consulat ont adopté des textes tels,
que leur principe n'y apparaît nullement : le principe opposé
pourrait tout aussi bien les avoir inspirés. Et, dès lors, les
législateurs qui succèderont à ceux du Consulat, n'étant
tenus par aucune considération d'ordre législatif ou constitutionnel, pourront, *par de simples lois de détail*, remettre
en vigueur la théorie du droit éminent de l'Etat.

3. — Quel usage les auteurs mêmes du Code civil ont-
ils fait de leur propre principe ? Faut-il dire que, pour
interpréter sainement le Code civil, on doit abandonner
toute distinction entre la propriété de droit public et la propriété de droit privé, et que, dans le Code, celle-ci est
tout et celle-là rien ? — Ou bien faut-il dire que les auteurs
du Code ont donné eux-mêmes l'exemple du manquement
à leur principe ?

Nous ne nous en tiendrons pas, pour cette étude, aux
textes mêmes du Code civil. Nous chercherons, dans la
législation contemporaine, tout ce qui peut servir à les
éclairer.

Nous adopterons, pour classer ces divers textes, la
méthode déjà suivie : *sages lois d'administration*, — *impôts*,
— *expropriation*.

A. — *a*) Parmi les *sages lois d'administration*, il nous

faut signaler tout d'abord les mesures qui ont pour but de
rendre impossible le retour du régime féodal.

Dans son exposé des motifs du titre de la Distinction
des Biens, qui est le premier du livre 2. du Code civil,
Treilhard donne le plan du livre 2 tout entier :

> Ce livre, dit-il, renferme quatre titres : 1° *de la distinction des
> biens ; 2° de la propriété ; 3° de l'usufruit et de l'habitation ; 4° des
> servitudes ou services fonciers.*
>
> Voilà, en effet, ajoute-t-il, les seules modifications dont les
> propriétés soient susceptibles dans notre organisation politique
> et sociale ; il ne peut exister sur les biens aucune autre espèce
> de droits : ou l'on a une propriété pleine et entière, qui renferme
> également et le droit de jouir et le droit de disposer ; ou l'on
> n'a qu'un simple droit de jouissance, sans pouvoir disposer du
> fonds ; ou enfin l'on n'a que des services fonciers à prétendre
> sur la propriété d'un tiers. Services qui ne peuvent être établis
> que pour l'usage et l'utilité d'un héritage ; services qui n'en-
> traînent aucun assujettissement de la personne ; services enfin
> qui n'ont rien de commun avec les dépendances féodales, brisées
> pour toujours (1).

Et, plus loin, revenant sur la même idée, Treilhard la
répète sous une forme à peine nouvelle :

> On ne peut avoir sur ses biens que trois sortes de droits, ou
> un droit de propriété, ou une simple jouissance, ou seulement
> des services fonciers : ainsi notre Code abolit jusqu'au moindre
> vestige de ce domaine de supériorité jadis connu sous les noms
> de seigneurie féodale et censuelle (2).

L'article 543 du Code civil est l'expression législative de
l'idée ainsi exposée. Mais cet article appelle une double
observation.

---

(1) LOCRÉ, t. VIII, p. 51.
(2) *Ibid.*, p. 60.

En premier lieu, il est loin d'être aussi net que l'exposé des·motifs. Il ne dit pas du tout qu'on *ne peut* avoir sur ses biens d'autres droits réels que les trois qu'il énumère. Il dit seulement qu'*on peut* avoir ces trois sortes de droits. Cela laisse supposer qu'on peut en avoir d'autres. — Et, en fait, le Code civil lui-même en a ajouté un quatrième, l'hypothèque, qui, aux termes de l'article 2114 « est un droit réel sur les immeubles affectés à l'acquittement d'une obligation. »

La seconde observation est que le fait de n'avoir pas limité d'une manière impérative à trois le nombre des droits réels immobiliers n'a eu d'importance qu'au regard de la jurisprudence. Quant au législateur, quand bien même l'article 543 eût porté prohibition de créer d'autres droits réels immobiliers que les trois indiqués, il n'eût pas été lié par cette prohibition. Si donc les anciens démembrements féodaux du droit de propriété privée n'ont pas été reconstitués, c'est en raison de la volonté persistante du législateur.

Que devenaient, donc, pour les auteurs du Code civil, ces anciens démembrements?

Ils demeurent tous abolis. Nous avons déjà eu l'occasion de dire que les hommes du Consulat s'étaient refusés à rien changer aux lois révolutionnaires, qui avaient supprimé les rentes ou redevances entachées de la plus légère marque de féodalité (1).

Restaient les rentes perpétuelles, qui étaient purement foncières et l'emphytéose.

(1) Voir plus haut, p. 257. — Notons que les avis du Conseil d'État relatifs au bail à complant cités plus haut, p. 208, note 4, datent du Consulat.

L'article 529 du Code civil, sans abolir les rentes foncières, déclare qu'elles ont le caractère de *meubles par la détermination de la loi.* C'était la confirmation de ce qu'avaient décidé les lois des 11 brumaire et 22 frimaire an VII (1).

Il résultait de là que le bail à rente perpétuelle cessait d'être un bail pour devenir une vente. — Avant l'an VII, il y avait : d'une part, le bailleur, titulaire du *domaine éminent,* — d'autre part, le preneur, titulaire du *domaine utile.* Le bailleur pouvait exiger la rente de tous les tenanciers successifs du fonds. Que le preneur ait transmis ce fonds à titre onéreux ou gratuit, peu importe : quiconque tenait le fonds devait la rente. Le tenancier avait donc un moyen très simple de se dérober à l'obligation de payer la rente : transmettre le fonds, ou, s'il n'y réussissait pas, déguerpir. — Depuis l'an VII et le Code de 1804, tout est changé. Le preneur et ses héritiers restent tenus de la rente perpétuelle envers le bailleur. Le preneur a beau transmettre le fonds, ou même déguerpir, peu importe : c'est lui qui reste tenu envers le bailleur. Et réciproquement, le bailleur n'a plus d'action contre les tiers détenteurs du fonds, mais contre les héritiers du preneur. — En réalité, le lien était rompu entre le bailleur et le fonds : le bailleur cessait d'être titulaire d'un droit réel, il devenait créancier. Mais alors, il devenait incorrect de parler de bail. Il y avait vente, moyennant une rente perpétuelle. C'était ce qu'exprimait

_____

(1) Voir plus haut, p. 208. — *Sic,* DEMOLOMBE, *Cours de Code civil,* t. IX, n° 423 et 424; TROPLONG, *Des hypothèques,* t. II, n° 408; LAURENT, *Principes du droit civil français,* t. V, n° 500; AUBRY et RAU, *Cours de droit civil français,* 5ᵉ édit., t. II, § 165, p. 33, note 16. — *Contrà* : MERLIN, *Répertoire,* v° *Rentes foncières,* § 1, art. 4; PROUDHON, *Du domaine privé,* t. 1, n° 244.

le tribun Mouricault, dans son rapport au Tribunat, sur le titre du louage. « Le bail à rente, disait-il, doit être regardé comme une vente de propriété » (1). Ainsi l'ordonnait l'article 529.

Donc, la disposition de l'art. 529 suffisait pour empêcher la décomposition du droit de propriété en un droit de *domaine éminent* et un droit de *domaine utile*. L'ancien titulaire du *domaine utile* devenait plein propriétaire, et, en même temps, debi-rentier.

Fallait-il aller plus loin et interdire les baux perpétuels ? Les opinions furent très divisées à cet égard. Le titre du louage était venu en discussion avant que les idées se fussent nettement fixées. On s'était contenté d'un texte vague déclarant que, dans le louage de choses, le bailleur s'oblige envers le preneur à le faire jouir de la chose *pendant un certain temps* (art. 1709 c. civ.). La question restait donc entière. Elle fut tranchée à la suite d'une discussion très approfondie. Maleville était partisan des rentes perpétuelles (2). Pelet (de la Lozère) insistait aussi en leur faveur. — Mais Tronchet, Portalis, Regnaud et Cretet firent valoir des arguments sérieux en sens inverse. Il se créerait, disaient-ils notamment, une nouvelle suprématie dans le village dont le fonds lui appartiendrait (au propriétaire), et « l'on verrait la nation partagée en deux classes » comme sous l'ancien régime : l'une d'oisifs et de riches qui jouiraient paisiblement et « sans labour des produits de la terre, l'autre de serfs condamnés aux travaux les plus rudes pour payer les impositions et la rente foncière, sans pouvoir obtenir de leurs sueurs la subsistance de leurs

---

(1) Locré, t. XIV, p. 424-425.
(2) Napoléon, *Correspondance*, t. VII, p. 76 : Lettre à Maleville.

familles ». Bonaparte se rangea à cet avis (1). Mais on était
alors à la veille de promulguer le Code civil, dont toutes
les parties avaient été successivement votées. C'est dans
la loi du 30 ventôse an 12, « concernant la réunion des
lois civiles en un seul corps de lois, sous le titre de Code
civil des Français », que se trouve tranchée la question des
rentes perpétuelles.

En conséquence, fut décrété l'article, qui, dans le Code
civ. porte le n° 530. Ce texte déclare essentiellement *rache-*
table toute rente établie à perpétuité pour prix de la vente
d'un immeuble, ou comme condition de la cession à titre
onéreux ou gratuit d'un fonds immobilier. La seule modification apportée par l'art. 530 au droit intermédiaire consiste à permettre au créancier de régler les clauses et
conditions du rachat, et de stipuler qu'il ne pourrait avoir
lieu avant trente ans.

Il est clair que cette disposition contribuait à empêcher
la décomposition de la propriété en deux domaines : l'un
utile, l'autre *éminent*. Mais elle ne suffisait pas pour supprimer ce genre de démembrement. C'est l'art. 529, qui
abolit la distinction entre le *domaine éminent* et le *domaine*
utile, et qui transfère au titulaire du *domaine utile*, la pleine
propriété.

Si l'art. 529 n'avait pas mobilisé les rentes perpétuelles,
l'art. 530 eût été insuffisant pour effacer la vieille distinction féodale.

Les rentes simplement *rachetables*, ne sont pas, pour
cela, des rentes *rachetées*. Mais, comme nous l'avons montré,
le fait de mobiliser les rentes perpétuelles avait pour con-

(1) Locré, t. VIII, p. 78 et suiv.

séquence nécessaire de donner la propriété *pleine et entière*
aux débiteurs de rentes.

Les interprètes du Code civil ont cru devoir aller plus
loin encore. Arguant, de ce que le Code n'avait nulle part
fixé une limite à la durée des taux, et de ce que la loi du
30 ventôse an 12 a implicitement maintenu les lois antérieures, pour autant qu'elles ne portaient pas sur les
matières traitées dans le C. civ., on en a conclu que
l'art. 1 de la loi des 18-29 décembre 1790 était toujours
en vigueur. En conséquence, on pense que les baux de plus
de 99 ans, sont, aujourd'hui encore, interdits (1). —
Mais cette interprétation ne nous paraît nullement certaine. Il nous semble, au contraire, que les auteurs du
Code ont cru avoir fait assez en mobilisant les rentes perpétuelles et en les déclarant rachetables (2). Ils avaient à
ce point le sentiment d'avoir fait le nécessaire, qu'ils ont
cru pouvoir rétablir sans danger le principe de la tacite
reconduction (art. 1776).

Quant à l'emphytéose, le Code n'en a pas parlé et il
nous semble bien que les auteurs du Code aient partagé l'opinion de Tronchet : il n'y a pas lieu de s'occuper de l'emphytéose, parce qu'elle est désormais sans
objet (3).

Ce n'était pas assez d'avoir limité le nombre des démem-

(1) TROPLONG, *Echange et Louage.* t. I, n° 55. — DURANTON, *Cours de droit
civil français*, t. IV, n° 87.

(2) DEMOLOMBE, t. IX, n° 425. — LAURENT, t. XXVII, n° 47. — AUBRY et
RAU, 4e édit., t. IV, § 364, p. 469. — HUC, *Commentaire théorique et pratique du C. civ.*, t. X, n° 270. — BAUDRY-LACANTINERIE et WAHL, *Du contrat
de louage*, 2e édit., t. Ier, n° 1201. Dans le sens de notre opinion : Cass.,
21 nov 1837, S., 37, 1, 954. P., 37, 2, 544, D. P., 38, 1, 134. — CHAMPION-
NIÈRE et RIGAUD, t. IV, n° 3558.

(3) LOCRÉ, t. XVI, p. 253.

brements du droit de propriété, et d'avoir prohibé les
anciens démembrements féodaux. Il fallait encore empêcher
que l'on se servît des démembrements permis pour reconstituer les démembrements interdits.

Les auteurs du Code ont pris, à cet effet, toutes les précautions désirables.

S'agit-il de l'usufruit? Les auteurs du Code déclarent
qu' « il importe à la conservation des biens que la jouissance ne soit pas trop longtemps séparée du domaine » (1).
Et c'est pourquoi l'usufruit s'éteint toujours par la mort
de l'usufruitier (art. 617). Il en est de même, en ce qui
concerne les droits d'usage et d'habitation (art. 625). Ce
sont des droits personnels, que la mort du bénéficiaire
anéantit (2). — C'est aussi par crainte de réveiller les sou-
venirs de la féodalité que le Code évite de donner à ces
droits d'usufruit, d'usage et d'habitation, leur nom tradi-
tionnel de *servitudes personnelles* (3). Le Code les appelle
des *droits de jouissance* (art. 543). S'agit-il des servitudes
foncières? — Le Code déclare alors que « la servitude
n'établit aucune prééminence d'un fonds sur un autre »
(art. 638).

Il ne s'agit point ici, dit Berlier, de ces prééminences d'un
fonds sur un autre, qui prirent naissance dans le régime à jamais
aboli des fiefs (4).

On trouve des expressions presque identiques dans le

_____

(1) PERREAU, Rapport au tribunat sur le titre de l'usufruit. (LOCRÉ, t. VIII,
p. 278).

(2) GARY, Discours au Corps législatif (*Ibi t*, p. 296).

(3) MALEVILLE, *Introduction au titre 4 du livre 2*. — TOULLIER, *Droit civil
français suivant l'ordre du Code civil*, t. III, n° 381. — DEMOLOMBE, t. X,
n° 211. — LAURENT, t. VI, n° 323. — AUBRY ET RAU, ! ° édit., t. II, § 225,
p. 656, note 1.

(4) BERLIER, Exposé des motifs du titre des servitudes. (LOCRÉ, t. VIII
p. 367).

rapport fait au Tribunat par Albisson (1) et dans le discours
prononcé par le tribun Gillet au Corps législatif (2).

Mais ce n'était pas encore assez dire. Les servitudes sont
généralement perpétuelles. Il fallait éviter que, sous prétexte de servitudes foncières, on ne procédât au rétablissement des contrats féodaux. Aussi le Code revient-il à la
charge : l'art. 686 interdit que les services établis « soient
imposés ni à la personne, ni en faveur de la personne ;
mais seulement à un fonds et pour un fonds. » Ainsi une
servitude ne peut être établie, à la charge pour le propriétaire du fonds servant de curer les fossés du fonds dominant. Cette charge, du moins, ne pourrait être perpétuelle, comme l'est la servitude. Elle serait temporaire,
comme tous les louages d'ouvrage ou de services
(art. 1780 (3). Ainsi encore, une servitude ne peut être
valablement établie, si elle a pour objet de procurer au
propriétaire du fonds dominant certains avantages purement personnels : celui de se promener dans un jardin et
d'y cueillir des fruits (4) ; celui de chasser ou de pêcher
dans le fonds servant (5) ; celui de prendre dans une forêt
le bois nécessaire au chauffage des habitants du fonds dominant, ou encore d'extraire d'un fonds l'argile destinée à

(1) ALBISSON, Rapport au tribunat sur le titre des servitudes. (LOCRÉ. t. VIII,
p. 481.
(2) GILLET, Discours au Corps législatif (Ibid., p. 102).
(3) MARCADÉ, sur l'article 686, nos 1 et 2. — DEMOLOMBE, t. XII, no 674. —
BAUDRY-LACANTINERIE et CHAUVEAU, Des biens, no 1073.
(4) DURANTON. t. V, no 447. — PROUDHON, De l'usufruit, t. 1, no 369. DU
CAURROG, BONNIER et ROUSTAIN, Commentaire théorique et pratique du
C. civ., t. II, no 340. — DEMOLOMBE, t. XII, no 637.
(5) DURANTON, t. IV, no 292 et t. V, no 419. — PARDESSUS, Traité des servitudes, t. I, no 11, p. 33 et 34. — MARCADÉ, loc. cit. — DU CAURROY, BON-
NIER et ROUSTAIN, t. II, no 341. — DEMANTE et COLMET DE SANTERRE, Cours
analytique de Code civil, t. II, no 511 bis, III. — DEMOLOMBE, t. IX, no 626,
et t. XII, no 686. — BAUDRY-LACANTINERIE et CHAUVEAU, no 1071.

l'exploitation d'une tuilerie (1) ; celui de faire moudre gratuitement dans un moulin tout le grain nécessaire aux
habitants d'une maison (2) ; ou celui d'installer des tables
et de faire stationner des voitures sur un fonds voisin,
pour la commodité du propriétaire du fonds dominant,
alors que ce propriétaire est aubergiste (3). Tous ces droits
doivent, dans la rigueur du Code civil être constitués à
titre de droits d'usage, ou comme des locations, mais non
comme droits perpétuels de servitude. — Il fallait limiter
ainsi le droit des propriétaires si l'on voulait atteindre la
fin que l'on s'était proposée : empêcher le retour des corvées féodales. Pourtant l'on ne pouvait pas aller jusqu'à
interdire de stipuler que les travaux nécessaires pour
l'exercice d'une servitude (entretenir un chemin, un pont,
un aqueduc, etc.) seraient effectués par la propriétaire du
fonds servant. L'art. 698 autorise formellement cette dérogation à l'art. 686. Mais, comme si les auteurs du Code
avaient eu peur qu'une telle liberté ne servît à reconstituer le régime féodal, ils se sont empressés d'ajouter qu'en
pareil cas le propriétaire du fonds servant pourrait toujours s'affranchir de cette obligation « en abandonnant le
fonds assujetti au propriétaire du fonds auquel la servitude est due » (art. 699). Bien entendu l'on ne peut
renoncer à ce droit de déguerpissement : une telle renonciation transformerait le service en charge personnelle, en
corvée, et cela est inadmissible (4).

---

(1) Huc, t. IV, n° 405. — Req., 8 juill. 1851, S. 51,1, 599.
(2) Pau, 16 juin 1890, S. 92,2,313, D. P. 91,2,183.
(3) *Contrà* : Req. 27 juillet 1874, S. 74,1,180, D. P. 75.1.373.
(4) Duranton, t. V, n° 615. — Demante et Colmet de Santerre, t. II,
n° 555 *bis* I. — Demolombe, t. XII, n° 881. — Aubry et Rau, 5° édit., t. III,
§ 253, p. 154, note 8.

S'agit-il, enfin, des hypothèques ? Nous voyons que le bail à rente a cessé de donner lieu à hypothèque, en même temps qu'il a cessé d'avoir un caractère immobilier. C'était la réforme opérée par les lois de l'an VII. Le Code civil ratifie cette mesure. Pourtant si le titulaire de la rente n'a plus de droit réel immobilier, le détenteur du fonds arrenté est dorénavant propriétaire. Aussi accorde-t-on au titulaire de la rente une hypothèque privilégiée, en vertu de l'art. 2103 C. civ. (1). Mais c'est là le droit commun, accordé à tout vendeur d'immeuble, et c'est la conséquence normale résultant de ce que le bailleur à rente perpétuelle a été, de force, transformé en vendeur d'immeuble.

Enfin, il convient d'ajouter que d'autres mesures encore furent prises en vue d'empêcher le retour du régime féodal, par exemple l'interdiction des substitutions et des partages d'ascendants, sauf dans des cas nettement déterminés. Mais ce n'est pas pour empêcher la division de la propriété en un *domaine éminent* et un *domaine utile* que ces dispositions furent prises. C'est pour empêcher l'exercice du droit d'aînesse. Nous traiterons donc de cette question, quand nous parlerons des mesures restrictives en matière de succession.

---

(1) GRENIER, *Des hypothèques*, t. II, n° 331. — FŒLIX et HENRION, *Traité des rentes foncières*, n° 82, 81 a, 91 c et suiv. — LAURENT, t. XXX, n° 15. — BAUDRY-LACANTINERIE et de LOGNES, *Du nantissement, des privilèges et des hypothèques*, t. I, n° 583 et 590. — GUILLOUARD, *Traité des privilèges et des hypothèques*, t. II, n° 480. · Décrets du 12 déc. 1808, art. 11 ; du 9 décembre 1811, art. 37 ; du 1er mars 1813, art. 5. — Nîmes, 2 ventôse an XII, S., 7,2,1232. — Poitiers, 2 pluviôse an XIII, S., 5,2,335. — Nîmes, 23 frimaire an XIV, S., 6,2,82. Civ., 29 juin 1813, S., 13,1,382 ; 8 nov. 1821, S. 25,1,1. Req., 24 2 nr.oS.1 s92s .9 ..l. 162 Civ., 25 août 1829, S. 39,1,333. Chambres réun. cass., 27 nov. 1835, S., 35,1,900.

Peut-on dire que, sur ce premier point, — entraves portées à la reconstitution du régime féodal, — le Code ait été fidèle à son système ?

En vérité, le Code n'a commis aucune spoliation nouvelle. Il s'est contenté de confirmer les spoliations commises, en cette matière, par les lois de la Révolution. Souvent, comme lorsqu'il s'agit des rentes foncières, il les a reprises pour son propre compte et simplement rééditées.

Il nous paraîtrait tout à fait abusif, dans ces conditions, de dire que le législateur révolutionnaire a agi en vertu d'un droit de *domaine éminent*, et que le législateur du Consulat n'a fait qu'agir en *souverain*.

Cela est tellement vrai, que la question a dû être tranchée de savoir si l'on reviendrait, ou non, sur l'œuvre opérée dans les années précédentes. Le Gouvernement lui-même voulait restaurer une partie des titulaires de baux à rente ou à cens, dans leurs droits antérieurs. Maleville et d'autres voulaient que les titulaires de baux perpétuels recouvrent la qualité de propriétaires. Pour écarter ces propositions, on n'a pas dit que l'État outrepasserait ses droits s'il retirait la propriété aux uns, pour la conférer à d'autres. Personne n'a fait valoir de tels arguments. Il a donc fallu, qu'une seconde fois, le législateur manifestât la volonté de dépouiller les anciens bailleurs à rente ou à cens, les anciens titulaires du *domaine éminent*, et de reconnaître comme propriétaires les titulaires du *domaine utile*. Or, il est inadmissible que l'État puisse avoir des volontés de cette nature, s'il ne possède qu'un rôle d'*arbitre*. L'État ne disait pas qui *était* propriétaire et qui *ne l'était* pas. Il disait qui devait *devenir* propriétaire et qui allait *cesser de l'être*. Il dépouillait l'un pour favoriser l'autre. Pour retirer ainsi, et pour donner, il faut, de toute nécessité, qu'il s'agisse de biens, sur lesquels l'État a un *droit supérieur de propriété*.

C'est la seule explication, qui justifie les textes si minutieux du Code civil en cette matière. Quel luxe de précautions pour supprimer les droits féodaux et pour les empêcher de renaître ! Sans doute, on n'agit pas toujours par voie directe. Ainsi, pour supprimer les rentes perpétuelles, on se contente de les déclarer mobilières. Mais les juristes ne s'y trompent pas. Sous cette disposition, il leur est aisé de découvrir l'opération réelle. Classer les biens en meubles et immeubles, cela paraît, par essence, un acte de simple *souveraineté*. Nous avons vu qu'il pouvait en être autrement. Cet acte de *souveraineté*, vaut *expropriation*. C'est une manifestation *déguisée* du *domaine éminent*.

b) Faut-il classer aussi parmi les *sages lois d'administration*, émanées de la simple *souveraineté*, les mesures prises par les hommes du Consulat, en *matière successorale et testamentaire* ?

Nous avons déjà eu l'occasion de signaler la loi du 4 germinal an VIII, (1) qui augmentait dans de notables proportions le droit de tester.

Les auteurs du Code avaient à choisir entre deux principes. Ou bien, ils pouvaient déclarer que le droit successoral était de *droit naturel*, et que l'État avait seulement le devoir de prendre les mesures nécessaires pour garantir ce droit. Ou bien, ils pouvaient considérer que toute propriété revient à l'État, dès que son titulaire est mort, que l'État a un libre droit de disposition sur tous

---

(1) **Voir** plus haut, p. 223, note 5, et p. 224, note 3.

les biens qui lui viennent ainsi, et que, pouvant en faire ce que bon lui semble, il peut notamment les donner aux parents du défunt jusqu'à leur propre mort, soit d'après les règles fixées par la loi (droit successoral), soit, dans une certaine mesure, suivant la volonté exprimée par le défunt (droit testamentaire). — Le premier système impliquait, pour l'État, un simple droit de *souveraineté*; le second, impliquait un droit supérieur de disposition de la part de l'État, un *domaine éminent*.

Or, c'est la seconde doctrine qu'ont adoptée les auteurs du Code.

Voici Portalis, qui dans son *discours préliminaire*, après avoir soutenu que le droit de propriété était un droit naturel, ajoute :

.... Mais le droit de propriété finit avec la vie du propriétaire. Nous convenons qu'aucun homme n'a, par un droit naturel et inné, le pouvoir de commander après sa mort et de survivre pour ainsi dire à lui-même par un testament. Nous convenons que c'est aux lois à établir l'ordre ou la manière de succéder (1).

Voici Maleville, qui proclame que « la transmission des biens par succession n'est pas du droit naturel, mais du droit civil » (2).

Voici encore Siméon :

Aussitôt que nous mourons, tous les biens qui tenaient nos propriétés dans notre dépendance se rompent : la loi seule peut les renouer (3).

Qu'on lise l'exposé des motifs écrit par Treilhard pour le

(1) Locré, t. I, p. 310-311.
(2) Fenet, t. XII, p. 309.
(3) Locré, t. X. p. 279.

titre des successions, on y trouvera maintes fois cette
même idée soit exprimée, soit clairement sous-entendue.

Nulle part il ne fonde les règles proposées sur un *droit*
propre aux défunts ou à leurs héritiers. « Il eût été dur,
injuste, » dit-il, d'empêcher les testateurs de manifester
utilement leur volonté (1). C'est affaire de sentiment, non
de droit. « Quel législateur, s'écrie-t-il encore, pourrait
enlever à un malheureux père la succession de ses
enfants ? » (2). Et cela signifie, à n'en pas douter, que le
législateur en aurait le pouvoir, sans violer aucun droit
naturel, mais qu'il n'aurait pas le cœur d'agir ainsi. Plus
loin, Treilhard dit que le défunt a pour héritier, celui qui,
à l'instant de la mort, « se trouve appelé par la loi » (3).
On peut multiplier les citations d'expressions de ce genre :
« l'ordre de succéder établi par la loi »... (4) ; « l'héritier
de la loi »...(5) ; « la loi qui l'appelle à la succession »... (6) ;
« la loi appelle les parents les plus proches »... (7) ; il est
« juste de donner aux enfants, par une fiction favorable
(de la loi) le droit de représenter leur père »... (8) ; « la loi
ne les lui transmet (ne transmet les biens à l'héritier) que
sous l'obligation d'acquitter les charges » (9)...

Qu'on lise même l'exposé des motifs rédigé par Bigot-
Préameneu pour le titre des donations et testaments. On y

---

(1) Locré, t. X, p. 177.
(2) *Ibid.*, p. 178.
(3) *Ibid.*, p. 180
(4) *Ibid.*, p. 181.
(5) *Ibid.*, p. 181.
(6) *Ibid.*, p. 181.
(7) *Ibid.*, p. 186.
(8) *Ibid.*, p. 186.
(9) *Ibid.*, p. 191.

verra que le législateur ne croit pas devoir prendre parti
entre les deux thèses et il en est donné une raison qui est
peut-être plus sérieuse au fond qu'elle ne le paraît au premier abord. Quelles sont les deux thèses ? Selon l'une la
faculté de disposer de ses biens est un « *bienfait de la loi* » ;
selon l'autre, c'est « l'exercice du droit de propriété ». Si
c'est l'exercice du droit de propriété, nul doute que cet
exercice ne puisse être contenu, par la loi, « dans des
bornes raisonnables ». Si c'est un bienfait de la loi, nul
doute que la loi ne soit dans la nécessité d'accorder une
large part à la volonté de l'homme : « Si la faculté de disposer était resserrée dans des limites trop étroites, il serait
dérisoire de soutenir que cette faculté ainsi réduite fut
encore un bienfait » (1). Bigot-Préameneu joue sur le
mot bienfait ; et, par ce moyen, il réussit à ne pas prendre
parti. Pourtant, il était difficile de rester longtemps dans
une telle équivoque. Lorsque Bigot en vient à parler de la
fixation de la quotité disponible, il est bien obligé d'adopter,
au moins implicitement, une opinion. « Il est, dit-il, des
devoirs dont elle (la loi), ne peut, en aucun cas, autoriser
la violation » (2). Mais dire cela, et en conclure, que les
libéralités « ne pourront excéder la moitié des biens, s'il
n'y a qu'un enfant légitime ; le tiers s'il (si le donateur ou
testateur) en laisse deux ; et le quart s'il en laisse trois ou
un plus grand nombre » (3) —, c'est avouer que la loi a,
en pareille matière un droit supérieur de disposition, un
droit de *domaine éminent*. De même, dans l'argumentation
très fouillée que donne Bigot, pour condamner l'institution

(1)
(2)
(3)

des réserves légales en faveur des collatéraux, ou en
faveur des seuls frères et sœurs, il apparaît clairement que
la loi aurait eu le pouvoir d'établir de telles réserves, et de
disposer ainsi des biens des particuliers en faveur de certains de leurs parents. Aucune des raisons invoquées
contre ces réserves ne vise à dénier à la loi ce droit (1).
C'est, encore une fois, avouer que la loi possède en ces
matières, un véritable droit de *domaine éminent*.

Le tribun Jaubert s'exprime d'une manière beaucoup
moins enveloppée.

Pour suivre une route sûre dans l'application de la loi, dit-il,
qu'ils (les citoyens) se pénètrent bien de cette vérité, que, dans
la matière des dispositions à titre gratuit, tout est du droit positif, parce que tout est émanation et concession du droit civil, et
qu'ainsi il n'y a de permis que ce qui est expressément autorisé (2).

Il est inutile de multiplier ici de pareilles citations.

D'ailleurs la théorie des hommes du Consulat s'exprime
clairement dans les dispositions même du Code. Et surtout, elle trouve son expression dans les articles 723 et
768, qui ouvrent, au profit de l'Etat un droit de *succession*
éventuelle. La rédaction de ces articles ne peut laisser
place au doute : il s'agit bien d'une *vocation héréditaire* au
profit de l'Etat, à défaut d'héritiers légitimes et naturels,
ou d'époux survivant (3). Sinon, le Code eût dit tout simplement, que de tels biens sont « vacants et sans maîtres »,
ou plutôt, il n'eût rien dit du tout : l'article 539, relatif à
cette sorte de biens, suffisait. Or, il ressort de l'exposé

(1)
(2)
(3) Paris, 13 décembre 1901. D. P. 1902, 2, 177. S. 1902,2,38.

des motifs présenté par Treilhard qu'il faut distinguer
entre les biens qui échoient à l'Etat par droit de déshérence et les biens vacants. Treilhard, en effet, suppose que
la République néglige de se présenter à la succession.
Alors, la succession est vacante et les articles 811 et suivants peuvent trouver application (1). Cette disposition ne
peut s'expliquer que par la réapparition de la *pleine propriété*
au profit de l'Etat : dès que les règles fixées pour les successions cessent de trouver application, la propriété générale qui appartient à l'Etat se manifeste de nouveau et
l'Etat succède aux biens. Rien ne montre mieux que,
lorsque les règles fixées par la loi en matière de successions ou de testaments s'appliquent, c'est toujours à titre
de simple concession que l'on hérite, ou que l'on succède.
et cette concession de la loi est révocable. Dans cette révo-
cabilité réside un droit que l'idée de *souveraineté* ne suffit
pas à justifier. La notion du *domaine éminent* en fournit,
seule, l'explication.

Il importe, d'ailleurs, de noter que les auteurs du Code
civil n'hésitèrent pas à imposer dans les titres relatifs aux
successions et aux testaments, des règles d'une importance considérable : sans aller aussi loin que les révolutionnaires, ils adoptèrent pourtant leurs principes.

Plus de droit d'aînesse. Il faut diviser les propriétés.
C'est l'égalité entre les cohéritiers. — Nous avons déjà eu
l'occasion de dire que ce principe n'était admissible que si
l'on reconnaissait, du même coup, à l'Etat, un droit de
domaine éminent. Comment l'Etat pourrait-il exiger le ·or-

(1)

cellement du territoire, s'il n'avait un *droit supérieur de disposition* ? Un *arbitre*, encore une fois, peut dire le droit, mais non pas créer des propriétaires, ou en supprimer. — Il est vrai que le Code civil atténue les conséquences du principe. Il accorde une quotité disponible égale à une part d'enfant, mais jamais inférieure au quart de la succession. Il tolère même les substitutions au profit des petits-enfants et des neveux.

Plus de distinction des biens en propres ou acquêts, ni surtout en nobles et roturiers, distinction devenue odieuse: pour la supprimer « il fallait un de ces grands événements qui déracinent les Empires et changent la face du monde. Il fallait qu'un grand peuple conspirât tout entier pour établir le règne de l'égalité sur la ruine des distinctions et des privilèges » (1). Fort bien ; mais cela encore implique que l'Etat a le droit de bouleverser l'ordre admis dans les propriétés, ce qu'il ne peut faire, évidemment, qu'en vertu d'un droit de *domaine éminent*. L'article 731 dit: « La loi ne considère ni la nature, ni l'origine des biens pour en régler la succession. » C'est le principe de l'unité du patrimoine. Or, c'est par la force, ne l'oublions pas, que le principe opposé avait été renversé, et celui qui exerce une telle force ne peut être qu'un *maître*, non un *arbitre*.

Quant aux règles de dévolution, c'est là, par excellence, que l'État agit en *maître*. Il donne aux uns, refuse aux autres ; il en admet d'autres encore, en faisant intervenir une fiction : la représentation (ou plutôt, ce qu'il prend pour une fiction, sans s'apercevoir que cette fiction n'est pas indispensable) (1).

(1) TREILHARD, *Exposé des motifs* du titre des successions.

(2) KOHLER, *Zwei Studien über das sogenannte Repräsentationsrecht*, dans

Que d'autres règles impératives il faudrait citer, pour
faire un tableau complet! La prohibition des institutions,
— le partage en nature, avec obligation, pour chaque héritier, non seulement à une part égale, mais à une même
quantité de biens de chaque espèce (art. 826, 827, 832).
— la limitation des conventions d'indivision, — la prohibition des pactes sur succession future, — la restriction de
la successibilité au douzième degré, — autant de règles qui
se justifient seulement, si l'État a le droit de *disposer* des
biens laissés par les particuliers.

Sans doute, l'État tient compte de l'affection présumée
du défunt, de l'intérêt des héritiers, de celui des créanciers,
de l'intérêt des familles, de l'autorité paternelle, et, par
dessus tout, des considérations d'ordre public. Mais rien
ne l'y oblige. C'est de la politique, de sa part, — ce n'est
pas une règle de droit.

c). La notion de *sage loi d'administration* ne suffit pas non
plus pour justifier les dispositions relatives aux *domaines
public* et *privé* de l'État et aux *biens vacants et sans maître*.

Il faut, à cet égard, bien préciser ce dont il s'agit. L'expression de *biens vacants et sans maître* ne s'applique pas
aux choses, qui ne sont pas susceptibles de propriété privée
et qui, à ce titre, font nécessairement partie du *domaine
public* : chemins, routes, rues à la charge de l'État, fleuves
et rivières navigables ou flottables, rivages de la mer,
ports, havres, rades, etc. (art. 538).

Or, qui décrète si une chose est ou non susceptible de
propriété privée ? — L'État, c'est-à-dire le législateur. —

Gesammte Abhandlungen aus dem gemeinen und französischen Civilrecht
p. 367 et s.

Sans doute, il faut, pour cela, tenir compte de la nature des choses. Mais où se trouve le *criterium*? Les interprètes ont, à cet égard, chacun sa manière de voir (1). Ce qui est indubitable, c'est que l'État peut *toujours* déclarer qu'une chose, ou une catégorie de choses, est retirée du commerce, et fait dorénavant partie du domaine public. On en a vu des exemples au cours du xix⁰ siècle. — Qu'est-ce à dire, sinon que l'État possède un droit de *domaine éminent*, reconnu, avoué, consacré par le Code civil lui-même? Ce n'est, certes, pas comme *arbitre* que l'État agit en pareil cas, mais bien comme *maître*.

On a distingué du domaine *public*, le domaine *privé* de l'État, qui comprend les lais et relais de la mer, les fortifications et remparts des ci-devant places de guerre, les forêts nationales, les épaves etc., et les biens vacants et sans maîtres. Toutes ces choses se distinguent de celles qui font partie du domaine *public*, parce qu'on les considère comme *susceptibles de propriété privée*.

Ainsi, voilà tout un ensemble de biens susceptibles de propriété privée, que l'État retire de la circulation et qu'il consacre au service de la communauté. Impossible, ici, de soutenir qu'il agit comme *arbitre*. Impossible même, de prétendre qu'il prend en considération, uniquement, l'intérêt des individus. Ici, l'État agit en *maître* : c'est la *société* qui parle par sa bouche et qui interdit aux citoyens de s'approprier tels et tels biens, dont elle se saisit comme seule et unique titulaire. C'est le *domaine éminent*, dans ce

---

(1) PROUDHON, *Traité du domaine public*. — GAUDRY, *Traité du domaine*. — PERIN, *Du domaine public*. — René DE RÉCY et TISSERANT, *Traité du domaine*, dans BÉQUET, *Répertoire*. — MAGUÉRO, *Dictionnaire du domaine* — DUCROCQ, *Traité des édifices publics*.

qu'il a de plus net, de plus indubitable. On peut même
concevoir que les socialistes accomplissent la transformation économique tout simplement en décrétant que les
ateliers et usines, etc., font désormais partie du domaine
privé de l'État. (Nous réservons, en ce moment, la question de l'indemnité). Ils n'auraient fait, ainsi, que se
servir d'une possibilité que leur ouvre le Code civil. L'État,
qui a le pouvoir d'agir ainsi n'est pas un *juge*, c'est un
maître.

Nous en avons, d'ailleurs, un témoignage contemporain
du Code, en ce qui concerne les *biens vacants et sans maître*.
Treilhard, dans son exposé des motifs de titre de la distinction des biens, déclare que les *biens vacants et sans
maître*, auxquels l'article 539 assimile ceux des personnes
qui décèdent sans héritiers, ou dont les successions sont
abandonnées, appartiennent à la nation, et il ajoute :
« Conséquence nécessaire de l'abolition du droit du premier occupant, droit inadmissible dans une société organisée » (1). A la vérité, le Code civil n'a pas absolument
aboli le droit du premier occupant. Les articles 715, 716
et 717 y sont relatifs. Mais il en a restreint considérablement la portée. Les auteurs du Code ont été, un moment, sur le point de le supprimer entièrement (2). On en
serait alors arrivé à des dispositions analogues à celles du
droit révolutionnaire, qui interdisait de s'approprier le
gibier tué sur le terrain d'autrui. Les auteurs du Code ont
donc hésité sur la question de savoir jusqu'où devaient
s'étendre les droits de l'État, et jusqu'où devaient être

---

(1) Treilhard, *Exposé des motifs* du titre de la distinction des biens.
(Locré, t. VIII, p. 59).

(2) C'était ce que faisait le projet de Code, préparé par le Conseil d'État
(Fenet, t. II, p. 124).

admis ceux du premier occupant. Le Code porte la trace
très visible de ces hésitations. Or, si l'on hésite, c'est que
l'on a le pouvoir d'*attribuer* plus ou moins de droits à
l'État. Suivant que l'on fixe la limite ici ou là, des biens
sont propriétés de l'État, ou propriété de simples particuliers : les épaves rejetées par la mer peuvent, suivant ce
que l'on décide, être attribuées soit à l'État, soit à celui
qui les a découvertes. Là encore, on voit clairement apparaître le droit supérieur de disposition, le *domaine éminent*
propre à l'État.

d) Il est, d'ailleurs, une autre série de biens qui, comme
ceux du *domaine* et comme les *biens vacants*, échappent au
régime normal de la propriété privée. L'article 537, en
déclarant que « les biens *qui n'appartiennent pas à des particuliers* sont administrés et ne peuvent être aliénés que dans
les formes et suivant les régles qui leur sont particulières »,
s'applique non seulement aux biens sans maître et à ceux
qui sont partie du domaine, mais encore aux biens des
collectivités.

C'est dire que les biens des établissements publics, des
associations et des sociétés civiles ou commerciales sont
tous subordonnés à l'agrément de l'Etat. Le Code civil,
suivant ici la voie ouverte par la Révolution, conserve la
haute-main sur les biens des collectivités et des corps.
Mais, pour pouvoir retenir ainsi un droit supérieur de
disposition, il faut que l'Etat agisse, à cet égard, en
maître, non en *arbitre*, en *propriétaire éminent*, non simplement en *souverain*.

Nous avons vu déjà que Portalis lui-même avait fait
application de ce droit aux congrégations religieuses (1).

_____

(1) Voir plus haut, p. 245.

— De nos jours, il en a été fait des applications non moins importantes.

e) Parvenons maintenant au cœur même du sujet. Les auteurs du Code civil ont-ils imposé à la *propriété privée* des restrictions telles, qu'il faille les interpréter comme un exercice du droit de *domaine éminent* ?

Quand on lit le titre de la « propriété » au Code, on est frappé de voir quels larges pouvoirs les propriétaires possèdent.

Au propriétaire appartiennent sans réserve les fruits naturels ou industriels de la terre, les fruits civils, le croît des animaux (art. 547). On exige, en retour, que le propriétaire rembourse les frais des labours, travaux et semences, faits par les tiers (art. 548) ; mais il est clair qu'en imposant cette obligation au propriétaire la loi reste dans son rôle *d'arbitre* et de sage administrateur.

Le Code renverse même la législation de 1791 sur les mines (1). Désormais, « la propriété du sol emporte la propriété du dessus et du dessous » (art. 552). Cette disposition appelle pourtant une observation. L'Etat qui adopte, à quelques années de distance, une règle aussi opposée à celle qu'il avait précédemment admise, n'est-il qu'un simple *juge* ? Un arbitre qui revient sans cesse sur ses arrêts, et qui attribue la propriété tantôt à l'un des compétiteurs (qui n'est autre que lui-même) tantôt à l'autre, n'est pas un arbitre banal. Les partisans de la nationalisation des mines sont donc en droit de répondre, à ceux qui leur opposent que ce serait transformer la *souveraineté* de l'Etat en un droit de *domaine éminent* : « Il n'est nul-

(1) Voir plus haut. p. 197-198.

lement certain que l'État ait agi seulement en vertu de
son droit de *souveraineté* alors qu'il a séparé, en 1791, la
propriété du sol et du sous-sol, puisqu'il les a réunies en
1804, pour, en 1810, les séparer à nouveau. Retirer,
donner et reprendre, c'est là agir en *maître*, non en *juge* ».

Mais il est inutile d'insister sur ce point, ni d'énumérer
les autres dispositions du titre de la « propriété ». Quelques-
unes de ces dispositions prêtent à la critique, et ont soulevé
des difficultés considérables. Néanmoins, le libéralisme de
tous ces articles est incontestable. Il semble, à les lire, que
les propriétaires français soient les plus libres du monde.

La vérité est que les restrictions au droit de propriété
ont été insérées dans une autre partie du Code. C'est au
titre des *servitudes* qu'on les trouve.

L'art. 637 déclare que « la servitude est une charge
imposée sur un héritage pour l'usage et l'utilité d'un héritage appartenant à un autre propriétaire. »

Or, dans les articles qui suivent, on trouve une foule de
prescriptions, qui ne répondent pas toutes à cette définition.
Ce sont des *restrictions apportées à l'exercice du droit de propriété*, les unes dans l'intérêt *public*, les autres dans l'intérêt
des *propriétaires voisins*.

Le Code civil n'énumère pas toutes les restrictions apportées, dans l'intérêt *public*, à l'exercice du droit de propriété.
Il se contente de fournir une simple indication, dans l'art.
650, et de renvoyer, pour le reste aux « lois ou règlements
particuliers. »

Il n'est pourtant pas difficile de se rendre compte des
limitations qui, à l'époque du Consulat, étaient, de ce

chef, apportées au droit de propriété. Nous en donnons ici
un tableau, sinon complet, du moins suffisant.

1° Les anciens règlements maintenus par le Code civil
exigent que des *plans d'alignement* soient dressés et
approuvés par l'autorité compétente; aucune construction
ne doit être édifiée sans que le propriétaire ait obtenu
« l'alignement individuel » et l'autorisation de bâtir (Édit
de déc. 1607; déclaration du 17 juin 1693; loi du 16 déc.
1807, art. 50 et s.). — Lorsqu'il résulte des plans d'alignement, que des maisons empiètent sur la voie, telle qu'elle
a été tracée à nouveau, toute la partie de l'immeuble
destinée à être retranchée est frappée de ce que l'on a
appelé la *servitude de reculement* : le propriétaire ne doit
pas faire la moindre réparation dans cette partie de sa
propriété; lorsque la construction finit par tomber en
ruines, l'administration n'autorise la réédification qu'à
l'alignement; elle s'empare du terrain ainsi rendu libre, et
ne paie, au propriétaire, à titre d'indemnité, que la valeur
du terrain. (1)

2° Dans certains cas, les riverains des routes nationales
sont obligés de les planter. (Loi du 9 vent. an XIII et
décret du 16 déc. 1811, art. 88 et s.). — Ces mêmes
riverains ne peuvent planter sans autorisation administrative, des arbres sur leurs propres fonds, à moins de six
mètres desdites routes. (Loi 9 vent. an XIII, art. 5). — Les
propriétaires de bois traversés par une route sont tenus
d'élaguer et essarter les arbres le long de celle-ci. (Édit
de déc. 1607. — Ord. de 1669, art. 1 et 3).

3° Il est interdit d'ouvrir et de pousser des carrières à

_____

(1) Ducrocq, t. II, n° 853.

une certaine distance des routes (Déclaration du Roi, 17 mars 1780.)

4° Au cas d'impraticabilité d'un chemin public, il est permis de passer, même avec voitures, sur les propriétés riveraines (Loi 28 sept.-6 oct. 1791). (1)

5° Les propriétés riveraines sont obligées de recevoir le jet des fossés et le produit du curage des routes (Arrêt du Conseil du 3 mai 1720.

6° L'art. 650 C. civ. renvoie expressément à la servitude dite du *marchepied* sur les rivières navigables ou flottables. C'est un renvoi à l'ordonnance de décembre 1672, tit. 28, art. 7 et à l'édit de décembre 1772, chap. 1, art. 3, ainsi qu'à l'arrêt du conseil du 24 juin 1777, et à des textes plus récents, tels que l'arrêté du 13 nivôse an 5.

Les riverains des cours d'eau navigables ou flottables sont tenus de laisser sur le bord un chemin de 24 pieds, pour le passage des chevaux (servitude de *halage*), et ils ne peuvent avoir des arbres ou clôtures à moins de 30 pieds du chemin de halage. Sur l'autre rive, ils doivent ménager un chemin de 10 pieds (servitude de *marchepied*).

7° Divers arrêts du Conseil des 22 juin 1706, 7 septembre 1755, 23 juillet 1783, etc., confèrent aux entrepreneurs de travaux publics le droit d'extraire des matériaux, pierres, grès, sables, etc., dans les fonds voisins qui leur sont indiqués par leurs devis, et ce sans payer d'autre indemnité que celle des dommages occasionnés par cette extraction. Il y a exception pour les carrières, et pour les terrains qui sont compris dans la clôture des maisons d'habitation.

---

(1) La jurisprudence a reconnu qu'en ce cas, les propriétaires riverains avaient droit à indemnité (Cass., 11 août 1835, S. 35, 1, 577. P. 35, 3, 338. D. P. 35, 1, 455).

8° Des restrictions spéciales, dites *servitudes militaires*
sont imposées aux propriétés foncières dans le voisinage
des forteresses et postes militaires (Loi des 8-10 juillet
1791).

9° Il est défendu d'élever aucune construction ou de
creuser aucun puits à moins de 100 mètres des cimetières.
(Décret du 23 prairial an 12).

10° La suppression des étangs insalubres ou de nature à
causer des inondations peut être ordonnée en vertu de la
loi des 11-19 septembre 1792.

11° Les agents de l'administration des poudres ont des
droits spéciaux sur les bois de bourdaine (Arrêté du
25 fructidor an 11, et décret du 18 floréal an 12) et les sal-
pêtriés commissionnés en ont sur les matériaux de démo-
lition (Loi 13 fructidor an 5, tit. 1).

Il suffit de parcourir cette liste pour voir que ces soi-
disantes servitudes ne comportent généralement pas de
fonds dominant au sens ordinaire de ce mot. De deux
choses l'une : ou bien l'État, suivant la conception du Code,
n'exerce qu'un droit de *souveraineté*, alors ces servitudes
envers la chose publique, ne comportent pas de fonds dominant ; ce sont non des servitudes, mais des restrictions
au droit de propriété ; — ou bien l'État agit ici en vertu
de son droit de *domaine éminent* ; alors seulement on peut
parler de servitudes, mais le Code viole en ce cas le
principe posé.

Quoi qu'il en soit, la plupart de ces restrictions, dont
quelques-unes équivalent à de véritables expropriations
ont lieu *sans indemnité*, ou *avec des indemnités dérisoires*.

Une remarque, dès lors, s'impose. Si ces restrictions au
droit de propriété avaient été insérées à leur place normale,
c'est-à-dire à la suite de l'art. 545, qui parle de l'expro-

priation pour cause d'utilité publique, l'indemnité aurait
été due, et elle aurait été « juste et préalable ».

Il serait téméraire de dire que ce résultat a été voulu et
cherché. Mais il faut constater son existence. Et, dès lors,
nous devons dire que, dans le Code civil lui-même, la
propriété est soumise à des restrictions très graves, *sans
indemnité* ou à peu près. ¡Là encore, la loi n'agit pas en
juge, mais bien en *maître.*

On trouve encore au titre des servitudes, une série de
dispositions relatives aux rapports de contiguité ou de voi-
sinages entre les propriétés. Elles concernent l'égoût des
toits, les vues et jours, les plantations d'arbres, enfin la
distance et les ouvrages intermédiaires requis pour certaines constructions. Il ne s'agit pas là de servitudes, mais
bien de « restrictions... imposées aux propriétaires voisins
pour leur intérêt respectif ». De plus, ces restrictions
« n'emportent aucune idée d'héritage dominant ni d'héritage servant » (1).

Ces restrictions, qui sont énumérées dans les art. 671 à
681, ne sont, d'ailleurs, que les applications de la règle
posée par Grenier : aucun propriétaire né doit *abuser* de
son droit d'une manière nuisible au voisin (2).

A quel titre l'État impose-t-il ces restrictions au droit

(1) AUBRY et RAU, 1re édit., t. II, § 193, p. 303. — Dans le même sens :
DEMOLOMBE, t XI, n° 8. — En sens contraire : MERLIN, *Quest.*, v° *Servitude*,
§ 3. — TOULLIER, t. III, n° 531. — Pour trouver dans ces servitudes la notion
des fonds servant et dominant, il faudrait soit recourir à la notion de servitudes réciproques et identiques, notion pour le moins étrange, soit dire que le
fonds dominant, c'est ici le *domaine éminent* de l'État, conception qui ne
serait ni simple, ni conforme aux tendances théoriques du Code.

(2) Voir plus haut, p. 262.

de propriété? — Ici, pas de doute, c'est bien à titre de *juge*. L'État se fait *arbitre* entre les propriétaires voisins.

Il faut encore considérer comme des restrictions au droit de propriété les dispositions relatives au *bornage* et à la *clôture forcée* (art. 646 et 663). En effet, ce ne sont pas des servitudes proprement dites, mais bien des obligations personnelles, qui, à la vérité sont *propter rem*, sans dégénérer pour cela en droits réels.

Quoi qu'il en soit, d'ailleurs, ce sont là des dispositions qui peuvent très normalement s'interpréter comme résultant d'un acte de *souveraineté*.

On ne peut pas non plus considérer comme de véritables servitudes les dispositions relatives à l'usage des eaux contenues dans les articles 641 à 645. Mais ces prescriptions ne supposent nullement à l'État un droit supérieur de disposition. Elles règlent équitablement les conflits qui peuvent naître entre propriétaires de sources et propriétaires contigus, ou habitants du voisinage.

Il importe pourtant de remarquer que les articles 644 et 645 sont exclusivement relatifs aux rivières non navigables ni flottables. Les autres rivières dépendent du domaine public de l'État, et le régime auquel sont soumis leurs riverains ne peut s'expliquer que par l'idée de *domaine éminent*.

Quant aux mesures administratives applicables à l'époque du Code, pour régler le libre écoulement des eaux, prévenir les dommages qu'elles pourraient causer, et en assurer le meilleur mode de jouissance et de distribution, il nous semble qu'elles peuvent sans inconvénient être rattachées à la notion de *souveraineté*. En édictant ces mesures, on songe à protéger les intérêts de tous équitablement, rien de plus (1).

Restent, maintenant, les vraies *servitudes légales*. Il en est une qui dérive de la situation des lieux. C'est celle dont les fonds inférieurs se trouvent grevés pour l'écoulement naturel des eaux provenant des fonds supérieurs (art. 640). Il n'y a pas lieu, en général, à indemnité, en pareil cas.

Quant aux autres, elles sont établies pour l'intérêt de la propriété foncière et donnent lieu à des indemnités (art. 682 et 685).

Nous ne rencontrons, là encore, aucune disposition qui ne puisse s'expliquer comme l'exercice d'un droit de pure souveraineté.

En résumé, la propriété privée, telle que le Code civil l'avait organisée, se trouvait soumise à une foule de limitations minutieuses. Beaucoup de citoyens se voyaient arracher en totalité ou en partie leur propriété, et n'avaient droit, en retour, à aucune indemnité ou qu'à une indemnité dérisoire.

Si d'autres limitations s'expliquent aisément par une simple application du droit de souveraineté, la plupart de celles-là ne peuvent se justifier ainsi.

f) Si nous voulons, maintenant, porter un jugement d'ensemble sur les *sages lois d'administration* comprises

---

(1) Loi des 22 déc. 1789-8 janv. 1790 sur les assemblées administratives, sect. 3, art. 2, n° 6. — Loi des 12-20 août 1790, chap. 6. — Loi des 28 sept.-6 oct. 1791 sur la police rurale, art. 15 et 16. — Loi du 11 floréal an XI sur le curage des canaux et rivières non navigables.

dans le Code civil, ou qui en complétaient l'application, force nous est de faire une double constatation.

En premier lieu, l'ensemble de ces mesures est caractérisé par un très grand souci de modération. Les hommes qui ont préparé et voté ces textes avaient un grand respect du droit de propriété. Ils tenaient à être aussi équitables que possible et à faire œuvre raisonnable, pondérée, utile.

En second lieu, il faut constater, que, malgré cette condition essentiellement favorable à l'élaboration de textes, où l'État, loin de parler en *maître*, n'agirait jamais que comme *arbitre*, un grand nombre des dispositions adoptées ne peuvent s'expliquer que grâce à la notion du *domaine éminent*. Tel est le cas pour les mesures destinées à consacrer l'abolition du régime féodal ; tel est le cas aussi pour les règles adoptées en matière successorale et testamentaire, matière que l'on considérait ouvertement comme appartenant au droit civil, non au droit naturel ; tel est encore le cas, pour les biens classés dans le domaine public, et, notamment, pour les biens vacants et sans maître ; tel est indubitablement le cas pour les biens des corporations ; tel est, enfin, le cas pour la majeure partie des restrictions apportées au droit de propriété sous l'apparence trompeuse de servitudes légales.

Voilà où aboutit le plus modéré des Codes, le plus respectueux de la propriété privée.

B. — Nous n'avons que peu de chose à dire des impôts sous le Consulat. La question ne semble pas avoir passionné l'opinion publique, ni préoccupé les juristes-philosophes.

Sauf l'affirmation de Portalis, que nous avons rapportée (1), rien ne nous autorise à dire que la thèse de l'État-*souverain* l'ait emporté sur celle de l'État-*propriétaire éminent*, pour justifier le droit de prélever des contributions.

Les mesures fiscales sont d'ailleurs rares à cette époque (2). C'est sous l'Empire que l'activité législative recommencera à s'exercer en cette matière.

C. — En ce qui concerne l'*expropriation pour cause d'utilité publique*, nous avons déjà eu l'occasion d'exposer à ce sujet la doctrine des auteurs du Code (3).

Elle repose sur ce postulat que l'*intention raisonnablement présumée de ceux qui vivent dans une société civile est de rendre possible par quelque sacrifice personnel ce qui est utile à tous.*

L'*utilité commune* tel est donc le principe supérieur, qui vient justifier les expropriations.

Nous avons dit déjà qu'en invoquant ce principe, on ne démontrait nullement que le principe du *domaine éminent* n'était pas, en vérité, le fondement de cette théorie (4).

Mais il faut reconnaître que le droit d'expropriation pour cause d'utilité publique, n'était nullement, au temps du Code civil, cette institution respectueuse de la propriété qu'elle paraît d'abord.

Il y avait, en effet, deux moyens de tourner l'article 545, et d'exproprier sans juste, ni préalable indemnité.

Le premier consistait à *édicter des règles de droit civil, qui équivalaient à expropriation.* Nous en avons donné déjà des

(1) Voir plus haut, p. 277.

(2) A signaler, pourtant, une loi du 5 ventôse an XII, sur les droits de circulation relatifs aux vins et boissons spiritueuses.

(3) Voir plus haut, p. 277 et s.

(4) Voir plus haut, p. 231 et s.

exemples. Ainsi, l'on décrète que les rentes perpétuelles sont mobilières ; et voilà les titulaires de domaines éminents expropriés sans indemnité. De même, on soumet les associations et corporations à un régime spécial ; et voilà leurs biens soumis à la discrétion du pouvoir. Surtout, l'on multiplie les servitudes légales, et l'on dissimule sous ce nom de véritables restrictions au droit de propriété privée. Si l'on veut se rendre compte de la portée de ces dernières expropriations, il suffit d'examiner les conséquences que, très logiquement, la jurisprudence a tirées du principe. Nous avons, par exemple, mentionné cette soi-disante servitude, interdisant d'élever aucune construction ou de creuser aucun puits à moins de cent mètres des cimetières (1). Il en résulte nécessairement que, si l'on établit un nouveau cimetière, il faut abattre les constructions et supprimer les puits, qui se trouvent dans la zone prohibée. C'est une véritable *expropriation sans indemnité* (2). Il est clair que la puissance publique, quand elle agit ainsi, se comporte en *maître*.

Le second consistait à édicter des règles de droit *pénal*, qui ordonnaient la *confiscation* sans indemnité. La Constituante avait aboli cette peine : « la confiscation des biens des condamnés ne pourra être prononcée dans aucun cas », disait le décret du 21 janvier 1790. Or, la confiscation fut rétablie en deux étapes, la première opérée par le Code civil, la seconde par le Code pénal. — Le Code de 1804 rétablit la mort civile, d'où résulte que les condamnés à des peines particulièrement graves voient s'ouvrir leur propre succession. Dès lors, si le condamné était l'unique héritier d'un tiers, les biens de ce dernier passent à l'État, comme

(1) Voir plus haut, p. 311, 9°.
(2) Req. 8 mai 1876, D. P. 76, 1, 252.

vacants ; s'il n'avait lui-même pas d'héritiers, ses propres
biens viennent accroître le domaine public ; « et, ajoute
Treilhard, si sa vie physique vient à se prolonger, et
qu'au jour de son trépas, il laisse quelques biens, il
meurt sans héritiers, comme le célibataire qui n'a pas de
parents » (1). c'est-à-dire que l'État est son seul héritier
(art. 25 et 33 C. civ.). — Les voies étant ainsi préparées,
le Code de 1810 édicte à nouveau la *confiscation*. « La confiscation générale, dit l'article 7, peut être prononcée « con-
curremment avec une peine afflictive, dans les cas déterminés par la loi. » On sait quel usage Napoléon devait
faire de la confiscation : il allait en faire un moyen de
gouvernement contre ses ennemis politiques et rendre la
confiscation générale si odieuse aux royalistes, que leur
premier soin, en 1814, sera de dire, dans la Charte même,
que la confiscation est abolie. Et pourtant, c'était Bonaparte qui avait dit: « La propriété, c'est l'inviolabilité dans
la personne de celui qui la possède : moi-même, avec les
nombreuses armées qui sont à ma disposition, je ne pour-
rais m'emparer d'un champ, car violer le droit de propriété
d'un seul, c'est le violer dans tous » (2).

En conséquence, si l'on veut voir non pas l'apparence
juridique, mais la vérité à la fois juridique et sociale, il
faut dire que *l'expropriation*, telle qu'elle nous est présen-
tée par les auteurs du Code est un trompe-l'œil. A l'époque
du Code, pas plus qu'à l'époque de la royauté, ou à celle
de la Révolution, on ne s'en est tenu à l'expropriation
modérée, paternelle, indemnisante, dont on nous parle.

---

(1) TREILHARD, *Exposé des motifs* du titre de la jouissance et de la priva-
tion des droits civils. (LOCRÉ, t. II, p. 330).
(2) LOCRÉ, t. IV, p. 235.

D. — Les auteurs du Code n'ont donc pas pu appliquer leur propre principe. Ils auraient voulu abolir toute distinction entre la propriété du droit *privé* et celle du droit *public*. Ils n'ont pu y réussir. Dès que l'on examine les dispositions qu'ils ont édictées, on voit que la propriété de droit *public* est seulement masquée, parfois même assez grossièrement. Mais elle est là. Elle seule explique la plupart des limites apportées au droit de propriété, elle seule peut justifier les atteintes portées au principe de l'indemnité en matière d'expropriation. Sans ce démembrement du droit de propriété en deux droits : — l'un, le *domaine éminent*, la propriété de droit *public*, qui justifie l'intervention de l'État ; — l'autre, le domaine *utile*, la propriété de droit *privé*, qui est laissée aux particuliers, — on ne peut justifier la plupart des limitations apportées par le Code civil au droit supposé *naturel*, c'est-à-dire *plein* et *libre* de propriété individuelle.

SECTION V

Conclusion sur la théorie absolutiste du droit de propriété.

Nous avons vu maintenant comment la théorie absolutiste du droit de propriété, née au XVIIIe siècle par réaction contre la théorie féodale, a été réalisée par le droit révolutionnaire, puis par le Code civil.

En tant que réaction contre la théorie féodale, il faut dire que la nouvelle théorie a atteint le but qu'elle s'était proposé. Désormais, plus de ces démembrements du droit de propriété, qui créaient un droit de prééminence de la part d'un fonds sur un autre fonds, et qui se complétaient d'une manière presque nécessaire, par des droits de supériorité personnelle de la part du propriétaire du fonds éminent sur le titulaire du domaine utile. La propriété, décrétée *pleine* et *entière*, aussi bien par ceux qui en font une concession de la loi, que par ceux qui voient en elle un droit naturel, a dû, pour rester ainsi *absolue*, subir de nombreuses restrictions et limitations. Sinon, la féodalité aurait pu se reconstituer à la faveur de la liberté des conventions. Mais il a fallu justifier ces restrictions.

Deux explications ont été successivement admises. La première faisait de l'État moderne le successeur des pouvoirs absolus du roi. Aucun particulier n'était complètement maître de ses biens. Il ne l'était que dans la mesure où le roi le permettait, — le roi, c'est-à-dire, l'État, la nation. A l'État appartient la *directe universelle*, le *domaine éminent*. Les particuliers n'ont qu'un droit de *domaine utile*. Ainsi, un dernier démembrement féodal subsistait : l'État avait la propriété de droit *public*, et les particuliers la propriété de droit *privé*.

La deuxième explication déclarait à jamais abolie la *directe universelle*. L'État est un *souverain*, non un *propriétaire éminent* ; un *arbitre*, non un *maître*. Il a pour mission de garantir à tous leur propriété *pleine* et *entière.* La propriété n'est pas faite pour lui. C'est lui qui est fait pour que la propriété des particuliers soit.

La première explication avait deux avantages. — Elle rendait compte des lois édictées par la Révolution et des dispositions contenues dans le Code civil. — Elle reliait le présent au passé, et assurait, sans heurts trop violents, l'évolution historique.

Elle avait aussi deux inconvénients. — Elle ne limitait en rien les pouvoirs théoriques de l'État. — Elle ne pouvait être admise sans contradiction, par ceux qui, partisans de la propriété, — droit naturel, trouvaient inadmissible un partage de ce droit entre l'État et les particuliers.

La deuxième explication offrait un seul avantage. — Elle satisfaisait l'esprit de ceux qui voyaient dans la propriété un droit naturel.

En revanche elle avait de multiples inconvénients. — Elle se montrait aussi impuissante que la première à limiter les pouvoirs de l'État. — Elle ne rendait pas compte des faits, la plupart des restrictions apportées au droit de propriété ne pouvant se justifier sans la notion du domaine éminent. — Elle constituait un mirage, et créait ainsi un sentiment de fausse sécurité.

A la vérité, aucune des deux explications ne réunissait à fonder une *véritable théorie absolutiste* du droit de propriété. Et cela constitue un inconvénient commun à toutes deux, — si toutefois c'est là un inconvénient.

On conçoit que, vers la fin du xviii° siècle, la France ait tendu de toutes ses forces à la constitution et à la mise en application d'une théorie *absolutiste* du droit de propriété. Elle avait trop souffert de l'arbitraire. L'État, ou ses représentants ne pouvaient, ne devaient plus être considérés comme ayant une sorte de propriété supérieure sur les biens des citoyens. C'était là une notion qui était devenue odieuse. On ne voulait plus subir un pareil état de choses.

Or qu'a-t-on trouvé pour mettre en place ?

La première doctrine laisse subsister précisément ce pouvoir odieux. C'est celle de la Révolution. Elle ne mérite pas le nom de théorie *absolutiste* du droit de propriété. C'est, au contraire, une doctrine *relativiste*, puisque la propriété de droit privé s'y trouve limitée par la propriété de droit public et même subordonnée à cette dernière.

Quant à la seconde, ce n'est qu'*une apparence de doctrine absolutiste*. Dans les faits, il n'y a rien de changé. Et, quand bien même il y aurait eu quelque chose de changé, comme aucune précaution n'était prise pour que l'État bornât son rôle à celui fixé par la théorie, rien n'empêchait que la propriété du droit public ne se reconstruisît peu à peu. Il est vrai que, par leur libéralisme, les hommes du Consulat ont donné au monde l'illusion d'avoir vraiment fondé et fait passer dans les faits une doctrine *absolutiste* du droit de propriété. On n'a vu dans le Code civil que ce qu'il paraissait être et on l'a reçu comme le libérateur des personnes et des biens. Pourtant, le Code n'était pas ce qu'il paraissait être.

En un mot, la théorie *absolutiste* du droit de propriété privée était morte dès son berceau : elle n'était pas viable. On l'a crue vivante. Mais il est impossible de conserver cette illusion, aujourd'hui surtout que, par une évolution, qui s'est poursuivie parallèlement chez tous les peuples civilisés, sous l'influence de besoins et d'idées semblables, la propriété de droit public s'est accrue dans des proportions remarquables. Comment donc a-t-elle pu prendre un tel développement, si elle n'était au moins en germe dans le Code civil ?

CPAPITRE II

La théorie relativiste

La théorie *absolutiste* du droit de propriété portait en elle-même des germes de destruction. Elle a encore ses partisans, mais on peut dire que les faits lui ont infligé le plus cruel des démentis.

Non seulement en France, mais encore dans tous les autres pays civilisés, la propriété privée est soumise, de nos jours, à des prescriptions si limitatives, qu'il est impossible de considérer la propriété *pleine et libre*, comme une réalité actuelle. Les propriétaires sont *relativement libres*. Leur droit est partiel.

Si la doctrine du droit naturel était demeurée dominante, on n'aurait pas eu à hésiter pour interpréter cet état de choses. On eût dit : La décomposition féodale de la propriété entre l'État et les particuliers s'est reconstituée; l'État est titulaire de cette partie du droit de propriété que les particuliers n'exercent pas.

Mais d'autres interprétations ont été données. Le problème a été posé en des termes nouveaux.

Il importe de passer, d'abord, en revue, les systèmes qui, actuellement, se trouvent en présence.

Nous verrons ensuite, en un tableau rapide, quelles limitations les législations contemporaines ont apportées au droit de propriété privée.

Il nous restera ensuite, en concluant, à préciser la portée et la signification profonde de ces limitations. L'interprétation qu'il convient d'en donner et les perspectives d'avenir qui en résultent se dégageront des notions ainsi établies.

SECTION I

Systèmes philosophiques sur l'État et le droit de propriété

Tous les systèmes qui ont été émis, au cours du xixe siècle et au début du xxe, en ce qui concerne notre sujet, peuvent être classés en deux groupes.

Dans le premier, nous rangerons ceux qui ont accepté de répondre au problème, dans les termes mêmes où il était posé : il s'agissait de savoir, — si la propriété privée constituait un droit *absolu*, limité seulement par l'effet des sages prescriptions qu'ordonne le *souverain*, — ou bien, si le droit de propriété privée était *relatif*, et limité par l'effet d'une propriété supérieure, celle de l'État, titulaire du *domaine éminent*.

Mais, dans des systèmes récents, on refuse de répondre à la question ainsi posée. Il n'y a ni État-*souverain*, ni État-*propriétaire éminent*. Il n'y a ni droit absolu de propriété privée, ni droit partagé entre l'État et les particuliers. Il y a une fonction sociale, qui consiste à être propriétaire. Et les règles qui déterminent la portée de cette fonction ne sont pas édictées par l'État; elles se déduisent de l'étude objective des faits sociaux.

§ 1er. — SYSTÈMES DIVERS QUI RÉPONDENT A LA QUESTION POSÉE

On pourrait s'attendre à ce que les philosophes se classent, suivant les systèmes généraux auxquels ils se rattachent, les uns comme partisans du droit *absolu* de propriété, les autres parmi ceux du *domaine éminent* de l'État : les utilitaires, sociologues, socialistes, etc. seraient tous de ce dernier avis, tandis que les spiritualistes et libéraux soutiendraient la première opinion.

La vérité est toute autre.

Parmi les partisans de la propriété-droit *relatif*, et de l'État-titulaire du *domaine éminent*, on rencontre non seulement des utilitaires, des réprésentants de l'école historique, des organicistes, des sociologues et des socialistes, mais même des auteurs qui se rattachent à la doctrine de l'État-*arbitre souverain*. Il faut, d'ailleurs, rapprocher de ces tendances celles que manifestent les partisans extrêmes de la doctrine catholique.

De même, parmi les partisans de la propriété — droit *absolu*, et de l'État — *arbitre souverain*, on rencontre non seulement des docteurs du droit naturel et des individualistes, mais encore des utilitaires et des sociologues.

1. — A — Que les utilitaires refusent de reconnaître à la propriété une valeur *absolue*, cela est compréhensible. Bentham, par exemple, nie l'existence des lois naturelles.

Ce qu'il y a de naturel dans l'homme, dit-il, ce sont... des penchants : ... il faut faire des *lois*, précisément pour réprimer ces penchants. Au lieu de les regarder comme des lois, il faut les soumettre aux lois. C'est contre les penchants naturels les plus forts, qu'il faut faire les lois les plus réprimantes (1).

Aussi est-ce la *loi*, non le *droit naturel*, qui crée la propriété.

La loi seule a fait ce que tous les sentiments naturels n'auraient pas eu la force de faire. La loi seule peut créer une possession fixe et durable qui mérite le nom de propriété (2).

Ce n'est pas à dire que l'homme n'ait pas de penchant à l'appropriation. Au contraire, il veut tellement s'approprier toutes choses, qu'aucune propriété durable ne saurait s'établir sans le secours de la loi. La loi intervient pour limiter et restreindre ce penchant. Mais cette intervention n'est pas un acte accessoire, secondaire, négligeable. C'est véritablement ce qui crée la propriété.

On ne peut créer un droit en faveur des uns, qu'en créant une obligation correspondante imposée à d'autres. Comment me confère-t-on un droit de propriété sur une terre? En imposant à tous autres que moi l'obligation de ne pas toucher à ses produits (3).

Sitôt que cette obligation a été imposée à autrui, le propriétaire se sent vraiment propriétaire. Il est persuadé qu'il peut, en toute sécurité, retirer de sa chose tous les avantages qu'elle comporte. C'est en cette persuasion, cette attente, que consiste précisément la propriété.

Or, cette attente, cette persuasion ne peuvent être que l'ou-

---

(1) J. BENTHAM, *Principes généraux de législation, ou logique du législateur*, dans *Traités de législation civile et pénale*, extraits et traduits par Et. DUMONT, 2e édit., 1820, t. I, p. 126.

(2) ID., *Principes du Code civil*, ibid., p. 174.

(3) ID., *ibid*, p. 146.

vrage de la loi. Je ne puis compter sur la jouissance de ce que
je regarde comme mien que sur la promesse de la loi qui me le
garantit. C'est la loi seule qui me permet d'oublier ma faiblesse
naturelle. C'est par elle seule que je puis enclore un terrain, et
me livrer au travail de la culture dans l'espoir éloigné de la
récolte..... La propriété et la loi sont nées ensemble et mour-
ront ensemble. Avant les lois, point de propriété. Otez les lois,
toute propriété cesse (1).

Sans doute, Bentham, est, en un sens, très libéral. Il
consacre tout un chapitre à l'« analyse des maux résultant
des atteintes portées à la propriété » (2). Mais s'il recom-
mande de respecter le plus possible la propriété privée,
c'est là un conseil de sage politique, rien de plus. La loi
aurait le pouvoir de détruire toutes les propriétés privées,
puisque c'est elle qui les a toutes créées.

Stuart Mill aussi, en dépit de ses hésitations, se range
aux côtés de Bentham.

Lorsqu'on parle, dit-il, du *caractère sacré* de la propriété, on
devrait toujours se rappeler que ce caractère sacré n'appartient
pas au même degré à la propriété de la terre. Aucun homme n'a
fait la terre ; elle est l'héritage primitif de l'espèce humaine tout
entière, et son appropriation est entièrement une *question d'utilité générale*. Si la propriété privée de la terre n'est pas *utile*, elle
est *injuste*... Le droit des propriétaires à la propriété du sol est
complètement subordonné à la police de l'Etat (3).

C'est bien la doctrine du *domaine éminent*. Bien loin de
parler ici d'un droit naturel, appartenant à l'individu,
Mill ne connaît que les droits de la communauté humaine.

---

(1) BENTHAM, *ibid.*, p. 178-179.
(2) ID, *ibid.*, p. 183 et s.
(3) STUART MILL, *Principes d'Economie politique*, trad. COURCELLE-SENEUIL,
I, 263.

A cette communauté appartiennent, en dernière analyse, toutes les richesses, qu'il s'agisse d'immeubles, ou même de meubles. Cela est naturel, logique et normal de la part d'un auteur qui, parlant du droit individuel, écrit : « Si on me demande pourquoi la société doit le garantir, je n'ai pas de meilleure raison que celle de l'utilité générale » (1). Le plus ou moins de droits accordés aux propriétaires devient ainsi affaire d'opportunité, de circonstance, de politique. Le vrai maître, le propriétaire suprême est l'Etat. De là, l'impossibilité où se trouve St. Mill d'indiquer un *criterium* précis pour fixer le droit qu'à l'Etat d'intervenir dans les affaires des particuliers. Mill refuse aux individus ce droit de se vendre comme esclaves (2), il applaudit aux lois qui réglementent le travail des ouvriers dans l'intérêt de leur santé (3), il reconnaît qu'on peut interdire le mariage aux gens qui ne sont pas en état d'entretenir une famille (4), il proclame que l'on peut, de force, empêcher une personne imprudente de se tuer (5), il va jusqu'à dire que l'on peut contraindre au travail forcé, les oisifs (6) et que les ivrognes doivent être soumis à des dispositions spéciales (7). En revanche, il dénie à l'empereur de Chine le droit d'interdire l'importation de l'opium dans son pays, et d'une façon générale, il trouve attentatoire à la liberté des acheteurs, toute restriction apportée à la vente des poisons (8).

---

(1) Stuart MILL, *L'Utilitarisme*, trad. DUPONT-WHITE, p. 111.
(2) *La Liberté*, trad. DUPONT WHITE, p. 297.
(3) ID., *ibid.*, p. 283.
(4) ID., *Ibid.*, p. 308.
(5) ID., *ibid.*, p. 285.
(6) ID., *ibid.*, p. 288.
(7) ID., *ibid.*, p. 287.
(8) ID., *ibid.*, p. 288.

Donc, s'écrie un critique pénétrant, le gouvernement chinois n'a pas le droit de prohiber le commerce de l'opium? Il doit se croiser les bras assister impassible à la ruine physique et morale du peuple, et cela en vertu d'un respect doctrinaire pour la liberté, afin de ne pas porter atteinte au droit primordial de tout chinois d'acheter ce qu'il désire? Mill étendra-t-il sa censure au gouvernement anglais, lorsque, pour empêcher la contamination du bétail national, il interdit l'importation du bétail provenant d'une région où sévit l'épizootie? Et l'Empereur de la Chine ne pourrait faire dans l'intérêt de son peuple ce que l'Angleterre fait dans l'intérêt de ses bœufs et de ses génisses (1)?

La vérité est que le *criterium* proposé par Mill manquait de précision.

Tant qu'il qu'il ne s'agit que de lui même, disait-il, l'individu jouit d'une indépendance illimitée; sa responsabilité vis-à-vis de la Société ne commence que lorsque d'autres peuvent être lésés par ses actes (2).

Or, il n'existe pas d'actes purement individuels, d'actes qui intéressent le citoyen isolé, et dont d'autres citoyens ne ressentent pas le contre-coup. Poser un tel *criterium*, c'est, dans un système utilitaire, donner à l'État toute licence pour intervenir, à propos de tout, dans les affaires des citoyens. Tout devient d'ordre public. Et la propriété même n'existe, que dans la mesure où l'État y consent.

B — L'école historique, comme l'école unitaire fait la place petite aux droits individuels. Pour Savigny, la propriété est un phénomène comme un autre, un simple fait, dont l'importance varie suivant les temps et lieux : ce n'est

(1) R. VON IHERING, *l'Evolution du droit*, trad, O DE MEULENAERE, p. 361.
(2) Cité par VON IHRRING, *ibid.*, p. 359.

évidemment pas sur une telle conception que l'on peut élever un droit de propriété privée assez fort, assez absolu, pour limiter les pouvoirs de l'État. Pour Hégel, les individus n'ont de valeur que comme instruments de l'œuvre assignée à l'État.

L'homme, dit-il, est sans doute fin en soi, et doit être respecté comme tel; mais l'homme individuellement n'est à respecter comme tel que par l'individu et non quant à l'État, parce que l'État ou la nation est sa substance (1).

C. — Et l'on passe, de là, presque sans effort, à la théorie de l'organisme social. L'État serait un organisme, un être corporatif, vivant d'une vie propre, ayant un corps et des organes, doué de conscience, de volonté, d'initiative. Et les individus, pas plus que les cellules du corps humain, n'auraient de droits naturels à faire valoir contre ce grand tout (2). Les droits individuels cessent alors d'avoir toute valeur en eux-mêmes : ils deviennent fonc-

---

(1) HEGEL, *Leçons sur l'histoire de la philosophie*, t. 4, p. 292.

(2) BLUNTSCHLI, *Théorie générale de l'État*, trad. RIEDMATTEN, 2ᵉ édit., p, 18, 21, 46, 59. — SCHŒFFLE, *Bau und Leben des sociales Kœrpers*. — JÆGER, *Manuel de Zoologie*, trad. GIARD. — René WORMS, *L'organicisme social*. — Il est vrai que Bluntschli affirme énergiquement l'existence des droits individuels ; il proclame que l'État a pour mission essentielle de garantir les droits naturels des individus. (*Théorie générale de l'État*, p. 27, 50, 230, 375. — V. aussi : *Le droit public*, trad. RIEDMATTEN, p. 37, 380, — et *La politique*, même trad., p. 24, 102, 115, 182). Mais cette concession faite à la doctrine du droit naturel est effacée par des passages, dont le sens est trop précis pour permettre qu'on essaie seulement une conciliation : « L'État, dit-il par exemple, est une personne morale si élevée que la nécessité de sa conservation, premier devoir du gouvernement, autorise la violation du droit privé et de l'ordre établi Le salut de l'État légitime commande même parfois le sacrifice des droits individuels : *salus patriæ suprema lex esto* » *Le droit public*, p. 162. — *La politique*, p. 74.

tion (au propre, comme au figuré) de la société organique.
Tel est le fond de la théorie développée par d'Ihering.

L'histoire, dit le savant romaniste, a eu soin d'inculquer aux
peuples cette vérité qu'il n'y a point de propriété absolue, c'est-
à-dire indépendante de la communauté (1).

Si les propriétaires ont communément l'illusion de posséder un droit absolu, « c'est par l'unique raison que, de
lui-même déjà, le propriétaire est poussé à faire régulièrement de sa propriété un usage qui répond à son propre
intérêt et à celui de la Société...

Mais que de vastes étendues restent sans culture, que des mauvaises herbes croissent là où pourrait germer le grain, que des
contrées entières restent abandonnées au seul plaisir de la
chasse, sans que la charrue y trace un sillon, la Société devra-
t-elle rester impassible ?... Dans une grande ville, un jardin à
front de rue se présente comme une anomalie, la place y est
destinée à élever des maisons, et non à laisser tracer des jardins. Certaines législations, appréciant sainement ce point de
vue, placent le propriétaire dans l'alternative de bâtir lui-même,
ou de céder le terrain, moyennant un prix équitable, à celui qui
veut se charger de construire. Le droit minier nous fournit un
autre exemple : la liberté des fouilles. La Société est intéressée
à ce que les trésors enfouis dans le sol voient le jour. Si le propriétaire du terrain n'y pourvoit, un autre obtiendra le droit de
fouille et les concessions nécessaires (2).

Il est vrai, ajoute d'Ihering, que l'intérêt social se
manifeste surtout quand il s'agit d'immeubles.

(1) R. VON IHERING, L'Esprit du droit romain, trad. O. DE MEULENAERE,
t. 1, p. 7. — Voir aussi Ad. WAGNER, Allgemeine oder theoretische
Volkswirthschaftslehre, th. 1, 1876, p. 499 et s.
(2) R. VON IHERING, L'évolution du droit, trad. cit., n° 215, p. 342-343.

Le droit n'a pas cru devoir régler l'emploi des meubles, au
point de vue de l'intérêt social... L'abus de la propriété des
choses mobilières ne pourrait devenir un danger pour la
société, que dans le seul cas de leur destruction : elles sont
alors réellement perdues pour la société ; mais l'intérêt même du
propriétaire prévient ce danger (1).

Ainsi, il est indifférent pour la société, que le propriétaire dissipe ou non ses biens, qu'il soit prodigue ou économe. Mais il n'en est pas ainsi dans tous les cas.

On peut concevoir, précise le célèbre romaniste, que l'avare,
qui n'a jamais rien donné à personne de son vivant, qui ne veut
rien donner après sa mort, dise par testament que ses valeurs
seront enterrées avec lui, ou seront anéanties. Au point de vue
de la conception individualiste de la propriété, pareille disposition devrait être exécutée, mais le sens intime de tout homme
protestera ; aussi le droit romain n'a-t il point admis cette
clause (2). Il ne l'admet pas, non parce que le testament n'avait
pour but que d'instituer des héritiers et d'assigner des legs, car
le testateur peut prendre une foule d'autres dispositions, mais
par la seule raison qu'une pareille disposition viole la destination sociale de la propriété. Les biens vont aux vivants : les vers
n'y ont aucun droit. C'est pour la même raison que toujours la
succession doit s'ouvrir sans empêchement possible, — le droit
ne connaît aucune forme pour exclure l'héritier, — l'homme
mort perd sa propriété, l'homme vivant a le droit de la recueillir (3).

Donc, qu'il s'agisse de meubles ou d'immeubles, peu
importe. C'est toujours l'intérêt social qui vient limiter le
droit des propriétaires. Il ne saurait plus être question de

---

(1) Id., *ibid.* p. 344.
(2) L. 14, § 5 de relig. (11.7). *Non autem oportet ornamenta cum corpo-*
ribus condi nec quid aliud hujusmodi, quod homines simpliciores faciunt
(En note dans le texte).
(3) Id., *ibid.*, p. 314-345.

« pouvoir absolu » de la part des propriétaires. La « compréhension absolutiste de la propriété est le dernier écho
de la théorie vicieuse du droit naturel, qui isolait l'individu de tous les éléments sociaux au milieu desquels il se
meut ».

Il est vrai que la théorie *absolutiste* reconnaît aussi la
légitimité de certaines restrictions apportées au droit de
propriété. Mais, quelque nombreuses que soient les restrictions ainsi admises, elles constituent toujours des
atteintes portées au droit de propriété, des *anomalies* : c'est
la puissance publique qui intervient pour limiter, au nom
d'un principe supérieur, le droit *absolu* de propriété. Or,
c'est cette manière de présenter les faits qui paraît erronée
à von Ihering.

Pour rester dans le vrai, dit-il, c'est la société qu'il faut
prendre en considération (*théorie sociale de la propriété*). Dès lors,
l'expropriation apparaît si peu comme une anomalie, une dévia-
tion de l'idée de la propriété, qu'elle se montre, au contraire,
comme découlant nécessairement de cette dernière. L'expropriation est la solution qui concilie les intérêts de la Société
avec ceux du propriétaire; elle seule fait de la propriété une institution pratiquement viable, qui, sans elle, serait un fléau pour
la Société (1).

Ainsi, le droit de propriété, comme tous les autres droits
privés, est non un droit naturel, un droit individuel,
mais un droit *social*.

Tous les droits du droit privé, même ceux qui ont l'individu
pour but immédiat, son influencés et vinculés par des considérations sociales. Il n'en est pas un seul dont le sujet puisse dire :
ce droit, je le possède exclusivement pour moi, j'en suis le sei-

(1) R. von IHERING, *ibid.*, n° 216, p. 347-348.

gneur et maître, et la logique juridique met obstacle à ce que la
Société apporte des restrictions à l'exercice de mon droit. Il ne
faut guère être prophète pour prévoir que cette conception
sociale du droit privé supplantera peu à peu la conception individualiste. La propriété se transformera et le temps viendra où
la Société ne reconnaîtra plus à l'individu ce prétendu droit
d'amasser le plus de richesses possible, de détenir à lui seul
des fonds de terre capables de nourrir des milliers d'hommes,
en leur assurant une existence indépendante, comme déjà elle
ne reconnaît plus le droit de vie et de mort du père romain, le
droit de la guerre, le brigandage du baron féodal, et le droit des
naufrageurs du moyen-âge (1).

Et voici comment Ihering explique au propriétaire ce
qui limite son droit :

Tu ne possèdes rien pour toi seul ; la société, ou la loi, qui
représente ses intérêts, se dresse partout à tes côtés ; la société
est ton éternelle partenaire, qui exige sa part sur tout ce que tu
as : sur toi-même, sur ton travail, sur ton corps, sur tes enfants,
sur ton patrimoine, — le droit fait de toi, individu, et de la
société, deux véritables associés. Représentante invisible et
toujours présente de cette association, partout où tu es, partout
où tu vas, l'entoure, semblable à l'air atmosphérique, la puissance de la loi. Sur chaque point de la terre, l'atmosphère t'en-
veloppe ; il n'en est pas un dans la société où la loi ne te
suive (2).

Qu'est-ce à dire? Von Ihering entend-il parler d'une
véritable société contractée entre l'individu et l'État? Évidemment non. L'individu n'est pas libre de ne pas con-
tracter un pareil pacte. La puissance de la loi s'impose à
l'individu, non pas comme une clause débattue et consentie, mais bien comme un ordre Von Ihering exprime

(1) R. von Ihering, *ibid.*, n° 219, p. 351-352.
(2) Id., *ibid.*, n° 219, p. 353.

ici en termes à la fois plus modernes, plus poétiques et
moins précis, la vieille idée, qui confie à l'État le domaine
éminent, la propriété de *droit public*, et qui laisse aux particuliers un simple domaine *utile*, une propriété de *droit
privé*, limitée, bornée, démembrée.

L'école historique, en s'imprégnant des doctrines organicistes, s'est rapprochée de la sociologie.

D. — Pour les sociologues aussi, les sociétés sont tout
autre chose que de libres associations : ce sont des organismes vivants. La société seule existe. L'individu n'en
est qu'une fonction : « c'est « l'organe d'un organisme » (1). La société seule est quelque chose de véritable : « l'ensemble seul est réel, les parties à vrai dire
ne le sont pas » (2). Conclusion : « Nous n'avons d'autres
droits, que ceux que nous tenons de la société » (3).

Auguste Comte, le fondateur de la doctrine, a souvent
insisté sur cette idée, que l'homme n'a pas de droits, mais
seulement des devoirs (4). Il résultait de là que la propriété, ainsi que les autres droits prétendus, étaient de
simples concessions de la loi (5).

Lors donc qu'un sociologue étudie l'évolution de la
propriété, il ne se place pas au point de vue des droits naturels. La propriété de droit privé est un fait. La propriété

---

(1) Durkheim, *Revue internationale de l'enseignement*, 1888, p. 48.
(2) Littré, *Application de la Sociologie au gouvernement*, p. 108.
(3) Courcelle-Seneuil, *Études sur la science sociale*, p. 150.
(4) Auguste Comte, *Catéchisme positiviste*, p. 288 et s. ; — *Cours de philosophie positive*, t. 6, p. 454 ; — *Système de politique positive*, t. 1, p. 361.
(5) Id., *Systèmes de politique positive*, t. 3, p. 60 ; — *Cours de philosophie positive*, t. 4, p. 52 et s. ; p. 85 et s. — Littré, *Application de la
philosophie positive au gouvernement*, p. 83 et s. ; *Conservation, révolution
et positivisme*, Préface de l'édition de 1852, p. XVI, XVIII, XIX et XXII.

de droit public est aussi un fait. Il y a eu des États, comme
Sparte, où le gouvernement « avait des pouvoirs de censeur,
de pédagogue, de sergent de manœuvre et d'hôtelier envers
ses citoyens », et, en outre, « était également propriétaire
universel ». (1) On en a vu d'autres, comme Athènes, où
le citoyen avait plus de liberté, mais c'était « parce que
l'État le voulait bien, — comme un enfant privilégié, non
comme un souverain d'après la loi naturelle de Rousseau » (2). On en a vu d'autres encore, comme Rome, où la
propriété « appartenait à la famille, qui était, en cela, comme
à tous les autres points de vue, un organe de l'État. » (3)
Dans les États modernes, il n'en va guère autrement.

La question de savoir jusqu'où il (l'État) ira dans la réglementation des droits de propriété est, pour chaque gouvernement,
une affaire de principe, qu'il décide avec sa conscience, et,
s'il est avisé, en tenant compte de l'histoire politique du monde :
mais tout gouvernement doit réglementer les droits de propriété
d'une façon quelconque et il peut le faire comme il veut. Si
l'État antique était regardé comme le véritable propriétaire,
en dernière analyse, l'État moderne est considéré de la même
manière comme l'héritier de tous les biens. Quand il n'y a pas
d'autres revendiquants, la propriété échoit à l'État. Si l'État moderne ne se charge pas, comme l'État antique, d'administrer la
propriété au nom des adultes, il le fait au nom des aliénés et des
mineurs. L'État antique surveillait les esclaves et l'esclavage.
L'État moderne a usé d'un pouvoir tout aussi absolu : il a supprimé l'esclavage et les esclaves. L'État moderne, tout comme
l'antique, réglemente et limite la faculté de tester et de léguer.
Quant à la plupart des interventions les plus extrêmes et les
plus vexatoires dans les droits de propriété privée, l'État y a
renoncé, cela est à supposer, plutôt à cause des difficultés d'ap-

---

(1) WOODROW WILSON, *L'État*, trad. J. WILHELM, t. 2, n° 1497, p. 416-417
(2) ID., *ibid.*, n° 1500, p. 419.
(3) ID., *ibid.*, n° 1501, p. 419.

plication que par scrupule de conscience. Réglementer les droits
de propriété, cela est de la nature même de l'Etat ; le plus ou le
moins dépendent de sa politique. C'est là une des fonctions principales de la société politique. (1)

L'on aboutit ainsi à une conclusion identique à celle qui
se dégage du système de von Ihering. L'Etat est propriétaire *éminent*, et les citoyens n'ont de la propriété pleine
et entière, que la portion accordée par le gouvernement :
suivant les temps, les lieux, les mœurs, les besoins, les
circonstances, la part accordée aux particuliers sera plus
ou moins grande.

E. — Les socialistes se rattachent tous à la doctrine de
l'Etat-propriétaire. Il est vrai que nombre de socialistes,
dans la première partie du xix° siècle, se réclamaient des
droits naturels : Pecqueur, Louis Blanc, Proudhon,
Cabet, etc.,. se font les champions du droit au travail.
Mais aucun d'entre eux ne soutient que la propriété privée
est de droit naturel. Ils veulent, au contraire, la socialiser, c'est-à-dire transmettre à l'Etat tous les titres de propriété et confier ainsi à la société le soin de répartir le
travail et les produits du travail entre les citoyens.

Il est vrai que, dans les formes les plus récentes de la
doctrine socialiste, on ne soutient plus que la propriété
privée est destinée à disparaître entièrement.

Nous pouvons imaginer une société, écrit un socialiste italien,
la terre étant soumise au régime de la propriété privée, où
chaque cultivateur a son lot, dont il tire sa subsistance. S'il

_____

(1) Id., *ibid.*, n° 1502, p. 419-420.

existe dans une telle société une égalité relative des conditions, les principes essentiels du socialisme sont réalisés (1).

C'est dans ce sens également que, sous l'influence de M. Compère-Morel, s'est prononcé le dernier Congrès socialiste, en France. Les socialistes espèrent ainsi gagner de nouveaux adeptes parmi les paysans français, qu'effrayait le principe de la socialisation intégrale des biens.

Dans un livre dont l'autorité est incontestée, la propriété socialisée a, d'ailleurs, été caractérisée avec précision, par un juriste éminent. M. Anton Menger a pris soin de distinguer les limitations modernes apportées au droit de propriété, de celles qui ont un caractère socialiste. Les premières, qu'il s'agisse d'impôts ou de servitudes, ont pour effet d'assurer la domination des classes bourgeoises. Les secondes seront faites un jour dans l'intérêt des classes non possédantes ; mais elles n'auront pas pour effet de supprimer la propriété. Le concept de propriété est éternel. Il ne disparaîtra jamais entièrement de la vie sociale des hommes. Mais la propriété, en régime socialiste, n'aura plus le même caractère qu'aujourd'hui. La propriété actuelle est de *droit privé*. C'est pourquoi elle est héréditaire et peut s'étendre à des objets de tous ordres. La propriété nouvelle sera de *droit public*. L'Etat moderne a entre les mains les pouvoirs judiciaires, administratifs, fiscaux et militaires. De même, la propriété passera à l'Etat. C'est là une transformation nécessaire, si toutefois l'on admet que les individus ont le *droit de vivre*, et qu'ils sont lésés dans ce droit par la minorité possédante. Mais toute la propriété ne passera pas intégralement entre les

---

(1) MERLINO. *Formes et essence du socialisme*, 1898, p. 12 à 14.

mains de l'Etat. On ne restreindra jamais le droit d'user et
d'abuser des objets *consommables* ; on se contentera d'en
fixer le mode de répartition. La collectivité aura la nu-
propriété des objets *utilisables*, et les particuliers en auront
seulement l'usufruit. Enfin, la collectivité aura la pleine
propriété des *moyens de production* (1).

Il suffit de retracer un pareil système pour voir que tout
système socialiste aboutit, comme le dit très justement
M. Menger, à accroître dans des proportions considérables
la sphère de la propriété de *droit public* et de restreindre
d'autant celle de la propriété de *droit privé*. Le droit individuel de propriété est alors réduit au *minimum*, tandis que
le *domaine éminent* de l'Etat s'enfle autant que possible.

Il est vrai que certains socialistes ne veulent plus
entendre parler de l'Etat, dans le sens où nous venons
d'employer ce mot. L'Etat, pour eux, c'est l'organisation
bourgeoise. Le prolétariat ne fera qu'un seul acte d'Etat, le
premier et le dernier, mais décisif. Il mettra la main sur
les propriétés privées, et décrètera la socialisation des
moyens de production. Puis l'Etat disparaîtra, car il n'y
aura plus de classes et l'Etat n'est qu'un instrument
d'oppression au service de la classe bourgeoise. « Le
gouvernement des personnes fait place à l'administration
des choses et à la direction des moyens de production » (2).

Peu nous importe ici le mot, puisqu'on accorde qu'il y
aura une direction des moyens de production. Ce gouvernement des choses, qu'on l'appelle État ou non, sera le

---

(1) ANTON MENGER, *L'Etat socialiste*, trad. Edg. Milhaud. — Comp. DAZET,
Lois collectivistes pour l'an 19..., 1907 ; — E. BUISSON, *Le parti socialiste et
les syndicats ouvriers*, 1907 ; — G. RENARD, *Le socialisme à l'œuvre*, 1907.
(2) ENGELS, *Socialisme scientifique et socialisme utopique*, éd. franç, de
1880, p. 31.

titulaire du *domaine éminent* très étendu, et presque absolu, qui, dans ce nouvel état social, aurait pour effet de restreindre à une portion congrue le *domaine utile*, subsistant au profit des citoyens.

F. — Parmi ceux qui refusent de subordonner les droits de l'Etat aux droits individuels, il en est qui se rattachent, au moins en apparence, à la doctrine de la *souveraineté*. Mais, pour eux, la *souveraineté* de l'Etat est *illimitée* (1). C'est dire que l'Etat peut, s'il le veut, porter atteinte à toutes les propriétés individuelles, et qu'il a, par conséquent, le droit féodal de *domaine éminent* (2).

G. — A côté, mais un peu en marge des doctrines dont nous venons de parler, il convient d'en citer une autre. C'est la doctrine catholique extrême, qui, elle aussi, limite le droit de propriété privée. Mais ce n'est pas l'État, qui possède le *domaine éminent*, c'est l'Eglise. A cela près, la doctrine est la même. Se rencontrant avec le positivisme, elle proclame que nous avons des devoirs, mais pas de droits : « Nous avons la liberté de faire notre devoir et rien de plus. » Mais notre devoir n'est pas de subordonner nos forces à la fin de l'organisme social, c'est d'obéir aux décisions de l'Église : « Il est en ce monde une autorité instituée de Dieu pour définir les devoirs de l'homme, et, par cela même ses droits; » c'est à elle que nous devons

_____

(1) Burgess, *Political science*. t. 1, p. 53 et s.

(2) « Sans doute, dit Burgess, *ibid.*, p. 56, l'Etat peut abuser de son pouvoir illimité sur l'individu, mais cela ne doit jamais etre présumé. C'est l'organisme humain qui offre le moins de chances de faire le mal et par suit nous devons nous en tenir au principe que l'Etat ne peut mal faire », — De même, sous le régime féodal, on ne devait jamais présumer que le seigneur pouvait abuser de son *domaine éminent*.

obéir (1). Les États même sont, comme les particuliers, soumis à ce devoir d'obéissance envers l'Église. « Il faut non seulement qu'ils lui garantissent sa liberté, mais de plus qu'ils concourent à son action par une assistance directe et une coopération effective » (2). On invoque en ce sens non seulement le Syllabus du 8 décembre 1864, mais encore l'allocution de Pie VI, du 29 mars 1790, et même la bulle *Unam sanctam*, de Boniface VIII, et l'on conclut de ces textes : « L'Église infaillible donne au monde toute vérité dogmatique et pratique..., elle fixe l'ordre moral sur lequel reposent toute vie privée et toute vie publique » (3). N'est-ce pas dire très exactement que l'Église a un droit de *domaine éminent* sur les biens de tous les particuliers ? Mais les faits semblent en contradiction absolue avec cette prétention, car l'on ne voit pas que l'Église soit en mesure d'exercer nulle part ce droit prétendu. La contradiction n'arrête pas les partisans de cette doctrine. Si, disent-ils, l'Église s'abstient de revendiquer tout son droit, c'est par condescendance à l'égard de la faiblesse humaine, des nécessités présentes, et des circonstances ; c'est à titre d'hypothèse, et pour éviter de plus grands maux ; mais l'Église n'en conserve pas moins son droit tout entier et elle tend à le rétablir dans son intégrité, car « l'erreur ne peut avoir dans la société aucun droit, tandis que la vérité les a tous » (4). Et cette doctrine demeure en dépit de l'acte de 1885 qui a tracé une limite

---

(1) Charles PÉRIN, *Les lois de la société chrétienne*, t. I, p. 38, 75, 81, 109, 117, 327; t. II, p 21. — Voir aussi DE ROTHE, *Traité de droit naturel*, t. I, p. 51, 142.

(2) Ch. PÉRIN, *ibid.*, t. I, p. 180. — Voir aussi DE ROTHE, *ibid.*, t. I, p. 145, 169.

(3) Ch. PÉRIN, *ibid.*, t. I, p. 162 ; t. II, p. 60.

(4) ID., *ibid.*, t. I, p. 177 ; t. II, p. 71.

entre l'autorité temporelle et l'autorité spirituelle. Car la doctrine catholique ne se résoud pas à accepter la notion des droits naturels. Le libéralisme des Lacordaire, des Montalembert, des Falloux est et reste condamné. L'Eglise a répudié définitivement « l'erreur libérale, qui met le *droit commun*, ou le droit des hommes, au dessus du droit de Dieu. » Il suit de là que « la tradition catholique est incompatible avec la théorie impliquée dans le libéralisme » (1).

2. — A. — La doctrine du droit naturel compte aujourd'hui encore de nombreux partisans. Ils n'insistent plus guère sur le contrat social. Mais ils déclarent que la source de tout droit se trouve dans l'individu. C'est dans le seul intérêt des individus que fonctionne la société politique. Lorsqu'elle ne respecte pas les droits individuels, elle cesse d'être légitime. La souveraineté de l'Etat est donc limitée par les droits individuels et, parmi ceux-ci figure la propriété individuelle (2).

Ce n'est pas seulement en France que cette doctrine a compté des partisans. Ce fut aussi celle de Guillaume de Humboldt, dans un ouvrage écrit, il est vrai, au xviiie siècle, mais publié seulement en 1851 (3). Et ce fut celle de Fichte (4).

---

(1) Mgr D'HULST, *Le droit chrétien et le droit moderne*, p xiii, xv, 6, 27, 38, 51, 78.

(2) A. ESMEIN, *Eléments de droit constitutionnel*, 3e édit , 1903, p. 177, 381 et 381. — Ch. BEUDANT, *Le droit individuel et l'Etat*, 2e édit., 1891. — A. BOISTEL, *Philosophie du droit*; *Le Code civil et la philosophie du droit*, dans *Le Code civil, Livre du Centenaire*, 1904, p. 47 et s. — Henry MICHEL, *L'idée de l'Etat*, 1896.

(3) W. VON HUMBOLDT, *Ideen zu einem Versuch die Grenzen der Wirksamkeit des Staats zu bestimmen*, Breslau, 1851. — Voir réfutation, dans R. VON IHERING, *L'Evolution du droit*, précité, n° 220, p. 353 et s.

(4) FICHTE, *Naturrecht*, t. III, p 52.

On pourrait se méprendre, pourtant, à lire certains auteurs, et croire qu'ils abandonnent la doctrine des droits individuels, alors qu'ils y apportent seulement certaines restrictions. Ainsi, les plus déterminés parmi les individualistes, reconnaissent à l'État, dans des cas déterminés, un droit d'intervention, qui semble incompatible avec la pure doctrine. Le plus complet des individualistes, Bastiat, écrit :

Quant aux services ayant un caractère industriel, nous n'avons pas d'autre règle que celle-ci : Que l'État s'en charge, s'il en doit résulter pour la masse une économie de force. Car le principe de la liberté n'est pas un axiôme *a priori* pour l'école individualiste. C'est seulement un résultat auquel on est conduit par l'examen des effets sociaux de la concurrence. S'il y a économie de force à ce que telle industrie soit exercée par l'État ou par la commune, rien ne s'y oppose ; mais à la condition qu'on prenne bien garde à la contre-partie, aux conséquences d'ordre divers du travail monopolisé par l'État et du développement du fonctionnarisme dans l'État (1).

Voilà qui semble étrange au premier abord. Supposer ainsi que l'État a un pouvoir général d'intervention, mais que l'opportunité seule règle l'exercice de ce pouvoir, c'est reconnaître, en principe, le *domaine éminent* de l'État.

D'autres économistes libéraux ont, d'ailleurs, imprimé des formules analogues.

Les limites du rôle de l'État, écrit l'un d'entre eux, sont difficiles à délimiter *a priori;* on ne saurait les circonscrire ; les tendances de l'intervention de l'État doivent être examinées dans chaque cas particulier (2).

(1) BASTIAT, *Protectionnisme et communisme,* dans *Œuvres complètes* t. IV, édit. de la Biblioth. des sciences morales et politiques, p. 521.

(2) Maurice BLOCK, *Les progrès de la science économique depuis Adam Smith,* 2e édit. 1897, t. I, p. 240.

Les fonctions de l'État, ainsi s'exprime un autre économiste, changent avec le temps. Ce n'est pas à dire cependant, que, quand un peuple est arrivé à un haut degré de développement, l'État doive disparaître ; il subsiste, au contraire, avec d'importantes fonctions ; certains besoins collectifs ne peuvent être satisfaits que par une concentration de services que l'État seul peut réaliser. Il doit alors intervenir (1).

Un troisième considère que la tâche de l'État est croissante en proportion du volume de l'activité sociale. Il n'est pas exact, dit-il en propres termes,.. que le rôle de l'État tend à devenir inutile (2).

Mais il ne faut pas se laisser impressionner par de telles citations. Les économistes libéraux ne parlent ainsi que pour faire montre d'un esprit dégagé de préjugés. C'est comme s'ils disaient : Admettons un instant que l'État ait des pouvoirs absolus de disposition ; nous consentons à laisser porter la discussion sur ce terrain ; et nous démontrons que l'intervention de l'État n'est presque jamais justifiée. C'est une manière de parler. Au fond, ils n'abandonnent pas un instant, pour cela, la doctrine des droits individuels, et tous approuvent, par exemple, M. Levasseur, quand il écrit :

Chaque mesure d'intervention de l'État doit être examinée en elle-même en particulier et relativement à son opportunité... La liberté individuelle est le droit ; quand l'État veut la limiter par son intervention, c'est à lui de démontrer que cette intervention est nécessaire ou profitable (3). — Le principe directeur qui m'a toujours guidé est le libéralisme, que je professe dans ma vieillesse comme dans ma jeunesse ; mais il ne s'agit pas d'un libéralisme étroit, c'est un libéralisme tempéré par l'his-

(1) Paul BEAUREGARD, *Précis d'Économie politique*, p. 308.
(2) Paul LEROY-BEAULIEU, *L'État moderne et ses fonctions*, p. 93-94.
(3) E. LEVASSEUR, *La méthode dans les sciences économiques*, 1898.

toire. Les institutions d'un peuple doivent changer avec sa civilisation... L'État a la mission, variable dans ses applications et
suivant les temps, mais toujours grande de stimuler et de
coordonner les activités individuelles (1).

Il ne s'agit nullement, ici, d'un droit de *domaine éminent*.
Il ne s'agit que de nuances dans le rôle de coordination
reconnu au souverain. Et encore, les libéraux tendent-ils,
en principe, à restreindre, sur ce terrain, les pouvoirs de
l'État, par crainte de voir atteints les droits individuels.

B. — A côté de ces partisans du droit naturel, il faut
citer les utilitaires qui suivent Herbert Spencer.

L'utilité, dit Spencer, non pas évaluée empiriquement, mais
déterminée rationnellement, prescrit de maintenir les droits
individuels, et, par conséquent, interdit tout ce qui peut être
contraire. (2)

Or, la propriété privée est l'un de ces droits naturels,
dont l'observation s'impose au respect de l'État. Qu'importe, pour notre étude, que ce soit au nom de l'utilité, ou
au nom de la justice. Ce qui nous intéresse, c'est que
Spencer fait de la propriété un droit individuel, et qu'il lui
attribue une valeur absolue. Armé de ce droit, l'individu
dit à l'État : Tu n'iras pas plus loin.

C. — Il faut, d'ailleurs, remarquer que Spencer prend
cette position non pas seulement en tant qu'utilitaire, mais
aussi en tant que sociologue. La sociologie considère les
phénomènes sociaux comme des objets d'étude, analogues
aux phénomènes biologiques. En étudiant leurs rapports

(1) E. LEVASSEUR, *Hist. des classes ouvrières en France*, 2e édit. Préface.
(2) Herbert SPENCER, *L'individu contre l'État*, trad. GERSCHEL, p. 158.

réciproques, on en tire, par induction, des lois, et ces lois ont « le même degré de positivité » que celles qui régissent les sciences sociales. (1) Spencer applique cette méthode au droit de propriété. Or, il observe que l'appropriation est reconnue chez les Todas, les Santals, les Lepchas, les Bodas, les Chakmas, les Takuns, les Arassuras, les Weddah des bois... etc., et cela lui suffit pour conclure, par induction, à l'existence d'un *droit naturel*. (2) Beaucoup de docteurs du droit naturel, se méfiant de leur propre raison, et hésitant à multiplier les principes *a priori*, s'étaient abstenus de ranger la propriété au nombre des droits naturels. Spencer, usant du raisonnement *a posteriori* n'hésite pas.

Mais une question se pose alors. Comment concilier ces droits naturels avec l'organicisme. Si l'organisme social est tout, quels droits naturels peuvent donc avoir les cellules du corps social, les individus? Spencer, pour répondre à cette question, sacrifie les conceptions traditionnelles des sociologues. Dans le corps social, les cellules ont une particularité, qui ne se retrouve pas chez les cellules des animaux : ce sont des cellules douées d'intelligence. Il résulte de là que les cellules du corps social ont une existence propre et dont l'importance domine celle du corps social lui-même. Ce ne sont pas les cellules qui existent pour le corps social ; c'est le corps social qui existe pour les cellules. Spencer reprend ici jusqu'aux formules mêmes de l'école du droit naturel. « Le bonheur des particuliers, dit-il, est la seule fin de l'État. » Ainsi, l'État n'a pas de droits en tant qu'État ; « l'État n'a

---

(1) Auguste COMTE, *Cours de philosophie positive*, t. 1, p. 6, 21, 22.
(2) Herbert SPENCER, ouvr. cité, p. 14.

de droits qu'en tant qu'il représente les droits des
citoyens (1). »

La sociologie arrive ainsi à des conclusions analogues
à celles des doctrinaires du droit naturel. La propriété est
un droit individuel et l'État a pour principale mission de
garantir à chacun sa propriété Pas de *domaine éminent*,
au profit de l'État. L'État n'est pas un maître; c'est un
protecteur.

Sans que nous ayons à faire ici l'étude critique des
divers systèmes rapidement exposés, il nous faut procéder
à une constatation.

A la question posée, la majorité des doctrinaires ont
répondu en refusant de considérer comme *absolu* le droit
de propriété privée. Les uns soutiennent qu'il est limité
par le droit de *domaine éminent*, qui appartient à l'État.
D'autres le subordonnent aux droits supérieurs de l'Eglise.
C'est une minorité, en somme, qui soutient la doctrine
du droit naturel de propriété. La plupart reconnaissent
que le droit de propriété n'a pas de valeur en lui-même.
C'est une théorie *relativiste* de la propriété privée qui se
dégage des idées élaborées au cours du XIXe siècle.

Pourtant, à côté de cette théorie *relativiste*, une autre
théorie également *relativiste* a été élaborée, mais qui pose
la question en des termes tout nouveaux. C'est cette
théorie qu'il nous reste à résumer.

§ 2. — SYSTÈME QUI POSE LA QUESTION EN DES TERMES NOUVEAUX

Dans un nouveau système, on part de cette constatation

(1) Herbert SPENCER, *Principes de sociologie*, t. II, p. 18 et s.

que les hommes sont soumis à une règle sociale fondée
sur l'interdépendance qui les unit. Cette règle sociale est
une règle de droit, non une simple règle de morale ; en
effet, elle ne s'applique pas aux pensées, aux désirs, aux
intentions, mais bien aux manifestations extérieures de la
volonté humaine, et elle est fondée sur l'effet social que
ces manifestations de volonté sont susceptibles de produire. En outre, cette règle de droit n'a rien de commun
avec les règles du droit naturel, règles absolues et im-
muables, œuvres *a priori* de la seule raison : elle est au
contraire, variable et changeante, comme les conditions
mêmes de la vie sociale; elle n'est pas un idéal, mais un
fait objectif.

Dès lors, il n'y a plus lieu de se demander quelle est la
limite entre les droits individuels et les droits de l'Etat, ni,
en particulier où se trouve la frontière contre la propriété
de droit *privé* et la propriété de droit *public*. Il n'y a plus
de droit de l'Etat, plus de souveraineté, plus de puissance
publique, capable d'être propriétaire, de posséder le *domaine
éminent*. Il n'y a plus de droits individuels, qui s'imposent
au respect de l'Etat. A proprement parler, il n'y a plus de
droits, il n'y a plus que des devoirs.

Cette doctrine dérive directement d'Auguste Comte.

Le mot *droit*, écrit-il, doit être autant écarté du vrai langage
politique que le mot *cause* du vrai langage philosophique. De
ces deux notions théologico-métaphysiques, l'une (celle de droit)
est désormais immorale et anarchique, comme l'autre (celle de
cause) est irrationnelle et sophistique... Il ne peut exister de
droit véritable qu'autant que les pouvoirs réguliers émanèrent
de volontés surnaturelles. Pour lutter contre ces autorités théo-
cratiques, la métaphysique des cinq derniers siècles introduisit
de prétendus droits humains qui ne comportaient qu'un office
négatif. Quand on a tenté de leur donner une destination vrai-

ment organique, ils ont bientôt manifesté leur nature anti-
sociale en tendant toujours à consacrer l'individualité. Dans
l'état positif, qui n'admet pas de titre céleste, l'idée de droit
disparaît irrévocablement. Chacun a des devoirs envers tous,
mais personne n'a aucun droit proprement dit... En d'autres
termes, nul ne possède plus d'autres droits que celui de toujours
faire son devoir (1).

En d'autres termes, on part en guerre contre tout ce
qu'il peut y avoir de métaphysique dans la notion de droit.
On n'admet plus, au profit de la puissance publique, le
prétendu droit de supériorité, qui lui permet de donner des
ordres aux individus. On admet plus, au profit du propriétaire, ce prétendu droit de supériorité, qui lui permet
d'imposer à autrui le respect de sa propriété. Métaphysique pure que tout cela. Ces notions de supériorité sont
affaire de foi. C'est du droit *subjectif*. La science n'a rien à
voir là-dedans.

Saint-Simon, déjà, écrivait :

L'expression *souveraineté par la volonté du peuple* ne signifie
rien que par opposition à *souveraineté par la grâce de Dieu*... Ces
deux dogmes antagonistes n'ont qu'une existence réciproque.
Ils sont les restes de la longue guerre métaphysique qui eut lieu
dans toute l'Europe occidentale, depuis la réforme, contre les
principes politiques du régime féodal... La métaphysique du
clergé a mis en jeu la métaphysique des légistes destinée à lutter
contre elle. Mais cette lutte est aujourd'hui terminée (2).

On n'a pas de peine à démontrer que la prétendue souveraineté nationale est une pure fiction. La volonté géné-

(1) Auguste Comte, *Système de politique positive*, édit. 1890, t. I, p. 361. —
Voir des passages analogues dans *Catéchisme positiviste*, p. 288 et s. ; *Cours
de philosophie positive*, t. VI, p. 454.
(2) Saint-Simon, *Du système industriel*, 1re lettre au roi, dans *Œuvres*,
1869, t. V, p. 210-211.

rale, telle que l'entend Rousseau, n'est jamais, en fait, que
la volonté d'une majorité. Et, si cette majorité impose son
avis à la minorité, ce n'est pas parce qu'il existe une âme
collective, une conscience collective, mais bien parce que
la majorité, étant le nombre, possède la force de contraindre la minorité. Il y a là un fait d'ordre arithmétique,
rien de plus.

Quant aux droits naturels de l'homme, ils n'ont jamais
eu de puissance véritable que dans le cerveau des doctrinaires. Nous avons déjà insisté sur l'impuissance où
s'étaient trouvés les auteurs du Code civil à tracer des
limites au pouvoir de l'État : ils ont bien proclamé que le
droit de propriété était le plus absolu de tous les droits ;
mais ils ont, en fait, laissé le propriétaire désarmé en face
de l'État.

Les droits de l'homme, ce n'est pas seulement de la métaphysique, c'est, au point de vue législatif, un leurre.

On va donc poser le problème en termes nouveaux.

La puissance publique n'est pas un droit, mais un simple
fait. Il y a, dans tous les pays organisés, un organisme
(monarque, assemblée élue, etc.) qui a les moyens d'imposer sa volonté au reste de la nation : tel est le fait. Ce
pouvoir de fait ne soustrait nullement celui qui le détient à
l'obligation d'observer la règle de droit, règle qui résulte,
on l'a dit, de l'interdépendance qui unit tous les hommes.
Le détenteur du pouvoir a donc non un droit, mais un
devoir : celui d'employer sa force à réaliser l'application
de la règle de droit, c'est-à-dire de protéger l'interdépendance sociale.

Avec cette conception, tombe la croyance superstitieuse
en la toute puissance de la loi.

Herbert Spencer a écrit :

La grande superstition de la politique d'autrefois, c'était le droit divin des rois. La grande superstition de la politique d'aujourd'hui, c'est le droit divin des parlements. L'huile d'onction, semble-t-il, a glissé sans qu'on y prenne garde, d'une seule tête sur celles d'un grand nombre, les consacrant eux et leurs décrets. On peut trouver irrationnelle la première de ces croyances; il faut admettre qu'elle était plus logique que la dernière (1).

La loi, en somme, ne fait rien autre chose qu'exprimer l'opinion des membres du Parlement qui l'ont votée, rien de plus. Pourquoi s'impose-t-elle au reste de la nation? Par superstition, le plus souvent. Mais ceux qui rejettent cette superstition ne reconnaissent pas d'autre loi véritable, que celle dont le but est de formuler une règle de droit, c'est-à-dire de protéger efficacement l'interdépendance sociale. Toute loi qui a ce but et cet effet est obligatoire. Mais elle n'est pas obligatoire, en tant qu'émanation de la puissance publique. Elle est obligatoire, uniquement, parce qu'elle exprime une règle de droit qui existait déjà auparavant. C'est la règle de droit qui est obligatoire, même avant d'avoir été formulée par le législateur. C'est la règle de droit qui est source de l'obligation, ce n'est pas la loi promulguée.

Faut-il dire, en conséquence, que nombre de lois, qui n'ont pas pour origine d'une manière claire et indubitable, des nécessités découlant de l'interdépendance sociale, doivent être considérées comme nulles et non avenues? — En droit, assurément. La question de savoir si nous sommes assez forts pour résister à la force brutale n'est pas une question de droit, mais une question de fait. Il y

_____

(1) Herbert SPENCER, *L'individu contre l'État*, édit. franç., 1885, p. 116.

a donc très peu de lois, qui soient vraiment justifiées, car la « vérité juridique ne s'impose point avec l'évidence d'une formule mathématique ». Mais on ne voit à cela aucun inconvénient, au contraire. Il serait bon que le législateur fît très peu de lois, et qu'il sanctionnât les règles de droit seulement quand elles sont assez clairement dégagées, pour que la loi nouvelle puisse rencontrer l'adhésion quasi-unanime. En revanche, il serait à souhaiter que le législateur, chaque fois qu'il vote une loi oppressive, se heurte à une résistance sérieuse, de la part de groupements syndicaux.

On constate, en effet, une tendance générale à l'organisation des citoyens en classes. Ce ne sont pas seulement les prolétaires et les capitalistes, qui se groupent en syndicats. Ce sont encore les paysans petits propriétaires, les petits commerçants, les petits industriels, les petits employés, les petits fonctionnaires, etc. En un mot, l'on définit les classes sociales de la manière suivante : des groupements d'individus appartenant à une société donnée, entre lesquels existe une interdépendance particulièrement étroite parce qu'ils accomplissent une besogne du même ordre dans la division du travail social (1).

Supposez toutes les classes fortement organisées en syndicats professionnels. Ces syndicats passent entre eux des conventions collectives, qui règlent toutes les relations d'ordre juridique. Dès lors, c'en est fait de toute mesure oppressive de la part de la prétendue puissance publique : une pareille mesure ne serait pas exécutable. En même temps, c'est, par l'organisation des syndicats de fonction-

---

(1) Voir, au sujet de la division du travail social, Durkheim, *La division du travail social*, 1894; 2e édit. 1905.

naires, une formidable décentralisation : « A la direction
étrangère venue d'en haut, tend à se substituer une administration autonome venue d'en bas » (1).

Le gouvernement sera alors réduit à peu de chose : ce
sera la force employée à transformer en lois les règles de
droit approuvées par la quasi-unanimité des citoyens, et,
pour le surplus, réduite à un rôle de surveillance et de
contrôle. Les groupements syndicaux viendront ensuite :
ils limiteront le pouvoir des gouvernants, et règleront par
de libres conventions les rapports des classes entre elles.
La conscience de l'interdépendance sera l'âme de ce méca-
nisme.

En même temps, le droit de propriété privée disparaîtra
en tant que droit. Comme disait Comte, il ne s'agit plus de
droits, mais de devoirs. Il s'agira désormais d'une fonction sociale. Le détenteur d'une richesse sera dans une
situation de fait, qui l'astreindra à des devoirs vis-à-vis
des autres citoyens, et sa détention sera protégée dans la
mesure où il accomplira sa fonction, sa charge de propriétaire.

Cette notion se trouve textuellement dans Auguste
Comte.

Dans tout état normal de l'humanité, a-t-il dit, chaque
citoyen quelconque constitue réellement un fonctionnaire public,
dont les attributions plus ou moins définies déterminent à la

----

(1) RODRIGUES, Le syndicalisme universitaire, dans Revue socialiste, oct.
1905, p. 499 et sa lettre au Temps, 9 nov. 1905. — Voir aussi : Maxime LEROY,
Le droit des fonctionnaires, 1906; — Rapport à la Ligue des droits de
l'homme sur le droit des fonctionnaires, 1907 : — La crise des services publics,
dans Pages libres, 22 févr. 1908; — Les transformations de la puissance
publique, 1907; — La loi, 1908. — BERTHOD, dans Rev. polit. et parlem.,
mars 1906, p. 113. — Paul BONCOUR, dans Revue socialiste, janv. 1906,
p. 17 et s.

fois et les obligations et les prétentions. Ce principe universel doit certainement s'étendre jusqu'à la propriété, où le positivisme voit surtout une indispensable fonction sociale, destinée à former et à administrer des capitaux par lesquels chaque génération prépare les travaux de la suivante. Sagement conçue, cette appréciation normale ennoblit sa possession, sans restreindre sa juste liberté et même en la faisant mieux respecter (1).

Le propriétaire remplit donc une fonction. Ni lui, ni l'État, n'ont réciproquement de droits à faire valoir (2).

Nous avions donc raison de dire que ce système pose la question en des termes tout nouveaux. On refuse de répondre à la question de savoir comment vont se balancer les droits du propriétaire et ceux de l'État. L'État n'existe pas. Le propriétaire exerce une simple fonction sociale : il n'a que des devoirs.

Mais nous ne pouvons nous contenter d'une telle réponse. Il est clair que les partisans de cette théorie ne parlent pas le même langage que les doctrinaires du droit naturel ou que les étatistes. Ceux-ci ne reculent pas devant les entités, les principes *a priori*, les conceptions métaphysiques. Ceux-là au contraire, sont avides de réalités tangibles, ils raisonnent *a posteriori*, ils pourchassent les idées métaphysiques. Pourtant, une telle différence d'attitude

---

(1) Auguste Comte, *Système de politique positive*, édit 18i2, I, p. 156.

(2) Sur cette théorie nouvelle, consulter : Léon Duguit, *L'État, le droit objectif et la loi positive*, 1901; — *L'État, les gouvernements*, 1903; — *Manuel de droit constitutionnel*, 1907; — *Le droit social, le droit individuel et la transformation de l'État*, 1908. — *Libres Entretiens*, termes à l'Union pour la Vérité, 17 novembre 1907, *État et gouvernement*. — Deslandres, *Étude sur le fondement de la loi*, dans *Revue du droit public*, 1908. — Dicey, *Le droit et l'opinion publique*, édit. franç. 1906.

ne suffit pas pour faire disparaître entièrement un problème : il faut examiner un peu les nouvelles formules et
on ne tarde pas à le voir réapparaître rajeuni, ou, si l'on
préfère, habillé d'un autre vêtement.

Si, en effet, la propriété impose une fonction sociale,
quelle sera l'importance de cette fonction sociale ? — Sans
doute, ce n'est plus l'Etat qui vient imposer, d'autorité,
une limite à cette fonction. Mais c'est la « règle de droit »
qui intervient. La question se pose donc de savoir dans quel
sens se transforment les règles d'interdépendance sociale,
en ce qui concerne la propriété. Est-ce que le propriétaire
est un fonctionnaire, qui est en train de conquérir une
indépendance de plus en plus grande, une croissante
liberté d'action ? — Ou bien, au contraire, est-ce que le
propriétaire se voit soumis à des devoirs de plus en plus
rigoureux envers les autres citoyens ? — La première opinion est soutenue par M. Courcelle-Seneuil, qui sans avoir
connu à proprement parler la théorie que nous venons d'exposer, en a pourtant trouvé dans Comte les rudiments.
Aussi fonde-t-il la théorie de la propriété « sur son utilité
comme fonction dans l'arrangement économique » et con-
sidère-t-il la propriété « comme une fonction qui implique
des obligations. » Et le même auteur ajoute que « la propriété des particuliers... constitue en quelque sorte la base
de tout l'édifice social », et qu'elle ne peut être diminuée
sans dommage pour tous (1). » — La seconde opinion n'a
pas encore, à notre connaissance, trouvé de défenseurs ;
mais c'est sans doute affaire de circonstances et d'opportunité. On peut même concevoir qu'un socialiste, abandon-

(1) COURCELLE-SENEUIL, *Préparation à l'étude du droit*, 1887, p. 271, 275
et 276.

nant les idées courantes sur l'étatisation, adoptera un jour la théorie nouvelle, et tracera pour le propriétaire un rôle bien moderne : celui d'un individu surchargé de devoirs sociaux, criblé d'obligations minutieuses, soumis à des réglementations rigoureuses, et dont la propriété, en un mot, serait si bien socialisée, qu'en vérité, il ne serait plus autre chose qu'un fonctionnaire chargé de faire rapporter à ses biens le plus possible dans l'intérêt de la communauté.

La théorie que nous venons d'exposer comporte donc, comme la théorie traditionnelle, deux réponses contraires. Suivant les tempéraments, suivant l'interprétation que l'on donne aux faits, on adoptera soit la solution favorable à la liberté du propriétaire, soit celle qui multiplie, pour lui, les obligations.

Au point de vue spécial de notre étude, il semble que la différence entre la manière classique de poser la question et la manière nouvelle ne soit pas grande. Elle paraît même plus verbale que réelle.

Nous verrons, pourtant, qu'il n'est pas indifférent d'employer l'un ou l'autre langage, et qu'il n'y a pas là qu'une question de terminologie.

Mais, avant d'approfondir cette question, il importe de trancher la question de fait : quelles sont les tendances qui se sont manifestées au cours du xix⁰ siècle ? Marchons-nous vers un état de plus ou de moins grande liberté pour la propriété privée ?

SECTION II

Tableau des limitations apportées au droit de propriété privée par la législation contemporaine.

Nous avons vu que la limitation apportée par les auteurs du Code aux pouvoirs de l'Etat, en matière de propriété, était *purement théorique*. En fait l'Etat avait les mains libres. Il pouvait saisir les propriétés privées. Rien ne l'en empêchait. Le Code civil lui-même n'est pas resté dans les bornes que ses auteurs auraient voulu lui assigner.

Mais les transgressions commises par les auteurs du Code à l'égard de leur propre principe laissait, en somme, subsister ce principe. Si l'on considère le Code de 1804, il reste vrai de dire que le droit de propriété y est, en principe, *absolu*. Ce principe comporte — pourtant — trois restrictions; mais ces restrictions peuvent, *le plus souvent*, s'expliquer sans que l'on ait besoin de reconnaître, à l'Etat, un droit de *domaine éminent*. Il y a donc un principe, sujet à d'importantes exceptions.

C'est ce système qui a fait, peut-on dire, le tour du monde. Le Code civil a été soit adopté spontanément par les nations européennes, soit imposé par la force au début du XIXᵉ siècle. Le Code Napoléon, c'était le Code de la propriété. Même là où il ne s'est pas maintenu longtemps, sa doctrine en matière de propriété s'est enracinée. La théorie *absolutiste* du droit de propriété est, au début du XIXᵉ siècle, non pas une doctrine française, mais bien une doctrine universelle.

Or, aujourd'hui, tout est changé. En tous pays, et même en France, ce qui était l'exception est devenu la règle. Les

législations des différents pays ont multiplié à ce point les
restrictions au droit de propriété, que ces restrictions sont
aujourd'hui au premier plan. Ce ne sont plus des restrictions, ce sont des principes à leur tour.

Il nous faudrait de longs développements si nous vou-
lions donner de cette affirmation une démonstration complète. Plusieurs volumes ne suffiraient pas pour retracer
avec une précision absolue l'évolution qu'ont subie, en
tous pays, les restrictions apportées au droit de propriété
durant le xixᵉ siècle. Une pareille énumération ne serait
pas seulement longue ; elle serait en outre fastidieuse ; et,
par dessus tout, elle donnerait de notre affirmation des
preuves surabondantes.

Nous nous contenterons, en conséquence, de tracer
ici un tableau rapide des restrictions apportées au droit de
propriété. Il nous suffira de pousser notre énumération
jusqu'à ce qu'il soit évident que les cadres , dans lesquels
les auteurs du Code avaient voulu enfermer les droits de
l'État, éclatent de toutes parts, que tout est changé et que
la propriété a cessé d'être un droit *absolu*, pour devenir
un droit *relatif*.

Pour faire cette démonstration, la meilleure méthode
consiste à reprendre successivement les trois restrictions
admises par les auteurs du Code : *sages lois d'administration,*
— *impôts,* — *expropriation pour cause d'utilité publique,* et à
en mesurer l'étendue, en faisant appel, à l'occasion, aux
différentes législations des peuples civilisés.

1. — Les sages lois d'administration se sont multipliées,
au cours du xixᵉ siècle dans une proportion vraiment
incroyable. C'est un domaine touffu. Le nombre des lois
qui, sous prétexte de sage intervention, réglementent le

droit de propriété, est devenu si considérable, que les partisans du droit *absolu* de propriété en sont justement inquiets. Que devient la propriété libre, que devient le droit *absolu* de disposition sous cette avalanche de *sages* restrictions? Assez d'interventions, assez de réglementations, disent-ils. L'Etat, s'il persévère dans cette voie, va réduire le droit de propriété à une sorte de droit dérisoire, à une ombre affublée de l'épithète d'*absolu* mais qui n'en sera pas moins pour cela une ombre.

A. — Les mesures qui avaient pour effet de rendre impossible le retour du régime féodal ont été maintenues depuis le Consulat et nous avons peu de chose, par conséquent, à dire sur ce sujet. Aujourd'hui comme alors, ces mesures ne peuvent s'expliquer par le principe de la *souveraineté*. L'Etat, en prenant de telles mesures a parlé en *maître*, non en *arbitre*.

Mais il s'est produit un curieux phénomène, qui n'a peut-être pas assez attiré l'attention.

Les démembrements autorisés par le Code civil : usufruit, servitudes, hypothèques n'ont pas paru suffisants. Profitant de ce que l'art. 543 n'était pas limitatif, on a démembré à nouveau le droit de propriété.

Ainsi, profitant de ce que le Code civil ne parlait pas de l'emphytéose, on en a conclu que ce contrat était autorisé. C'est, du moins, ce que la jurisprudence a décidé, appuyée sur un certain nombre d'auteurs (1). Ainsi se réinstallait,

(1) Civ. 26 juin 1822, S. 22, 1, 362; 1er avr. 1840, S., 40, 1, 433 et 436; 21 juill. 1843, S., 43, 1, 830; 12 mars 1845, S., 45, 1, 382. D. P , 45, 1, 105; 18 mai 1847. S., 47, 1, 623, D. P. 47, 1, 176; 17 nov. 1852, S , 52, 1, 717; 23 févr. 1853, S., 53, 1, 206; 26 avr. 1853, 5, 53, 1, 415. D. P. 53, 1, 145; Grenoble, 4 janv. 1860, S., 61, 2, 126, D. P., 60, 2, 190; Alger, 8 avr

en France, le démembrement de la propriété privée à la
manière féodale : l'emphytéote avait le *domaine utile ;* le
bailleur avait le *domaine éminent,* et la rente que retenait
le bailleur représentait son droit de domaine. Toutefois,
une différence essentielle subsistait entre cette emphytéose et celle de l'ancien droit : elle ne pouvait pas être
perpétuelle, et on la limitait au maximum de quatre-vingt-
dix-neuf ans.

La loi du 25 juin 1902 sur le Code rural a consacré les
principes posés par la jurisprudence, mais le législateur s'est évertué à faire en sorte que le bailleur restât
propriétaire. Pourtant, c'est l'emphytéote qui a le droit
d'hypothéquer (art. 1er). Et, d'un autre côté, on considère
le bail emphytéotique comme un acte de disposition, à
telles enseignes que les immeubles appartenant aux
mineurs ou aux interdits ne peuvent être donnés à bail
emphytéotique sans qu'il y ait eu délibération du conseil de famille et homologation du tribunal (art. 2).
Enfin, c'est l'emphytéote qui est tenu de toutes les contributions et charges de l'immeuble (art. 8), c'est lui qui
a seul les droits de chasse et de pêche, il exerce à l'égard
des mines, minières, carrières et tourbières tous les
droits de l'usufruitier (art. 12), il profite du droit d'accession (art. 10) et il peut même acquérir au profit du
fonds des servitudes actives et le grever de servitudes
passives (art. 9).

Si, au lieu de s'attacher aux mots, on veut voir le fond
des choses, il faut donc dire que le droit de propriété est

1878, S., 78, 2, 296 ; Req. 22 juin 1885, D. P., 86, 1, 268. — Merlin,
Questions, v° *Emphytéose,* sect. 5, 58 ; Favard, *Rép.,* v° *Hypothèque,* sect. 1,
n° 2 ; Proudhon, *Du domaine privé,* II, 170 ; Persil, *Régime hypothécaire,*
sur l'art. 2118, n° 15.

ici nettement démembré en deux *domaines*, l'un *direct*,
l'autre *utile*. Mais la loi de 1902, confirmant la jurisprudence antérieure, a limité à 99 ans la durée des baux
emphytéotiques. L'emphytéote peut bien grever le fonds
d'une servitude. Mais celle-ci disparaît à la fin du bail.

Dès lors, on se trouve en présence d'une résurrection
bien anodine des règles féodales. La limitation de durée
annihile l'effet du démembrement.

Il y a là une curiosité, plutôt que l'indication d'un
retour vers des démembrements, qui, avec leur caractère
de perpétuité, ne se reproduiront sans doute pas d'ici fort
longtemps, si jamais ils ressuscitent.

Il faut voir, au contraire, un retour vers le passé, dans
l'établissement de la redevance des mines. Depuis la loi du
21 avril 1810, lorsqu'une mine est concédée à un autre
qu'au propriétaire du sol, celui-ci reçoit non pas une
indemnité d'expropriation, mais une rente. Il est vrai que
cette rente est mobilière, puisqu'elle a pour objet une somme
d'argent. Mais, par une intéressante dérogation à l'art. 529,
la loi de 1810 répute cette rente immeuble, tant qu'elle
reste attachée à la propriété de la surface (art. 18). C'est
là une situation directement copiée sur le contrat féodal.
Le concessionnaire de la mine a le *domaine utile*. Le propriétaire de la surface a le *domaine éminent*, et la rente qu'il
touche est considérée comme immeuble. Le droit de
propriété est démembré, et, cette fois, il s'agit bien d'un
démembrement perpétuel, comme ceux de l'ancien droit.

Il est vrai que l'on masque généralement ce démembrement en disant qu'il y a deux propriétés différentes :
celle du sol, et celle du sous-sol. Mais, en adoptant cette
terminologie, l'on ne tranche nullement la question. Il y
eut une époque sous l'ancien régime, où l'on disait de tout

bien englobé dans le système féodal qu'il avait deux propriétaires : celui qui avait le *domaine direct*, et touchait la rente, — et celui qui avait le *domaine utile* et percevait les fruits. Est-ce que ce système est changé, parce que l'on arrive à attribuer au titulaire du *domaine utile*, le sous-sol et au titulaire du *domaine direct*, le sol superficiel? Au point de vue juridique, cela ne change nullement le caractère féodal des relations juridiques. La rente immobilière perpétuelle voilà ce qui est essentiel, et qui se retrouve dans notre cas.

Enfin, il nous faut signaler la loi du 8 février 1897 sur le bail à domaine congéable. Dans ce bail, le preneur paie au bailleur une *redevance convenancière*, qui, comme les anciennes rentes foncières est *irrachetable*. Bien mieux, le preneur, ou domanier peut, commé dans l'ancien droit, s'affranchir de ses obligations envers le bailleur, ou foncier, en déguerpissant, ou comme dit la loi, en *faisant exponse*. Nous voilà donc revenus au domaine congéable de l'ancien régime. Pas tout à fait; car on considère comme mobilière la rente due par le domanier.

Il serait tout à fait exagéré de prendre texte de ces diverses lois pour dire que le droit féodal est en train de se reconstituer.

Mais il importe d'en dégager cette leçon que la législation a, non seulement en théorie, mais encore très effectivement, le pouvoir de défaire, ce qu'il a fait, et de refaire ce qu'il a détruit. Il supprime les contrats féodaux pendant la Révolution, et ratifie, en 1804, cette suppression. Puis, en 1810, et 1897, — si l'on néglige 1902, — il rétablit, avec prudence sans doute, et de telle sorte que le système féodal ne puisse renaître de ses cendres, mais enfin il rétablit quelques contrats féodaux. Il faut présenter ainsi ce tableau d'ensemble, et l'on se persuade du même coup, que depuis 1804, rien n'est changé dans les fonctions de l'Etat : ce n'est pas un *arbitre*, qui a pris la place d'un *maître*; *maître* il était, *maître* il est demeuré, et il dispose de nos propriétés, il les démembre à son gré, après comme avant 1804, sinon avec la même désinvolture, du moins avec le même sentiment de ne pas excéder ses droits.

B. — Les auteurs du Code civil ne faisaient pas 'de l'Etat un simple *juge*, en matière successorale, mais bien un *maître*. Pour eux, l'Etat attribuait aux héritiers ce qu'il jugeait convenable. Au fond, il avait le droit de tout garder pour lui.

Cette idée, loin de s'affaiblir, s'est singulièrement affermie au cours du XIXᵉ siècle.

Dès 1826, le marquis de Maleville et M. de Leyronnet affirment hautement que le législateur a le droit de réglementer les successions et d'obtenir ainsi tel résultat politique désiré (1). Le gouvernement de Napoléon III fut à la veille, dit-on, de reprendre un projet de l'ancien constitutionnel Durand-Maillane (2) et d'attribuer à l'Etat, en concours avec les parents les moins proches, une part variant du douzième à la totalité de l'hérédité (3).

Mais ce n'est pas, à proprement parler, comme héritier, que l'Etat manifeste de plus en plus clairement son *droit supérieur de disposition*. C'est en imposant des droits de mutation de plus en plus élevés en cas de décès. Nous

(1) Verdelot, *Du bien de famille*, 1899, p. 621.
(2) Vallier, *Le Fondement du droit successoral en droit français*, 1902, p. 237.
(3) Coquille, *La France et le Code Napoléon*, p. 216.

retrouverons ces droits de mutation, quand nous parlerons des impôts.

C. — Il n'y a pas grand intérêt à signaler par le menu détail tous les accroissements qu'ont subi, depuis le Code civil, le *domaine public et privé de l'État*, ainsi que le nombre de biens considérés, depuis lors, comme *vacants et sans maître*.

Nous nous bornons à quelques indications.

Ainsi, la loi du 30 mars 1887 prévoit le « classement » de tous les immeubles et de tous les objets mobiliers dont la conservation peut avoir au point de vue de l'histoire ou de l'art, un intérêt national. Les résultats de cette loi sont, en ce qui concerne les particuliers, ceux d'une véritable expropriation. On a vu, en effet, des propriétaires, qui, s'appuyant sur l'article 3 de la loi de 1887, refusaient de laisser « classer » leur propriété, et que l'État a purement et simplement expropriés pour cause d'utilité publique. Il résulte du « classement », lorsqu'il est prononcé, une sorte de servitude réelle, en vue de conserver aux immeubles leur caractère et leur intérêt. — Il semble bien alors que l'on saisit sur le vif le démembrement du droit total de propriété : d'un côté le droit de l'État, droit de surveillance, de contrôle, droit réel limitant celui du propriétaire ; — de l'autre côté, le droit de domaine utile, restreint par celui de l'État. Nul ne soutiendra que l'État, ici, agit en *juge*. Non il est *maître*, il a entre les mains, le domaine historique, archéologique, artistique, qui est le bien commun de la nation. Et c'est au nom de ce domaine qu'il « classe » certains monuments.

De la loi de 1887 dérive celle du 21 avril 1906, organisant la protection des sites et monuments naturels de carac-

tère artistique. Les procédés sont les mêmes : on offre le
classement, et, en cas de refus, on exproprie. C'est encore
l'intérêt public, qui vient limiter ici le droit de propriété
privée. Dans la loi de 1906, c'est le département ou la commune qui parle au nom de l'intérêt public. Mais qu'importe : Etat, ou démembrement de l'Etat, c'est toujours
un représentant autorisé de la fortune collective qui vient
restreindre les droits des propriétaires individuels.

Il faut pourtant signaler les efforts qui ont été faits, en
doctrine, pour dénier, ici à l'Etat la qualité de propriétaire. Cette qualité lui avait été reconnue par quelques
spécialistes du droit administratif (1). D'autres ont pro-
testé. On a dit qu'il s'agissait non pas d'un domaine ordinaire, mais d'un « domaine de souveraineté », qu'il y
avait là un « droit de propriété publique » en vertu duquel
les biens domaniaux « appartiennent » à l'Etat, sans être
cependant « une propriété proprement dite » (2). Mais
l'expression de « propriété publique » a paru peu rigoureuse. Et l'on a proposé de l'abandonner, sans la remplacer
par rien. Le droit qu'a l'Etat sur le domaine public se
distingue, dit-on, de la propriété de droit privé, parce que
l'Etat n'a pas le triple *jus* : *utendi*, *fruendi*, et *abutendi*. Et
l'on conclut de là, qu'il s'agit, ici, d'un phénomène de
droit public, et qu'il ne faut pas le baptiser « droit de propriété » : ce serait lui donner un nom qui convient seulement à des phénomènes de droit privé (3).

A la vérité, nul ne peut soutenir que l'Etat a, sur le
domaine de propriété, un droit *entier* de propriété. Mais il

(1) Voir, par exemple, SIMONET, 2ᵉ édit., nᵒ 557.
(2) DE RÉCY, *Traité du domaine public*, 2ᵉ édit. 1891, nᵒ 542.
(3) BERTHÉLEMY, *Traité élémentaire de droit administratif*, 2ᵉ édit., p. 396
et s.

nous paraît impossible de ne pas admettre qu'il possède
un *droit démembré*. Le seigneur féodal n'a pas la propriété
pleine et entière sur les biens de ses vassaux. De même,
l'Etat n'a que le *domaine éminent*. Le seigneur, non plus,
n'avait pas le droit d'user, de jouir et d'abuser. Et pourtant, pendant dix siècles, les seigneurs ont prétendu au
titre de vrais propriétaires, et il a fallu la Révolution pour
les contraindre à renoncer à leurs prétentions. Retournons,
d'ailleurs, la question : le propriétaire auquel on retire son
bien pour percer une route, ou creuser un port, ou même
celui dont on « classe » l'immeuble ne subit-il pas une restriction dans son droit de propriété? On le lui enlève en
totalité ou en partie : la réponse n'est donc pas douteuse.
Ce droit ne disparaît pas de la face du monde. Il passe
entre les mains de quelqu'un. C'est la communauté qui
l'exerce désormais, soit totalement, soit partiellement. —
Mais, dit-on, quand le droit a été retiré en totalité, il ne
s'agit plus de *démembrement*, mais bien d'un droit *plein et
entier*. Or, ce droit, nous nions que ce soit celui de propriété. Il a changé de nature. Ce n'est plus un phénomène
de droit privé. C'est un phénomène de droit public. Le
droit par exemple que l'Etat possède sur une route nationale, n'est pas un droit de propriété. La route n'est pas
propriété de l'Etat. Elle est propriété de tous, c'est-à-dire
de personne. — Raisonner ainsi, c'est se laisser prendre à
la fiction, que couvre le mot Etat. On se figure l'Etat comme
une sorte de particulier qui gère ses propriétés. Mais
qu'est-ce que l'Etat, sinon la communauté ? Quand ma
propriété m'est retirée pour être transformée en route
nationale, elle devient, non pas la chose de personne (en
ce cas, inutile de payer pour son entretien), mais bien la
chose de tous, — ce qui est bien différent. Ce n'est pas une

valeur économique qui a été détruite : elle a été seulement appliquée à un autre but. Ce n'est plus une propriété privée ; c'est une propriété collective. Voilà ce que l'on exprime, quand on dit que l'Etat, en vertu de son *droit supérieur de disposition*, m'a retiré ma propriété pour l'incorporer au domaine public. — En réalité, quand on proscrit ici la notion de propriété, on rétrécit à l'excès la définition de la propriété. La propriété, sans épithète, est une notion qui appartient pour partie au droit public, pour partie au droit privé.

D. — Il a été fait, en France, plusieurs applications importantes de l'art. 537 C. civ. aux termes duquel « les biens *qui n'appartiennent pas à des particuliers* sont administrés et ne peuvent être aliénés que dans les formes et suivant les règles qui leur sont particulières. »

Mais, disons-le de suite, les auteurs du Code civil ne se doutaient évidemment pas que cet article servirait un jour non seulement à pourchasser les congrégations religieuses, mais encore à retirer aux églises catholiques les bénéfices du Concordat. Il est certain que Portalis n'a point songé à cette éventualité.

a) En ce qui concerne les congrégations, pourtant, le *droit supérieur de disposition* reconnu au roi sous l'ancien régime, ne répugnait pas, nous l'avons vu, à Portalis lui-même.

Waldeck-Rousseau ne faisait que suivre cette tradition, qui a pour origine le droit féodal d'amortissement, lorsqu'il disait :

La Chambre a certainement remarqué que les adversaires de la loi actuelle n'ont jamais écouté sans impatience les appels adressés par ceux qui la défendent à cette législation invariable, à cette règle de droit public qui constitue la tradition de l'Etat français. Elle est demeurée supérieure à tous les régimes, indépendante de leurs variations. L'Etat français ne s'est jamais départi de ce principe, qui veut que, lorsqu'une association religieuse, lorsqu'une congrégation se forme, il ait le droit d'examiner ses statuts, d'envisager son but, de lui tracer des règles et, plus tard, de surveiller son fonctionnement. Voilà la règle essentielle autour de laquelle toutes les dispositions en matière d'associations religieuses ont gravité jusqu'ici. Et c'est cette règle — ne le perdez pas de vue — qui est le point d'appui essentiel et fondamental de la loi ; on ne se départirait pas de cette tradition sans affaiblir singulièrement la thèse si forte que nous avons l'honneur de défendre (1).

Il exprimait de nouveau la même pensée lorsqu'il s'opposait à un amendement, aux termes duquel les congrégations auraient reçu le droit de se fonder grâce à une simple déclaration.

Le gouvernement, disait-il,... n'admet pas, en premier lieu, qu'une mainmorte puisse se constituer en France sans une intervention de l'État, et, en second lieu, qu'une congrégation religieuse puisse se former sans que l'État ait vérifié ses statuts, examiné son but, et pu constater que ce but que l'association religieuse se donne est conforme à l'intérêt public (2).

De là, le principe qui a passé dans l'art. 13 de la loi du 1er juillet 1901 : aucune congrégation religieuse ne peut se former sans une autorisation donnée par une loi. Ce n'était pas là un principe nouveau. C'était la mise en application de l'art. 537 du Code civil. C'était une conséquence

(1) Chambre des députés, séance du 11 mars 1901, *J. off.* du 12, déb. parl., p. 728.
(2) Chambre des députés, séance du 12 mars 1901, *J. off.* du 13, déb. parl., p. 734.

du *droit supérieur de disposition* reconnu à l'État à l'égard des personnes morales.

Mais une question se posait, dont l'examen va nous permettre de pénétrer plus profond dans l'étude des principes relatifs au droit de propriété.

Quand une congrégation religieuse s'est formée sans autorisation, que vont devenir ses biens ?

Cette question est d'autant plus importante pour nous, que là va se manifester nettement le caractère de l'action exercée par l'État sur les *biens* des personnes morales.

Avant de l'aborder, une question préalable se pose. Comment une congrégation non autorisée peut-elle avoir des biens? *En droit*, cela semble inconcevable. Car, n'étant pas autorisée, la congrégation n'a pas d'existence juridique, et, par conséquent, elle ne saurait être considérée comme ayant des biens.

Mais c'est là un raisonnement trop théorique. D'abord, *en fait*, les congrégations ont généralement des biens, provenant de donations ou de legs; et cela suffit pour que notre question se pose. Et surtout, on a beau dire que la congrégation non autorisée n'a pas d'existence juridique, on se trouve pourtant dans la nécessité de lui supposer une certaine existence. Si la congrégation non autorisée n'existe pas, comment se fait-il que la loi de 1901 suppose qu'il puisse y avoir des « personnes interposées » entre cette congrégation et les donateurs? L'art. 17 de la loi de 1901 vise ces « personnes interposées » et crée, contre elles, une série de présomptions. Si la congrégation non autorisée n'est rien moins, au point de vue du droit, que le néant, ces « personnes interposées » sont inconcevables :

« On n'interpose pas au profit du néant ! » (1). Donc la
congrégation non autorisée a, malgré son caractère illicite,
une certaine personnalité juridique.

Cette personnalité a, d'ailleurs, été reconnue par la
jurisprudence dans plusieurs hypothèses typiques. Par
exemple, une « personne interposée », — un tiers
complaisant, une société civile, un congréganiste agissant
en son propre nom, — avait hypothéqué un bien, pour le
compte de la congrégation. Si la congrégation n'a pas le
droit de posséder, il faut, en droit pur, déclarer nulle la
constitution d'hypothèque. Or, c'est ce que n'a pas admis
la jurisprudence. L'hypothèque est valable et le créancier
est admis à se faire rembourser par la congrégation pourvu
qu'il ait été de bonne foi, c'est-à-dire qu'il ait cru que le
constituant était réellement propriétaire (2). Mais, dire que
les biens de la congrégation serviront à rembourser le
créancier hypothécaire, c'est dire que la congrégation non
seulement a pu posséder des biens, mais encore qu'elle a
pu valablement s'obliger sur ces biens.

Cela suffit pour que la question se pose, en droit, de
savoir ce qu'il doit advenir de ces biens, quand la congrégation n'est pas autorisée, ou cesse d'être autorisée.

Or des biens donnés à une congrégation sont, il faut
bien le remarquer, des biens *affectés à un but spécial*. Quand
on fait une donation ou un legs à quelque congrégation,
on a l'intention que : 1° les biens ainsi légués ou donnés
contribuent à poursuivre le but que la congrégation s'est
assignée ; 2° qu'ils soient gérés, à cet effet, par les congréganistes, c'est-à-dire par des gens qui vivent suivant une

(1) M. PERREAU, Chambre des députés, séance du 26 mars 1901, *J. off.*
du 27, déb. parl., p. 952.
(2) Civ. 17 juill. 1907, S. 1907, 1, 401.

certaine règle, connue et précise. Telle est la double affectation de ces biens.

Le législateur, en refusant l'autorisation, rend cette affectation impossible. Il en résulte nécessairement une *expropriation*. Rien, en effet, ne peut remplacer cette affectation. Il faut ou l'observer, ou la violer. Il n'y a pas de milieu. Donc, aucune solution n'est compatible avec le droit de propriété. Que l'on partage ces biens entre les congréganistes, comme le demandaient MM. Massabuau et Beauregard ; qu'on en fasse hériter l'Etat, sous prétexte que ces biens sont désormais vacants et sans maîtres, comme le voulait Waldeck-Rousseau ; que l'on rende les biens à leurs anciens propriétaires ou à leurs ayants droit, comme le demandait M. Lhopiteau, et comme l'a décidé le Parlement, — peu importe au fond. Le véritable propriétaire de ces biens, c'était le *but* auquel ils étaient affectés. L'Etat, par son refus d'autorisation, rend ce but impossible à atteindre. Il y a donc *expropriation*, et cela *sans indemnité*.

Une telle expropriation, il est vrai, consiste à retirer à l'un, pour donner à un autre. L'Etat, en ordonnant ce transfert de propriété, par voie d'autorité agit en *maître*. Mais, dira-t-on, il ne s'approprie pas à lui-même les biens en question. — Cela ne serait pas absolument exact.

En effet, lorsque les anciens propriétaires sont introuvables et qu'ils n'ont pas d'ayants droit, les biens sont attribués à l'Etat. En ce cas l'*expropriation* est complète. Non seulement elle ne donne pas lieu à indemnité, mais encore elle s'opère *au profit de l'État*. Il est impossible d'imaginer un acte de disposition mieux caractérisé que celui-là. L'Etat qui a de tels pouvoirs ne saurait être un *pur souverain*, un *simple arbitre*. C'est le *maître*, c'est le *propriétaire*, qui apparaît ici.

Il faut observer, pourtant, que le régime dont nous venons de parler, n'est pas applicable aux congrégations existantes au moment de la promulgation de la loi du 1er juillet 1901, qui n'auraient pas été antérieurement autorisées ou reconnues, non plus qu'aux congrégations qui, ayant demandé l'autorisation dans les délais prévus, n'auraient pas reçu une réponse favorable. Mais le régime applicable à ces catégories de congrégations diffère à peine de celui que nous venons d'analyser.

On prévoit alors le retour aux ex-congréganistes des biens qui étaient leur propriété avant leur entrée dans la congrégation, ou qui leur ont été transmis depuis leur entrée dans les ordres par succession *ab intestat* en ligne directe ou collatérale, ou par dispositions entre vifs ou testamentaires en ligne directe seulement (art. 18, §§ 5 et 6.)

On prévoit aussi le retour aux anciens propriétaires, sans tenir compte de la prescription, sauf dans un cas. Si le don ou legs était grevé d'une affectation charitable, il n'est pas restitué aux anciens propriétaires (art. 18, §§ 7 et 8).

Le patrimoine disponible après liquidation se compose donc de deux parties : 1° les biens affectés à une œuvre de bienfaisance ; 2° les autres biens restants.

Il résulte des travaux préparatoires que ces deux catégories de biens doivent passer à l'Etat, sous la seule réserve de maintenir à ceux de la première catégorie, leur affectation spéciale.

Il y a donc, ici encore, *expropriation sans indemnité*, au profit tantôt des congréganistes, tantôt des anciens propriétaires, tantôt de l'Etat lui-même. Car, du moment que la congrégation disparaît, aucun des biens qu'elle pos-

sédait ne peut continuer à être affecté au *but* spécial, qui
lui avait été assigné. Les biens mêmes que l'on continue à
affecter à un but charitable, sont détournés de leur affectation véritable ; car, dans la pensée de leurs anciens propriétaires l'affectation était double : il s'agissait non seulement de les employer à une œuvre charitable, mais encore
de confier à une congrégation le soin de procéder à cet
emploi. Dans l'esprit du donateur ou testateur, cette
double affectation formait un tout. Observer une partie de
l'affectation, et violer l'autre partie, c'est, en vérité retirer
ce bien au *but* auquel il avait été destiné (1). Il y a donc
expropriation *au profit de l'État*. Ici encore, l'État apparaît
comme un *propriétaire suprême*, et non comme un *juge sou-*
verain.

L'État apparaît encore plus nettement, s'il est possible,
sous son aspect de *maître*, ayant un *droit supérieur de*
disposition, dans la loi du 7 juillet 1904, qui supprime en
bloc toutes les congrégations enseignantes, antérieurement
autorisées, ou plutôt, — car il ne faut pas se méprendre
sur le but de la loi de 1904, — *qui retire leurs biens à toutes*
les congrégations enseignantes. La loi de 1904 est, avant tout,
une loi qui prononce une expropriation.

1) Comment ! s'écriait M. Paul Beauregard, vous empêchez la revendication
sous prétexte qu'une libéralité aura été faite avec une affectation spéciale ?
Mais savez-vous que, le plus souvent, l'affectation spéciale comprendra
essentiellement que l'emploi en sera fait par la congrégation ? De sorte que
vous, État, vous intervenez, vous rendez l'exécution de la condition impossible
et néanmoins vous écartez les héritiers, et ce sont ceux-là qui, plus que les
autres, croiraient être autorisés à revendiquer ceux qui ont le droit absolu de
dire : « La condition n'a pas été remplie », ce sont précisément ceux-là que
vous excluez ? (Chambre des députés, séance du 27 mars 1901, *J. off.* du 28,
déb. parl., p. 973.)

Les congrégations enseignantes sont bien supprimées (art. 1er). Mais les ex-congréganistes, redevenus simples citoyens, ont le droit de se réunir en associations, de faire des vœux, de vivre en commun et de pratiquer l'enseignement. La seule différence entre ces associations et les congrégations supprimées, c'est que ces associations ne sont pas reconnues par l'État : elles n'ont pas le « droit de posséder et d'exercer collectivement » (1).

C'est donc uniquement au patrimoine collectif des congrégations enseignantes que l'État en voulait. Il voulait les frapper non pas à la tête, mais à la caisse. C'est ce qui est apparu avec une nouvelle évidence lorsque MM. Louis Ollivier et Paul Beauregard déposèrent un amendement qui autorisait la transformation des congrégations en associations, dans le délai d'un an, et assurait à ces associations la transmission des biens des congrégations. L'amendement fut repoussé, après que M. Sarrien, président de la commission, eût fait observer que la liquidation des biens ne se ferait pas, alors, dans les conditions prévues (2). C'était donc aux biens que l'on attachait l'importance capitale.

Mais le législateur semble avoir pris à tâche de nous enlever jusqu'aux derniers doutes à cet égard. M. de Ramel, à la Chambre, et M. Halgan, au Sénat, ont demandé le droit, pour une congrégation enseignante, de se consacrer désormais aux œuvres de bienfaisance, ou au soin des malades et de conserver ainsi le bénéfice de l'autori-

(1) Déclaration de M. le rapporteur Ferdinand Buisson à la Chambre des députés, séance du 10 mars 1901, *J. off.* du 11, déb. parl., p. 662, 3e col., et p 663. 1re col.

(2) Chambre des députés, séance du 28 mars 1904, *J. off.* du 29, déb. parl., p. 982 à 985.

sation. Le ministre de l'instruction publique, M. Chaumié,
s'y est opposé, en disant :

Il n'est pas interdit aux membres de la congrégation dissoute,
qui était une congrégation enseignante, de se réunir s'ils le
veulent et, conformément à la loi, de formuler une demande à
fin d'autorisation de congrégation hospitalière ; il ne peut pas
leur suffire de dire : « Je veux devenir une congrégation hospitalière », pour que ce désir exprimé dans les trois mois équi-
vaille à l'autorisation exigée par la loi (1).

Il ne faut donc pas nous étonner des dispositions contenues dans la loi de 1904 : elles sont éminemment atten-
tatoires au droit de propriété.

La loi de 1904 organise une expropriation progressive,
qui peut durer jusqu'à 10 ans. La première étape consiste
dans la fermeture des noviciats (art. 2). La seconde étape
consiste en un arrêté ministériel prononçant la fermeture
des établissements scolaires (art. 3). La troisième étape,
c'est la liquidation, pour laquelle il a fallu édicter des
règles toutes nouvelles, car la loi de 1901 ne prévoyait
pas la liquidation de congrégations autorisées. Ici, du
moment qu'il s'agit de congrégations autorisées, les biens
à liquider appartiennent nettement à la congrégation, antérieurement à la promulgation de la loi. On ne peut épi-
loguer. Il faut *exproprier* ouvertement. Or, que deviennent
les biens ? — Une première portion sert à créer des
pensions au profit des congréganistes (art. 5, § 53). —
Une seconde portion est attribuée aux donateurs, ou aux
héritiers ou ayants droit des donateurs ou testateurs,

---

(1) Sénat, séance du 4 juillet 1901, *J. off.* du 5, déb. parl., p. 739 et 740.
— Voir aussi Chambre des députés, séance du 17 mars 1901, *J. off.* du 18,
déb. parl., p. 781 et 785.

(art. 1, § 3). Ce sont les biens qu'ils avaient donnés et qu'on reprend à la congrégation — pour les leur restituer. — La troisième et dernière portion est acquise à l'Etat. Ces biens sont vendus et le prix en est employé pour construire ou agrandir des maisons d'école, etc. (art. 5, § 3). On conserve donc à ces biens une affectation à peu près analogue à celle qu'ils avaient précédemment. Mais c'est à des écoles laïques que l'Etat affecte des biens destinés à des écoles congréganistes. Il s'agit toujours d'enseignement, c'est vrai. Mais, on ne saurait dire sérieusement que l'affectation primitive est ainsi conservée. En transformant ainsi l'affectation de ces biens, non seulement on change ces biens de propriétaire, mais, on les donne au propriétaire rival, on en fait cadeau à l'ennemi. Si l'Etat agit ainsi comme *arbitre*, c'est qu'il comprend le rôle des juges d'une étrange façon. En réalité, on ne saurait trouver nulle part un acte de *disposition* mieux caractérisé. — Pourtant, on peut trouver quelque chose d'aussi complet. Mais c'est dans la même loi. Quand il s'agit d'une congrégation mixte (à la fois enseignante et hospitalière, ou contemplative), les biens affectés au service scolaire sont *désaffectés*, et devront servir pour atteindre les autres buts statutaires de la congrégation. Que devient alors le principe de la spécialité dans les libéralités ? La congrégation reste bien propriétaire. Mais le *but* auquel elle devait consacrer certains biens et qui était, en somme, le véritable affectataire de ces biens est remplacé par un *but* différent. Sans doute, l'Etat n'est pas ici, bénéficiaire. Mais qu'importe. Son intervention ne peut pas autrement s'expliquer ici, que comme celle d'un maître. Il renverse l'ordre d'affectation des biens, il supprime et il crée des propriétés arbitrairement, tantôt à son profit, tantôt au profit d'autrui.

Assurément, un tel État agit en *maître*. C'est incontestable.

b) C'est la même qualité qui, seule, peut expliquer l'action exercée par l'État à l'occasion de sa séparation d'avec les Églises.

On a pu croire, pourtant, pendant un certain temps, que l'État n'agirait pas en *maître*, à ce propos.

Les Églises, disait-on, appartiennent en dernière analyse au *but cultuel*. Ce ne sont ni les propriétés des fabriques, comme le voulaient MM. de Castelnau, Auffray et Grousseau (1), — ni les propriétés de la nation, comme le prétendaient MM. Sénac, Allard et Augagneur (2) — Ce sont, — comme le soutenaient MM. Briand, Caillaux, Cruppi, Clémenceau, Massé, Vallé, Bienvenu-Martin, Maxime Lecomte, etc... (3) — des biens frappés

(1) Chambre des députés, séance du 15 avril 1905, *J. off.* du 16, déb. parl., p. 1476; séance du 20 avril 1905, *J. off.* du 21, déb. parl., p. 1616; séance du 16 mai 1905, *J. off.* du 17, déb. parl , p. 1721 ; deuxième séance du 24 mai 1905, *J. off.* du 25, déb. parl , p. 1886; deuxième séance du 25 mai 1905, *J. off.* du 26, déb. parl., p. 1913

(2) Chambre des députés, séance du 8 avril 1905, *J. off.* du 9, déb. parl., p. 1283; séance du 10 avril 1905, *J. off.* du 11, déb. parl., p. 1294; séance du 17 avril 1905, *J. off.* du 18, déb. parl., p. 1501 et 1504 ; première séance du 22 avril 1905, *J. off.* du 23, déb. parl., p. 1660 ; séance du 15 mai 1905, *J. off.* du 16, déb. parl., p. 1697 ; séance du 16 mai 1905, *J. off.* du 17, déb. parl., p. 1732.

(3) Rapport de M. A. Briand, Chambre des députés, annexe, n° 2302, *J. off.* du 17 mars 1905, p. 292. — Rapport de M. Maxime Lecomte, Sénat, annexe n° 260 *J. off.* des 7, 9 et 12 novembre 1905, p. 558. - Chambre des députés, séance du 17 avril 1905, *J. off.* du 18, déb. parl., p. 1501, 1508 deuxième séance du 21 avril 1905, *J. off.* du 22, déb. parl., p. 1613 ; deuxième séance du 22 avril 1905, *J. off.* du 23, déb parl., p 1668 ; séance du 15 mai 1905, *J. off.* du 16, déb. parl., p. 1697 ; séance du 23 mai 1905, *J. off.* du 24, déb. parl., p. 1852 ; deuxième séance du 24 mai 1905, *J. off.* du 25. déb. parl , p. 1884. — Sénat, séance du 23 nov. 1905, *J. off.* du 24, déb. parl., p. 1478 séance du 25 nov. 1905, *J. off.* du 26, déb. parl., p. 1533. — Voir à ce sujet

d'une *affectation spéciale* : le *culte*. En conséquence, la loi
de séparation laissait les biens cultuels affectés à leur but.
Mais elle leur donnait de nouveaux administrateurs. Les
établissements publics du culte devaient cesser de gérer
ces biens. Les associations cultuelles étaient appelées à
les remplacer. Il y avait changement dans la personne des
administrateurs, non dans celle des propriétaires. C'étaient
des fondations, qui passaient en d'autres mains, mais qui,
sauf cela, demeuraient ce qu'elles étaient antérieurement.
Le droit de propriété était donc sauf.

Sur deux catégories de biens on pouvait, pourtant,
apercevoir une mainmise effectuée par l'État : c'étaient
ceux qui provenaient de l'État et qui n'étaient pas grevés
d'une fondation pieuse créée postérieurement à la loi du
18 germinal an 10 (art. 5). Pour justifier cette mainmise,
M. Briand avait dit que ces biens avaient été concédés
par l'État pour un service public.

Ce service public disparaissant, l'État n'a plus les mêmes obligations ; il a le droit de considérer ses concessions sans objet ;
il reprend ses dotations, pour leur donner une autre destination
publique (1).

Il s'agissait, ici, du droit pour l'État, en supprimant des

BERTHÉLEMY, *Les Associations cultuelles*, dans le *Journal des Débats*, du
5 mai 1906 ; Maurice HAURIOU, *Principes de la loi du 9 déc. 1905, sur la
séparation des Églises et de l'État* ; Raymond SALEILLES, *Étude sur l'exposé
fait par M. M. Hauriou des principes de la loi du 9 déc. 1905, sur la séparation des Églises et de l'État*, dans *Revue trimestrielle de droit civil*, 1906 ,
p. 817 et s. ; P. GRUNEBAUM-BALLIN, *La séparation des Églises et de l'État*,
p. 113 et 116-119 ; G. LHOPITEAU et E. THIBAULT, *Les Églises et l'État*, nos 47
et 110 ; Henri HAYEM, *Domaines respectifs de l'association et de la société*,
1907, p. 218 et s.

(1) M. BRIAND, Rapport précité, p. 292. — Voir aussi : M. Maxime LECOMTE,
rapport précité. p. 558 et M. BRIAND, Chambre des députés, séance du 7 mars
1905, *J. off* du 8, deb. parl. p. 847.

personnes morales, de leur reprendre les biens qu'il leur
avait donnés jadis. C'est bien là un acte de *maître* caractérisé.

Mais il faut, pour être juste, se hâter d'ajouter qu'en
vertu de l'art. 13, une partie importante des biens en question devait être laissée à la disposition des associations
cultuelles. La mainmise opérée par l'Etat révélait ainsi
un caractère plus théorique que réel.

En outre, une deuxième catégorie de biens faisait retour
à l'Etat : c'étaient ceux qui étaient grevés d'une affectation
charitable, ou de toute autre affectation *étrangère à l'exercice du culte*. Ces biens devraient être attribués aux services
ou établissements d'utilité publique dont la destination
serait conforme à celle des dits biens (art. 7).

On peut faire, à ce propos, la même observation qu'au
sujet de la reprise des biens appartenant aux congrégations
enseignantes. Les donateurs ou testateurs ont entendu
avantager des institutions *religieuses* de charité, d'enseignement, etc. L'Etat intervient, et donne leurs biens à des institutions *laïques*. C'est un acte de *maître*.

Comme chacun sait, il advint que le pape, par l'ency-
clique du 10 août 1906, décréta que les associations cultuelles ne devraient pas être formées.

Qu'allaient donc devenir les biens des anciens établissements publics du culte?

A la vérité, la question n'avait pas été prévue par les
auteurs de la loi de 1905. Comme l'a dit M. Clemenceau :
« La loi avait tout prévu, sauf ce qui est arrivé. » (1)

Pourtant, l'art. 9 de la loi de séparation disposait qu'à

_____

(1) *Le Temps*, du 17 octobre 1906.

défaut de toute association pour recueillir les biens d'un établissement public du culte, ces biens seraient attribués par décret aux établissements communaux d'assistance ou de bienfaisance situés dans les limites territoriales de la circonscription ecclésiastique intéressée.

Mais cet article ne visait nullement le refus général de constituer des cultuelles catholiques. Il supposait le cas isolé, d'une cultuelle impossible à constituer, par exemple à cause de l'indifférence de la population en matière de religion. La fondation, alors, disparaissait faute d'objet. Ce n'était pas l'Etat qui paralysait volontairement la fondation. C'étaient les intéressés directs qui cessaient de vouloir bénéficier de la fondation. Et l'Etat, usant d'un droit de *domaine éminent*, mais sans attenter à aucun droit de propriété privée, disposait, en cette éventualité, des biens en faveur d'établissements d'assistance ou de bienfaisance.

M. Briand refusa, en conséquence, de donner à l'article 9 une extension, qui n'avait pas été dans l'intention du législateur. Il prescrivit que les édifices du culte conservent leur *affectation spéciale*, tant qu'ils ne seraient pas attribués, par application de l'article 9, à des établissements communaux d'assistance ou de bienfaisance.

Par cela même, ajoutait il, que l'affectation des édifices autre fois consacrés à l'exercice public du culte subsistera, il incombera soit au séquestre, soit à l'Etat ou aux communes, non seulement de ne pas détourner ces édifices de leur destination, en les faisant servir, ne fût-ce que d'une façon momentanée, à d'autres usages que le culte, mais encore de laisser le culte s'y exercer comme par le passé pourvu qu'il y soit célébré dans des conditions légales. (1).

(1) Circulaire de M. BRIAND, ministre des cultes, aux préfets, d'après *Le Temps* du 3 déc. 1906.

Et, précisant encore davantage, le ministre des cultes, disait que l'affectation cultuelle de ces édifices était « une charge de la possession ». L'Etat et les communes étaient donc, dans son esprit, de simples *possesseurs*. Le véritable propriétaire des édifices cultuels, c'était, par conséquent, le *but* auquel ils étaient et restaient affectés, c'était le *culte*.

Il résultait de là que les membres du clergé n'avaient, pas plus que l'Etat ou les communes, droit à la *propriété* des édifices. M. Briand déclarait expressément que le « ministre du culte (curé ou desservant) » — ne serait plus qu' « un occupant sans titre juridique » (1).

En même temps, M. Briand ordonnait d'assouplir la loi du 30 juin 1881, sur les réunions publiques, de manière à ce qu'elle soit pratiquement applicable aux réunions cultuelles.

Mais le Pape interdit de faire la moindre déclaration de réunion (2).

Le législateur intervient alors une seconde fois, pour réglementer à nouveau la propriété des biens cultuels. D'où : la loi du 2 janvier 1907.

La nouvelle loi attribuait aux établissements communaux d'assistance ou de bienfaisance tous les biens des établissements ecclésiastiques qui auraient dû être, normalement, transmis aux cultuelles catholiques.

Mais ces biens conservaient leur affectation spéciale. Les établissements communaux d'assistance et de bienfaisance remplaçaient les cultuelles non constituées, comme celles-ci avaient dû remplacer les établissements publics du culte. C'étaient là de simples changements d'administrateurs.

(1) Circulaire de M. Briand, ministre des cultes, aux préfets, d'après *Le Temps,* du 3 décembre 1906.
(2) *Le Temps,* du 10 décembre 1906.

L'affectation des biens n'était pas pour cela modifiée le moins du monde. Le *but cultuel* restait le vrai propriétaire des biens cultuels (1).

Si les choses étaient restées en cet état, force nous serait de conclure que l'Etat, à l'occasion de la Séparation, a vraiment usé aussi peu que possible de son droit de *domaine éminent*.

Mais la loi du 13 avril 1908 a renversé tous les principes posés en 1905 et maintenus en 1907, ou, du moins, elle y a apporté de nombreuses dérogations.

Les églises affectées au culte lors de la promulgation de la loi de 1905 et les meubles les garnissant cessent d'être attribués aux établissements communaux d'assistance ou de bienfaisance. On opère ici un véritable *transfert de propriété*. Ce n'est plus le *but cultuel* qui est le propriétaire de ces églises : ce sont les *communes* (art. 1, 1°). Il est vrai que les communes sont tenues de conserver aux églises leur affectation cultuelle, conformément à l'art. 5 de la loi de 1907 (1). Mais cela n'empêche qu'une situation toute nouvelle résulte de cette disposition. Les édifices en question cessent d'appartenir au but cultuel. Ce n'est plus une affaire d'administration. La propriété en est transférée aux communes. Cette propriété est grevée d'une servitude perpétuelle. Ou, plus exactement encore, les communes n'ont que la nu-propriété, tandis que les fidèles et desservants ont un droit d'usufruit perpétuel.

(1) M. BRIAND, Sénat, séance du 28 déc. 1906, *J. off.* du 29, déb. parl., p. 1230. — Voir aussi, Chambre des députés, séance du 21 déc. 1906, *J. off.* du 22, déb. parl., p. 3397.

(2) M. BRIAND, Chambre des députés, séance du 4 nov. 1907, *J. off.* du 5ᵉ déb. parl., p. 2018.

Cette nouvelle situation juridique nous oblige à faire deux observations.

La première est que l'Etat, pour opérer un pareil transfert de propriété, a dû nécessairement agir en *maître*. Il a dépossédé le *but cultuel*, au profit des *communes*, c'est-à-dire d'une fraction de l'Etat lui-même.

La seconde observation est que, ce faisant, l'État a reconstitué une situation juridique de nature absolument féodale. Aux communes, le *domaine direct*, aux fidèles le *domaine utile*. C'est un démembrement féodal de la propriété. Et l'importance pratique de ce démembrement est bien plus considérable que celle des démembrements analogues, dont nous avons signalé plus haut la formation relativement récente.

La loi de 1908 contient toute une série de dispositions, à propos desquelles on peut répéter, mot pour mot, les observations que nous venons de présenter.

Elle attribue, à titre de *pleine propriété*, à l'Etat, aux départements et aux communes, les meubles ayant appartenu aux établissements ecclésiastiques et qui garnissent les églises et cathédrales, appartenant aux communes, aux départements ou à l'Etat (art. 1, 20). Or, en vertu de l'art. 9, § 1er de la loi de 1905, ces objets mobiliers devaient, à défaut de cultuelles, être attribués aux établissements communaux d'assistance ou de bienfaisance ; et la loi de 1907, dans son art. 5, avait confirmé cette attribution, en précisant qu'il ne s'agissait pas d'un transfert de propriété, mais d'un simple changement d'administration.

Même observation au sujet des immeubles bâtis, autres que les édifices affectés au culte, qui n'étaient pas productifs de revenus lors de la promulgation de la loi de 1905, et qui avaient un caractère diocésain. Ils seront attribués *en toute propriété* soit à des départements, soit à des communes, soit à des établissements publics pour des services d'assistance ou de bienfaisance ou des services publics (art. 1, 3°).

Même observation encore, au sujet des documents, livres, manuscrits et œuvres d'art ayant appartenu aux établissements ecclésiastiques. Ils pourront être réclamés par l'État, *en toute propriété*, et il ne saurait être question, dès lors, d'affectation cultuelle. Ces objets seront attribués aux archives, bibliothèques ou musées (art. 1, 5°).

Par l'importance de ces dispositions, la loi de 1908 rompt véritablement avec les principes antérieurement posés. C'est la mainmise par l'État sur les biens de fondations précises.

En outre, et à un tout autre point de vue, la loi de 1908 consacre une nouvelle mainmise par l'État sur les propriétés privées.

La loi de 1905 avait attribué, comme nous l'avons dit, à des établissements publics ou d'utilité publique les biens des établissements publics du culte, quand ces biens étaient grevés d'une affectation étrangère à l'exercice du culte. Elle ajoutait que « toute action en *reprise* ou en *revendication* » devrait être exercée dans un délai déterminé ; en outre, cette action ne pourrait être intentée qu'en raison de *donations* ou de *legs*, et seulement par les *auteurs* et leurs *héritiers en ligne directe* (art. 7, § 2). Une disposition tout à fait identique était également contenue dans la loi de 1905 (art. 9, § 3) à propos des biens, qui devaient être transmis aux établissements communaux d'assistance ou de bienfaisance.

Or, la question s'est posée, en pratique, de savoir si ces

dispositions relatives aux *reprises* et *revendications* avaient
pour effet de déroger au droit commun des art. 953. 1046
et 1184 C. civ., ou si au contraire, elles laissaient subsister l'action en *révocation* ou *résolution* pour inexécution
des conditions, et organisaient en outre une action *spéciale* en
reprise ou *revendication*.

La jurisprudence avait une tendance très nette à adopter
cette seconde manière de voir (1). Il en résultait que toute
la législation relative à la séparation se trouvait en péril.
Le délai pour la *révocation* ou *résolution* était de 30 ans,
tandis que celui pour exercer les *reprises* ou *revendications*
était de 6 mois seulement. En outre, une foule de récla-
mants — même des *collatéraux*, ou des *légataires universels*,
— entamaient des procès, et une bonne partie du patrimoine des églises risquait, grâce à la jurisprudence établie,
d'être partagée entre les anciens donateurs ou leurs ayants
droit, au lieu de continuer à être affecté à l'exercice du
culte.

Aussi la loi de 1908 décide-t-elle, par une disposition
interprétative et rétroactive, que les *disposants* et leurs
héritiers directs ont seuls le droit d'intenter les actions en
reprise, revendication, révocation ou *résolution* des *dons, legs*
et *fondations pieuses* postérieures à la loi du 18 germinal
an 10, en faveur des anciens établissements publics du
culte, sans distinguer si ces dispositions étaient ou non
grevées de charges.

Nous n'avons pas à rechercher ici si la loi de 1908 est

---

(1) Trib. de Saint-Lô, 30 nov. 1906, et autres décisions, S. 1907, 2, 185 et
la note de M. Tissier ; Riom, 20 nov. 1907, S. 1907, 2, 300 ; Dijon, 26 févr.
1908, S. 1908, 2, 47. — En sens contraire : Trib. de La Châtre, 11 mai 1907,
S. 1907, 2, 185 ; Trib. de Guingamp, 19 nov. 1907, S. 1907, 2, 300 ; Caen,
5 févr. 1908, S. 1908, 2, 11, et la note de M. Tissier.

vraiment une loi interprétative, ou bien si, sous couleur d'interprétation, elle ne crée pas un nouvel état de droit.

Il nous suffit de constater qu'à un moment donné, — en 1905, ou en 1908, — le législateur a porté une grave atteinte aux droits des testateurs et donateurs.

Qu'il y ait des fondations, qui désormais ne peuvent être exécutées, c'est un point hors de doute. La loi de 1908 le proclame d'ailleurs : « L'État, les départements, les communes et les établissements publics ne peuvent remplir ni les charges pieuses ou cultuelles afférentes aux libéralités à eux faites, ou aux contrats conclus par eux, ni les charges dont l'exécution comportait l'intervention, soit d'un établissement public du culte, soit de titulaires ecclésiastiques. » (Art. 3, § 14).

Dès lors, les dispositions prises par l'État, en matière ecclésiastique, amenaient un résultat analogue à celui que nous avons étudié en matière de congrégations. Des fondations se trouvaient sans objet.

La même conséquence en découlait : il y avait *nécessairement expropriation.*

Que les biens fussent rendus aux donateurs ou à leurs ayants droit, — qu'ils fussent employés par l'État à un but prétendu analogue, — peu importait. Il y avait *expropriation*, parce que c'était l'État qui, *par son action*, avait rendu la fondation irréalisable.

Seulement, il est clair, que, ici, comme quand il s'était agi de congrégations, la solution la plus libérale eût consisté à rendre les biens aux anciens propriétaires et à leurs ayants droit.

C'était cette solution que réclamaient MM. de Castelnau, de Ramel, Beauregard et Chaigne (1).

(1) Chambre des députés, séance du 21 oct. 1907, *J. off.* du 25, déb. parl.,

Or, cette solution a été écartée pour les raisons suivantes.

Une fondation est un patrimoine soumis à des règles
spéciales. Notamment, lorsque l'objet d'une fondation ne
peut plus être rempli, la fondation ne disparait pas, « elle
n'est jamais restituée, pas même au fondateur ». Mais on
l'attribue « aux pauvres » (1). Une fondation, en effet, ne
peut être constituée qu'avec le concours de l'Etat. Dans toute
fondation, l'Etat est « cofondateur ». D'où le rôle spécial
que l'Etat joue en matière de fondations et son droit de
modifier l'objet des fondations (2).

Voilà, fort nettement exprimée la théorie du *domaine
éminent*. Car, si l'Etat n'a pas un *droit supérieur de disposition*, comment peut-il jouer ce rôle de « cofondateur »?
Et « cofondateur » n'est pas encore assez dire. Car ce
« cofondateur » a le pouvoir, à lui tout seul, de faire tomber
la donation. Il crée « avec », mais il peut détruire
« sans » (3). Il semble qu'au cours des débats devant le
Parlement, on ait cherché en vain le mot qui caractérisait cette situation. Ce mot, c'était le droit de *directe universelle*, c'était le *domaine éminent*. Nul ne l'a prononcé.
Mais cette idée inspirait évidemment les auteurs de la
loi.

p. 1903; séance du 28 oct. 1907, *J. off.* du 29, déb. parl., p. 1960; séance du
30 oct. 1907, *J. off.* du 31, déb. parl., p. 2000 ; séance du 20 nov. 1907, *J. off.*
du 21, déb. parl., p. 2319 et 2361.

(1) M. RAYNAUD, rapporteur, Chambre des députés, séance du 28 oct. 1907,
J. off. du 29, déb. parl., p. 1962.

(2) M. BRIAND, Sénat, séance du 1er avril 1908, *J. off.* du 2, déb. parl.,
p. 465. — Voir aussi : M. BIENVENU-MARTIN, Sénat, séance du 27 mars 1908,
J. off. du 28, déb. parl., p. 417 ; M. Maxime LECOMTE, rapporteur, Sénat,
séance du 31 mars 1908, *J. off.* du 1er avr., déb. parl., p. 428 ; M. BRIAND,
Sénat, séance du 3 avril 1908, *J. off.* du 4, déb. parl., p. 516.

(3) M. DE LAMARZELLE, Sénat, séance du 2 avril 1908, *J. off.* du 3, déb.
parl., p. 418.

Ainsi s'éclaire toute la législation relative aux congrégations et aux biens d'Eglises.

L'Etat, en toute cette matière, a agi en qualité de *propriétaire éminent* des biens des personnes morales.

A travers la diversité des formules, ce fait apparaît clairement. En vain faisait-on, d'abord, appel à la théorie des biens vacants et sans maître, et disait-on que l'Etat était l'héritier des congrégations illicites; car, en réalité, l'Etat, quand il supprimait les congrégations, agissait simplement en *maître*. En vain se conformait-on, en apparence, aux règles du droit privé en matière de dévolution, et faisait-on la part des congréganistes, des anciens propriétaires et de l'Etat; car, en réalité, l'Etat avait le droit, quand il supprimait les congrégations, de s'attribuer l'ensemble de leurs biens : ç'eût été seulement une modification à apporter à l'objet de quelques fondations. En vain invoquait-on l'obligation de conserver aux biens cultuels leur affectation; car les biens cultuels n'appartiennent pas, en vérité, au but cultuel; ou, du moins, ils n'y appartiennent que dans la mesure où cela convient à l'Etat. Et l'on peut même se féliciter que l'Etat ait accordé aux disposants et à leurs héritiers en ligne directe un droit de reprise sur les biens employés à un but autre que celui auquel ils étaient affectés; c'est pure générosité de la part de l'Etat, ce *propriétaire suprême*, qui tient entre ses mains puissantes le sort de toutes les fondations, et dont le pouvoir va jusqu'à s'attribuer, à lui-même, suivant son bon plaisir, tous les biens de mainmorte.

L'incompatibilité entre cette doctrine et celle de l'Etat simple souverain saute aux yeux.

Aussi ne faut-il pas s'étonner si, en présence des pouvoirs considérables que l'Etat s'était arrogés en ces circonstances, une voix s'est élevée sur les bancs socialistes pour prendre acte de cette situation, et pour constater que les droits de la *propriété de droit privé* reculaient devant les droits grandissants de la *propriété de droit public.*

Nous voterons le projet, a dit M. Paul Constans, parce que nous nous servirons du vote de cette loi comme d'un précédent pour nous, collectivistes. Le projet de loi, qu'on le veuille ou non, porte une atteinte à la liberté des testateurs. Au nom de l'intérêt général, il porte une atteinte à la propriété individuelle de ceux qui ont disparu. Il diminue incontestablement le droit de tester, accordé jusqu'ici par le Code civil. C'est une expropriation partielle d'une propriété privée au profit d'une collectivité, que ce soit un établissement de bienfaisance, une commune ou la nation... Ce que nous réclamons tous les jours, vous le faites dans votre projet de loi au profit d'une collectivité restreinte, sans profit aucun pour le prolétariat ; vous déchirez le Code civil, vous supprimez en partie le droit d'héritage ; nous sommes avec vous. Nous exproprierons, nous, le capitalisme au profit de tous (1).

E. — Ce serait une erreur de croire que l'Etat moderne s'est montré beaucoup plus respectueux des propriétés individuelles que des biens des fondations.

Il faut, en effet, compléter le Code civil, par une foule de dispositions, dont on retrouve, d'ailleurs, l'équivalent chez tous les peuples civilisés, et qui ont pour effet de restreindre considérablement le droit du propriétaire.

Nous avons déjà parlé de la loi du 21 avril 1810 sur les mines dont le principe a, d'ailleurs, été conservé par celle du 27 juin 1886. Il n'y a donc pas lieu d'y revenir ici.

---

(1) Paul Constans, Chambre des députés, séance du 28 oct. 1907, *J. off.* du 29, déb. parl., p. 1961.

a. — Quant aux *servitudes* relatives à l'*intérêt public*, qui, comme nous l'avons vu, constituent de véritables *expropriations*, *sans indemnité*, le nombre s'en est accru depuis 1804.

1° La matière de l'*alignement* et des *servitudes de reculement* s'est enflée, depuis 1804, d'une manière incroyable. Il y a, sur ce sujet, toute une littérature. Il y a aussi une série de dispositions importantes, dans le détail desquelles nous ne pouvons pas entrer. Mais il nous faut signaler une tendance de plus en plus marquée à procéder par véritables *plans de transformation*. Les municipalités se tracent une tâche à accomplir, et, année par année ils apportent à la ville les modifications qui, au bout d'un certain temps, auront transformé son aspect. On exproprie souvent, pour réaliser le plan, des îlots entiers de maisons. Et cette pratique est, il faut l'avouer, plus répandue encore, dans certains pays, comme l'Angleterre ou la Suisse, qu'en France même.

2° Des prescriptions rigoureuses ont été prises, concernant l'établissement des manufactures, usines et ateliers insalubres, dangereux ou incommodes. Ici encore les décrets et ouvrages spéciaux sont si nombreux que nous renonçons à les indiquer.

3° En ce qui concerne le desséchement des marais, et surtout l'assainissement des logements insalubres, les pouvoirs de l'État se sont considérablement augmentés. En certains pays, l'État va jusqu'à forcer les propriétaires de maisons insalubres à démolir leur immeuble, ou même à en abandonner la propriété. L'État est le protecteur de la santé publique. Et, comme les propriétaires peu soigneux constituent un danger permanent pour la santé publique, l'État intervient. Il faut que le droit de propriété se courbe devant l'intérêt de la santé générale. Mais cela n'est possible que si l'Etat a un *droit supérieur de disposition*.

4° Nouvelles aussi sont les mesures relatives au défrichement des forêts, et aussi au reboisement et au
gazonnement des montagues. Le reboisement est surtout
d'actualité depuis les inondations désastreuses qui ont
ravagé la France. On réclame le droit, pour l'Etat, d'exproprier ceux qui refusent de reboiser leurs terrains, quand il
y a utilité. Et tout porte à croire que cette solution ne tardera pas à être adoptée.

b) Quant aux restrictions apportées dans l'intérêt des
propriétaires voisins, au droit de propriété, et que le Code
civil baptise à tort du nom de *servitudes*, elles peuvent,
aujourd'hui, comme en 1804, s'expliquer par la simple
notion de *souveraineté*.

Pourtant, il convient de signaler ici l'extension considérable donnée à une théorie, dont les principes avaient déjà
été posés par le tribun Grenier, et dont les conséquences
ont amené l'Etat à intervenir d'une manière très remarquable dans les rapports entre propriétaires. Nous voulons
parler de la théorie des *abus du droit*.

Par application de cette théorie, la Cour de Cassation,
à propos d'exhalaisons, provenant de fabriques de produits
chimiques et nuisibles aux propriétés voisines, déclare que
« les dommages soufferts proviennent, non de l'existence
des manufactures, mais de l'*abus* des manufacturiers, qui
n'ont pas pris les précautions convenables (1). » — De
même, la Cour d'Amiens, reproduisant textuellement une
formule donnée par la Cour suprême, déclare que le pro-

_____

(1) Civ., 11 juill. 18.6, S. 26. 1, 389.

priétaire d'une maison de santé a droit à des dommages-
intérêts, en raison du bruit et de la fumée provenant de
mines voisines alors que le bruit produit était continu, très
violent, d'une extraordinaire incommodité pour les intimés
et « qu'il excédait la mesure des obligations ordinaires du
voisinage (1). » — Même solution encore pour la fumée
provenant d'une usine (2), au sujet d'un bruit n'excédant
pas la mesure ordinaire (3), à propos d'un bruit exagéré (4).

Ce qu'il y a de remarquable, c'est qu'il peut y avoir *abus
du droit*, sans qu'aucune négligence ait été commise par
celui qui est accusé d'abuser de sa propriété. Ainsi, malgré
toutes les précautions prises, le four, construit par un boulanger dans son sous-sol, chauffe les caves des voisins et
leur cause de graves incommodités : il y a, de la part du
boulanger, abus de son droit (5). — De même, un propriétaire emploie, pour extraire l'huile, des machines, qui, par
leur mouvement, ébranlent la maison du voisin, aubergiste. Il n'a commis aucune négligence, mais il y a abus de
droit (6). — De même encore, une Compagnie de chemin
de fer est responsable de l'incendie causé par les étincelles
échappées d'une locomotive, alors qu'aucune imprudence

---

(1) Amiens, 18 juill. 1815, S. 45, 2, 475. — Voir Civ., 27 nov. 1811, S. 41,
1, 211; D. P. 45, 1, 13. — Voir aussi : Civ., 28 févr. 1818, S. 48, 1, 311,
D. P. 48, 1, 122; 20 juin 1819, D. P. 49, 2, 476; 3 janv. 1887, S. 87, 1, 263;
D. P. 88, 1, 39.

(2) Douai, 30 mai 1854, P. 51, 1, 563.

(3) Paris, 28 avril 1860, D P. 60, 2, 117.

(4) Paris, 18 mai 1860, D. P. 60, 2, 116; Metz, 23 août 1863, D. P. 61, 2,
111; Dijon, 10 mars 1865, S. 65, 2, 313; Paris, 9 déc. 1904, *Le Droit*, du
26 déc. 1904; Trib. civ., Marseille, 10 mars 1905, S. 1905, 2, 119.

(5) Metz, 16 août 1829, P. 20, 125.

(6) Douai, 10 janv. 1843, D. *Rep. alph.*, v° *Industrie*, n° 212.

ne peut être relevée à la charge de la Compagnie (1), « car
le dommage nécessaire occasionné par une industrie doit
être à la charge de cette industrie » (2). — Le même principe est appliqué aux maisons de tolérance, et la jurisprudence affirme, à ce sujet, que le droit du propriétaire
« trouve une limitation nécessaire dans les charges et les
« obligations réciproques qu'impose le voisinage » et que
« l'exercice du droit de propriété prend le caractère d'une
faute, dès l'instant où il porte une atteinte grave et sérieuse
aux droits du voisin (3). »

Ainsi, il y a des faits de propriété qui sont licites en
soi, mais que le propriétaire ne peut accomplir sans que
sa responsabilité soit engagée.

Aucun texte, en droit français ne vient étayer cette
théorie.

On en est réduit à s'appuyer sur les paroles de Grenier et
sur l'art. 1382, interprété très largement. Il n'en est pas
de même en d'autres pays (4).

Mais, à supposer que notre législateur transforme
la jurisprudence en textes impératifs et qu'il généralise
même cette jurisprudence, il ne ferait jamais qu'agir en
arbitre. Point n'est besoin, ici, de faire appel au droit de
domaine éminent. Comme on l'a soutenu, il s'agit ici, en

---

(1) Paris, 30 août 1858, BONNEVILLE DE MARSANGY, *Jurisp. gén. des assur.*,
2e partie, p. 207.

(2) Bordeaux, 21 juin 1859, D. P. 59, 2, 187, S. 60, 2, 41, P. 60, 310. —
Voir aussi : Paris, 11 déc. 1876, BONNEVILLE DE MARSANGY, *ibid.*, 2e part.,
p. 533 ; Grenoble, *ibid.*, p. 278 ; Req., 3 janv. 1887, S. 87, 1, 263 ; D. P.
88, 1. 39 ; Toulouse, 6 mai 1902, S. et P. 1905, 2, 105 ; Caen, 15 juill. 1902,
Rec. Caen et Rouen, 1902, C., p. 236 ; Trib. civ., Seine, 23 déc. 1897 : *Rec.
gaz. des trib.*, 98, 1, 215.

(3) Civ., 3 déc. 1860, S. 60, 2, 255, P. 60. 1068. — Voir aussi : Civ.,
27 août 1861, S. 61, 1, 810 ; Montpellier, 18 févr. 1892, 5. et P., 91, 2, 160.

(4) C. civ. allemand. § 226. — C. civ. suisse, art. 3.

réalité, de *conflits* entre les droits des propriétaires voisins (1). Or, la notion tend à se dégager, qu'il y a, entre
propriétaires voisins, des conflits de droit à l'état latent.
Leurs droits se limitent d'une façon constante, permanente,
perpétuelle. Il appartient à l'État, agissant comme *arbitre*,
de déterminer ces limitations.

Or, lorsqu'on fait une telle constatation, que dit-on,
sinon que le droit de propriété est *relatif par définition* ?

On avait déjà aperçu la nécessité des restrictions, dès le
xviiie siècle et l'on disait alors que le droit de propriété
est *absolu*, mais que, pour empêcher les heurts entre les
propriétaires, il fallait admettre certaines restrictions, qui,
seules, garantiraient au droit son caractère absolu. Nous
avons longuement exposé cette conception.

On reconnaît aujourd'hui que le fait d'admettre certaines
restrictions a été gros de conséquences. Les restrictions,
elles sont partout. Grâce à la théorie des abus du droit, le
propriétaire peut agir avec la plus extrême prudence, il
peut prendre toutes les précautions voulues, et pourtant,
être poursuivi et condamné pour dommage causé aux voisins.

(1) GÉNY, *Méthode d'interprétation et sources en droit privé positif*, 1899,
n° 173; — Marc DESSERTEAUX, *Abus de droit ou conflit de droits*, dans
Rev. trim. de dr. civil, 1906, p. 119 et s — Sur la théorie de l'abus de droit,
consulter: PORCHEROT, *De l'abus de droit*, 1901; — BOSC, *Essai sur les
éléments constitutifs du délit civil*, 1902, p. 113 et s.; — GÉNY, *Risques et
responsabilités* dans *Rev. trim. de dr. ci.*, 1902, p. 812 et s.; — CAPITANT,
Des obligations de voisinage, dans *Revue critiq.*, 1900, p. 156 et 228; —
SALEILLES, *Étude sur la théorie générale de l'obligation d'après le premier
projet du c. civ., pour l'Empire allemand*, 2e édit. 1901, p. 370, note 1; *Code
civil allemand*, traduction du Comité de législation étrangère, t. 1er, note sur
le § 226, p. 331; *De l'abus de droit*, rapport présenté à la première sous-com-
mission de révision du c. civ., dans *Bulletin de la société d'études législatives*, 1903, p. 325 et s.; — Paul BONCOUR, *le Fédéralisme économique*, 1900,
p. 270 et s.; — G. APPERT, *Les droits du propriétaire vis-à-vis de ses
voisins*, dans *Rev. trim. de dr. civ.*, 1905, p. 71 et s.

Et nous pouvons être sûrs que les actes entraînant ainsi
la responsabilité du propriétaire deviendront de jour en
jour plus nombreux. Au fur et à mesure que la civilisation
progresse, que les conditions de la vie deviennent plus
compliquées, que la division du travail se ramifie davantage, les occasions de se gêner les uns les autres, de
s'incommoder entre voisins par la diversité des occupations
ou des métiers se multiplient.

Il n'y a donc plus, comme on l'imaginait autrefois, deux
portions du droit de propriété : l'une, soumise à des
restrictions ; l'autre, libre, et d'autant plus libre même
que les restrictions apportées à la première portion constituaient la garantie, et comme le prix de cette liberté.

Il y a maintenant un droit de propriété encerclé par
des restrictions innombrables. Aux soi-disant servitudes
d'intérêt public, s'ajoutent ces soi-disant servitudes d'intérêt privé. L'État, dans le premier cas, restreint les droits
du propriétaire au nom de son *domaine éminent* ; et, dans
le second cas, il les limite, au nom de son pouvoir *d'arbitre*.
Mais, dans aucun des deux cas, le propriétaire ne trouve
les contre-parties prévues par la théorie *absolutiste*. Ces
restrictions n'ont pas pour effet de garantir au propriétaire
un droit *absolu*. L'affirmer, ce serait se payer de vaines
formules.

La vérité est que le droit de propriété a fini, à force de
restrictions, par devenir un *droit essentiellement relatif*.

c) Il est, d'ailleurs, une foule de restrictions du droit de
propriété, qui échappent complètement au domaine des
servitudes. Ce sont celles qui portent sur les biens mobiliers. Ici il n'y a plus possibilité de prononcer le mot de
servitude.

Voyons si elles peuvent rentrer dans la catégorie des *sages lois d'administration*, et jusqu'à quel point elles sont compatibles avec la notion absolutiste du droit de propriété.

Mais il nous faut d'abord noter l'extrême importance de ces restrictions. La règle *Vilis mobilium possessio* a cessé d'être une réalité sociale. Les objets mobiliers constituent, au contraire, le principal de la fortune, à l'époque actuelle. De là, l'importance considérable des restrictions, dont nous allons parler, et que l'on peut constater, non seulement en France, mais dans des pays très divers.

Il nous faut signaler, en tout premier lieu, une mesure bien connue, fondé sur le respect de la *liberté humaine*. C'est le décret du 27 avril 1848, qui interdit la possession, l'achat et la vente des esclaves, ainsi que toute participation directe ou indirecte à tout trafic ou exploitation de ce genre. Tout Français dut, dans le délai de 3 ans, — délai que la loi du 11 février 1851 a porté à dix ans, — se conformer au décret. Aucune indemnité n'était versée aux intéressés. Les délais accordés parurent suffisants pour atténuer le dommage qu'ils subissaient.

Toute une série de mesures restrictives ont pour origine cette idée que l'Etat a le devoir de sauvegarder la *santé publique*.

On interdit l'usage du blanc de céruse, dans la peinture des bâtiments, non seulement en Autriche et en Allemagne, mais encore en France (loi du 29 juillet 1909). Or, la loi française n'accorde aucune indemnité aux fabricants de céruse. Elle leur donne seulement un délai de 3 ans, — la moitié de ce que l'on avait accordé aux « marchands de bois d'ébène ».

On prohibe les boissons alcoolisées les plus nocives,

telles que l'absinthe. La Belgique, la Suisse et les Pays-Bas
ont déjà pris des mesures à cet effet. Mais la Suisse seule
a cru bon d'accorder une indemnité aux intéressés.

Dans quelques pays (Islande, Finlande, certaines parties
des Etats-Unis et du Canada) on a été jusqu'à interdire
absolument la fabrication et la vente des boissons alcoolisées de toute nature. On n'a accordé aucune indemnité
pour cette expropriation. Aux Etats-Unis, les tribunaux
ont même déclaré que toutes les licences de cabaretier
étaient inconstitutionnelles. En effet, comme nous l'avons
vu, la déclaration des droits garantit aux citoyens « la
sûreté et le bonheur ». Or, disent les magistrats, les
cabarets sont les institutions les plus nuisibles pour la
sûretégénérale et les plus contraires au bonheur du peuple.
Conséquence : les cabaretiers doivent tous être expropriés
sans indemnité, les licences qui ont pu leur être octroyées
tombent d'elles-mêmes (1).

On a même, par une convention internationale, interdit
l'importation de l'alcool dans une partie de l'Afrique : les
divers pays civilisés se sont donc entendus pour délimiter
sur le globe terrestre une région, où ils ont écrit : « Zone
de prohibition. »

Les nations se sont, de même, unies pour interdire
partout l'usage du phosphore blanc dans la fabrication des
allumettes, et pour prohiber peu à peu l'opium.

Elles sont, aussi, en voie de prendre des mesures contre
la saccharine, sous prétexte que cette substance produit
sur la santé des effets pernicieux. Mais, comme il est clair
qu'en aucun pays, la saccharine ne produit des ravages

(1) MATTI HELENIUS-SEPPALA, *Ueber das Alkoholverbet in den Vereinigten
Staaten von Nord-Amerika*, p. 21-25.

comparables à ceux de l'alcoolisme, il est permis de se demander pourquoi les nations se liguent contre cette matière édulcorante, alors que nul effort international n'est tenté pour supprimer, partout à la fois, l'usage de l'alcool. La réponse à cette question est sans doute dans ce fait que la saccharine fait une concurrence redoutable au sucre, car son pouvoir édulcorant est 40 fois plus grand que celui du sucre; il résulte de là des pertes sensibles pour tous les États intéressés dans la vente du sucre; tandis que tous les États sont, au contraire, intéressés à la vente des boissons alcoolisées.

Nous touchons du doigt, grâce à cet exemple, ce fait que, derrière le prétendu intérêt hygiénique, peut se glisser un intérêt fiscal.

Il y a même parfois, sous l'apparence du souci de protéger la santé publique, de simples intérêts particuliers. C'est ce qui s'était produit, en France, lors de l'impôt prohibitif levé sur les vins de raisins secs (1). Ces vins, dont la production avait été encouragée, lors de la crise phylloxérique (2), parurent tout d'un coup redoutables lorsque la crise fut surmontée. On les imposa d'environ 24 francs l'hectolitre. C'était une véritable expropriation, au bénéfice des fabricants de vins de raisins frais et cette expropriation fut votée expressément *sans indemnité*, car, dit M. Méline, président du Conseil, si l'on entrait dans cette voie « la plupart des lois économiques qui sont votées par les Chambres donneraient presque toujours lieu à une demande d'indemnité. » (3).

Il nous est impossible de parler ici, autrement que par

----

(1) Loi du 6 avril 1897.
(2) Loi du 17 juill. 1889, art. 12.
(3) Sénat, séance du 18 févr. 1897, *J. off.* déb. parl., p. 202.

allusion, de toute la *réglementation du travail*, établie dans l'intérêt de l'hygiène et de la sécurité des travailleurs. La suppression du travail de nuit, la règle du repos hebdomadaire, la loi des chaises, et la protection des ouvrières au moment de leurs couches, etc., sont autant de mesures restrictives du droit, pour les chefs d'usine et d'atelier, de faire, chez eux, ce que bon leur semble. Le droit de propriété et le droit des contrats sont ici tellement voisins de l'autre, que toute restriction apportée à l'un, est une atteinte à l'autre et réciproquement. Les retraites ouvrières, et autres lois d'assurances sociales, telles qu'il en existe en Allemagne, Autriche, Suisse, Belgique, etc., constituent, elles aussi, des restrictions au droit de propriété, et, au moins en ce qui concerne les patrons, ces expropriations partielles n'ont pour contre-partie aucune indemnité : ce sont les ouvriers, non les patrons, qui profitent des assurances sociales.

Notons que l'on a, par des conventions internationales, consacré l'existence de ce « domaine public », où tombent les *œuvres d'art*, ainsi que les *marques de fabrique*, quelques années après la mort des auteurs ou inventeurs.

Signalons enfin certaines mesures inspirées par un *intérêt national et patriotique*. Par exemple, les Italiens ont interdit l'exportation de leurs œuvres, en pays étranger. De même en tous pays, on considère comme biens de l'Etat, les papiers des personnages qui ont joué un certain rôle politique, et, même sans texte, on retire ces papiers aux héritiers de tels personnages. C'est ce qui a eu lieu en France, il y a quelques années, à la mort de M. Demagny. Et c'est aussi ce qui s'est passé, avec un peu plus de difficultés, il est vrai, pour les héritiers de Crispi. La question s'est même posée non pas pour des papiers mais pour des biens et valeurs proprement dites, en Turquie et en Belgique. En Turquie, Abdul-Hamid détrôné, a donné les signatures nécessaires pour que l'Etat ottoman pût se saisir des valeurs déposées dans des banques étrangères; et cela a mis fin à toute difficulté. Mais, en Belgique, les fondations créées par Léopold II afin de faire disparaître une partie de la fortune nationale sont une source de contestations et de procès, qui durent encore.

Ces quelques exemples suffisent pour montrer que le droit du propriétaire d'objets mobiliers est loin d'être *absolu*. Les atteintes multiples auxquelles on soumet son droit, — soit au nom de la liberté, soit au nom de l'hygiène et de la santé publiques, soit au nom d'intérêts fiscaux ou même d'intérêts particuliers, qui se dissimulent sous l'apparence d'intérêts généraux, soit au nom de la protection légale des travailleurs, soit au nom du « domaine public », — ne donnent généralement lieu à aucune indemnité. Quelquefois, on trouve au lieu de l'indemnité, l'octroi d'un certain délai. Mais c'est tout.

Et maintenant, se pose la question de savoir si l'Etat agit, dans ces diverses circonstances, en simple *arbitre*. Il ne nous semble pas que Portalis lui-même, placé en présence d'un pareil tableau, oserait le soutenir. Il déclarerait très vraisemblablement que l'Etat parle au nom d'une sorte de « domaine public », dont il est le gardien suprème, et que tout objet, entre nos mains, est grevé d'une sorte d'obligation envers la communauté des hommes. Il y a certains usages que nous ne devons pas faire de nos biens, parce que ces usages sont anti-sociaux. Et, réciproquement, nous devons employer nos biens d'une manière conforme au progrès humain et à la plus complète justice. Il est

presque regrettable que l'on ne puisse parler de servitude en matière mobilière ; car nous dirions que c'est
une servitude qui pèse sur nos biens. Mais il nous suffit
de dire que l'Etat a un droit de *domaine éminent* et que
son pouvoir de contrôle s'accroît de jour en jour. La pro-
gression de ce pouvoir est très sensible. Elle se produit en
tous pays, avec une rapidité extraordinaire. Notre pouvoir
de disposition est, à chaque instant, plus restreint. — Il
serait vraiment ironique, dans ces conditions, de parler du
rôle d'*arbitre* que l'Etat jouerait en ces matières. Non,
l'Etat est un véritable *maître,* dont nous ne supporterions
pas longtemps les fantaisies, ni le pouvoir arbitraire, mais
par lequel nous nous laissons dépouiller presque sans
murmurer, lorsqu'il s'agit de sacrifier une partie de nos
biens pour l'intérêt général.

F. — En résumé, sur ce premier point, — les sages lois
d'administration, — nous considérons la démonstration
comme acquise. Il est impossible de parler désormais du
droit *absolu* de propriété. En fait, l'Etat exerce ses droits
de *domaine éminent* dans des circonstances si multiples, si
nombreuses, si variées, que ce n'est plus la peine pour lui,
de conserver un masque.

Qu'il s'agisse de biens appartenant à des fondations, ou
à des particuliers, que l'Etat agisse nettement en *maître,*
ou même à titre de *juge,* la propriété privée est aujour-
d'hui soumise à tant de « sages prescriptions », que le droit
absolu inscrit dans notre Code civil apparaît comme un
véritable anachronisme. On ne peut plus dire : « la propriété
est le droit de jouir et disposer des choses de la manière
la plus absolue, pourvu qu'on n'en fasse pas un usage
prohibé par les lois ou les règlements. » Les lois et les

règlements ont prohibé l'usage de la propriété dans un nombre si considérable de cas, que *les restrictions sont devenues la règle*. On ne peut même pas ajouter que la liberté soit devenue l'exception. Cela ne voudrait rien dire. Lorsque la réglementation est devenue la règle, il faut ajouter que *la liberté a disparu*. Quelque usage que le propriétaire fasse de son bien, cet usage est réglementé, limité. Il y a une *propriété sociale*, qui pèse sur la *propriété privée* comme le *domaine éminent* pèse sur le *domaine utile*. Le droit est coupé en deux tronçons, si bien que le particulier ne peut plus jamais se servir de son droit, sans que la société ait ses observations à faire et, souvent, son *veto* à opposer. C'en est donc fait du droit *absolu* de propriété privée. La formule en figure encore dans notre Code. La chose a cessé d'exister dans notre législation. *Le droit de propriété privée est essentiellement un droit relatif.*

2. — Il y aurait beaucoup à dire, maintenant, sur les *impôts* et *droits de douane*.

Mais il nous suffira de rappeler ici des notions qui sont trop courantes, pour qu'il nous faille y insister.

On sait que les nécessités fiscales ont suscité de nombreux monopoles : de l'alcool (en Russie, et en Suisse), du sel (en Suisse et en Indo-Chine), de l'opium (en Indo-Chine), des allumettes (en France), du tabac (en France), bientôt peut-être du pétrole (en Autriche).

Partout on introduit ou l'on étend les impôts sur le revenu (Angleterre, Prusse, Italie, Autriche, Suisse, en attendant la France).

Les droits de succession s'élèvent sans cesse. En tous pays, c'est un moyen que l'on emploie pour accroître la fortune de l'État au détriment de celle des héritiers. En

France les droits de succession, augmentés par les bud-
gets de 1901 et de 1902, ont été augmentés à nouveau,
par le budget de 1910. Pour caractériser ces droits de succession, consultons un économiste libéral, peu enclin à
voir dans l'Etat autre chose qu'un *souverain*, M. Paul
Leroy-Beaulieu. Trouve-t-il une justification pour de
pareils droits? Invoque-t-il quelque droit supérieur d'*administration*, quelque droit d'*arbitre*, qui permette à l'Etat une
telle mainmise? — Nullement. M. Paul Leroy-Beaulieu n'ad-
mettant pas que l'Etat ait un droit de *domaine éminent*, mais
constatant ces confiscations véritables, prend la seule attitude, qui, pour lui, soit logique : il traite l'Etat de brigand, il crie : Au voleur ! — Voici le passage :

Quelques personnes penseront peut-être que les droits très
élevés frappent seulement les parts d'héritages très considérables. Cela est inexact. Ainsi, dès le chiffre de 500.000 francs
à 1 million, le droit est de 8,50 0/0 entre époux, de 14,50 0/0
entre frères et sœurs, de 18 0/0 entre oncles et neveux, de 21 0/0
entre grands-oncles et petits-neveux, enfin de 24 0/0 entre
parents éloignés.

Puis, si certaines personnes se réconfortent en pensant que
les droits les plus élevés allant à 22, 26, 29 0/0 ne seront payés
que par les gens recueillant de très gros héritages, elles sont
bien imprévoyantes. Il est fort à craindre, en effet, que les très
grosses fortunes étant très rares en France, on arrive rapidement, après que l'on aura inscrit dans la loi ces extorsions,
à les appliquer aux héritages moyens après les avoir fait voter
pour les héritages exceptionnels. C'est ce qu'a fait, en Angleterre, M. Lloyd George dans son fameux budget de 1909-1910.

Peut-on considérer autrement que comme des confiscations,
ces droits de 15 à 20, 25 et 29 0/0, rehaussés encore dans la pratique par les droits de timbre, les frais de liquidation, et les
tarifs tout à faits inexacts d'évaluation administrative des
immeubles?

On pousse ainsi le contribuable à dissimuler autant que possible l'héritage; et, pour prévenir les dissimulations que l'on provoque par l'excès des tarifs, on recourt à des procédés d'investigation ou de répression odieux. Ce sera une lutte épique comme celle de la cuirasse ou du boulet dans la marine. On démoralise ainsi un pays en même temps qu'on l'appauvrit.

On l'appauvrit, en effet. On espère de ce nouveau tarif un surcroît de recettes de 107 millions qui, ajouté à la recette actuelle, porterait l'ensemble des droits de succession et de donation à environ 400 millions. Mais ces 400 millions pris violemment par l'État sur les successions qui sont un capital et absorbés en dépenses annuelles constitueront un amoindrissement annuel de 400 millions de la fortune du pays. Comment en effet les héritiers pourraient-ils, par l'économie, reconstituer, ces sommes énormes versées par eux à l'État? Il les reconstituaient au temps des taxes modérées, ils désespèrent de le faire maintenant en présence de ces extorsions colossales.

Et notez que ce n'est pas fini; on nous menace, pour les retraites ouvrières, d'une surtaxe de 2 décimes 1/2, soit de 25 0/0. Les droits s'élèveraient alors jusqu'à 8,125 0/0 en ligne directe au premier degré, à 8,75 0/0 en ligne directe au deuxième degré, 9,37 0/0 en ligne directe au troisième degré, et respectivement, dans ces trois degrés en ligne directe, à 12,167 0/0, 13.125 0/0 et 14.05 0/0, quand il n'y aurait qu'un enfant ou les représentants d'un enfant. Les droits monteraient jusqu'à 15,31 0/0 entre époux, à 22,80 0/0 entre frères et sœurs, à 28,70 0/0 entre oncles et neveux, à 32,50 0/0 entre grands-oncles et petits-neveux, ou cousins germains, enfin à 36 1/4 0 0 entre parents au-delà du quatrième degré ou non parents.

C'est là de la pure démence; disons le mot, c'est du vol pur et simple : l'État, avec des taxations de ce genre, se transforme en un État brigand. Les républiques grecques et les petites républiques italiennes du Moyen âge ont connu des confiscations de cette sorte; il est résulté, pour elles, de cette application par l'État du principe de la lutte des classes, de perpétuels désordres, et, enfin, des catastrophes finales et définitives. Le retour de ces odieuses pratiques gouvernementales doit nécessairement amener avec le temps des conséquences analogues (1).

Quoi qu'il en soit des conséquences que peuvent entraîner
de telles mesures fiscales, — et que M. Paul Leroy-Beaulieu apprécie en pessimiste, — nous devons constater que
la France n'a rien fait de très spécial. En Angleterre, en
Allemagne, en Autriche, en Suisse, partout, la même évolution se poursuit Partout, l'Etat a besoin de ressources
sans cesse croissantes, pour satisfaire aux services publics.
Partout, le rôle de l'Etat s'étend : il se fait le protecteur
des petits, des déshérités, il multiplie les institutions d'assistance et de prévoyance sociale, et aussi, il doit faire face
aux charges, chaque jour plus lourdes, de la paix armée.
Il a besoin de ressources toujours plus considérables. En
élevant les droits de succession, l'Etat français ne fait
qu'employer l'un des moyens propres à lui fournir les ressources indispensables. Mais ce procédé pour trouver de
l'argent, nous donne une précieuse indication. Car il est
clair, qu'au point où en sont les choses, l'Etat ne peut prélever cette dîme formidable sur les successions, à moins
de proclamer ouvertement son *droit supérieur de disposition.*
La Cour de Cassation a repoussé cette doctrine en 1857 (2).
Mais il n'est pas certain qu'elle le repoussera toujours (3).

Ce même *droit supérieur de disposition* apparaît avec non
moins de clarté dans la politique douanière des Etats civilisés. Presque tous ont adopté une politique protectionniste, qui ne se justifie que grâce à la conception d'une
sorte de patrimoine national, dont l'Etat est le défenseur

(1) *L'Economiste français,* du 5 mars 1910.

(2) Civ. 23 juin 1857, D. P. 57, 1, 233 et le rapport de M. le conseiller
Laborie ; S., 57, 1, 401.

(3) GREIF, *Les droits de l'Etat en matière de succession.*

suprême. Tel est le postulat sinon avoué, du moins nécessaire de toute *économie nationale*. Les représentants de
l'école dite d'économie nationale ont vulgarisé des expressions telles qu' : outillage national. Ils ont fait remarquer
que toute branche d'industrie réprésentait, outre un intérêt
collectif, un intérêt proprement national. Ils ont remplacé
la théorie des valeurs échangeables par celle des forces
productives. Ils ont montré que l'intervention de la puissance publique tendait à mettre en œuvre les forces productives de la nation. Ils ont établi que toute économie
nationale avait pour fondement nécessaire une communauté d'intérêts entre les particuliers. Grâce à cette communauté d'intérêts les départements riches contribuent
aux dépenses des départements pauvres, et d'une façon
générale, un certain communisme s'établit dans l'Etat.
C'est ce que l'on appelle les besoins généraux du pays. Le
patrimoine, qui sert à pourvoir à ces besoins généraux,
c'est le domaine de l'Etat. D'où : les limitations apportées
aux droits individuels. Pour conserver un équilibre aux
forces productives, l'Etat peut et doit intervenir : d'où le
protectionnisme, et les droits protecteurs Il est clair
qu'un tel système reconnaît implicitement la théorie du
domaine éminent. Si, donc, le protectionnisme est une doctrine à peu près universellement adoptée, c'est que l'Etat est
partout en possession d'un *droit supérieur de disposition.* (1)

Terminons par un dernier exemple, tiré d'un autre
domaine. Les Etats constituant ce que l'on appelle au
point de vue monétaire l'Union latine, ont signé à Paris
une convention, le 4 novembre 1908. La loi du 22 mars
1909 a, en ce qui concerne la France, ratifié cette conven-

(1) LIST, *Système d'économie nationale*, 1841; CAREY, *Principes de la
science sociale*, 1857 ; CAUWÈS, *Cours d'économie politique.*

tion. Or, il résulte de cette convention qu'un nombre considérable de pièces d'argent de 5 francs sont retirées de la circulation, pour être fondues en pièces de 2 francs, 1 franc et 0 fr. 50. Comme ces pièces divisionnaires comportent un titre d'argent moins élevé que les pièces de 5 francs, il en résulte que chaque Etat participant inscrit à son budget des recettes une somme, qui, pour la France, s'élève à plusieurs millions. Une telle combinaison ressemble étrangement à celles qu'opéraient les rois et seigneurs, du temps où le droit de battre monnaie faisait partie de leur patrimoine privé, et où il n'y avait pas un seul de ces potentats, qui ne fût un faux monnayeur.

Concluons donc, en ce qui concerne les impôts et droits de douane, qu'ici encore nous constatons que l'Etat n'est plus un simple *juge*, s'il l'a jamais été : c'est un *maître*, dont le patrimoine a sur celui des particuliers des droits *éminents*.

3. Reste l'expropriation pour cause d'*utilité publique*. On peut, d'abord, constater l'extension considérable qu'elle a prise. Non seulement les villes se développent suivant des plans d'extension et d'embellissement, et n'hésitent pas à sacrifier des pâtés entiers de maisons, non seulement on exproprie nombre de maisons insalubres, mais surtout les Etats sont pris d'une sorte de fièvre d'expropriation. Ils ont leurs chemins de fer, et, maintenant, dans nombre de pays, une question nouvelle se pose : quels seront les droits de l'Etat sur les forces hydrauliques contenues dans les chutes d'eau et les cascades ? La Suisse semble entrer résolument dans la voie du monopole d'Etat. Nul doute que nombre de pays adopteront une solution analogue. Quant aux municipalités elles ont souvent acquis au profit des

villes, des tramways, des services d'éclairage, des canali-
sations d'eau, des théâtres, etc... Bientôt il en est qui pos-
séderont leurs propres boulangeries. Ces questions ont pris
une telle importance, qu'elles suffisent pour alimenter une
fort intéressante revue mensuelle (1).

On sait, d'ailleurs, que nombreux sont les moyens qui
permettent d'exproprier sans indemnité. On le fait soit
sous couleur de *sages lois d'administration*, soit au moyen
d'*impôts prohibitifs*, soit grâce à des droits de *douane* qui
protègent certaines industries au détriment de certaines
autres. Nous n'hésitons pas à reprendre pour notre
compte une phrase de M. Méline : « Vous me citerez difficilement, très difficilement, des lois économiques, doma-
nières ou fiscales, qui n'aient pas pour résultat direct ou
indirect de porter atteinte à un intérêt particulier ou de
faire disparaître des usines. » (2).

Il est vrai que ce sont là des expropriations par voie de
conséquence. Ce n'est pas une raison pour les considérer
comme négligeables. Il n'est pas une loi, apportant une
restriction au droit de propriété, qui n'ait pour résultat des
expropriations indirectes. Les choses sont à tel point qu'en
France, et, certainement aussi, dans les autres pays,
l'expropriation indirecte est devenue la règle, et l'expropriation directe, sans indemnité, l'exception.

Un exemple va faire saisir notre pensée. Nous avons dit
qu'il était interdit d'élever des habitations ou de creuser
des puits à moins de cent mètres des cimetières situés
hors des agglomérations urbaines. Simple limitation au
droit de propriété, dira-t on. Mais voyons ce qu'il en peut
résulter. Une municipalité décide de transférer son cime-

_____

(1) *Annales de la Régie directe*, par Edg. Milhaud.
(2) Sénat, séance du 18 févr. 1897, *J. off.* du 19, déb. parl., p. 202.

tière hors de la ville. Elle choisit un emplacement convenable. La chose est faite. En l'espèce, on s'est entendu avec une commune voisine ; mais peu importe ici. Ce qui nous intéresse, c'est qu'à moins de cent mètres du nouveau cimetière, il existe des constructions d'habitation, des puits, etc. La loi s'applique : les édifices prohibés doivent disparaître. Pas besoin d'expropriation régulière. C'est la loi. Et, bien entendu, il n'y a pas lieu à indemnité (1).

Or, ces faits sont, assurément, répétés à d'innombrables exemplaires. Ils ne font pas de bruit. Les intéressés se taisent. A quoi serviraient leurs protestations. C'est la loi. C'est la nécessité sociale. Au fur et à mesure que la propriété est enserrée dans des prescriptions plus nombreuses, plus étroites, les cas de ce genre se multiplient. L'action même de la machine sociale fait surgir nécessairement ces cas en nombre sans cesse croissant. Et l'expropriation avec indemnité, l'expropriation directe, tend à devenir une simple maladresse de l'administration. On a tant de moyens de s'y prendre autrement...

Signalons, ici, que l'expropriation pour cause d'utilité publique prend elle-même, dans certains cas, une extension extraordinaire. Témoin la loi du 10 mars 1908 sur les mesures propres à renforcer la propriété allemande dans les provinces de Prusse orientale et de Posen.

Quelques explications préalables sont ici indispensables.

La portion du royaume de Pologne annexée à la Prusse reste et veut rester polonaise. Les conquérants, malgré tous leurs efforts, n'ont pas réussi à « prussifier » les habitants autrement que de nom. Toutes les tentatives, faites en

(1) Req. 8 mai 1876, D. P. 76, 1, 252.

ce sens, se sont heurtées à des obstacles à peu près insur-
montables.

Cela tient, d'une part, à ce que les Polonais, si désunis
quand il s'agissait de faire vivre leur propre royaume, se
sont unis contre l'oppresseur. Plus de querelles relatives à
leur administration intérieure. Celle-ci était assurée par
la Prusse. La pomme de discorde entre les Polonais leur
avait été retirée par leur vainqueur : ils cessaient donc de
s'entre-déchirer, et se trouvaient d'accord pour lutter contre
« la prussification ».

D'autre part, il est certain que le démembrement de la
Pologne a fait faire aux Polonais d'utiles réflexions. Ils
ont compris qu'ils s'étaient, en grande partie, détruits
eux-mêmes, par leurs divisions intestines. Et ils se sont
efforcés d'acquérir les qualités nécessaires pour que la
Pologne puisse, un jour, se relever de ses cendres. La
religion et la littérature ont beaucoup contribué à ancrer
cette volonté au cœur de tous les Polonais.

Peut-être aussi, la Prusse n'a-t-elle pas toujours agi
envers les Polonais de manière à forcer leurs sympathies.
Les années passaient et, entre Polonais et Prussiens, les
haines allaient grandissantes.

La Prusse, profondément humiliée de ne pouvoir réduire
cette population, consciente aussi du danger que présente-
rait, par exemple en cas de guerre russo-allemande, ce
tampon de Polonais hostiles, placé entre l'empire du Tsar
et celui du Kaiser, — résolut de recourir à une « prussification » violente. Il s'agissait, pour la Prusse, de coloniser
la Pologne, d'envoyer dans les provinces de l'Est assez
de bons Prussiens, pour que les Polonais soient mis en
minorité. Ce plan devait s'exécuter pacifiquement, et par
des moyens exclusivement légaux. Mais comment faire

vivre les Prussiens en Pologne? — Comme fonctionnaires?
Il y en avait déjà autant, plus, peut-être, que nécessaire.
— Comme ouvriers ? Mais la Pologne n'est pas industrielle.
— Comme agriculteurs ? Là parut être la vraie solution.

La Prusse se mit donc en devoir d'acheter des terres
aux Polonais, et d'offrir ces mêmes terres à des colons
prussiens. Mais les Polonais virent le danger et ils y
parèrent facilement. Aussitôt un colon prussien installé,
ils lui faisaient des offres de rachat tellement avantageuses,
qu'infailliblement le colon succombait à la tentation. Ces
colons prussiens, naturellement, n'étaient pas des hommes
à toute épreuve, tandis que les Polonais, qui agissaient
ainsi, étaient des patriotes dévoués. Le résultat ne se fit
pas attendre. Bientôt les Prussiens, loin d'avoir conquis,
en Pologne, la majorité, se trouvèrent être moins nombreux
qu'auparavant. En vingt ans, l'étendue de la propriété
allemande en Pologne avait diminué de 100.000 hectares.
L'Etat prussien avait fait des sacrifices considérables en
pure perte. La situation était pire qu'auparavant. C'était
un échec humiliant.

C'est alors que l'on résolut de recourir à *l'expropriation
pour cause d'utilité publique*. En vérité, il ne s'agit pas
d'utilité publique, à proprement parler, mais *d'utilité politique*.

La loi du 20 mars 1908 donne à l'Etat le droit, dans la
Prusse orientale et la Posnanie, d'acquérir par voie d'expropriation les terrains nécessaires pour arrondir le noyau
de la propriété allemande jusqu'à concurrence de 70.000
hectares. Sont exceptés de l'expropriation : 1° les édifices qui sont consacrés au culte public, et les cimetières ;
— 2° les terres appartenant aux églises et aux communautés religieuses ; — 3° celles qui appartiennent à des fondations charitables (art. 1, § 13). Bien entendu, l'expro-

priation ne doit avoir lieu que moyennant indemnité. Nous n'avons pas à insister ici sur les difficultés que rencontra le chancelier de Bulow, quand il voulut faire voter cette loi d'expropriation. Il eut pour adversaires non seulement ceux qui critiquaient la politique suivie par la Prusse à l'égard des Polonais, mais encore tous les agrariens et les défenseurs du droit *absolu* de propriété.

Parmi ces derniers, il en est un, dont nous citerons, ici, les paroles. C'est le cardinal Kopp, prince-archevêque de Breslau.

Il y a, disait-il, des idéals communs à toute l'humanité ; y toucher serait une offense pour le monde civilisé

Le droit de propriété est l'un de ces principes. Un seul parti peut être satisfait de ce projet : celui des socialistes communistes (1).

Ce langage est celui de Portalis, exposant les motifs du Code civil français. Il fait anachronisme.

La loi prussienne d'expropriation polonaise est, peut-être une faute, au point de vue politique. Mais, assurément, elle ne sort pas du cadre où se meut l'État moderne. Aussi bien que l'Italie protège ses œuvres d'art et en interdit l'exportation ; aussi bien que la France veille sur ses monuments historiques ; aussi bien que les gouvernements mettent la main sur les papiers d'État, ayant appartenu à des hommes publics ; aussi bien un État peut favoriser, dans ses limites territoriales, telle catégorie de propriétaires au détriment de telle autre. L'État fait-il autre chose, quand il ruine une industrie, par ses mesures douanières ? Les traités de commerce de 1867 ont ruiné, en France,

---

(1) *Le Temps*, du 1ᵉʳ février 1908. ; le *Journal des Débats*, même date. — Sur la question polonaise : W. von Massow, *Die Polennot im deutschen Osten*, 2ᵐᵉ édit., 1907.

l'industrie des maîtres de forges. Tout cela se tient, tout
cela est un bloc.

Et l'État moderne apparaît ainsi avec ses véritables traits.
Ce n'est plus le *souverain* lointain et impassible, le *juge*
vénérable, qui départage les sujets, quand leurs droits
entrent en conflits, et qui, à la rigueur et avec d'infinies
précautions, prend quelques mesures pour prévenir de
pareils conflits.

L'État moderne est un *maître*. Il a entre les mains un
patrimoine : celui de la société. Et le *droit de propriéte
privée n'est plus un droit absolu* : c'est un droit qui doit être
défini *relativement à ce patrimoine supérieur*, relativement
au patrimoine de l'État.

4. — Qu'il s'agisse des *sages lois d'administration,* ou
bien des *impôts,* ou bien encore de l'*expropriation pour
cause d'utilité publique,* la même conclusion s'impose.

Les faits sont là. Et, en tous pays, ils sont les mêmes.
La propriété privée a cessé de constituer un droit absolu. Il
faut bâtir une théorie *relativiste* du droit de propriété
privée. L'autre ne correspond plus ni aux législations
positives, ni à la réalité sociale. C'est une chose d'hier.

SECTION III

Essai d'une théorie relativiste du droit de propriété privée.
Conclusion.

Puisque la théorie *absolutiste* du droit de propriété
privée se trouve écartée, force nous est de choisir, et de
bâtir une théorie *relativiste* du droit de propriété privée à

l'aide des éléments que nous puiserons dans d'autres systèmes,

Or, nous l'avons vu, ces autres systèmes se ramènent à deux types très différents : le premier, acceptant de répondre à la question dans les termes mêmes où elle est posée, fait du droit de propriété privée une sorte de *domaine utile*, par opposition au droit de *domaine éminent* reconnu à l'Etat ; — le second, posant la question en des termes nouveaux, déclare que l'Etat n'a pas de pouvoir souverain, et que le propriétaire n'a aucun droit, mais seulement des *devoirs*.

Essayons de préciser successivement chacun de ces deux systèmes et de voir lequel répond le mieux aux données positives fournies par l'étude des faits, ainsi qu'aux prévisions qu'il est possible de formuler en ce qui concerne les institutions juridiques de demain.

1. — Le premier système, tel qu'il se dégage des travaux de d'Ihering et de **W. Wilson**, par exemple, offre un avantage qui saute aux yeux : il relie admirablement le présent au passé, et il ouvre sur l'avenir des perspectives intéressantes.

L'esprit se sent satisfait d'abord par cette idée des deux *domaines* complémentaires l'un de l'autre : le *domaine éminent*, qui appartient à l'Etat, et le *domaine utile*, qui est laissé aux particuliers. La somme de ces deux domaines constitue à tout moment la propriété *pleine et entière*. Mais si la somme est constante, les deux facteurs varient, de manière précisément à fournir toujours le même total. *Rien ne se perd, rien ne se crée* et la somme des forces est toujours la même dans l'univers. De même, pour la somme des domaines. Il y a des périodes où ces dòmaines

s'entrepénètrent, où ils se mélangent intimement l'un
avec l'autre, par exemple la période féodale. Il y en a
d'autres, où la propriété de l'Etat, la propriété de *droit
public*, devient toute menue, elle disparaît et on oublie
même qu'elle existe, ou la croit supprimée à jamais, tandis
que la propriété *privée* prend les allures d'un droit *absolu*,
intangible, et paraît une conquête définitive de l'homme :
c'est ce qui se produit à l'époque du Code civil français.
Enfin, à l'époque actuelle, la propriété de l'Etat s'est
enflée dans des proportions extraordinaires : elle réduit
la propriété privée à la portion congrue, elle la limite de
toutes parts, elle contrôle chacune de ses manifestations.

Ou a exprimé cet état de la propriété à l'époque contemporaine en disant que la propriété était devenue *moins
individuelle* et davantage *sociale*. Dans une œuvre d'art,
par exemple, on voit deux parts distinctes : la part intel-
lectuelle, c'est-à-dire la pensée de l'artiste, l'idéal qu'il a
incarné dans une forme quelconque, et une part matérielle, cette forme même qui a servi à réaliser sa pensée,
son idéal. La première appartiendrait à la société, qui
aurait mission de la protéger, d'en assurer la conservation
et le bénéfice aux générations à venir ; la seconde seule,
qu'elle fût tableau, marbre ou bronze, ferait l'objet de la
propriété privée, mais propriété grevée de servitudes,
soumise à des conditions propres à garantir la première,
apanage de la société. (1)

Il est clair que cette interprétation ne diffère en rien de
celle que nous exposons. Car, qui gère cette *propriété
sociale*, sinon, l'Etat ? C'est lui, qui au nom de l'intérêt
général, et de la solidarité, impose des limites au droit de

(1) R. SALEILLES, *Revue bourguignonne de l'enseignement supérieur*,
année 1895.

propriété individuelle et qui prélève sur chaque propriété
privée une dîme toujours plus forte, afin que la *propriété
sociale* puisse rendre à la société humaine des services de
plus en plus considérables.

C'est en ce sens qu'il faut comprendre le *domaine éminent*
de l'Etat moderne.

Si l'Etat moderne intervient, c'est au nom de la justice.
Il veut faire régner entre les hommes toujours plus de
justice. Aussi protège-t-il les faibles contre les forts : il
réglemente le travail des ouvriers, et spécialement celui
des femmes et des enfants, il donne aux ouvriers le droit
de coalition, il reconnaît le droit des pauvres à l'assistance.
En un mot, il prend toutes les mesures nécessaires pour
réagir contre ce leurre du libéralisme ; car ce n'est pas être
vraiment libéral, que de laisser les forts écraser les faibles
sans rien faire pour rendre la lutte égale entre eux.

Or, pour intervenir ainsi, force est que l'Etat prenne
aux uns, et donne aux autres. Une fois dans cette voie, il
va plus loin. Il arrive bien que les faibles et les forts, une
fois « handicapés » par l'intervention de l'Etat, luttent à
armes à peu près égales ; mais cette âpre concurrence
constitue une sorte de bouillonnement perpétuel, et les
forces humaines s'évaporent : c'est un vrai gaspillage, une
perte de temps et de forces. Alors, l'Etat prend lui-même
les exploitations en mains. Au nom de la société, il gère la
fortune publique. Ainsi naissent les industries d'Etat, les
assurances obligatoires, etc.

En même temps, le sentiment se répand dans les
populations, que le droit de propriété privée n'est ni
absolu, ni *intangible*. On s'habitue à se tourner vers l'Etat,
et à lui demander, en toute circonstance, aide et protection. Cela implique une contre-partie : on s'habitue aussi à

ne rien avoir en propre, et à considérer que l'Etat possède un *droit supérieur de disposition* sur toutes les propriétés privées. Cette considération fait partie toujours plus profondément de la conscience moderne. Au fur et à mesure que la collectivité affermit sa personnalité, que la cohésion augmente entre les habitants d'un même Etat, que les relations sont plus fréquentes entre les hommes, que les délibérations en commun sont plus nombreuses et plus importantes, que les intérêts généraux (économiques, moraux et sociaux) sont plus puissants, on se sent davantage disposé à consentir au profit de la masse un sacrifice plus considérable et la propriété de *droit privé* recule devant la propriété de *droit public*.

Mais, pour gérer le patrimoine de plus en plus considérable qu'il a entre les mains, l'Etat, soucieux de sa responsabilité, est souvent obligé de recourir à des mesures extrêmement énergiques. Alors, c'est l'*expropriation*.

Nous avons vu que l'expropriation avait souvent lieu *sans indemnité*, en dépit de la règle posée par le Code civil français.

A la vérité, il n'existe pas de *criterium* inflexible pour déterminer quand il y a lieu, ou non, à indemnité. C'est souvent affaire de circonstances.

Pourtant, il n'est peut-être pas téméraire de fixer cette règle. Quand une propriété privée apparaît, par sa nature même, comme dommageable pour la société, comme contraire à l'ordre public, alors, on la supprime sans indemnité. Au contraire, quand le propriétaire paraît avoir usé d'un droit incontestable, et n'avoir rien fait de répréhensible, on lui accorde une indemnité. Dans le cas intermédiaire, indécis, on a recours à cette demi-mesure, qui consiste à refuser toute indemnité, mais à accorder un délai, une période transitoire plus ou moins longue.

Ainsi se poursuit la marche croissante du patrimoine de l'État moderne, et se multiplient les restrictions apportées à l'exercice du droit de propriété privée.

Mais alors se pose une question : Si nous sommes dans une période de transitions où la propriété de *droit public* s'étend ainsi au détriment de la propriété de *droit privé*, où allons-nous ? Ce mouvement s'arrêtera-t-il et arriverons-nous sinon à un mouvement en sens inverse, du moins à un état d'équilibre ? Ou bien, au contraire, la propriété *privée* de restriction en restriction en sera-t-elle réduite au point que la *propriété sociale* sera tout, la *propriété individuelle* rien ? En d'autres termes : Sommes-nous en marche vers le socialisme ?

Il est toujours très hasardeux, après avoir fait une étude historique, de vouloir en tirer des vues précises sur ce qui sera demain.

Mais une théorie *relativiste* de la propriété, fondée sur les évolutions corrélatives de la propriété de *droit privé* et de la propriété de *droit public*, serait, en vérité, découronnée, ou tout au moins, inachevée, si elle ne répondait pas à cette question. Ce serait la faillite du système. Qu'est-ce qu'un système nouveau, s'il ne donne pas des vues sur l'avenir ? C'est un rêve, qui ne vaut pas la peine d'être raconté, encore moins d'être discuté.

Examinons donc la question en face.

Une première constatation s'impose : il y a une relation certaine entre l'extension de la propriété de *droit public* et la tendance au socialisme.

Ainsi : la réglementation croissante du travail, les impôts sur le revenu, les assurances sociales, les monopoles fiscaux, les industries d'État, les exploitations municipales, voilà bien des points communs entre la tendance au socialisme et le mouvement que nous avons étudié.

Mais on chercherait vainement le rapport entre certaines autres manifestations de ce mouvement, et le programme des socialistes. Ceux-ci veulent, on le sait, socialiser les moyens de production, et, par ce moyen, arriver à une juste rémunération du travail. En quoi ce programme est-il plus près d'être réalisé parce que les Prussiens expro-prient les Polonais, parce que les Français ou les Italiens protègent les œuvres d'art nationales, parce que les Amé-ricains ou les Islandais prohibent toutes les boissons alcoolisées, parce que les Français exproprient des congré-gations religieuses, ou des Églises catholiques ? Il faut bien reconnaître que ces mesures n'ont rien, en elles-mêmes, qui corresponde aux articles du programme socia-liste.

D'un autre côté, la socialisation des moyens de produc-tion ne s'opère pas seulement au moyen de monopoles d'États, de procédés fiscaux, et de mesures interventionn-nistes. Tous les autres modes de concentration de capitaux concourent également à ce but.

Ainsi, les trusts et les cartels, ainsi encore les coopé-ratives. Mais ces institutions n'ont pas pour effet d'aug-menter la propriété de *droit public* au détriment de la pro-priété de *droit privé*. C'est pourquoi elles sont restées en dehors de notre étude.

Donc, le mouvement que nous avons étudié est : — d'un côté, *plus large* que le mouvement vers le socialisme ; — de l'autre, il est *plus étroit*. C'est autre chose. Sans doute, l'un et l'autre comportent certaines atteintes por-tées au droit de propriété privée. Mais ce n'est pas une raison pour transformer cette analogie en une identité.

Ce résultat n'est pas surprenant. En effet, il s'agit, dans

notre étude, d'un phénomène ayant une importance beaucoup plus haute que l'organisation socialiste ou non du
régime des biens. La tendance au socialisme vise à organiser les biens suivant un type donné. Si jamais le socialisme se trouvait réalisé, ce ne serait qu'un moment dans
l'histoire de l'humanité. Terme d'une évolution, ce serait
le commencement d'une évolution nouvelle.

Or, notre système traite la question de beaucoup plus
haut. Il montre la propriété de *droit privé* et la propriété
de *droit public* juxtaposées dès l'antiquité, et toujours com-
binées de telle sorte que leur somme représente une sorte
de valeur *constante*. Et il ajoute que les intérêts économiques
moraux et sociaux qui sont, actuellement, la raison d'être
de la propriété de *droit public*, sont de plus en plus nombreux et impérieux. C'est ce qui explique l'accroissement
moderne de cette *propriété sociale*.

Il résulte de là qu'une seule chose est importante : c'est
que ces intérêts soient respectés, c'est que la *propriété
sociale* s'agrandisse au fur et à mesure que ces intérêts
deviennent plus impérieux. Qu'importe si l'État est de
forme individualiste, ou socialiste pourvu que ces intérêts
soient sauvegardés, pourvu que la *propriété sociale* reçoive
l'extension nécessaire ?

Il est vrai que certains de ces intérêts peuvent exister
dans un État individualiste, qui n'existeraient pas dans un
État socialiste. Une Prusse socialisée n'eût pas exproprié
les propriétaires polonais seulement : elle eût exproprié
tous les propriétaires sans distinction. Une France socialisée n'eût pas exproprié toutes les églises catholiques :
elle eût, elle aussi, exproprié tous les propriétaires, sans
distinction.

La vérité est qu'il s'agit ici de défendre des intérêts

collectifs dont l'importance est bien supérieure à la question de savoir quelle sera la forme, — individualiste ou socialiste — du gouvernement. La question est plus générale et plus haute. C'est pourquoi le cardinal Kopp avait tort de crier au socialisme, quand il voyait la Prusse expropriant les Polonais. C'est pourquoi le socialiste Constans avait tort de se réjouir, quand il voyait la France expropriant les églises catholiques. Dans l'un et l'autre cas, il s'agissait de la défense d'intérêts collectifs, il s'agissait de constituer et d'agrandir la propriété de *droit public*. Et ce devoir s'impose à tous les Etats modernes, qu'ils soient socialistes ou individualistes.

C'est à tel point qu'on peut parfaitement concevoir un Etat où, en vertu d'intérêts généraux, les atteintes les plus graves seraient portées aux propriétés privées, et où pourtant le socialisme ne régnerait pas, et serait, longtemps encore, très loin de régner.

En effet, la question de savoir si l'on conservera le régime individualiste, ou si l'on instaurera un régime socialiste est d'une importance secondaire quand on la compare à celle de savoir quelles sont les meilleurs moyens de satisfaire les intérêts collectifs grandissants.

C'est de la garantie des grands intérêts collectifs que dépend le progrès, beaucoup plus que du mode de répartition des richesses. C'est le *domaine éminent* de l'Etat, solidement établi, qui constitue le meilleur rempart de la civilisation contre les atteintes des « barbares », qui protège le plus efficacement la race humaine contre les maladies du dehors, et contre celles du dedans : les vices et les mauvaises passions.

Sans doute, il est légitime de vouloir résoudre en lui-même le problème du socialisme ou du libéralisme. —

Mais au regard de notre système, la question est autre.
Il faut se demander si c'est le socialisme ou le libéralisme
qui garantit le mieux le *patrimoine collectif*, la *propriété
sociale*. Et, en effet, s'il est vrai que ce patrimoine soit en
voie d'accroissement nécessaire, et si nous trouvions en
outre que le socialisme aurait pour effet d'entraver cet
accroissement, ne faudrait-il pas dire que le socialisme
est un mal ?

Or, il est permis de penser que : — d'un côté le socialisme garantirait mieux ce patrimoine, que ne fait le
libéralisme ; — de l'autre, qu'il le garantirait moins bien.

Il le garantirait mieux, parce que le socialisme, fondé
sur la plus formidable expropriation que l'histoire ait
enregistrée, n'hésiterait sans doute pas à pratiquer toutes
les autres expropriations nécessaires, afin de donner à la
propriété sociale toute l'étendue désirable.

Il garantirait moins bien, pourtant, ce patrimoine
collectif, parce que le régime socialiste serait, vraisemblablement, un régime conservateur. Supposez un État
socialisé ayant établi le monopole de l'alcool. La production
en est, dès lors, réglée minutieusement. L'État possède
des distilleries, qui représentent une valeur considérable.
Il entretient une armée de fonctionnaires, qui vivent de
cette branche d'industrie. Et la vente de l'alcool figure
parmi les principales recettes de l'État socialisé. — Vienne
maintenant un mouvement d'opinion semblable à celui
qui secoue, en ce moment, les pays scandinaves, les
États-Unis et le Canada : il faut prohiber toutes les boissons
alcoolisées, sous peine de voir périr la race. — Il est
clair que, pour satisfaire à cette nécessité et prohiber
l'alcool, l'État socialiste éprouvera des difficultés que ne
connaissent pas les États individualistes. Il s'agira de

supprimer un important service public. La machine administrative est lourde à remuer. A coup sûr, l'intérêt collectif, quand il exigera de telles transformations sera moins
aisé à satisfaire en régime socialiste, qu'en régime
individualiste.

On arrive ainsi à une sorte de conclusion indifférente.
Peu importe, le socialisme et l'individualisme. Ce qui
importe, c'est que le *patrimoine collectif* s'accroisse tant
qu'il y a des intérêts collectifs à garantir.

Or cet accroissement peut durer encore longtemps. Tant
que l'humanité se sentira emportée dans un mouvement
de solidarité croissante, tant que les intérêts communs
entre les hommes paraîtront chaque jour plus nombreux,
tant que les liens se feront plus étroits entre ceux qui
vivent sur cette planète, tant que la solidarité deviendra
une réalité sans cesse plus profonde, mieux sentie, — le
besoin aussi se fera jour d'un *patrimoine collectif* toujours
plus grand, supérieur aux patrimoines des particuliers.

Sans doute, le droit de propriété privée se réduira pro-
gressivement à un moins grand nombre de libertés; et, en
ce sens, peut-être, on pourra parler d'un certain socialisme,
mais ce serait détourner le mot de son sens habituel. —
Mais l'individualité humaine se développera d'autant plus
librement, qu'elle viendra puiser des forces, des notions de
toutes sortes, et surtout du vrai amour humain, dans ce
patrimoine social, mis à la disposition de chacun et de tous,
et amassé par les générations antérieures, pour le plus
grand bien des générations futures.

Tel est ce système, et telles sont les perspectives d'avenir qu'il est permis d'en dégager.

2. — En face de ce système s'en dresse un autre, qui fait au premier un double reproche.

La première critique consiste à dire que cette puissance de l'Etat, cette *propriété sociale*, qui est celle de l'Etat, ce *domaine éminent* de l'Etat, cette propriété de *droit public* reposent sur des conceptions purement métaphysiques. On se laisse entraîner vers ces conceptions, par des analogies. Et l'on croit suivre un développement historique depuis les origines jusqu'à nos jours, et même quelque peu au-delà. En réalité, on glisse, en chemin, dans une logomachie incompréhensible, et l'on finit par se payer de mots.

Quand on dit que, dans une tribu sauvage, par exemple, le chef a un droit général de propriété sur les biens de tous, et que, par conséquent, chacun est propriétaire dans la mesure seulement où le chef le permet, — on dit quelque chose de très clair. Quand on applique cela à un roi, considéré comme propriétaire général du royaume, on ne dit encore rien d'obscur ni d'incompréhensible. Mais quand on dit que l'Etat moderne est à la tête d'un *patrimoine social*, et que la propriété privée des citoyens est conditionnée et limitée par celle de l'Etat moderne, on emploie une série de métaphores, d'abstractions réalisées, qui ne répondent à aucune réalité saisissable, on prête à l'Etat une sorte de puissance métaphysique, on parle de l'Etat comme si c'était une personne réelle, comme si c'était le continuateur vivant, en chair et en os, des chefs de tribus ou des rois-propriétaires d'autrefois. Or, l'Etat n'est qu'une fiction, et cette fiction, la science juridique, la sociologie la rejette. Définir la propriété privée en fonction de la propriété appartenant à un être fictif, c'est inintelligible.

Le second reproche adressé à la théorie que nous venons d'exposer est le suivant. Les perspectives d'avenir

auxquelles on aboutit restent dans une indétermination
inquiétante. On se borne à constater que le soi-disant
patrimoine social géré par l'État ira en grandissant tant que
la solidarité humaine se fera plus étroite et plus impérieuse. On plane au-dessus de la question du socialisme,
ce qui évite de la résoudre. On esquive, en somme, toute
espèce de prévision, en disant : « Tout revient à savoir
pendant combien de temps encore le sentiment de solidarité humaine ira en se perfectionnant. Or, c'est là un tout
autre problème. Comme ce problème est intimement lié au
nôtre, nous nous abstenons de rien préciser. » C'est une
défaite.

La solution que l'on peut proposer en opposition avec la
première, et qui découle des travaux de M. L. Duguit, est
la suivante.

La propriété n'est pas l'objet d'un droit. C'est l'objet
d'un *devoir*. Le propriétaire exerce une *fonction sociale*. Cela
est surtout vrai depuis que l'exercice de cette fonction n'est
plus réglementé par la volonté arbitraire des chefs de
tribus ou des rois de droit divin. Ce qui règle l'exercice
de cette *fonction sociale*, ce ne sont même pas les lois positives, qui viennent, trop souvent, apporter leurs ordres
aux propriétaires : ce sont les règles de l'*interdépendance
sociale*. Lorsque des lois résultent de l'étude attentive de
ces règles, alors elles sont vraiment obligatoires. Mais,
même quand il n'y a pas de lois édictées, l'obligation
existe. Si, par exemple, un citoyen français est persuadé
que les Finlandais, les Islandais, les Canadiens, les Américains ont raison de prohiber les boissons alcoolisées ; s'il
est arrivé à cette conclusion à la suite d'une étude scientifique et méthodique ; s'il a pu démontrer qu'il y avait péril
pour la race même dans la consommation modérée des

boissons alcoolisées ; s'il croit être en mesure d'ériger cette idée en une notion objective, en une règle s'imposant à tous ; — alors, un devoir naît pour lui : il ne doit pas posséder de boissons alcoolisées, il ne doit pas en consommer, il ne doit pas même en offrir à qui que ce soit ; il doit, en un mot, s'appliquer à lui-même, la loi prohibitive, non promulguée en France.

En même temps, l'on explique aisément, pourquoi le propriétaire est soumis à des devoirs de plus en plus nombreux. S'il est un *fonctionnaire social*, s'il a des devoirs avant d'avoir des droits, c'est que la société a, de plus en plus, besoin de lui. On arrive ainsi à des précisions, que l'autre théorie était impuissante à nous fournir. On comprend fort bien, dans cette nouvelle doctrine, que, la vie sociale devenant plus complexe, le travail de chaque *fonctionnaire social* devienne aussi plus important. Dans une société encore jeune, et peu complexe, chaque propriétaire suffit à sa propre existence, à celle de sa famille et de ses serviteurs. Dans nos sociétés, où la division du travail est poussée à l'extrème, il n'est. pas indifférent de savoir quelles cultures, par exemple, tel propriétaire installe sur ses terres. Le *fonctionnaire social* a le devoir de ne plus planter de nouvelles vignes, — en dépit des primes accordées par le Parlement, — s'il sait qu'il y a surproduction de raisin. Il a le devoir de reboiser, — même si l'Etat n'accorde, pour cela, aucune prime, ou une prime faible, — s'il sait qu'il contribuera ainsi à éviter des inondations, des pluies désastreuses, etc. Ce que nous disons ici pour les propriétaires est vrai également pour tous les citoyens, car tous sont des *fonctionnaires sociaux*, chacun à un titre différent. Or, *l'interdépendance* croissante fait que toutes les *fonctions sociales* évoluent en même temps dans le sens d'une plus grande interdépendance réciproque. Ainsi, les devoirs de chaque *fonctionnaire social* sont, de jour en jour, plus considérables. Au fur et à mesure que l'humanité avancera dans cette voie nécessaire, chaque *fonctionnaire social* donnera davantage à la communauté ; en même temps il recevra davantage. Et l'on voit ainsi l'humanité s'acheminer vers un état où le propriétaire jouera un rôle d'autant plus important qu'il sera soumis à un nombre plus considérable d'obligations envers la société, et qu'il fera moins souvent de son bien un usage arbitraire ou fantaisiste.

Quant au socialisme, on l'écarte résolument. Pas d'État omnipotent. Rien qu'un fait : l'*interdépendance* humaine, avec sa conséquence : les devoirs qui en découlent et que les hommes, d'eux-mêmes, érigent en *règles de droit*, bien avant que les législateurs songent à en faire des textes de lois. On admet, en outre, que les *fonctionnaires sociaux* seront groupés en *syndicats professionnels* puissamment organisés. Ces syndicats auront un double effet. D'abord : opposer une barrière infranchissable aux législateurs qui voudraient exiger l'observation de lois qui ne seraient pas la traduction indiscutable de *règles de droit* unanimement admises. Ensuite : conclure de libres conventions entre syndicats, de manière à préciser les devoirs des *fonctionnaires sociaux* de chaque catégorie. Ainsi chaque *fonctionnaire social* serait assuré qu'on ne lui demanderait rien, qui ne soit conforme aux *règles de droit*; et aussi, il serait assuré qu'en remplissant tous ses devoirs de *fonctionnaire social*, il recevrait sa juste rémunération : la contre-partie que lui assurent les autres *fonctionnaires sociaux*. — Qu'est-il besoin, pour produire ce résultat, d'exproprier tous les propriétaires et d'organiser socialement la production? Au contraire, lorsque les *fonction-*

naires sociaux observeront tous bien les *règles de droit*, alors
le socialisme n'aura plus aucune raison d'être. Les revendications socialistes seront sans objet. La justice sera
réalisée autant que possible, et sans l'intervention de cet
État omnipotent, de ce monstre métaphysique et brutal.
Plus de guerre de classes, non plus : ce sera un mot vide
de sens. Et tout cela s'accomplira par une lente évolution,
dont les éléments se trouvent tous déjà dans la société
actuelle, et que nous voyons grandir chaque jour sous nos
yeux.

3. — Cette seconde théorie échappe évidemment aux
reproches qu'elle adresse à la première ; elle écarte la
notion métaphysique de l'État-propriétaire ; et elle prend
parti contre le socialisme.

Mais elle prête elle-même le flanc à la critique. Nous
lui ferons deux reproches.

En premier lieu, elle n'écarte pas, elle-même, toute
notion métaphysique. — Les *règles de droit*, d'où se
déduisent les devoirs, qui incombent aux *fonctionnaires
sociaux*, ne prennent leur qualité obligatoire que du jour
où elles ont acquis un caractère de complète *objectivité*. On
ne saurait appeler *règle de droit* la rêverie d'un solitaire, la
fantaisie d'un monarque, la volonté arbitraire d'une
assemblée législative. Mais on appelle *règle de droit*, la
nécessité *scientifiquement* démontrée, dans un état social
donné, d'accomplir, dans certaines circonstances, des actes
déterminés. Or, on ne saurait, à l'heure actuelle, ni, sans
doute, pendant longtemps encore, fournir des démonstrations *scientifiques* de cette nature. L'objectivité des *règles
de droit* n'est jamais qu'une objectivité relative : on arrive

à un certain degré de certitude, mais jamais à une certitude mathématique. Le surplus que l'on ajoute à cette certitude incomplète, pour la transformer en une *règle de droit*, c'est donc dans le domaine de la métaphysique qu'on le cherche et qu'on le trouve. L'étude des faits met le sociologue sur la voie ; mais c'est la croyance, c'est l'acte de foi qui lui permet de transformer ses données en des *règles de droit*. Ou bien la métaphysique intervient ici, pour donner à des données insuffisamment certaines, une force obligatoire, ou bien il faut renoncer, d'ici longtemps, à pouvoir formuler la moindre *règle de droit*. Dans le premier cas, on introduit la métaphysique, en ce système, qui prétendait la bannir ; dans le second cas, on réduit le système à n'être qu'un rêve d'avenir très lointain, et peut-être irréalisable.

Ce n'est pas tout : la métaphysique s'introduit encore pas une autre fissure. On proteste contre la tyrannie de l'Etat, qui prétend imposer des restrictions aux droits des citoyens, au nom d'un droit propre, d'un droit de l'Etat, que l'on considère comme la plus abominable des entités. Plus de puissance publique, de souveraineté nationale. Tout cela, dit-on, est de la métaphysique. — Soit. Mais alors, plus de conventions libres entre les *syndicats professionnels* ; car ces soi-disantes conventions libres, ne sont pas plus libres que le contrat social et, si elles sont obligatoires, nécessairement, il faut que la métaphysique s'en mêle. Ce sera la *tyrannie* syndicale substituée à la *tyrannie* de l'Etat. Que faire, dans le système proposé, s'il arrivait que des syndicats veuillaient imposer à leurs membres des obligations qui ne correspondraient à aucune *règle de droit*, objectivement établie ? — Ce serait ou bien la révolte, ou bien l'obéissance à une nouvelle souveraineté, à une forme nouvelle de la puissance publique. Dans le premier cas, c'est l'anarchie, sans issue possible ; dans le second, c'est la métaphysique, réintroduite dans le système.

Le deuxième reproche que nous ferons à cette doctrine, est qu'elle se hâte trop de rejeter la notion de l'Etat, comme titulaire du *domaine éminent.* C'est une notion métaphysique, dit-on, une fiction. — C'est vrai. Et, intellectuellement, nous ne trouvons, en effet, rien d'intelligible dans de pareilles fictions. — Mais qu'importe, si ces fictions répondent à un sentiment profond et vivace, si la croyance en l'être-Etat est à peu près universellement répandue et admise, si c'est là une vérité non pas objective, mais une notion subjective ancrée dans les masses populaires ? Cette croyance générale n'est-elle pas un fait, dont le sociologue doit tenir compte?

Il en est de ceci, comme de la croyance au miracle. Le savant peut démontrer scientifiquement l'impossibilité du miracle. Il peut trouver, par exemple, des explications plausibles pour faire comprendre que Moïse, ayant découvert une source, a organisé toute une mise en scène et fabriqué ingénieusement le miracle de l'eau jaillissant du rocher. Il peut encore expliquer, par l'hystérie, les miracles de Lourdes. Cela n'empêche que, pour les juifs, le miracle accompli par Moïse fut une réalité ; et le savant moderne ne peut rien faire là-contre : cette soi-disante réalité a entraîné toutes les conséquences qui eussent pu découler d'une réalité véritable, et il n'y a plus rien à y changer. De même, les miraculés de Lourdes sont guéris : c'est là, pour eux, et pour nombre de gens, une réalité, et ils y croient en dépit de toutes les démonstrations scientifiques. De même aussi, la puissance de l'Etat est une réalité dans la

conscience d'une foule d'individus. Les savants arriveront
peut être à déraciner cette croyance. Mais une pareille
tâche ne s'accomplit pas en un jour. Et il faudra, si l'on
veut faire œuvre utile, ne pas remplacer cette croyance
abolie, par la croyance toute aussi subjective, en la toute-
puissance du syndicat. Sinon, l'on n'aurait fait que remplacer une fiction, par une autre, — un mal par un pire.

Mais, le système que nous critiquons, présente des particularités intéressantes, et qu'il faut relever avec soin.

D'abord, il est vrai que l'on voit surgir, à notre époque
des groupements, qui sont appelés à jouer, dans la vie
sociale de demain, un rôle de la plus haute importance. Le
développement, en tous pays, des syndicats professionnels
est un fait qu'il importe de prendre en sérieuse considération. L'humanité s'organise par professions. La solidarité des intérêts professionnels devient chaque jour plus
sensible : on en acquiert une conscience de plus en plus
nette. La notion d'un intérêt professionnel, supérieur à
l'intérêt individuel se fait jour, et s'impose à nous. Ainsi,
la propriété tend à être limitée non seulement en raison
de l'intérêt social, représente par l'Etat, mais encore en
raison de l'intérêt professionnel, représenté par le syndicat. Ce serait, suivant la terminologie employée par le
premier système le *domaine éminent* du syndicat, qui
viendrait ainsi limiter le *domaine utile* du propriétaire. —
Voilà, certes, un fait dont il faut tenir compte, quand on
cherche à prévoir, dans une certaine mesure, l'avenir.

Mais l'organisation professionnelle n'est pas la seule
qu'il faille prendre en considération. L'organisation des
coopératives de consommation elle aussi se perfec-
tionne en tous pays. C'est là encore un phénomène qui

s'impose à notre attention. Les consommateurs s'associent
pour faire en commun, des achats de toute sorte. Ils béné-
ficient ainsi des prix de gros. Les coopératives locales se
fédèrent, soit par régions, soit par pays. Il y a même une
Alliance internationale, qui, depuis quelques années s'occupe de grouper, pour certains marchés, les commandes
des coopérateurs de tous pays. Partout où ces fédérations
acquièrent une puissance suffisante, elles organisent de
vastes magasins de gros, afin de pouvoir acheter ferme de
grandes quantités de marchandises, en choisissant pour cela
le moment où les cours sont les plus avantageux. Ces marchandises sont ensuite livrées aux coopératives locales au
fur et à mesure des commandes que celles-ci effectuent.
Les magasins de gros font même plus : ils organisent la
production. Ils ouvrent, en effet, des ateliers et des usines,
ils mettent des terrains en exploitation, et, en supprimant
ainsi successivement tous les intermédiaires, ils font profiter les consommateurs des gains que ces intermédiaires
eussent, naturellement, prélevés. On tend ainsi vers un
état où tout individu serait coopérateur, et, comme tel,
co-propriétaire de l'ensemble des usines et exploitations
agricoles du monde entier ; en même temps, chaque individu serait nécessairement un ouvrier, un producteur
aux gages de l'ensemble des coopérateurs unis. Alors
aussi, la question de la propriété se trouve résolue. Mais
on arrive à une socialisation à peu près complète de la
propriété. La part de propriété individuelle, qui resterait
à chaque coopérateur serait bien minime en comparaison
de l'énorme propriété concentrée dans les sociétés coopératives de gros. Mais, ici encore, c'est une sorte de dépossession de l'État. Le *domaine éminent* de l'État disparaît,
ou, du moins se réduit à presque rien. Le *domaine* des

magasins de gros devient, au contraire, formidable (1).

Les syndicats ne constituent donc pas la seule institution qui nous permette de prévoir une sorte de décentralisation. Une véritable lutte est, aujourd'hui, entreprise
contre les pouvoirs de l'Etat, contre son *domaine éminent*
surtout. Et cette lutte n'est pas menée avec le plus de
succès par les individualistes, par les partisans du droit
absolu de propriété. Ce sont des solidaristes : syndicalistes
ou coopérateurs, qui mènent ce combat. Les syndicalistes
qui s'intitulent « révolutionnaires » ont pleine conscience
de ce changement :

En France, écrit l'un d'eux, la notion d'État a subi dans la
conscience ouvrière le déclic formidable que l'on sait... Il s'est
produit cette chose énorme, cet événement de portée incalcu-
lable, la mort de cet être fantastique, prodigieux, qui a tenu
dans l'histoire une place si colossale..., l'État est mort (2).

Ainsi, nous devrons tenir compte, pour nos perspectives
d'avenir d'un double fait : — d'une part l'Etat, pour la
majorité, apparaît comme possédant encore une existence
réelle, comme pourvu d'une puissance magique, et comme
titulaire d'un *domaine éminent* ; — d'autre part, les savants
positivistes, les syndicalistes, les coopérateurs, d'autres
peut-être encore, jettent à terre la vieille idole, et
voudraient transporter son *domaine éminent* à d'autres
organismes : syndicats, coopératives, etc. Le premier fait,
c'est celui qui caractérise l'état présent. Le second fait
caractérise la société de demain. La propriété privée, en
présence de ces diverses puissances successives, ne se

(1) Charles GIDE, *Les sociétés coopératives de consommation*, 2ᵐᵉ édit.,
1910.
(2) Edouard BERTH, dans le *Mouvement socialiste*, octobre 1907, 3ᵐᵉ série,
I, p. 311.

relève pas de sa déchéance. Elle change de maîtres, sans pouvoir se défaire de ses chaînes.

Il y a aussi un large profit à tirer de ce que l'on a dénommé la *règle de droit*. Il est absolument vrai qu'à notre époque, la loi promulguée n'est pas le tout du droit. Non seulement il faut y ajouter la jurisprudence et la coutume (1), mais encore il faut y joindre ces règles d'action, qui peu à peu, sous l'influence des personnalités habiles à propager leurs idées par la plume ou par la parole, s'imposent de plus en plus aux contemporains, pénètrent dans la conscience de tous, et sortent du domaine de la morale, pour acquérir un degré supérieur d'obligation, pour devenir, en un mot, une *règle de droit*, avant même que le législateur les ait transformées en lois positives. C'est ainsi que se multiplient les ligues de toutes sortes, qui visent toutes à créer de nouvelles *règles de droit* : ligues contre l'alcoolisme, contre la tuberculose, contre les habitations insalubres, ligues pour la protection des indigènes, ligues féministes, ligues pour la conservation des sites et pour les espaces libres, etc., etc. Les syndicats professionnels, eux-mêmes, et les coopératives de consommation ne sont rien, sinon des ligues de ce genre : ils prétendent aussi instituer de nouvelles *règles de droit*. Ainsi se multiplient les apôtres. Le nombre augmente, de ceux qui se sentent une sorte de mission : faire pénétrer dans le sentiment de tous la compréhension d'une ou plusieurs *règles de droit*, jusque-là méconnues. Et l'on voit des gens, parfois même des personnes peu fortunées, ou peu lettrées, l'on voit des ouvriers, des humbles, qui se pas-

(1) GÉNY, *Méthodes d'interprétation et sources en droit privé positif*.

sionnent pour quelque grande idée et qui vont, de ville en
ville, donner des conférences, et tenter, par tous les
moyens honorables, d'imposer la *règle de droit* qu'ils ont
conçue et formulée. Le jour où ils ont fait un nombre suffisant d'adeptes, la *règle de droit* prend corps, elle devient
objective, elle passe du domaine de la morale dans celui
du droit, et l'on peut compter que le jour approche où le
législateur la sanctionnera. — Or, tous ces apôtres des
idées nouvelles, sont, plus ou moins, des propriétaires, et,
tous, ils font des sacrifices pour améliorer l'humanité,
pour lui procurer plus de bien-être ou de bonheur. Ils
apportent ainsi à leurs biens, des retranchements *volontaires*. Ce sont là de nouvelles limitations apportées au
droit de propriété, sans aucune intervention, ni de l'Etat,
ni d'aucune puissance (syndicat, ou coopérative) qui aurait
pris, à cet égard, la place de l'Etat. Et c'est précisément
parce qu'aucune puissance supérieure n'impose des limitations, qu'elles présentent ce caractère spécial, d'être
volontaires. — Mais, quel que soit, actuellement, le nombre
de ces apôtres, on ne saurait dire qu'ils constituent la
masse. La masse reste indifférente, elle est attachée aux
traditions, et elle s'y tient, paresseusement. — Peut-on
dire, du moins, que le nombre de ces apôtres aille en
augmentant? Il serait impossible de fournir, à ce sujet, la
moindre statistique. Il ne s'agit donc, ici, que d'une
impression personnelle, que du résultat d'expériences
encore insuffisantes et incomplètes. Nous croyons, pourtant, pouvoir affirmer que l'époque actuelle est caractérisée
par une augmentation considérable du nombre de ces
apôtres volontaires. Nous assistons à un effort très
curieux pour perfectionner et renouveler les relations
sociales. Cet effort durera-t il? En arrivera-t-on au point

que chaque être humain ait à cœur de contribuer à l'éclo-
sion de nouvelles *règles de droit* ? Ou bien ce zèle n'aura-t-
il qu'un temps et passera-t-il comme une sorte de mode,
vite remplacée par une mode nouvelle ? — Il serait téméraire de donner à ces questions des réponses tout à fait
précises. Nous croyons, cependant, qu'il ne s'agit pas ici
d'une mode passagère, mais bien d'une transformation
durable, qui s'opère dans les mœurs des hommes. Si vraiment, l'humanité prend de plus en plus conscience de l'interdépendance sociale, ou, si l'on préfère, de la solidarité
universelle, cette vision toujours plus claire impose
toujours plus impérieusement un devoir : celui de faire
pénétrer dans les consciences d'autrui les *règles de droit*,
dont on a, par ses recherches, découvert l'existence. Le
savant, qui, dans son laboratoire, découvre une nouvelle
loi physique, éprouve le besoin impérieux de la faire con-
naître à tout l'univers. Il en est de même pour le sociologue, qui découvre une nouvelle *règle de droit* ; mais il ne
suffit pas, pour faire triompher une *règle de droit*, de
démonstrations d'ordre intellectuel : il faut lutter contre
des sentiments adverses, contre des traditions anciennes,
contre des habitudes invétérées, parfois contre des intérêts
coalisés. Un exposé objectif ne suffit donc pas : il faut une
campagne d'opinion. — S'il est vrai que le nombre des
soldats, qui s'enrôlent pour de telles guerres sociales, soit
en voie d'accroissement, nous devons donc dire que
l'humanité tend vers un état où chacun prendrait volontairement une partie de son activité et de ses biens, pour
les consacrer à l'apostolat, à la guerre en vue de faire
triompher de nouvelles *règles de droit*.

La propriété privée subit donc, de ce chef, une nouvelle
limitation, — peu importante à notre époque, mais dont

la grandeur tend à croître. — C'est celle qui résulte des sacrifices *volontaires*, faits en vue de faire reconnaître pour telles de nouvelles *règles de droit*.

Mais l'idée la plus heureuse, et, peut-être la plus féconde consiste à reprendre la notion de *fonctionnaire social* et à lui donner tous les développements qu'elle comporte. Si vraiment l'état d'esprit apostolique dont nous venons de parler va en se répandant chaque jour davantage, on conçoit que tout propriétaire se considérera un jour comme exerçant une sorte de sacerdoce. La propriété, entre ses mains, sera le moyen de rendre à la société le plus de services possibles. Comme l'abeille dans la ruche, ou la fourmi dans la fourmilière, le propriétaire dans la république jouera le rôle qui importe le plus à l'intérêt commun. Il ne fera plus « valoir ses droits », il ne s'occupera plus de « défendre ses intérêts », il vaquera aux *devoirs de sa charge*.

Mais, il faut bien le reconnaître, cette nouvelle façon de comprendre le rôle du propriétaire implique une telle transformation dans la mentalité humaine, qu'il nous est impossible de la considérer comme pouvant être réalisée dans un avenir rapproché. Nous pouvons désirer cette transformation, nous pouvons l'appeler de nos vœux, nous pouvons tendre vers un tel état, chercher les lentes transitions qui nous y feront parvenir. Nous ne pouvons pas espérer que l'humanité tout entière se défera brusquement de ses habitudes ancestrales.

Ici, encore, il faut faire la part du rêve et de la réalité, et rejeter dans un avenir indéterminé ce dont notre humanité présente est évidemment très éloignée.

Enfin, un point est à retenir encore : c'est la possibilité
de socialiser la propriété, sans adopter pour cela les
doctrines socialistes. Il est vrai que, dans la théorie que
nous avons examinée on remplace, comme nous l'avons
dit, la puissance de l'Etat, par celle des syndicats. Mais,
par cela même, on attire l'attention sur une hypothèse,
qui est loin d'être invraisemblable. Peut-être que, l'Etat-
idole ayant été dépossédé de sa puissance souveraine, et
remplacé par les syndicats, ou par les coopératives,
ou par quelque autre organisme de ce genre, — une
nouvelle lutte s'engagera. Il s'agira de déposséder ces
nouveaux despotes, de détruire ces nouvelles fictions.
Et ainsi, de combat en combat, et de transition en
transition, on s'acheminerait vers une forme de société
où la propriété privée serait vraiment l'objet d'une *fonction
sociale*, et où la *règle de droit*, volontairement acceptée par
tous, ne serait imposée ni par l'Etat, ni par des syndicats,
non plus que par des coopératives ou par quelque organisation revêtue d'une puissance métaphysique.

Si même une telle société est loin d'être réalisée, il
n'est pas mauvais de la concevoir comme un idéal, vers
lequel il faut tendre ; car elle paraît l'aboutissement nécessaire, bien que fort éloigné, des tendances que nous avons
pu remarquer dans la société actuelle et qui sont elles-
mêmes, la suite normale des événements du passé.

Ainsi, des deux systèmes présentés, l'un nous semble
mieux rendre compte de l'état présent, l'autre nous paraît
mieux exprimer ce que sera peut-être l'avenir.

On peut escompter que, pendant nombre d'années encore,
la puissance de l'Etat ira grandissante. Ce sera, durant

cette période, le *domaine éminent* de l'Etat, qui limitera le droit de propriété privée.

Puis, sous l'influence d'idées et de sentiments, que l'on constate déjà aujourd'hui et qui prennent chaque jour plus de force et de consistance, ce seront d'autres organismes tels que des *syndicats*, ou des *coopératives*, qui exerceront leur pression sur la propriété privée, et qui imposeront aux propriétaires le respect des droits collectifs.

Enfin, après une série de combats nouveaux, dont il nous est impossible de prévoir l'objet, ni l'issue, peut-être que se lèvera le jour lointain où chaque propriétaire, pleinement conscient de son rôle, sera vraiment un *fonctionnaire social*, et prendra à tâche de faire servir sa fortune personnelle, en même temps que son activité et son intelligence, à révéler de nouvelles *règles de droit*, à se rapprocher ainsi toujours plus près de l'idéal de fraternité universelle, et à obtenir des autres humains leur adhésion *volontaire* à des *règles de droit* de plus en plus élevées. Alors, la propriété privée n'apparaîtra plus comme l'ennemie de tout progrès social. Elle en sera, au contraire, l'alliée la plus indispensable, la condition la plus nécessaire. Au vieil antagonisme, aura succédé une réconciliation définitive et féconde. Mais que de transformations sociales, morales, et même psychologiques ne faudra-t-il pas avant d'en arriver là ?

TABLE DES MATIÈRES

PAGES

INTRODUCTION................................... I

PREMIERE PARTIE
De « l'absence de limites » à « l'émiettement »

CHAPITRE I. — La féodalité commençante : *le droit de propriété n'a pas de limites*................................... 3

Section I. — Confusion entre la propriété de *droit privé* et la propriété de *droit public*..................... 4

   1. — Avant la période féodale, le roi est propriétaire du royaume..................... 5

   2. — Etablissement de la féodalité. — Le royaume (propriété du roi) s'émiette. -- Les seigneurs se partagent les miettes........... 9

   3. — Confusion entre la propriété de *droit public* et la propriété de *droit privé*................ 13

Section II — Liberté illimitée des dispositions en matière de propriété........... 16

   1. — Variétés dans la durée assignée aux contrats................................ 17

   2. — Variétés dans les sources des contrats..... 19

   3. — Variétés dans les causes des contrats 20

4. — Variétés dans les personnes contractantes et dans les conditions stipulées... 20

5. — Substitutions............................. 22

6. — Féodalité et liberté des conventions en matière de propriété........................ 22

CHAPITRE II. — L'aboutissement de la féodalité : *le droit de propriété est émietté*.............................. .. 26

Section I. — Le roi est redevenu le propriétaire du royaume. Constatation du droit supérieur de propriété appartenant au roi, sur l'ensemble du royaume, à la fin de l'ancien régime. — Sources d'où le roi a tiré ses pouvoirs ainsi reconstitués.................................... 26

§ 1er. — Première source : le *droit féodal*.......... 33

1. Droits de francs-fiefs et de nouveaux acquêts. 33

2. Droit d'amortissement........... 35

3. Droit d'affranchissement............'......... 42

4. Affranchissement des villes............... 52

5. Impôts............................... 54

A. — Aides et tailles.... 56

a) Leur caractère patrimonial.......... 56

b) Le rôle historique des arrangements et marchandages.................·......... 62

c) Le rôle historique des exemptions et immunités.................... ... 79

B. Greniers... 93

§. — 2. Deuxième source : le *droit romain*.......... 99

Section II. — Le droit de propriété que l'on reconnaît au roi sur l'ensemble du royaume n'est pas un droit plein et entier : c'est un droit de gestion, pour le compte de la nation.................................... 104

1. Le roi, champion de l'intérêt public.. 105

2. C'est le peuple qui fait la loi............'.... 105

3. Les biens ecclésiastiques appartiennent à la nation............... 107

4. Le roi, gérant du domaine royal, pour le compte de la nation........ 111

    A. — Impossibilité de reconstituer efficacement le domaine royal, par voie d'annexions, ou de transactions d'ordre patrimonial.......... 111

    B. — Reconstitution du domaine royal, grâce aux règles de *droit public,* qui introduisent d'importantes différences entre la succession de droit commun et la succession au trône.................... 116

        a) Indivisibilité du domaine royal...... · 116

        b) Droit d'aînesse.................... 120

        c) Exclusion des femmes 121

        d) Exclusion des parents par les femmes 128

        e) Nullité de toute disposition entre vifs ou testamentaire ayant pour but de changer l'ordre de succession au trône. — Nullité de toute renonciation anticipée à la couronne. — Caducité des lois, traités, {dettes, etc. effectués par le roi. sauf confirmation par le successeur. — Droit de la nation à pourvoir au trône, en cas d'extinction de la race capétienne............... 130

        f) Réversibilité des apanages.......... 134

        g) Inaliénabilité du domaine.......... 139

    C. — Le roi « simple usager » du domaine de la nation.......................... 143

        a) Le domaine privé du roi.......... 145

        b) Le réveil du principe de l'élection... 147

5. Le roi ne se résigne pas à n'être qu'un gérant.................................... 147

Section III. — Emiettement du droit de propriété........ 148

DEUXIEME PARTIE

De « l'absolu » au « relatif »

Chapitre I. — La théorie absolutiste........................ 165

Section I. — La philosophie du xviii⁰ siècle et la théorie
   absolutiste du droit de propriété 166

   § — 1. Le droit de propriété en tant que droit
    naturel.. 166

     1. Philosophes admettant le droit de propriété
      dans l'état de nature et dans l'état de société
      civile.. 167

     2. Philosophes n'admettant le droit de propriété
      ni dans l'état de nature, ni dans l'état de
      société civile..... 169

     3. Philosophes admettant le droit de propriété
      dans l'état de société civile, mais non dans
      l'état de nature................ 171

   § 2. — Le droit de propriété en tant que droit absolu. 177

   § 3. — Les limites entre la propriété de *droit privé*
    et la propriété de *droit public*............. 181

Section II. — La Révolution américaine et la théorie
   absolutiste du droit de propriété............ 192

Section III. — La Révolution française et la théorie absolutiste du droit de propriété...................... 195

   § 1. — Le droit de propriété en tant que droit natu-
    rel.. 195

   § 2. — Le droit de propriété en tant que droit absolu. 200

    1. Mesures prises pour supprimer l'*émiettement*
     du droit de propriété........................... 201

     A. — Assemblée nationale....:............ 201

     B.   Législative..... 201

     C. — Convention..........................\... 206

2. Mesures prises pour empêcher les démembrements féodaux de se reproduire dans l'avenir.   208

  A. — Mesures se rattachant à la suppression
  des redevances perpétuelles et des droits
  féodaux..............................   209

  B. — Expropriation pour cause d'utilité
  publique.............................   211

  C. — Mesures prises pour protéger la propriété des voisins.........   213

3. Fondement théorique de l'interventionnisme...   214

3. — Les limites entre la propriété de droit privé
et la propriété de droit public....   216

1. Sages lois d'administration.................   219

  A. — Lois somptuaires. — Egalisation des
  fortunes...   219

  B. — Lois sur les successions et testaments.   222

  C. — Lois diverses......................   225

  D. — Que ces lois supposent l'existence d'un
  droit de domaine éminent au profit de
  l'Etat..........   226

2. Impôts....................................   228

3. Expropriations............................   231

  A. — Expropriations avec indemnité.......   233

  B. — Expropriations sans indemnité...... .   235

    a) Suppression des redevances à carac-
    tère mixte...................   235

    b) Nationalisation des biens ecclésias-
    tiques..........................   236

    c) Suppression des congrégations......   244

    d) Autres expropriations.............   246

4. Reconnaissance du domaine éminent de l'Etat.   248

§ 4. — Résumé de la doctrine de la Révolution Française   248

Section IV. — Le Code civil et la théorie absolutiste du
• droit de propriété...................................   250

§ 1. — Le droit de propriété en tant que droit
   naturel...   251

§ 2. — Le droit de propriété en tant que droit absolu.   256

   1. Fondement des mesures prises pour suppri-
      mer l'*émiettement* du droit de propriété.......   256

   2. Fondement des mesures prises pour empêcher
      les démembrements féodaux de se reproduire
      dans l'avenir...   258

§ 3. — Les limites entre la propriété de *droit privé* et
   la propriété de *droit public*..   263

   1. Réfutation de la doctrine du *domaine éminent*.   264

   2. Pouvoirs de l'Etat en vertu du seul droit de
      souveraineté   275

      A. — Sages lois d'administration...........   276

      B. — Impôts........ .... •..   277

      C. — Expropriation.....................   277

      D. — Comparaison entre le système de la *sou-
         veraineté* et celui du *domaine éminent*.....   279

      E. — Difficultés pratiques soulevées par le
         système de la *souveraineté*...............   281

   3. Principes appliqués par le Code civil..... ..   281

      A. — Sages lois d'administration...........   281

         a) Mesures prises pour empêcher le retour
            du régime féodal...................   281

         b) Successions et testaments...........   296

         c) Domaine public et privé de l'Etat. —
            Biens vacants et sans maîtres..   303

         d) Biens des collectivités....   306

         e) Restrictions à la propriété privée....   307

         f) Part faite au *domaine éminent*.........   314

      B. — Impôts...   315

C. — Expropriation pour cause d'utilité publique............................... .. 316

D. Le *domaine éminent* est masqué, non supprimé................................ 319

Section V. — Conclusion sur la théorie absolutiste du droit de propriété............................ 319

CHAPITRE II. — La théorie relativiste 323

Section I. — Systèmes philosophiques sur l'Etat et le droit de propriété............. 324

§ 1. Systèmes divers qui répondent à la question posée. 325

1. — Partisans du *domaine éminent* de l'État.... 325

    A. — Utilitarisme........................ 325

    B. — Ecole historique.................... 329

    C. — Organicisme........................ 330

    D. — Sociologie...... 335

    E. — Socialisme... 337

    F. — Partisans de la *souveraineté illimitée*... 340

    G. — Doctrine catholique extrême........ 340

2. — Partisans de la *souveraineté* de l'État...... 342

    A. — Libéralisme........................ 342

    B. — Utilitarisme (H. Spenur)............. 345

    C. — Sociologie (H. Spenur)............. 345

§ 2. — Système qui pose la question en des termes nouveaux................................... 347

Section II. — Tableau des limitations apportées au droit de propriété privée par la législation contemporaine .. 357

1. — Sages lois d'administration............. 358

    A. — Mesures prises pour empêcher le retour du régime féodal......... 359

    B. — Successions et testaments........... 363

    C. - Domaine public et privé de l'État..... 364

D. -- Biens des collectivités.............. 367

    a) Congrégations religieuses.......... 367

    b) Biens ecclésiastiques.............. 377

E. — Restrictions à la propriété privée..... 389

    a) Servitudes...................... 390

    b) Abus du droit:.................... 391

    c) Restrictions à la propriété des objets mobiliers...................... 395

F. — Relativité du droit de propriété privée. 401

2. — Impôts et droits de douane:.............. 402

3. — Expropriation pour cause d'utilité publique.................................. 407

4. — Conclusion sur la relativité du droit de propriété privée. 413

Section III. — Essai d'une théorie relativiste du droit de propriété privée. — Conclusion................... 413

1. — Théorie relativiste tirée de la doctrine qui reconnaît à l'État un droit de *domaine éminent.* 414

2. — Théorie relativiste tirée de la doctrine qui dénie à l'État toute réalité................ 423

4. — Examen critique de cette dernière théorie et conclusion.......................... 428

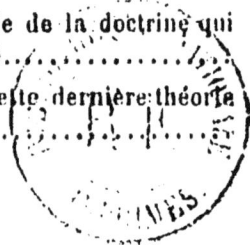